AF627410

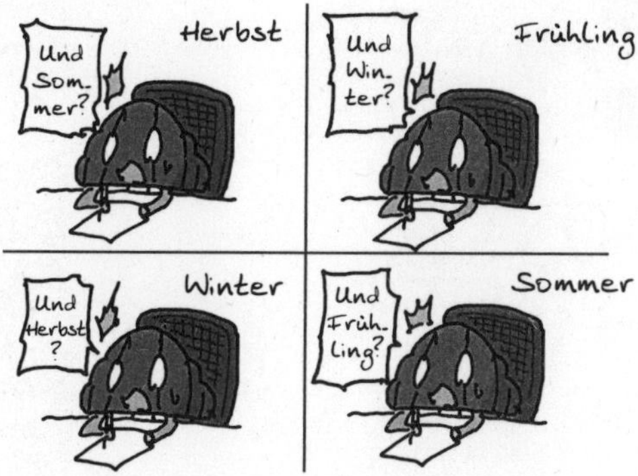


戸塚慶文

Yoshifumi Tozuka

Seit dem Beginn meiner Arbeit an dieser Serie habe ich kaum noch einen Fuß vor die Tür gesetzt und somit auch von den Jahreszeiten nicht mehr viel mitbekommen. Wer weiß, vielleicht wurden Winter, Frühling und Sommer in diesem Jahr schon neutralisiert und existieren gar nicht mehr. Aber der kommende Herbst… o ja, der wurde noch nicht gefangen genommen. Ich bin guter Dinge, wenigstens ihn will ich zu genießen versuchen…

**Wir produzieren nachhaltig**

- Klimaneutrales Produkt
- Papiere aus nachhaltigen und kontrollierten Quellen
- Hergestellt in Europa

FSC
www.fsc.org
MIX
Papier aus verantwortungsvollen Quellen
FSC® C083411

CARLSEN MANGA
© Carlsen Verlag GmbH · Hamburg 2023
Aus dem Japanischen von Martin Gericke
UNDEAD UNLUCK © 2020 by Yoshifumi Tozuka
All rights reserved.
First published in Japan in 2020 by SHUEISHA Inc., Tokyo.
German translation rights in Germany, Austria, Luxembourg and German-speaking Switzerland arranged by SHUEISHA Inc. through VME PLB SAS, France.

**Die Handlung dieser Geschichte ist frei erfunden. Ähnlichkeiten mit lebenden Personen, realen Organisationen oder Ereignissen sind rein zufällig und unbeabsichtigt.**

Redaktion: Anne Berling
Textbearbeitung: Karen Eifler
Herstellung: Björn Liebchen
Alle deutschen Rechte vorbehalten
ISBN: 978-3-551-71091-8

**Carlsen Manga! News – jeden Monat neu per E-Mail!**
**www.carlsenmanga.de**
**www.carlsen.de**

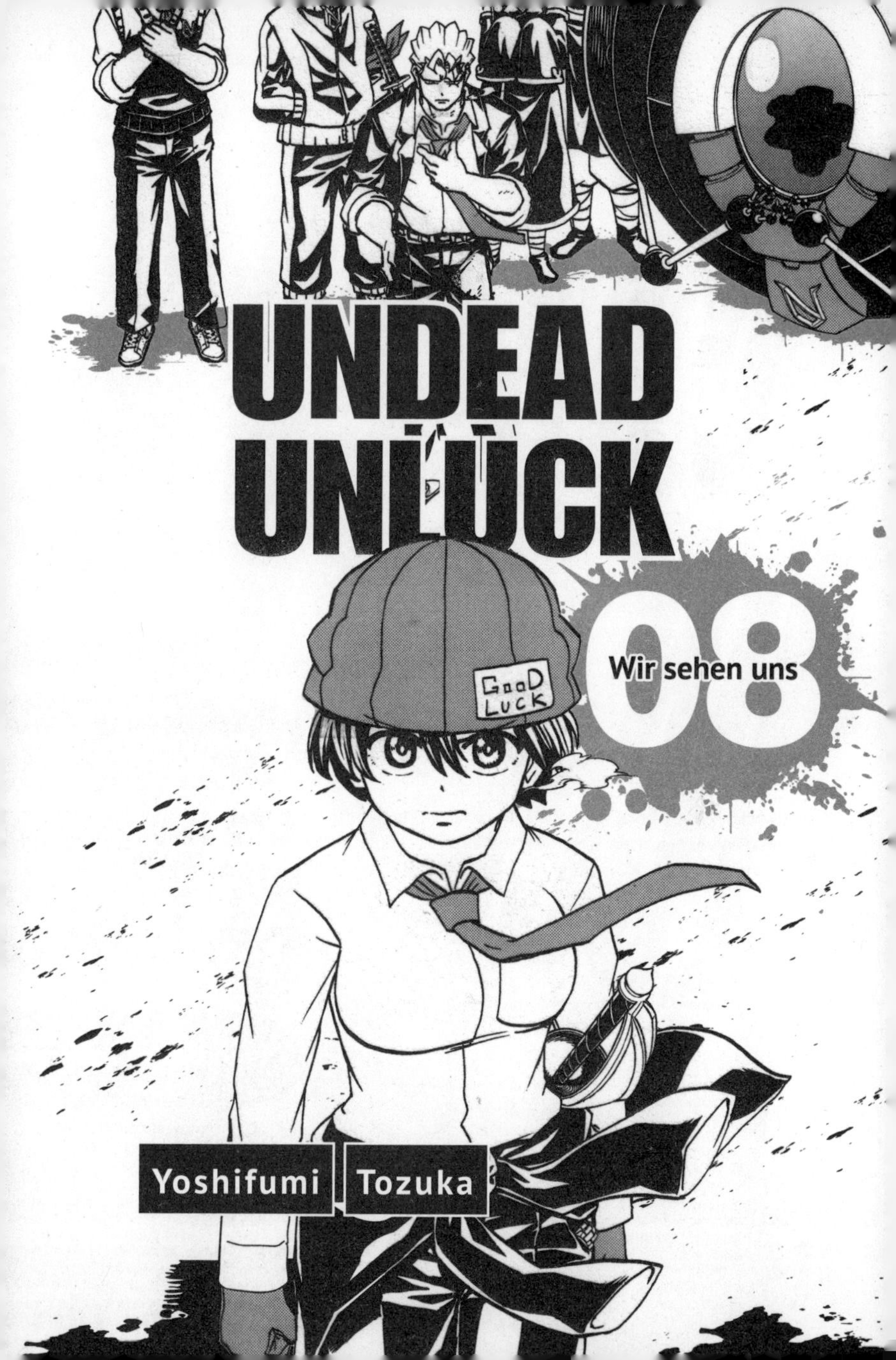
UNDEAD UNLUCK
08
Wir sehen uns
GOOD LUCK
Yoshifumi Tozuka

UNDEAD UNLUCK

# CHARAKTERE

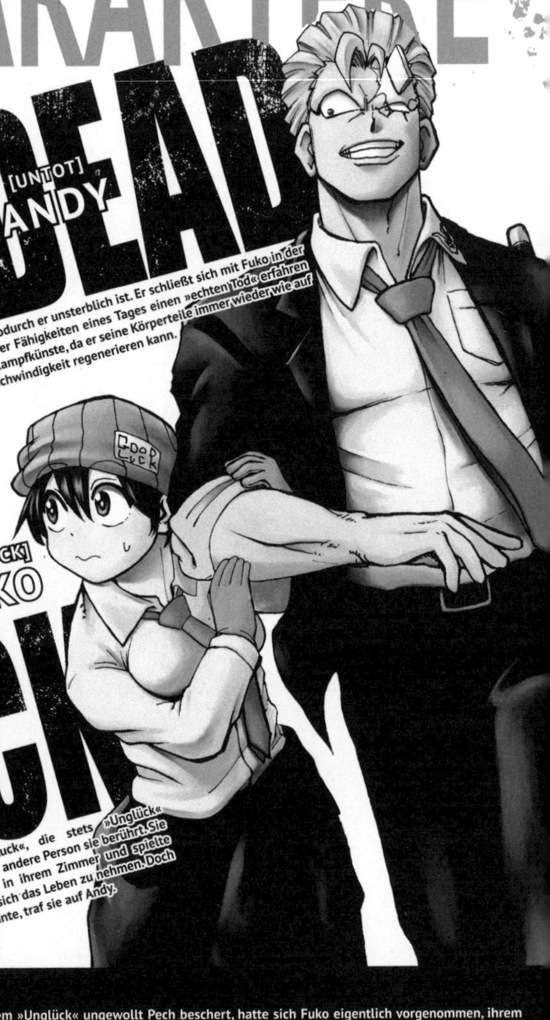

## UNDEAD [UNTOT] ANDY

Besitzt die Fähigkeit »Undead«, wodurch er unsterblich ist. Er schließt sich mit Fuko in der Hoffnung zusammen, mithilfe ihrer Fähigkeiten eines Tages einen »echten Tod« erfahren zu können. Besitzt erstaunliche Kampfkünste, da er seine Körperteile immer wieder wie auf Knopfdruck und in rasender Geschwindigkeit regenerieren kann.

## UNLUCK [UNGLÜCK] FUKO

Besitzt die Fähigkeit »Unluck«, die stets »Unglück« heraufbeschwört, sobald eine andere Person sie berührt. Sie lebte lange zurückgezogen in ihrem Zimmer und spielte bereits mit dem Gedanken, sich das Leben zu nehmen. Doch bevor es dazu kommen konnte, traf sie auf Andy.

## STORY

Da sie anderen Menschen mit ihrem »Unglück« ungewollt Pech beschert, hatte sich Fuko eigentlich vorgenommen, ihrem Leben ein Ende zu setzen. Doch nach der kuriosen Begegnung mit Andy, einem mysteriösen Kerl mit einem unsterblichen Körper, gewinnt sie ihren Lebenswillen zurück und schöpft neuen Mut. In der Zwischenzeit erfahren die beiden von der Existenz einer Organisation, der Union, welche sogenannte UMA (unidentifizierte, mysteriöse Arten) und andere unbekannte Phänomene aufspürt und in Gewahrsam nimmt. In der Union gibt es einen runden Tisch, der auf zehn Mitglieder begrenzt ist und an dem die Negatoren sich versammeln. Andy und Fuko beschließen, der Union beizutreten und besiegen dafür zwei der bisherigen Mitglieder, um sich einen Platz am besagten Tisch zu sichern. Dort erfahren sie auch den Grund für die Existenz der Union: Es gilt, die vom Schöpfer auferlegten Quests zu lösen und gegen ihn zu rebellieren. Andy und Fuko treffen sich mit Shen in Taiwan, um Summer auszuschalten. Dort taucht Feng auf, Shens ehemaliger Meister, der dessen Schwester getötet hat. Andy schließt sich Shen an, der auf Rache und Revanche brennt, und es kommt zu einem erbitterten Kampf.

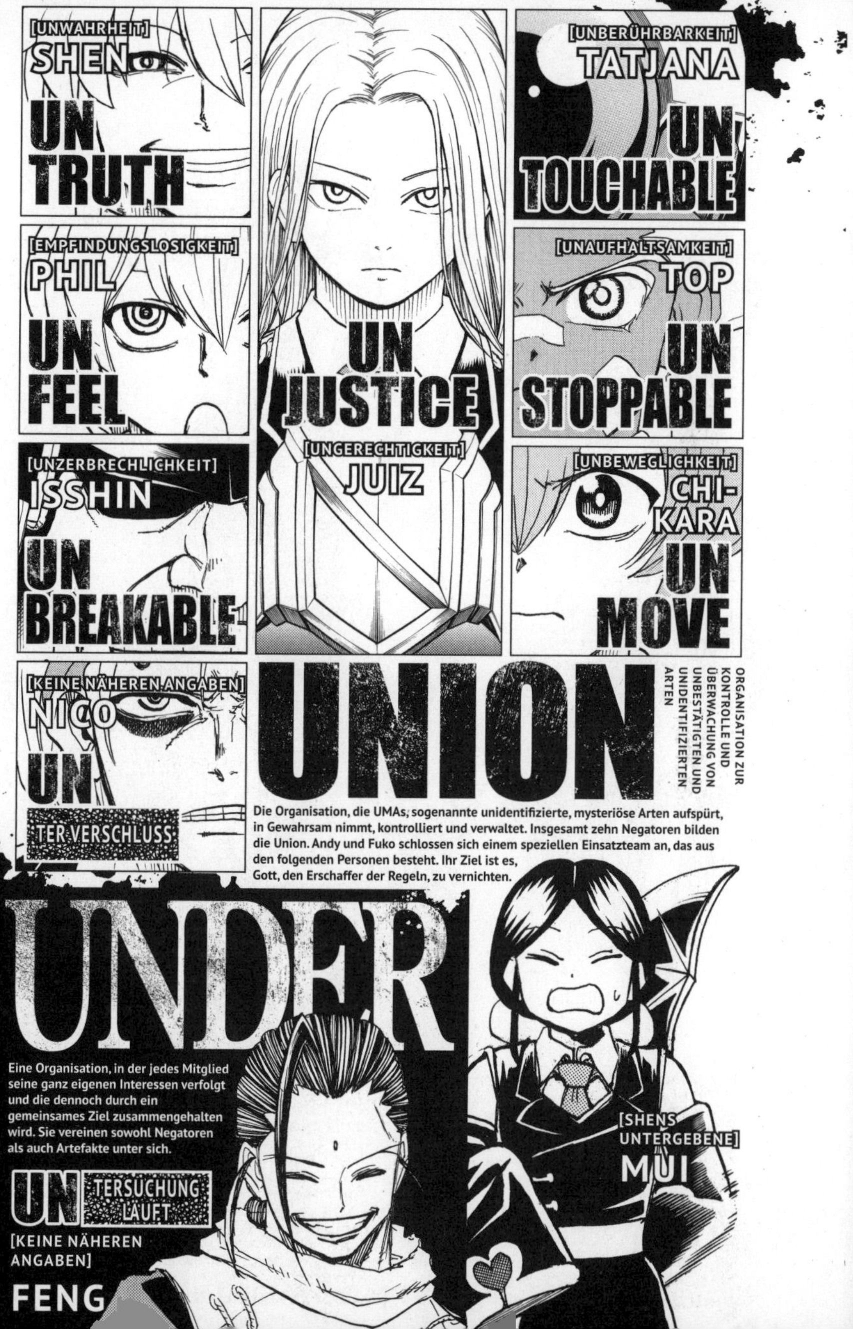
[UNWAHRHEIT]
SHEN
UN TRUTH
[UNGERECHTIGKEIT]
JUIZ
UN JUSTICE
[UNBERÜHRBARKEIT]
TATJANA
UN TOUCHABLE
[EMPFINDUNGSLOSIGKEIT]
PHIL
UN FEEL
[UNAUFHALTSAMKEIT]
TOP
UN STOPPABLE
[UNZERBRECHLICHKEIT]
ISSHIN
UN BREAKABLE
[UNBEWEGLICHKEIT]
CHI-KARA
UN MOVE
[KEINE NÄHEREN ANGABEN]
NICO
UN
TER VERSCHLUSS
UNION
ORGANISATION ZUR KONTROLLE UND ÜBERWACHUNG VON UNBESTÄTIGTEN UND UNIDENTIFIZIERTEN ARTEN
Die Organisation, die UMAs, sogenannte unidentifizierte, mysteriöse Arten aufspürt, in Gewahrsam nimmt, kontrolliert und verwaltet. Insgesamt zehn Negatoren bilden die Union. Andy und Fuko schlossen sich einem speziellen Einsatzteam an, das aus den folgenden Personen besteht. Ihr Ziel ist es, Gott, den Erschaffer der Regeln, zu vernichten.
UNDER
Eine Organisation, in der jedes Mitglied seine ganz eigenen Interessen verfolgt und die dennoch durch ein gemeinsames Ziel zusammengehalten wird. Sie vereinen sowohl Negatoren als auch Artefakte unter sich.
UN
TERSUCHUNG LÄUFT
[KEINE NÄHEREN ANGABEN]
FENG
[SHENS UNTERGEBENE]
MUI

# UNDEAD UNLUCK

アンデッドアンラック

INHALT

# 08 Wir sehen uns




★ DIE HANDLUNG DIESER GESCHICHTE IST FREI ERFUNDEN. ÄHNLICHKEITEN MIT LEBENDEN PERSONEN, REALEN ORGANISATIONEN ODER EREIGNISSEN SIND REIN ZUFÄLLIG UND UNBEABSICHTIGT.

# No. 062 Undead und Untruth

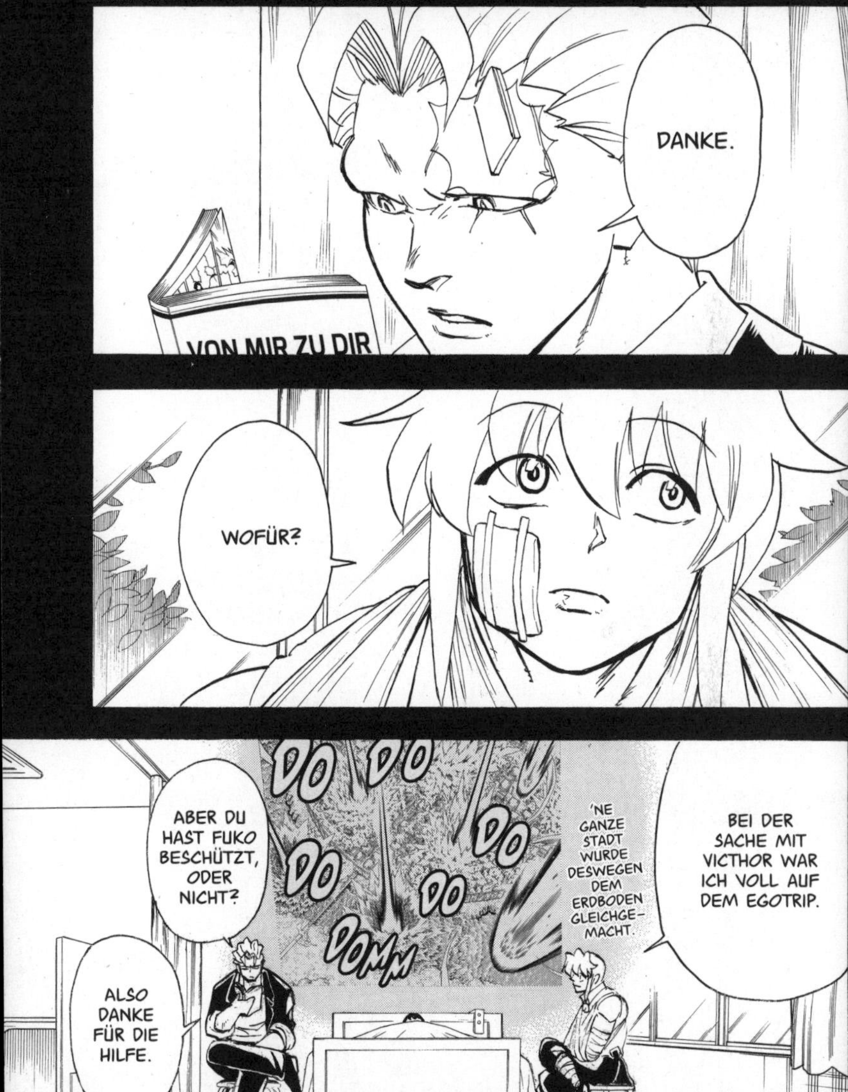

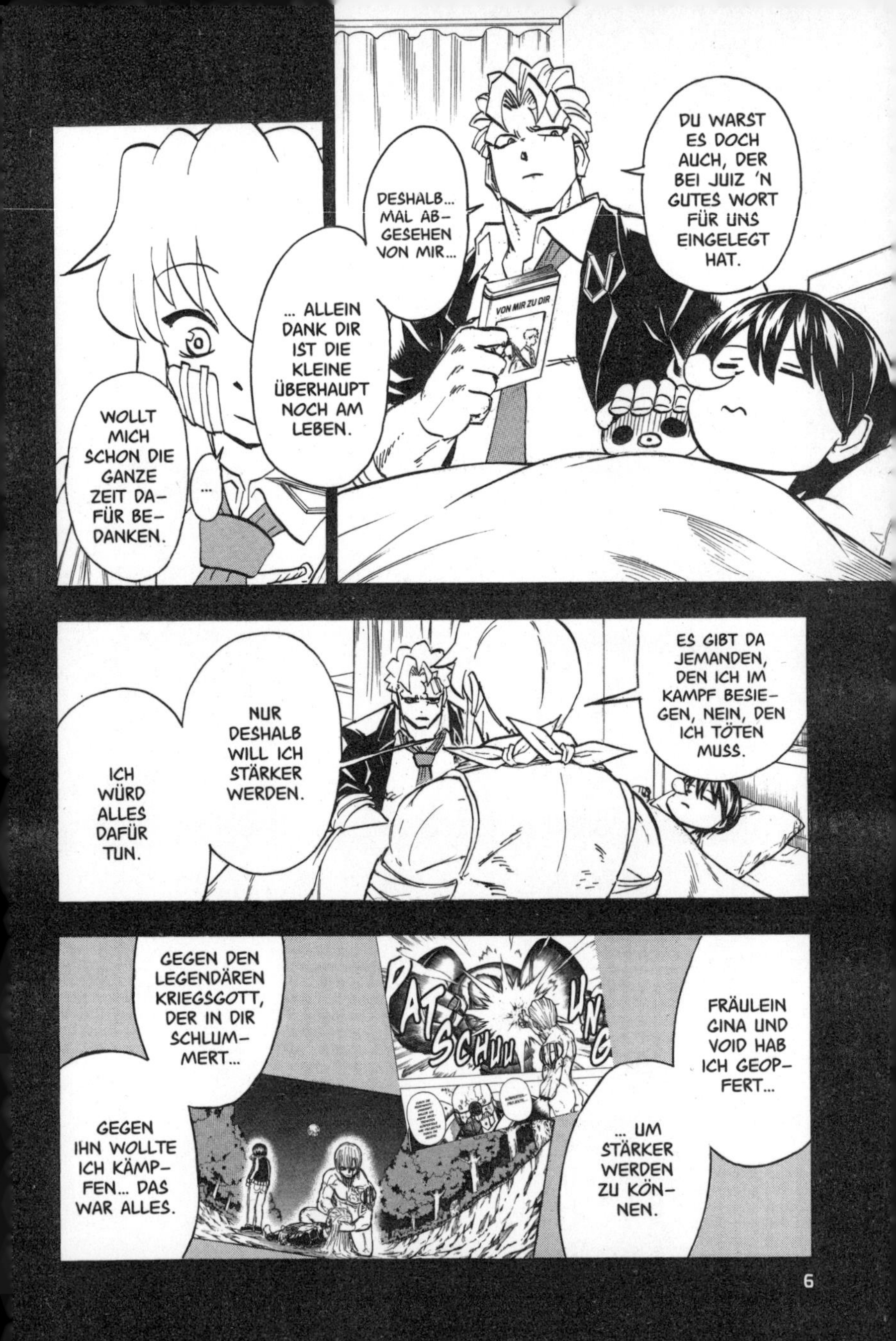
DU WARST ES DOCH AUCH, DER BEI JUIZ 'N GUTES WORT FÜR UNS EINGELEGT HAT.
DESHALB... MAL ABGESEHEN VON MIR...
VON MIR ZU DIR
... ALLEIN DANK DIR IST DIE KLEINE ÜBERHAUPT NOCH AM LEBEN.
...
WOLLT MICH SCHON DIE GANZE ZEIT DAFÜR BEDANKEN.
ES GIBT DA JEMANDEN, DEN ICH IM KAMPF BESIEGEN, NEIN, DEN ICH TÖTEN MUSS.
NUR DESHALB WILL ICH STÄRKER WERDEN.
ICH WÜRD ALLES DAFÜR TUN.
FRÄULEIN GINA UND VOID HAB ICH GEOPFERT...
... UM STÄRKER WERDEN ZU KÖNNEN.
GEGEN DEN LEGENDÄREN KRIEGSGOTT, DER IN DIR SCHLUMMERT...
GEGEN IHN WOLLTE ICH KÄMPFEN... DAS WAR ALLES.

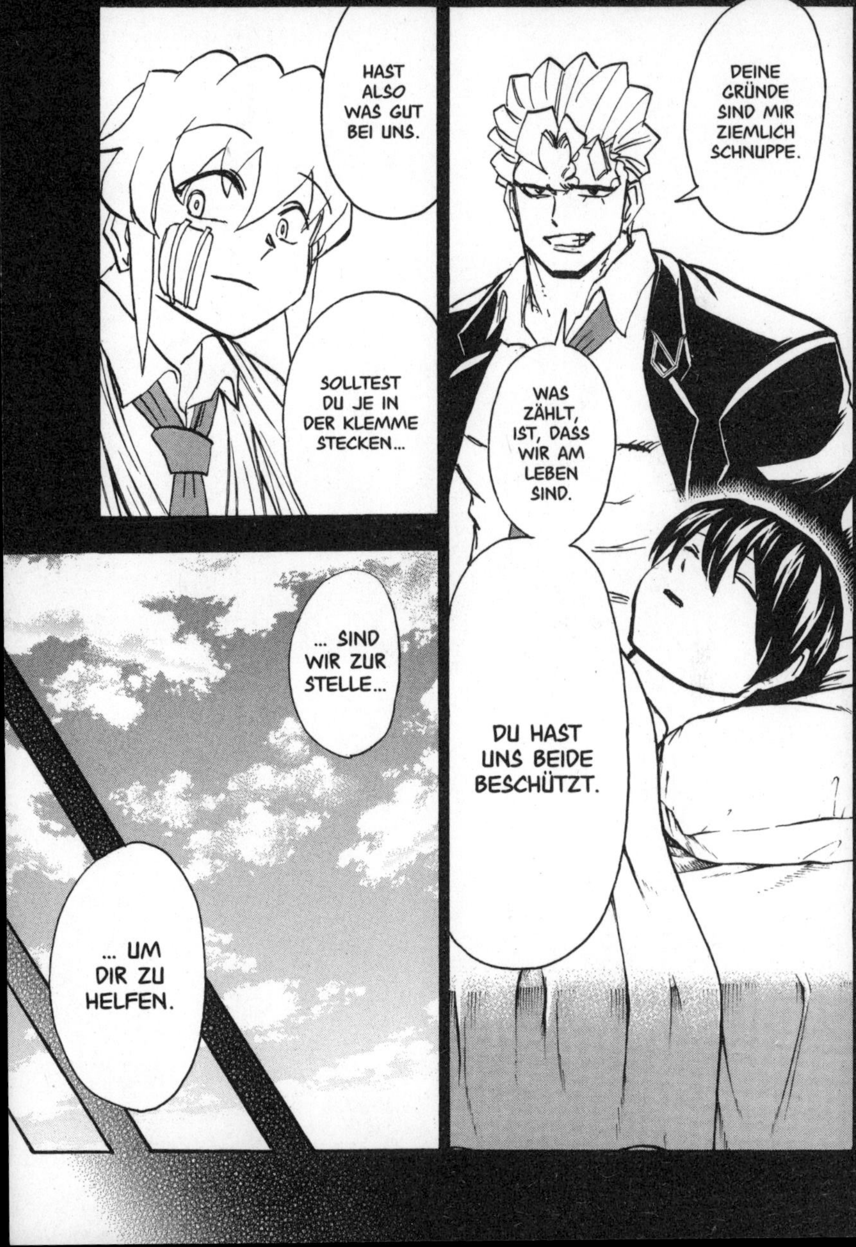
DEINE GRÜNDE SIND MIR ZIEMLICH SCHNUPPE.
WAS ZÄHLT, IST, DASS WIR AM LEBEN SIND.
DU HAST UNS BEIDE BESCHÜTZT.
HAST ALSO WAS GUT BEI UNS.
SOLLTEST DU JE IN DER KLEMME STECKEN...
... SIND WIR ZUR STELLE...
... UM DIR ZU HELFEN.

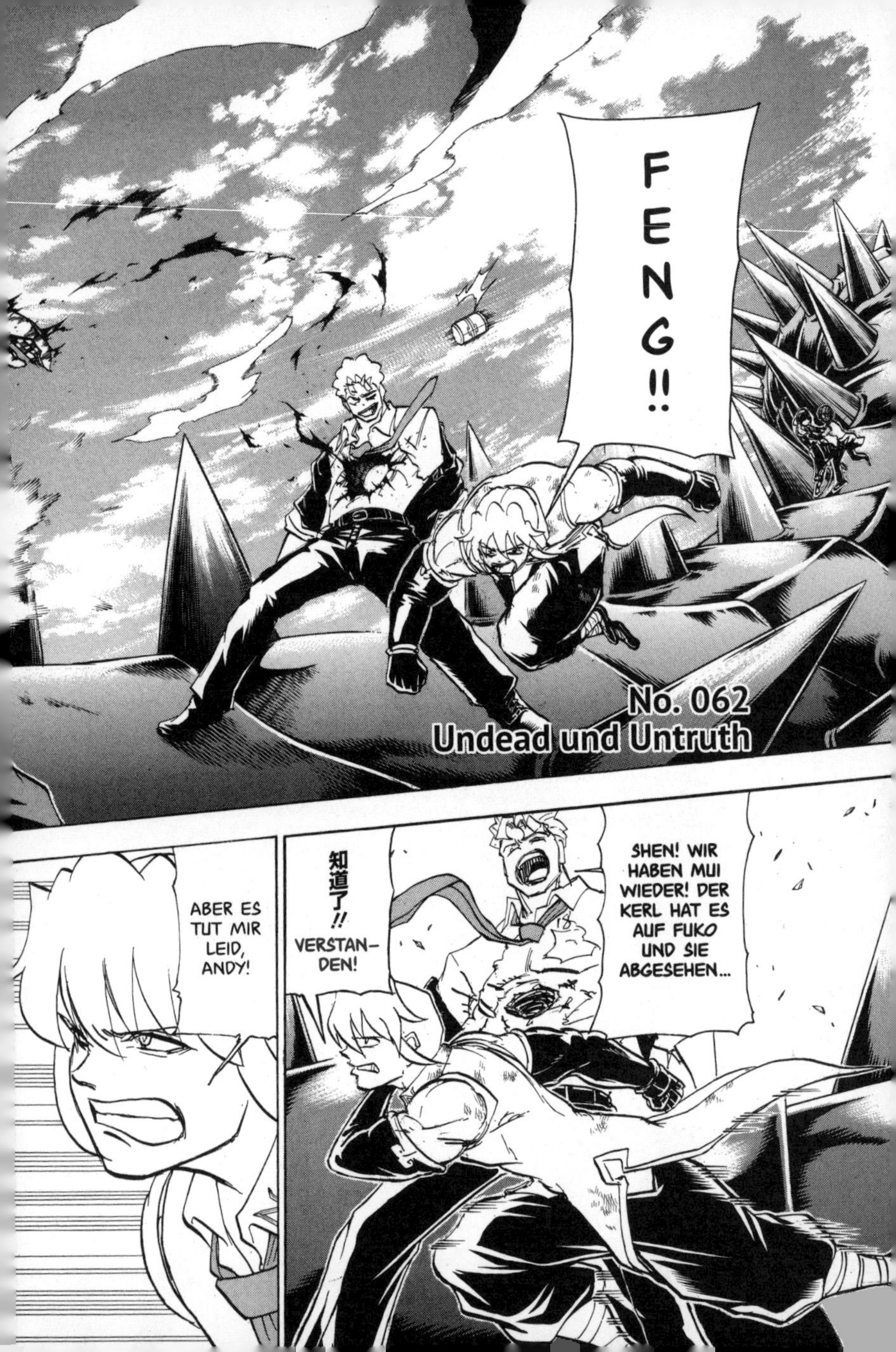
FENG!!
No. 062
Undead und Untruth
SHEN! WIR HABEN MUI WIEDER! DER KERL HAT ES AUF FUKO UND SIE ABGESEHEN...
知道了!!
VERSTANDEN!
ABER ES TUT MIR LEID, ANDY!

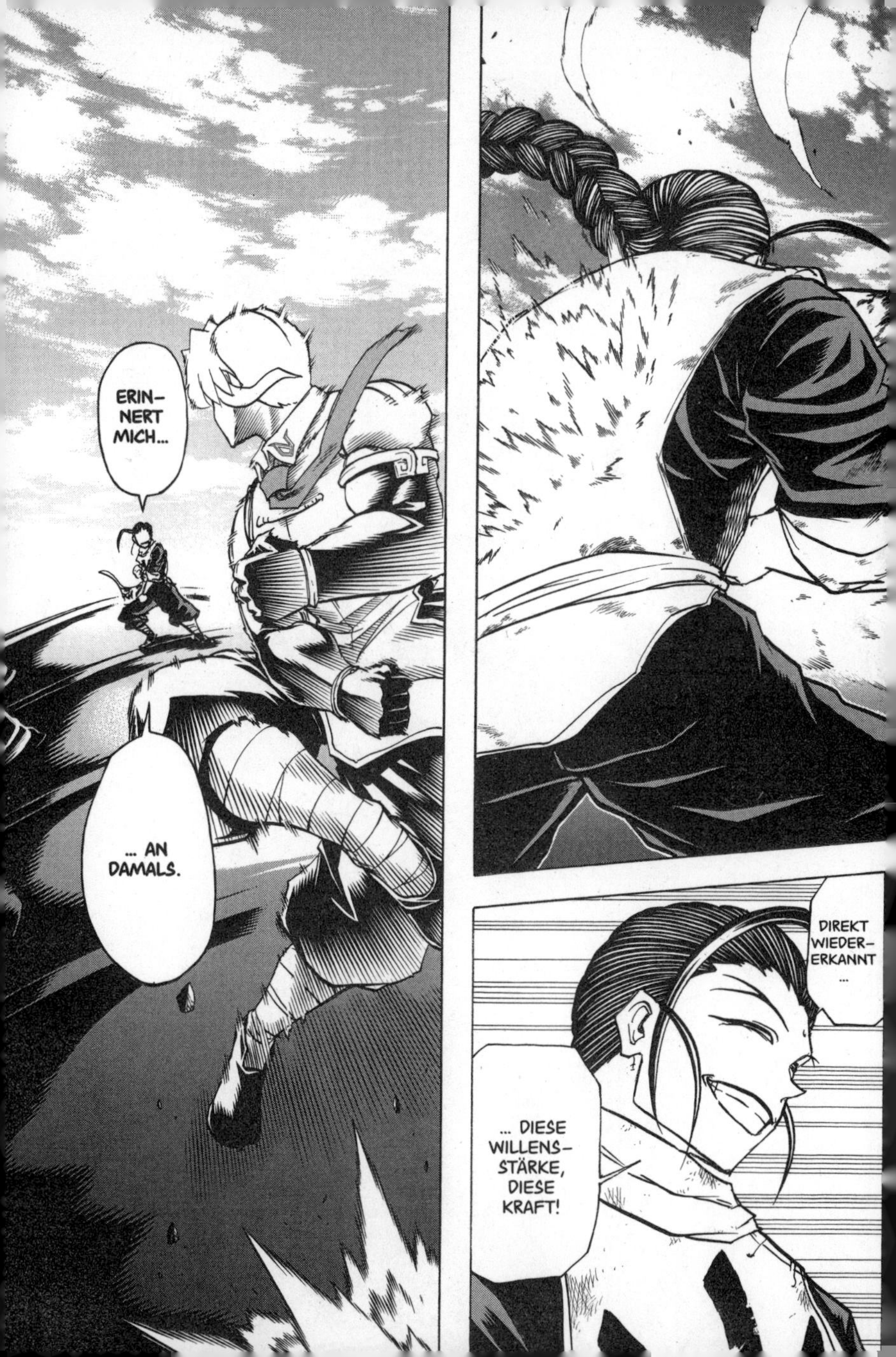
ERIN-
NERT
MICH...
... AN
DAMALS.
DIREKT
WIEDER-
ERKANNT
...
... DIESE
WILLENS-
STÄRKE,
DIESE
KRAFT!

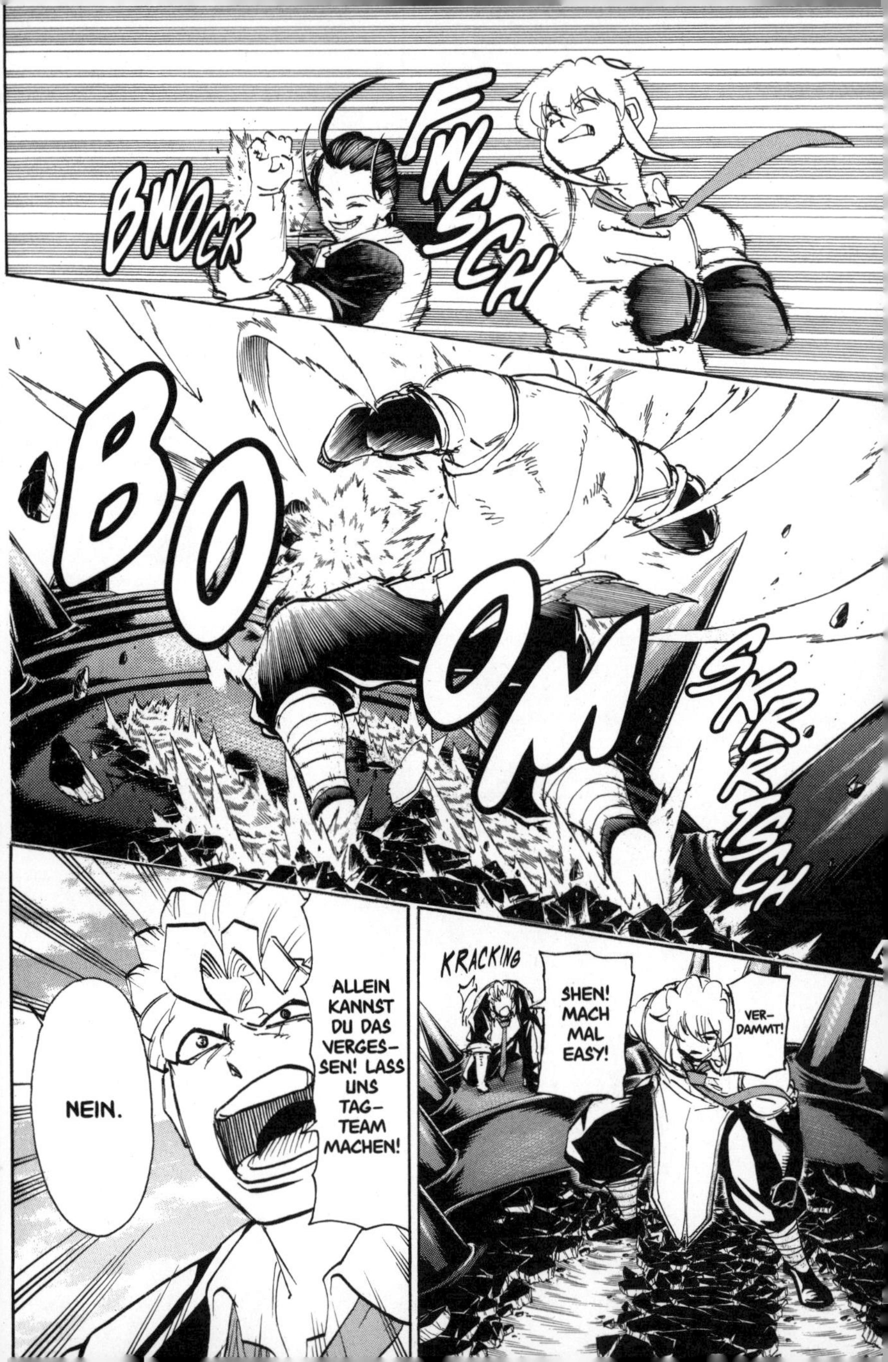
FWSCH
BWOCK
BOOM
SKRKRISCH
KRACKING
VER-DAMMT!
SHEN! MACH MAL EASY!
ALLEIN KANNST DU DAS VERGES-SEN! LASS UNS TAG-TEAM MACHEN!
NEIN.

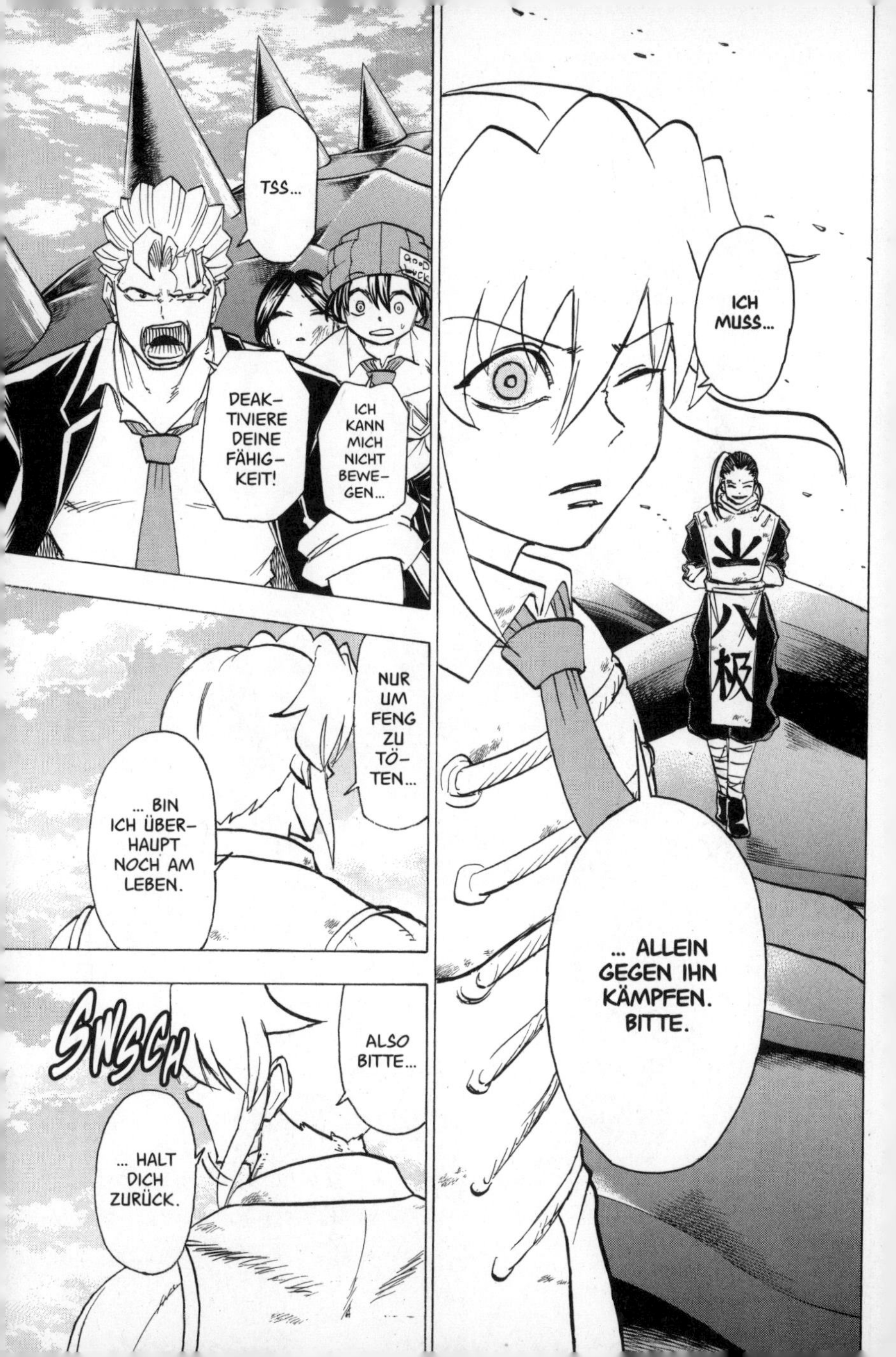
TSS...
DEAKTIVIERE DEINE FÄHIGKEIT!
ICH KANN MICH NICHT BEWEGEN...
GOOD LUCK
NUR UM FENG ZU TÖTEN...
... BIN ICH ÜBERHAUPT NOCH AM LEBEN.
SWSCH
ALSO BITTE...
... HALT DICH ZURÜCK.
ICH MUSS...
... ALLEIN GEGEN IHN KÄMPFEN. BITTE.
八极

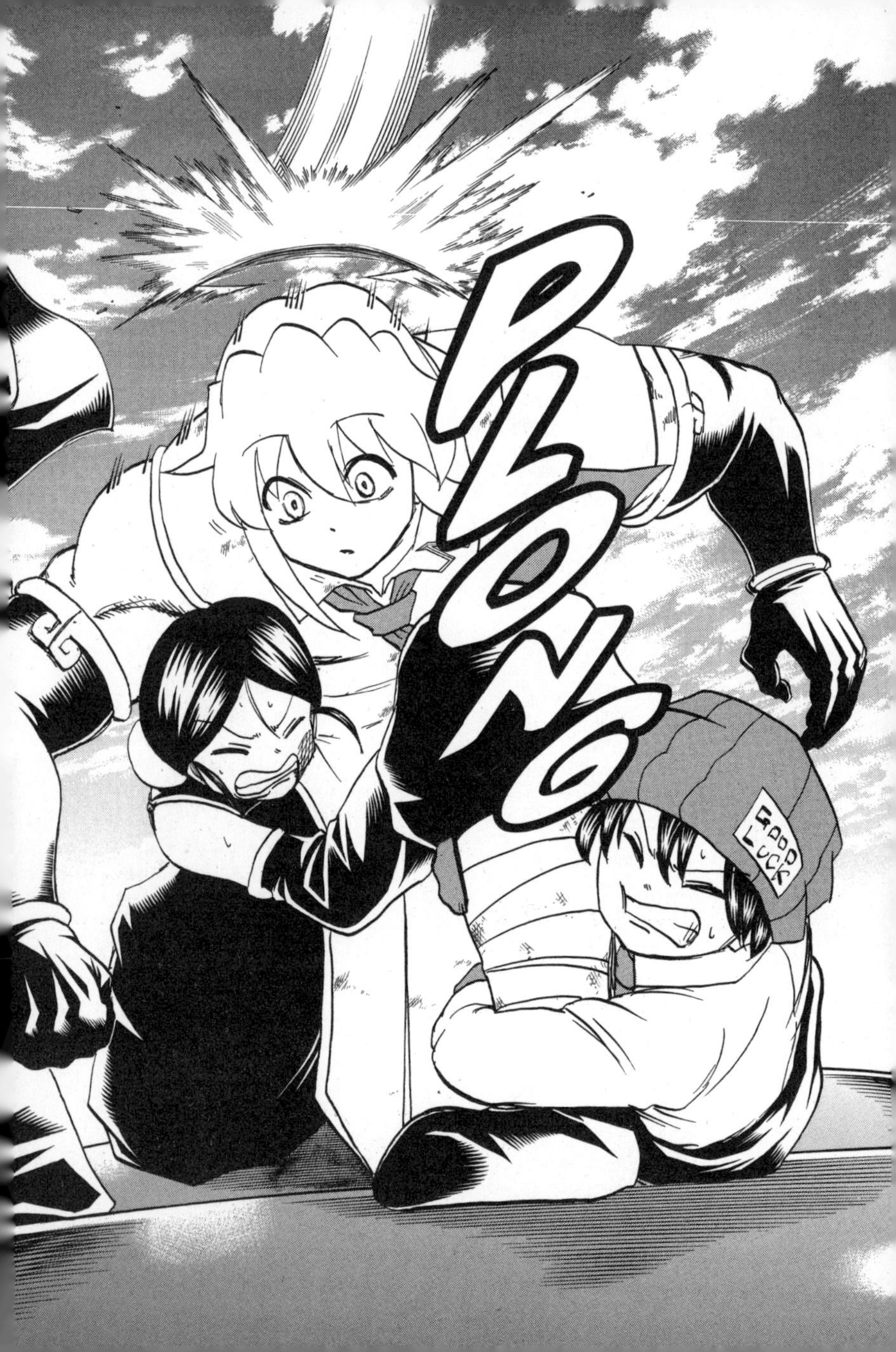
DONG
GOOD LUCK

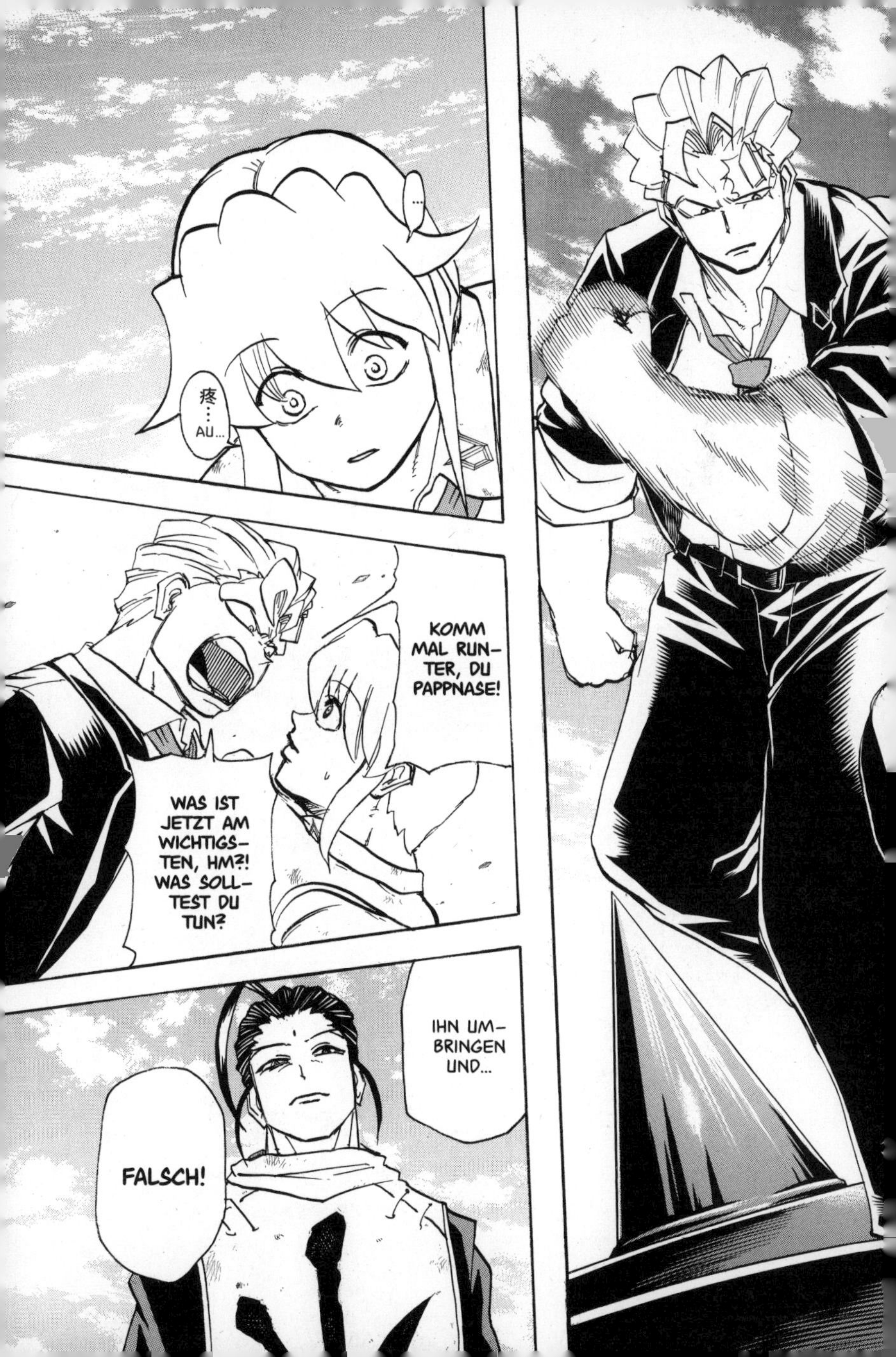
...
疼…… AU...
KOMM MAL RUN-TER, DU PAPPNASE!
WAS IST JETZT AM WICHTIGS-TEN, HM?! WAS SOLL-TEST DU TUN?
IHN UM-BRINGEN UND...
FALSCH!

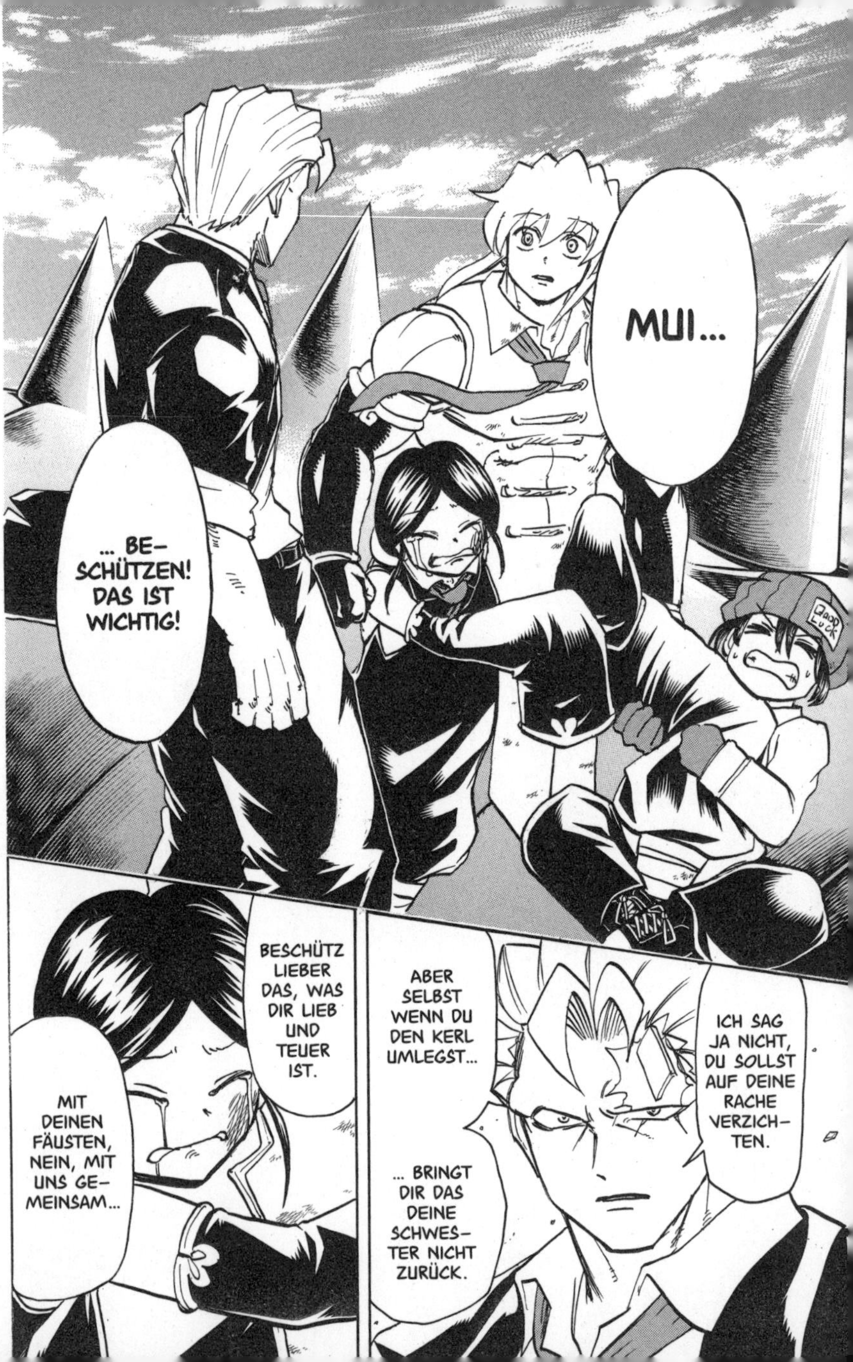
MUI...
... BE-SCHÜTZEN! DAS IST WICHTIG!
ICH SAG JA NICHT, DU SOLLST AUF DEINE RACHE VERZICHTEN.
ABER SELBST WENN DU DEN KERL UMLEGST...
... BRINGT DIR DAS DEINE SCHWESTER NICHT ZURÜCK.
BESCHÜTZ LIEBER DAS, WAS DIR LIEB UND TEUER IST.
MIT DEINEN FÄUSTEN, NEIN, MIT UNS GEMEINSAM...

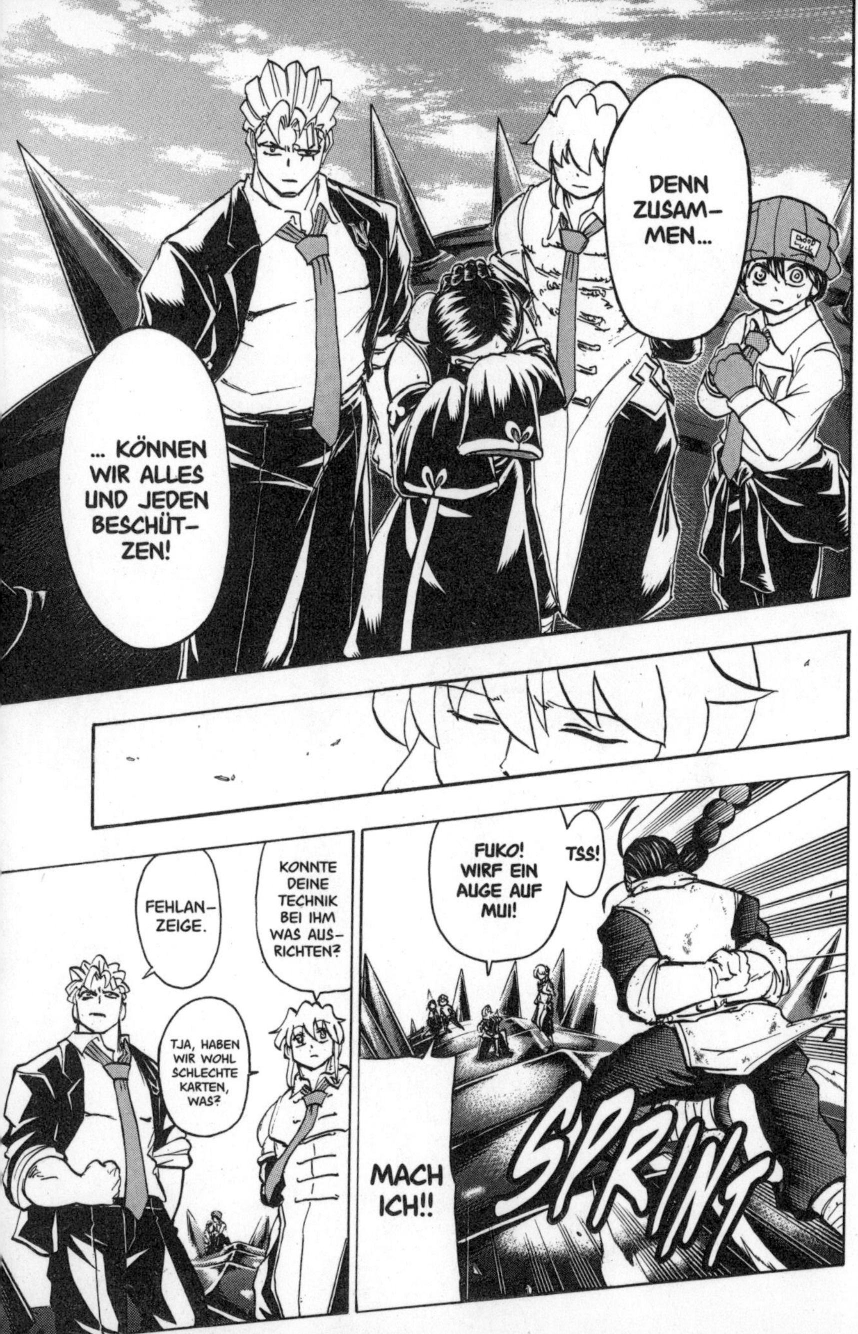
DENN ZUSAM-MEN...
... KÖNNEN WIR ALLES UND JEDEN BESCHÜT-ZEN!
TSS!
FUKO! WIRF EIN AUGE AUF MUI!
MACH ICH!!
SPRING
KONNTE DEINE TECHNIK BEI IHM WAS AUS-RICHTEN?
FEHLAN-ZEIGE.
TJA, HABEN WIR WOHL SCHLECHTE KARTEN, WAS?

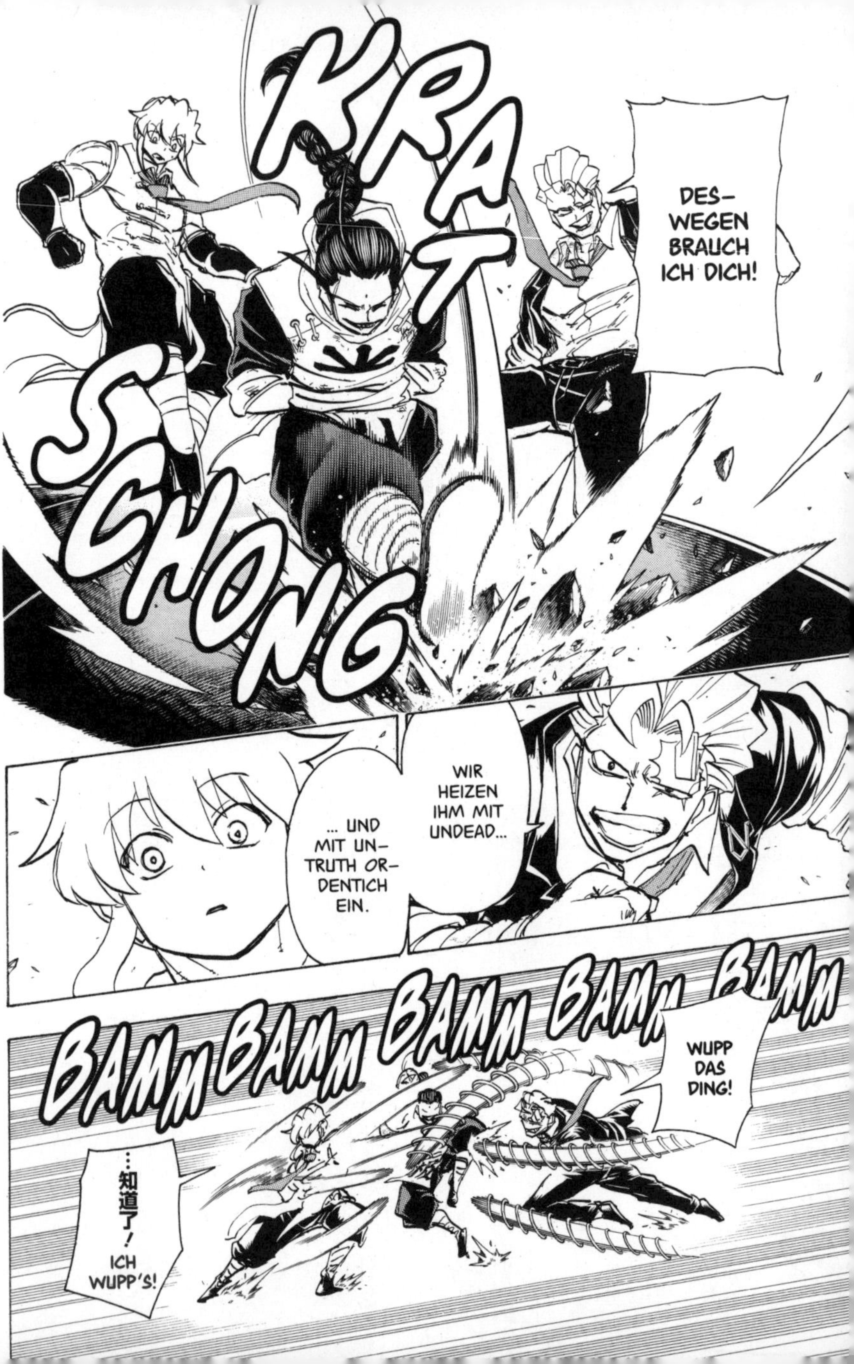
KRA T
SCHONG
DES-
WEGEN
BRAUCH
ICH DICH!
WIR
HEIZEN
IHM MIT
UNDEAD...
... UND
MIT UN-
TRUTH OR-
DENTICH
EIN.
BAMM BAMM BAMM BAMM BAMM
WUPP
DAS
DING!
...知道了!
ICH
WUPP'S!

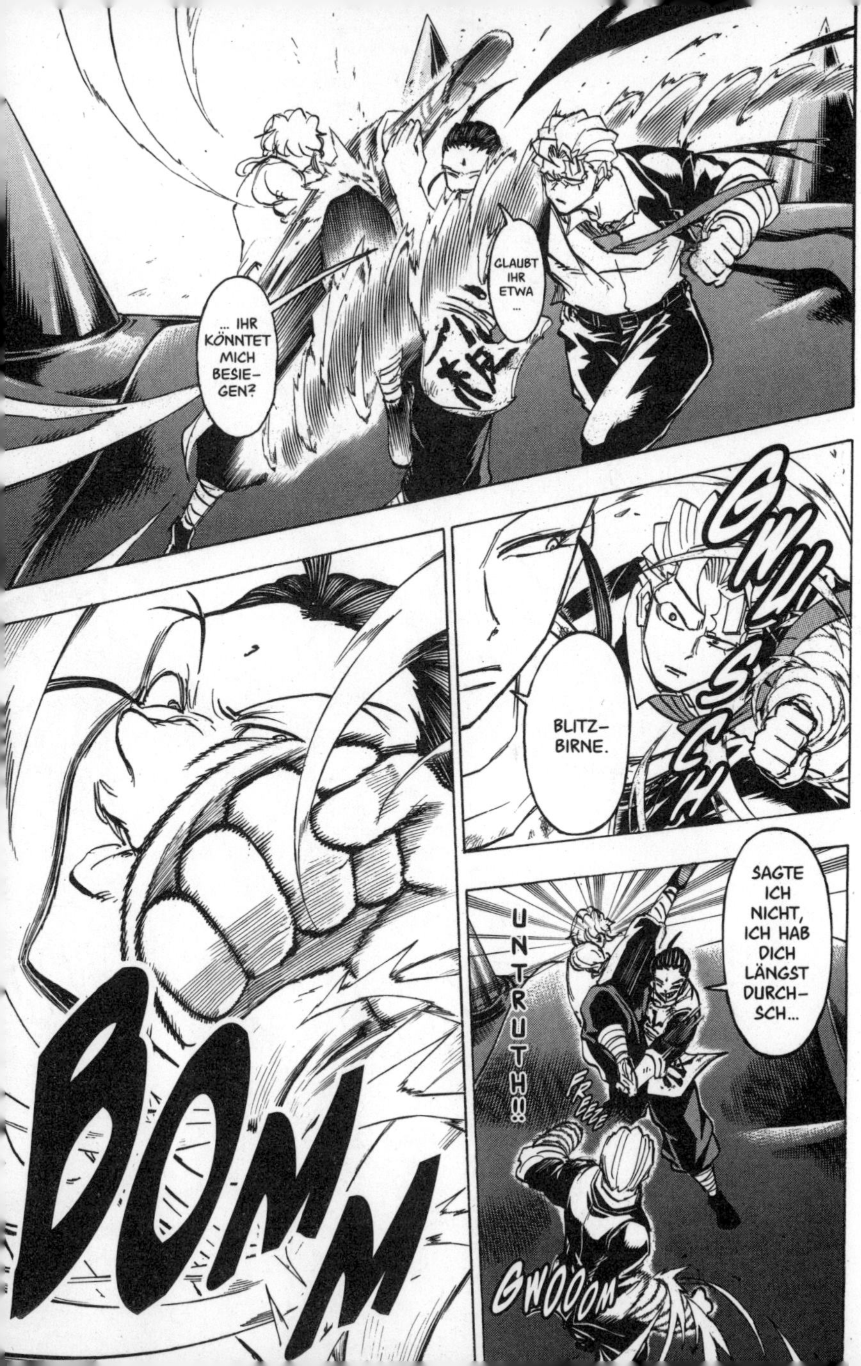
GLAUBT IHR ETWA ...
... IHR KÖNNTET MICH BESIEGEN?
GWUSSCH
BLITZBIRNE.
BOMM
SAGTE ICH NICHT, ICH HAB DICH LÄNGST DURCHSCH...
UNTRUTH!!
GWOOOM

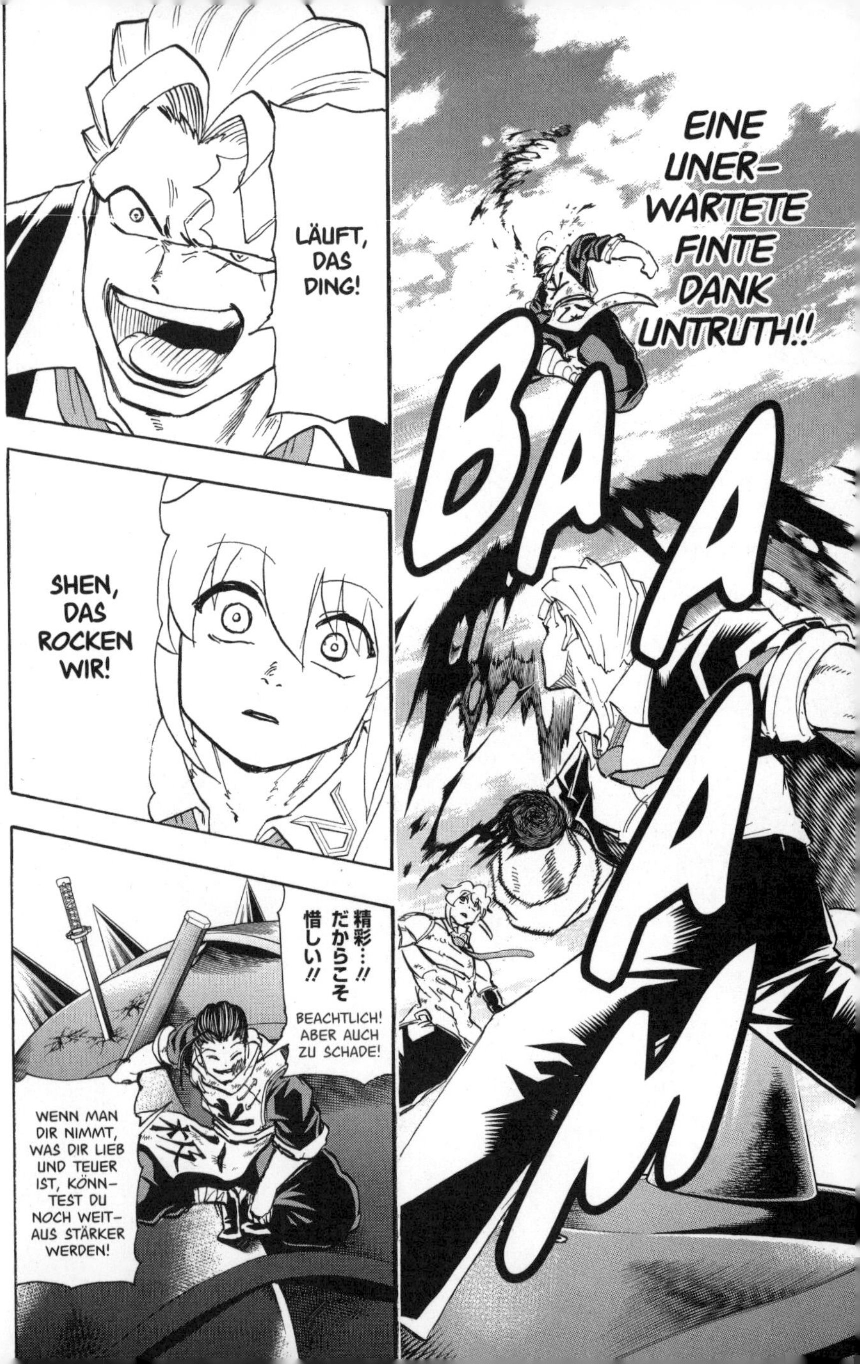
EINE UNER-WARTETE FINTE DANK UNTRUTH!!
BAAAM
LÄUFT, DAS DING!
SHEN, DAS ROCKEN WIR!
精彩…!! だからこそ 惜しい!!
BEACHTLICH! ABER AUCH ZU SCHADE!
WENN MAN DIR NIMMT, WAS DIR LIEB UND TEUER IST, KÖNN-TEST DU NOCH WEIT-AUS STÄRKER WERDEN!

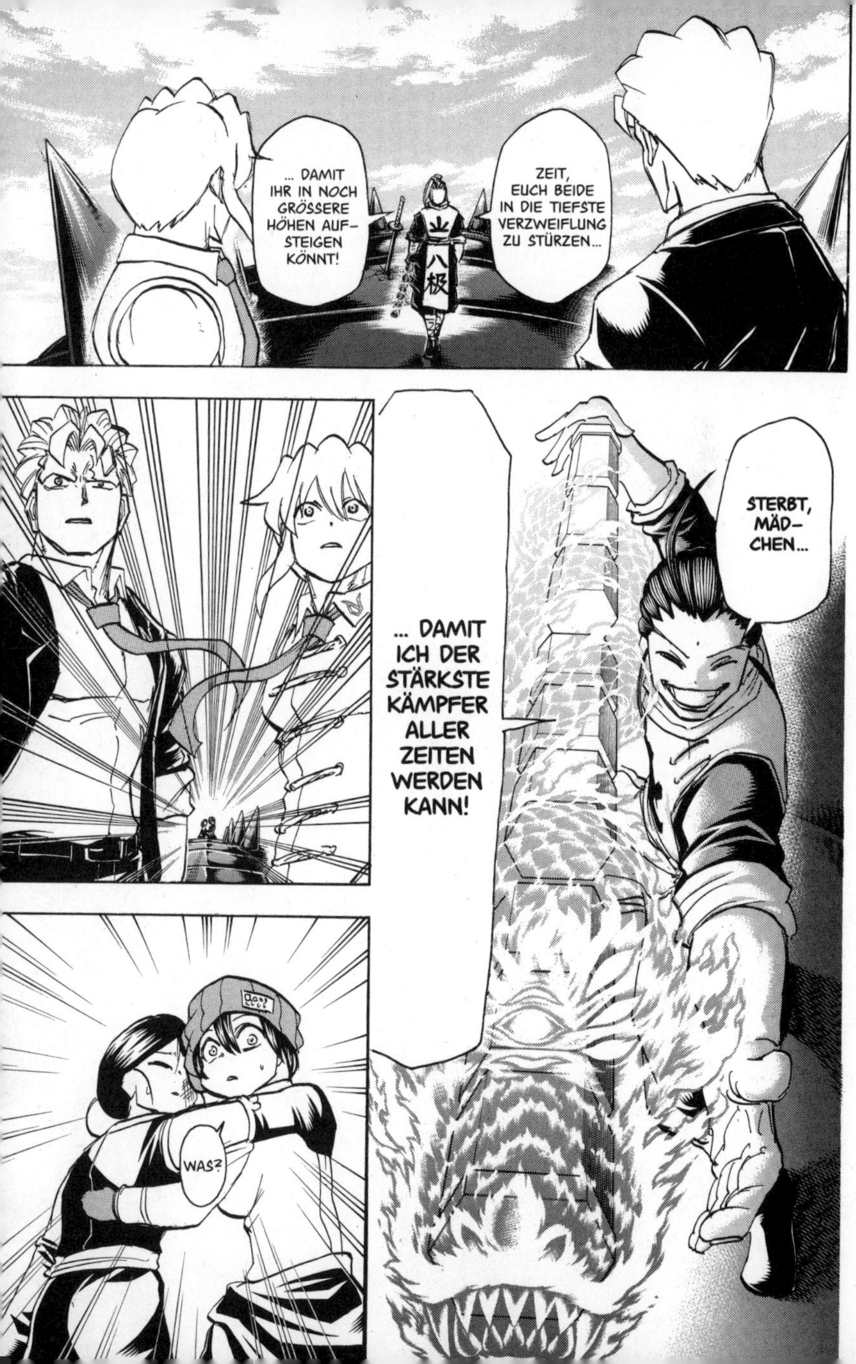
ZEIT, EUCH BEIDE IN DIE TIEFSTE VERZWEIFLUNG ZU STÜRZEN...
... DAMIT IHR IN NOCH GRÖSSERE HÖHEN AUF-STEIGEN KÖNNT!
STERBT, MÄD-CHEN...
... DAMIT ICH DER STÄRKSTE KÄMPFER ALLER ZEITEN WERDEN KANN!
WAS?

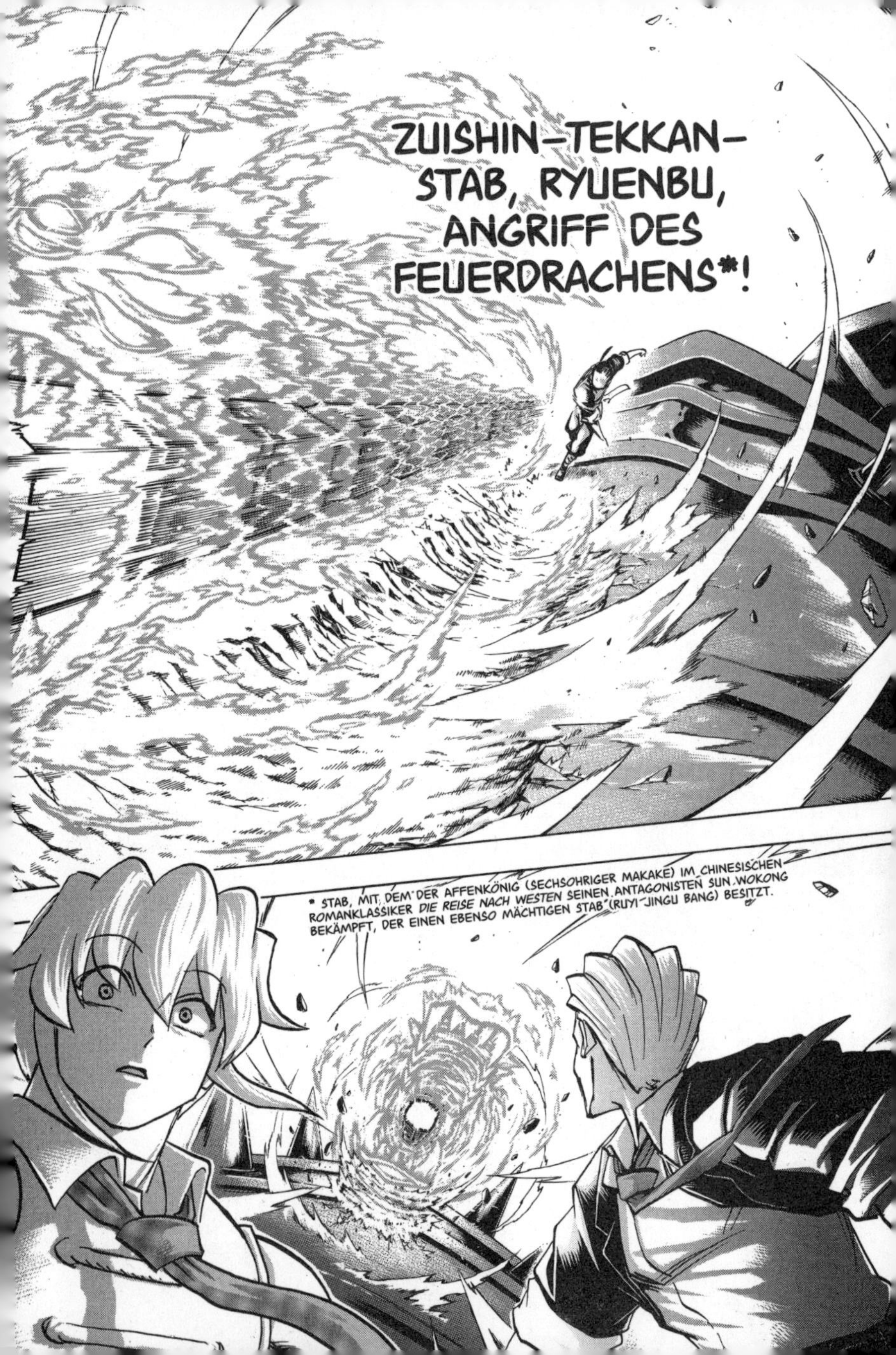
ZUISHIN-TEKKAN-STAB, RYUENBU, ANGRIFF DES FEUERDRACHENS*!
* STAB, MIT DEM DER AFFENKÖNIG (SECHSOHRIGER MAKAKE) IM CHINESISCHEN ROMANKLASSIKER *DIE REISE NACH WESTEN* SEINEN ANTAGONISTEN SUN WOKONG BEKÄMPFT, DER EINEN EBENSO MÄCHTIGEN STAB (RUYI JINGU BANG) BESITZT.

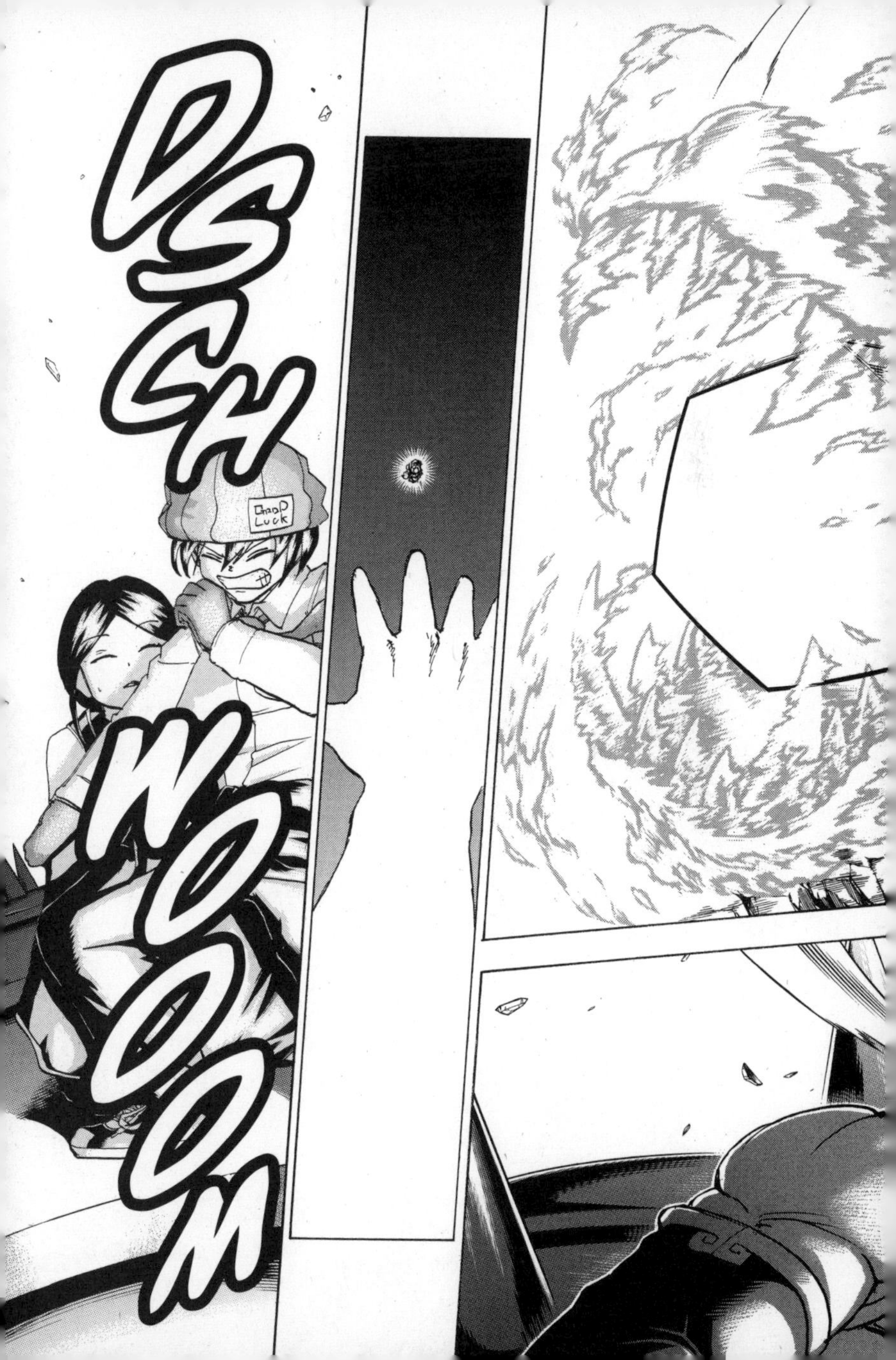
DSCH
GRAND LUCK
WOOOM

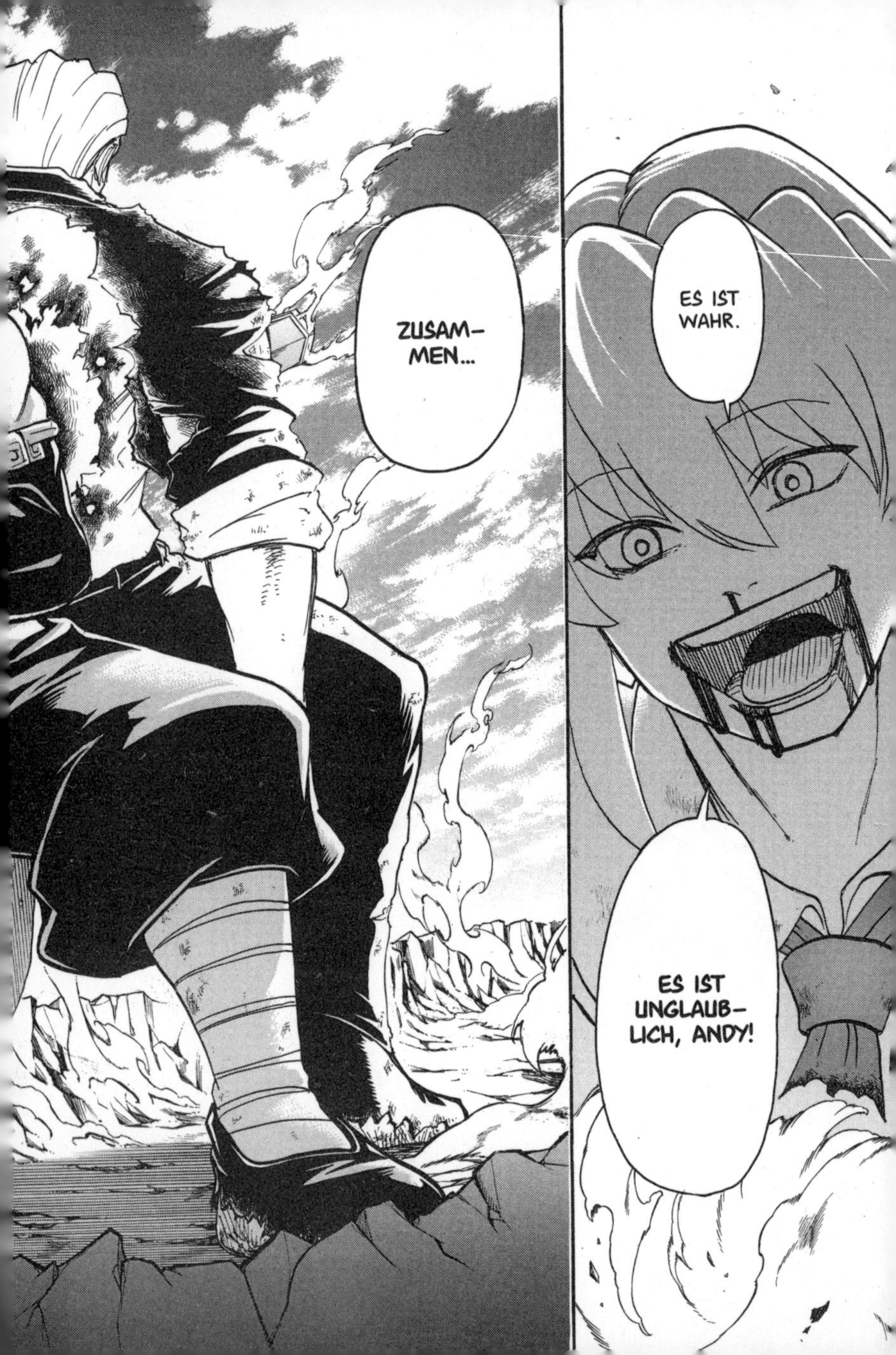
ES IST WAHR.
ES IST UNGLAUB-LICH, ANDY!
ZUSAM-MEN...

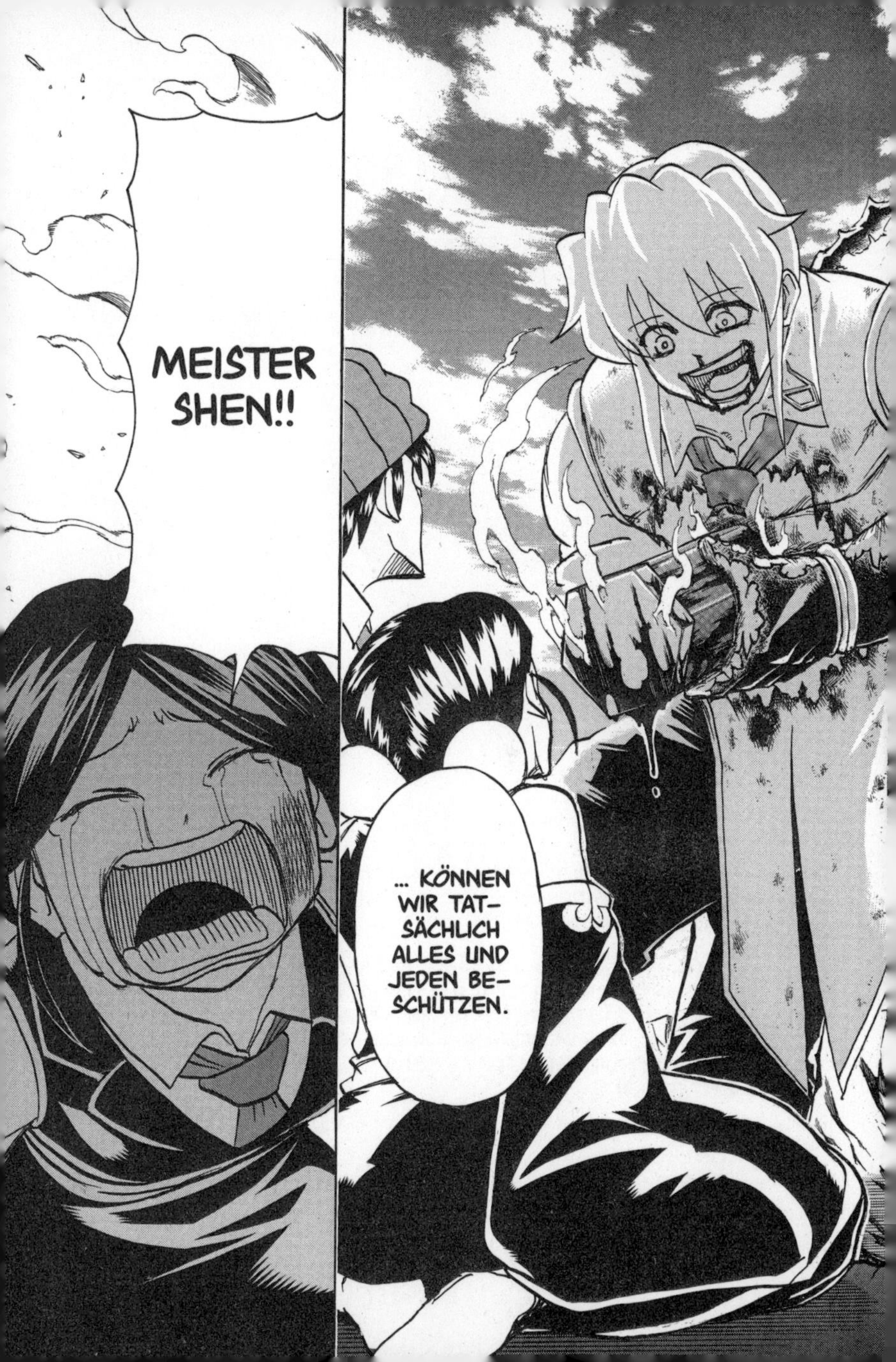
... KÖNNEN WIR TATSÄCHLICH ALLES UND JEDEN BESCHÜTZEN.
MEISTER SHEN!!

# ARTEFAKT ZUISHIN-TEKKAN

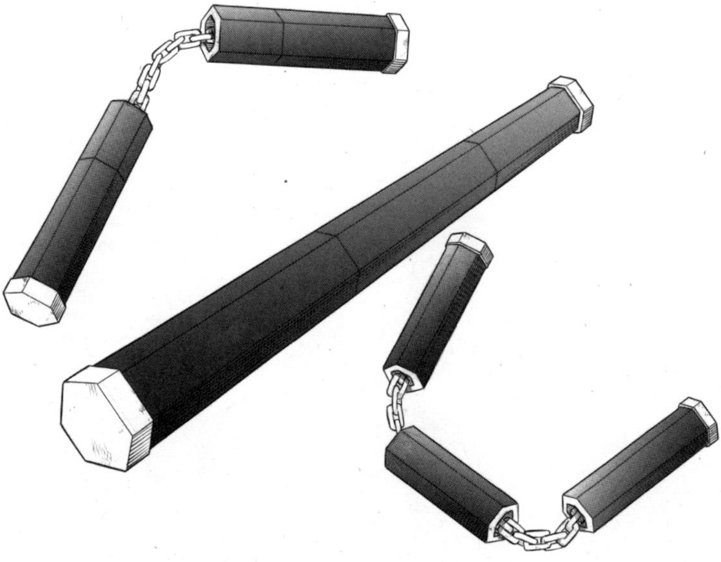

EIN ARTEFAKT, DAS FENG BEI DER SCHWARZMARKTAUKTION VON RIP ERHALTEN HAT. DIE FOLGENDEN INFORMATIONEN BERUHEN AUF FENGS AUSSAGEN UND SIND NICHT BESTÄTIGT.

DAS ARTEFAKT KANN BIS ZU VIER VERWANDLUNGEN VOLLZIEHEN. JEDE FORM BIRGT IHRE EIGENEN GEHEIMNISSE. FENG HAT BISHER DIE ERSTEN DREI VERWANDLUNGEN MITSAMT IHREN MYSTERIEN GEMEISTERT. DIE ERSTE FORM IST EIN HOLZKNÜPPEL, DIE ZWEITE EIN NUNCHAKU UND DIE DRITTE EIN DREISTOCK.* LEDIGLICH DIE VIERTE FORM KONNTE NOCH NICHT VOLLSTÄNDIG KLASSIFIZIERT WERDEN.

* NUNCHAKU = URSPRÜNGLICH ALS DRESCHFLEGEL VERWENDETE TRADITIONELLE SCHLAGWAFFE AUS DREI TEILEN; DREISTOCK = AUSGEKLAPPT CA. 1,80 M LANGE WÜRGEWAFFE, DADURCH UNHANDLICHER, ABER EFFEKTIVER ALS DER NUNCHAKU

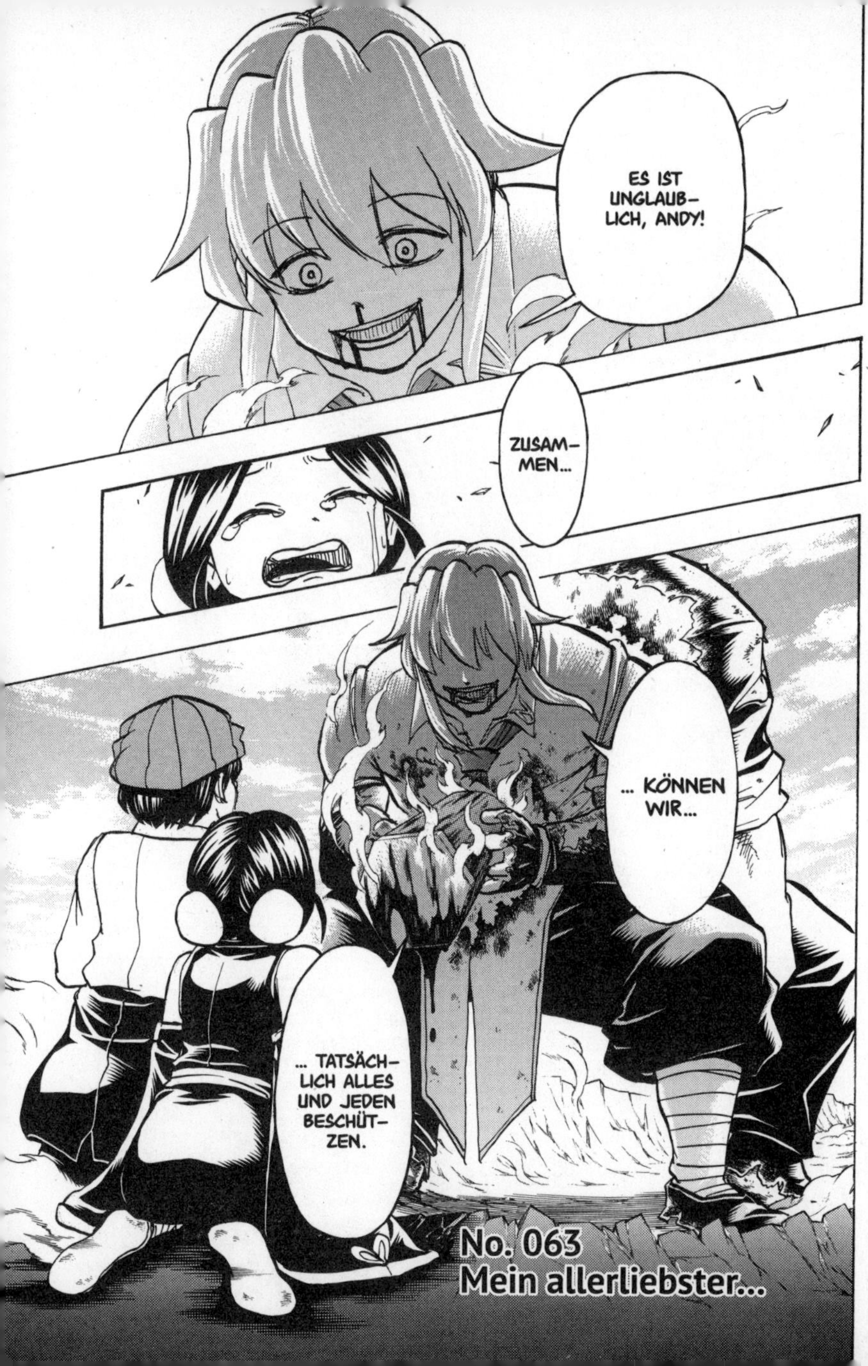
ES IST UNGLAUB-LICH, ANDY!
ZUSAM-MEN...
... KÖNNEN WIR...
... TATSÄCH-LICH ALLES UND JEDEN BESCHÜT-ZEN.
No. 063
Mein allerliebster...

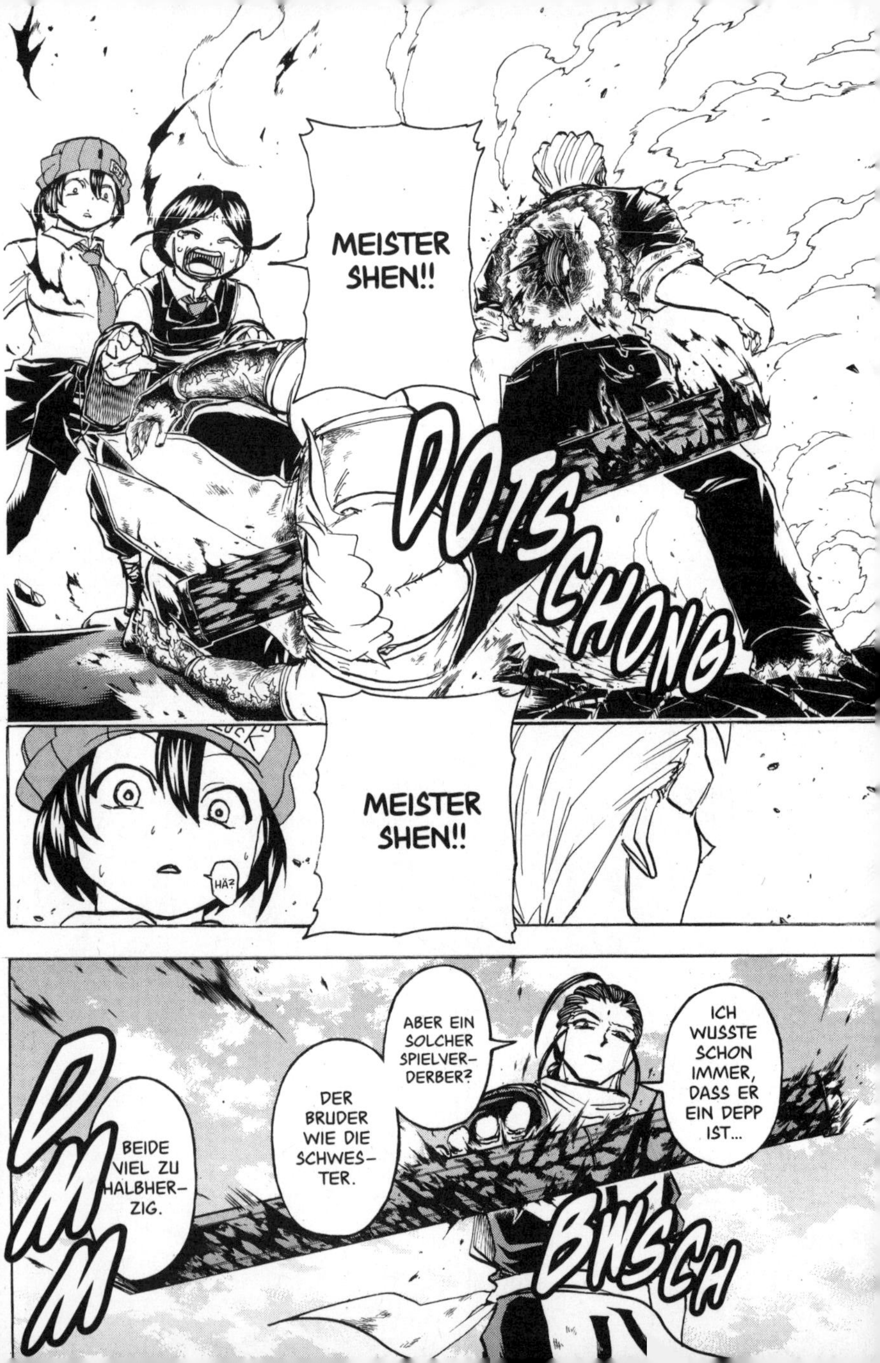
MEISTER SHEN!!
DOTSCHONG
MEISTER SHEN!!
HÄ?
ICH WUSSTE SCHON IMMER, DASS ER EIN DEPP IST...
ABER EIN SOLCHER SPIELVERDERBER?
DER BRUDER WIE DIE SCHWES-TER.
BEIDE VIEL ZU HALBHER-ZIG.
BWSCH

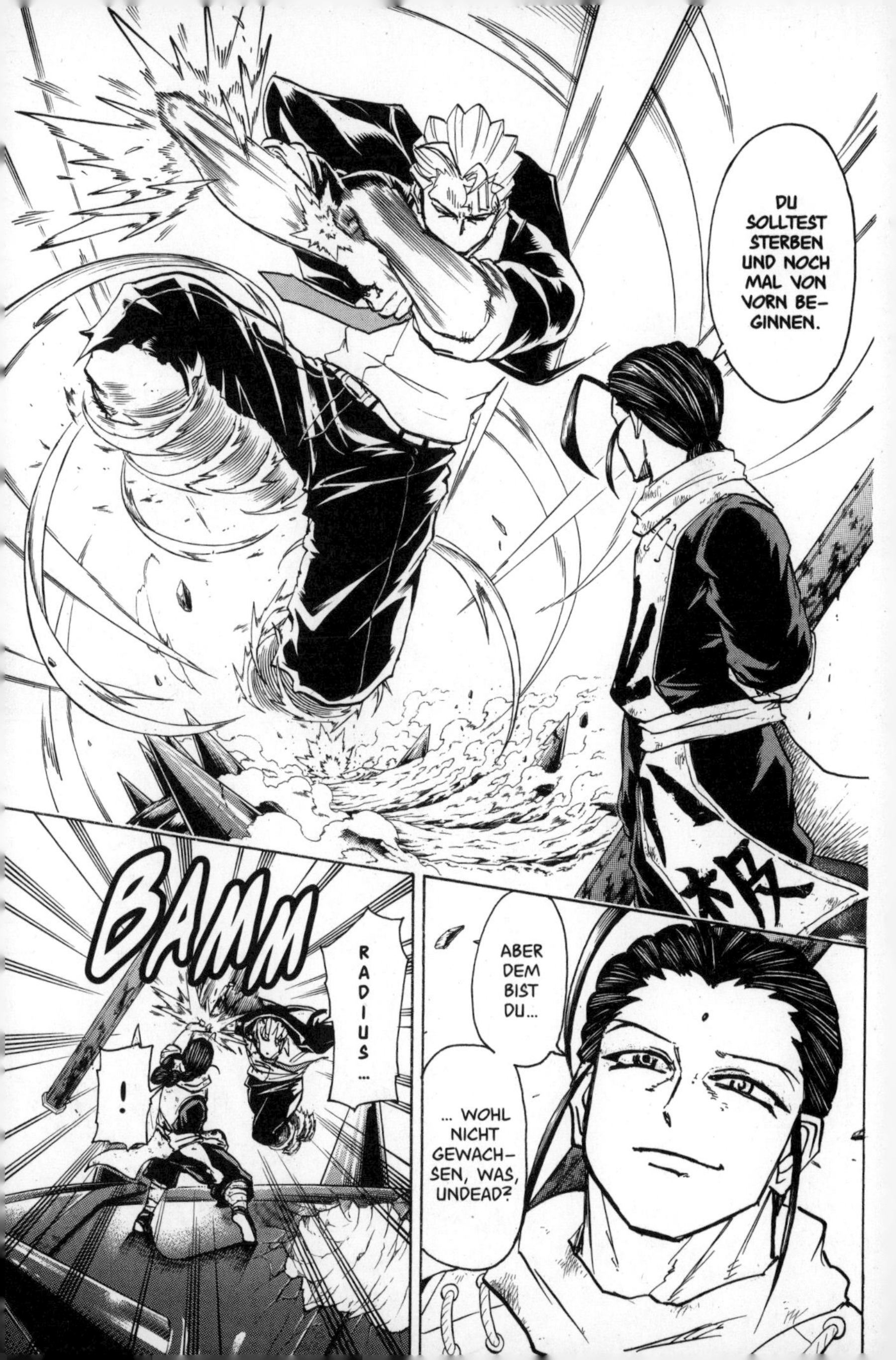
DU SOLLTEST STERBEN UND NOCH MAL VON VORN BE-GINNEN.
ABER DEM BIST DU...
... WOHL NICHT GEWACH-SEN, WAS, UNDEAD?
BAMM
RADIUS ...
!

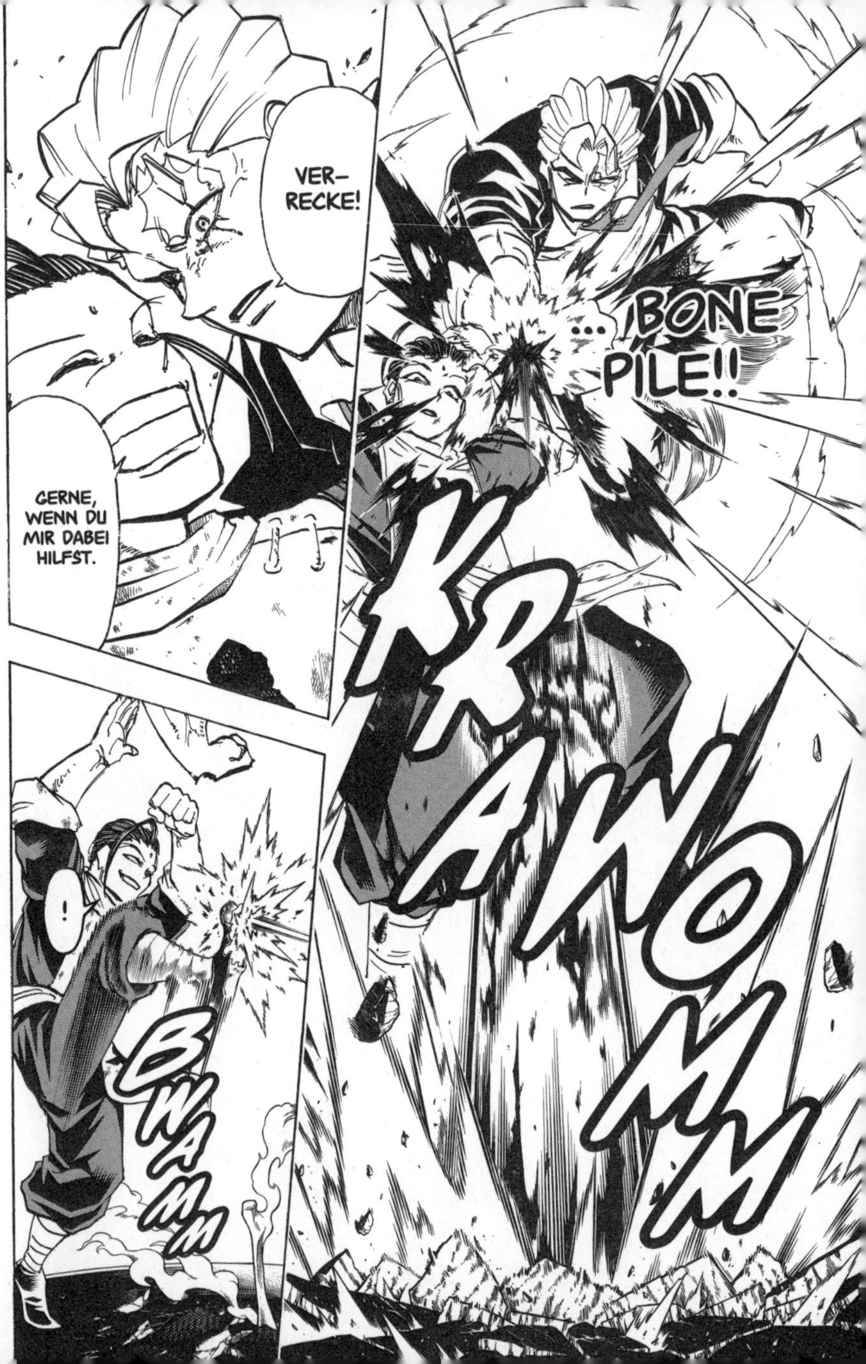
...BONE PILE!!
KRAWOMMM
VER-RECKE!
GERNE, WENN DU MIR DABEI HILFST.
!
BWAMM

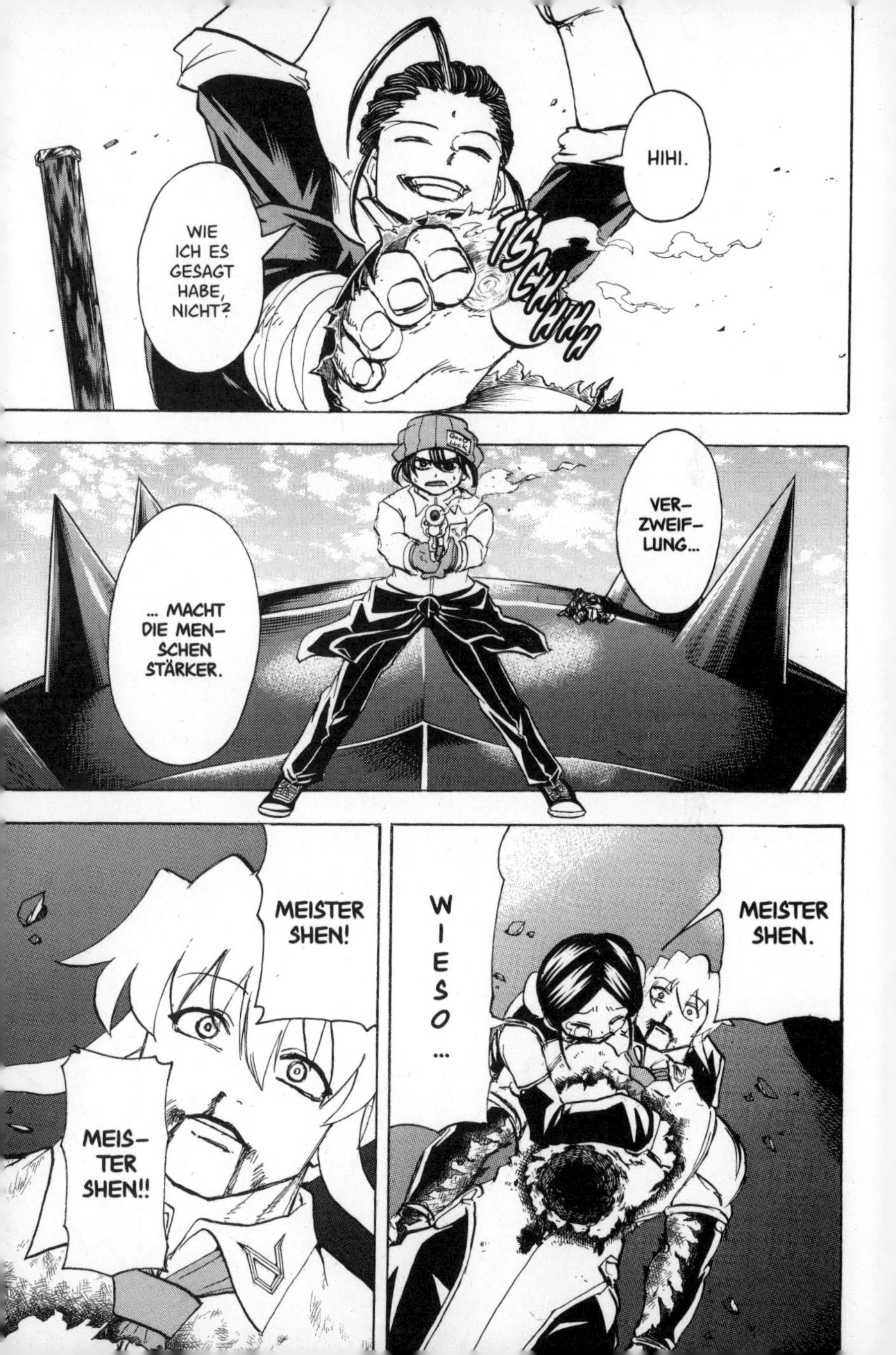
HIHI.
WIE ICH ES GESAGT HABE, NICHT?
TSCHHH
VER-ZWEIF-LUNG...
... MACHT DIE MEN-SCHEN STÄRKER.
MEISTER SHEN.
WIESO ...
MEISTER SHEN!
MEIS-TER SHEN!!

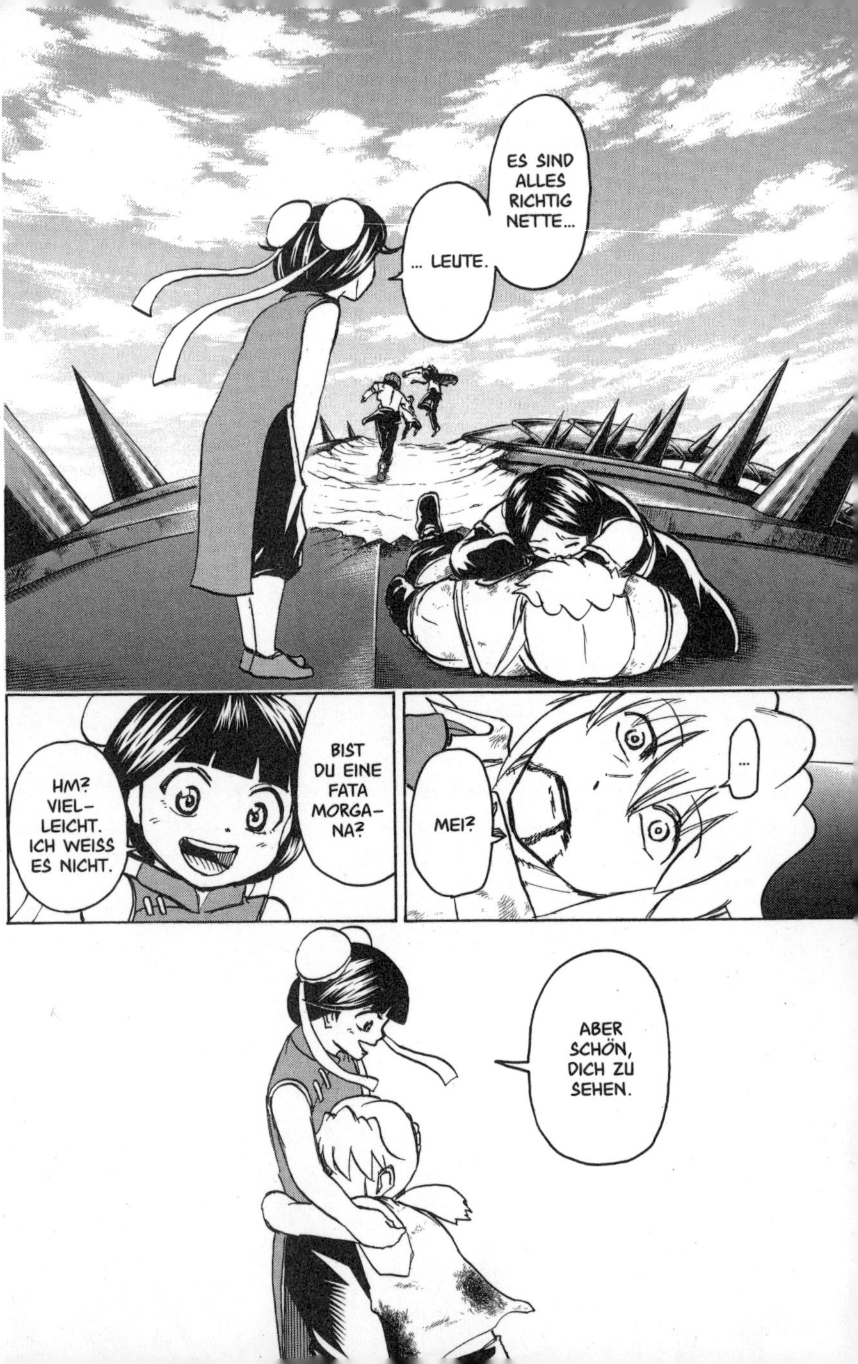
ES SIND ALLES RICHTIG NETTE...
... LEUTE.
...
MEI?
BIST DU EINE FATA MORGA-NA?
HM? VIEL-LEICHT. ICH WEISS ES NICHT.
ABER SCHÖN, DICH ZU SEHEN.

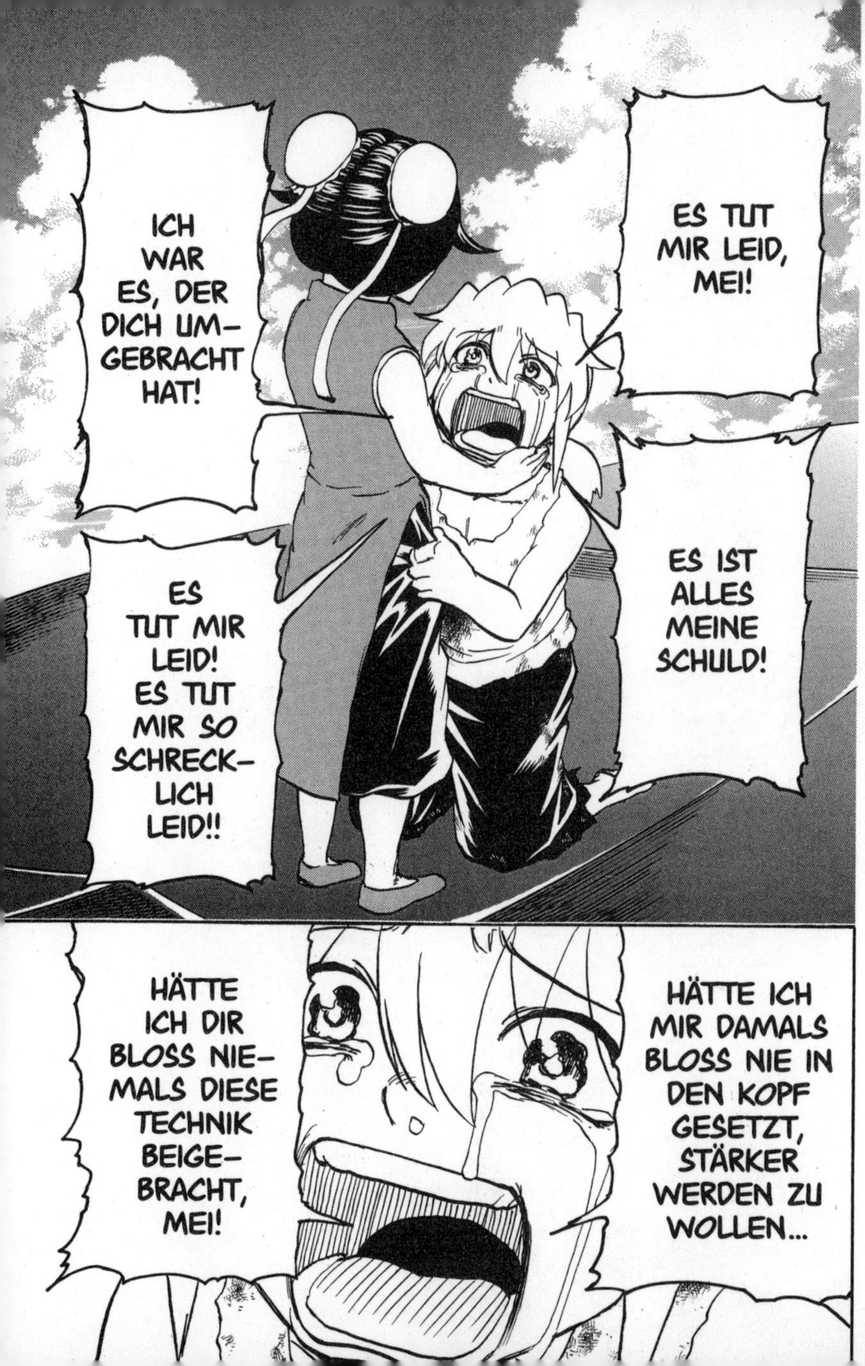
ES TUT MIR LEID, MEI!
ICH WAR ES, DER DICH UMGEBRACHT HAT!
ES IST ALLES MEINE SCHULD!
ES TUT MIR LEID! ES TUT MIR SO SCHRECKLICH LEID!!
HÄTTE ICH MIR DAMALS BLOSS NIE IN DEN KOPF GESETZT, STÄRKER WERDEN ZU WOLLEN...
HÄTTE ICH DIR BLOSS NIEMALS DIESE TECHNIK BEIGEBRACHT, MEI!

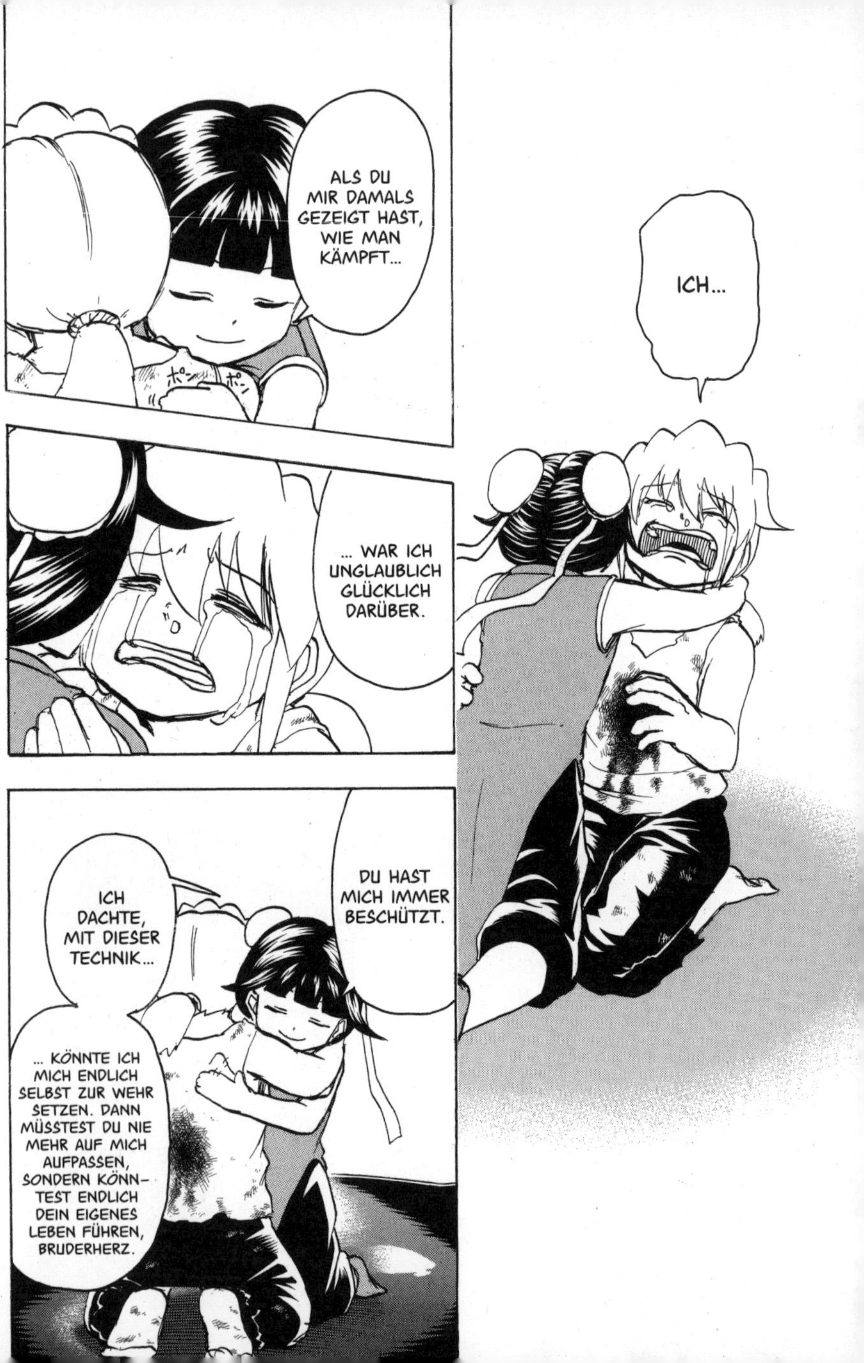
ICH...
ALS DU MIR DAMALS GEZEIGT HAST, WIE MAN KÄMPFT...
ポン ポン
... WAR ICH UNGLAUBLICH GLÜCKLICH DARÜBER.
DU HAST MICH IMMER BESCHÜTZT.
ICH DACHTE, MIT DIESER TECHNIK...
... KÖNNTE ICH MICH ENDLICH SELBST ZUR WEHR SETZEN. DANN MÜSSTEST DU NIE MEHR AUF MICH AUFPASSEN, SONDERN KÖNNTEST ENDLICH DEIN EIGENES LEBEN FÜHREN, BRUDERHERZ.

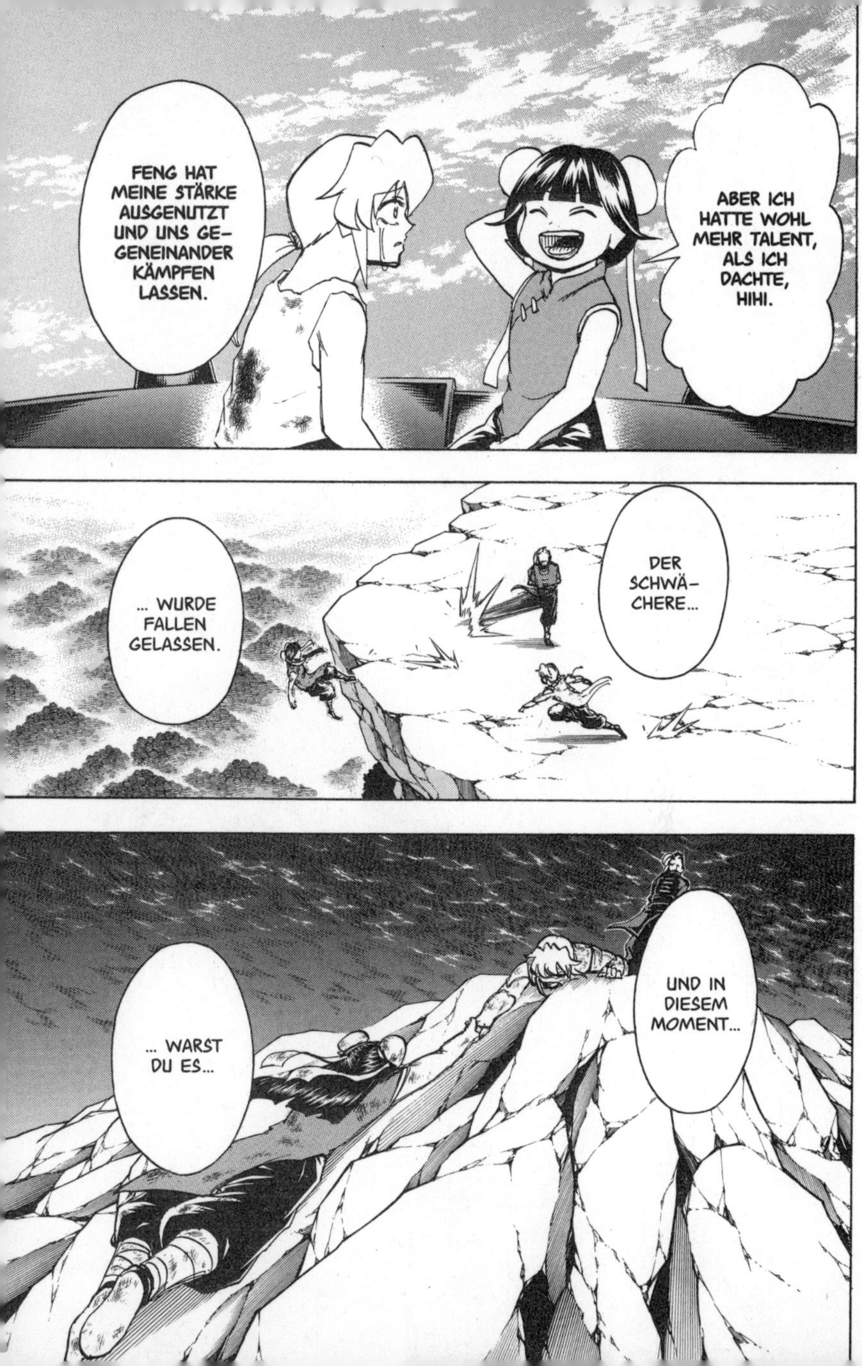
ABER ICH HATTE WOHL MEHR TALENT, ALS ICH DACHTE, HIHI.
FENG HAT MEINE STÄRKE AUSGENUTZT UND UNS GE-GENEINANDER KÄMPFEN LASSEN.
DER SCHWÄ-CHERE...
... WURDE FALLEN GELASSEN.
UND IN DIESEM MOMENT...
... WARST DU ES...

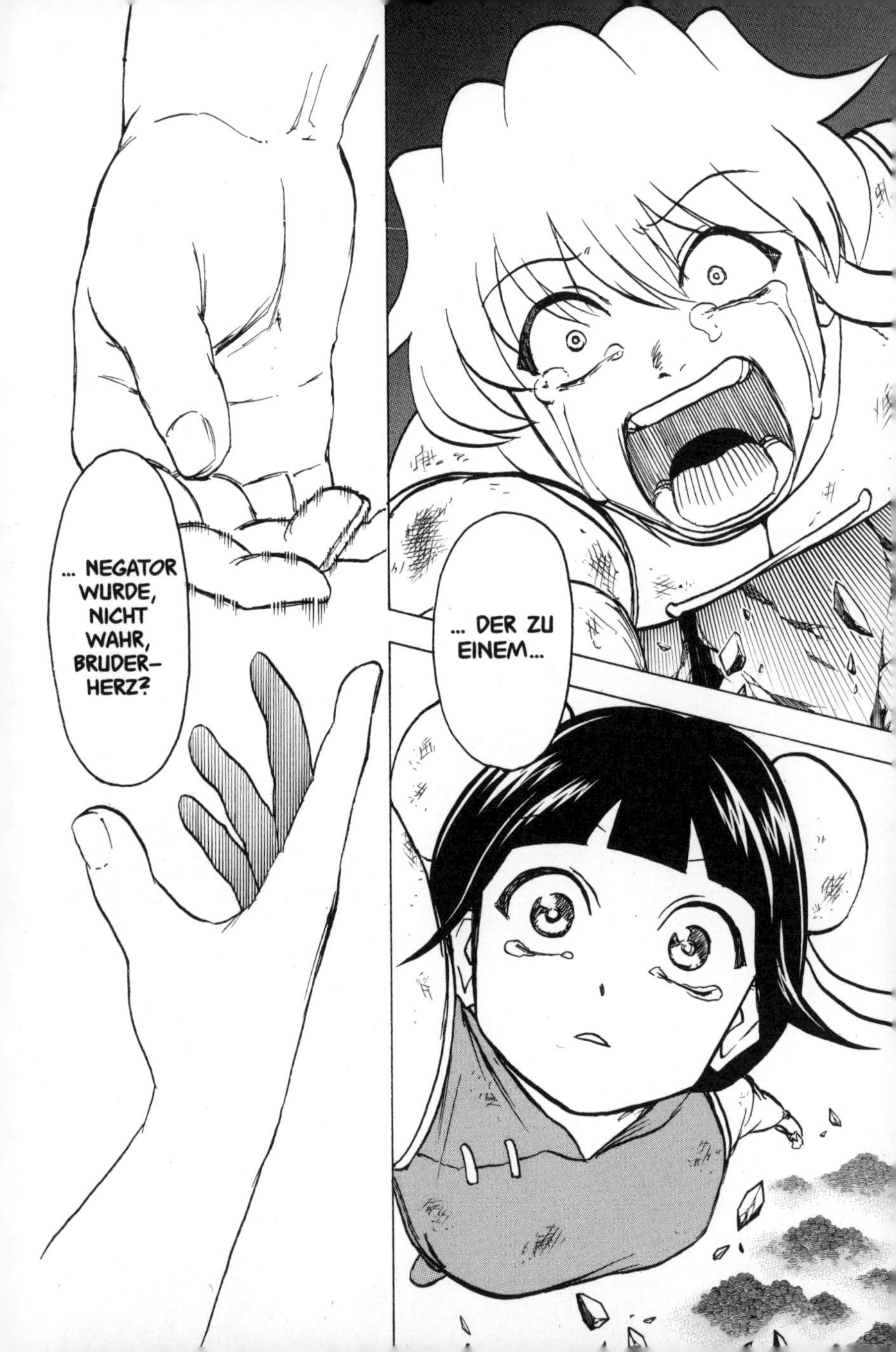
... DER ZU EINEM...
... NEGATOR WURDE, NICHT WAHR, BRUDER-HERZ?

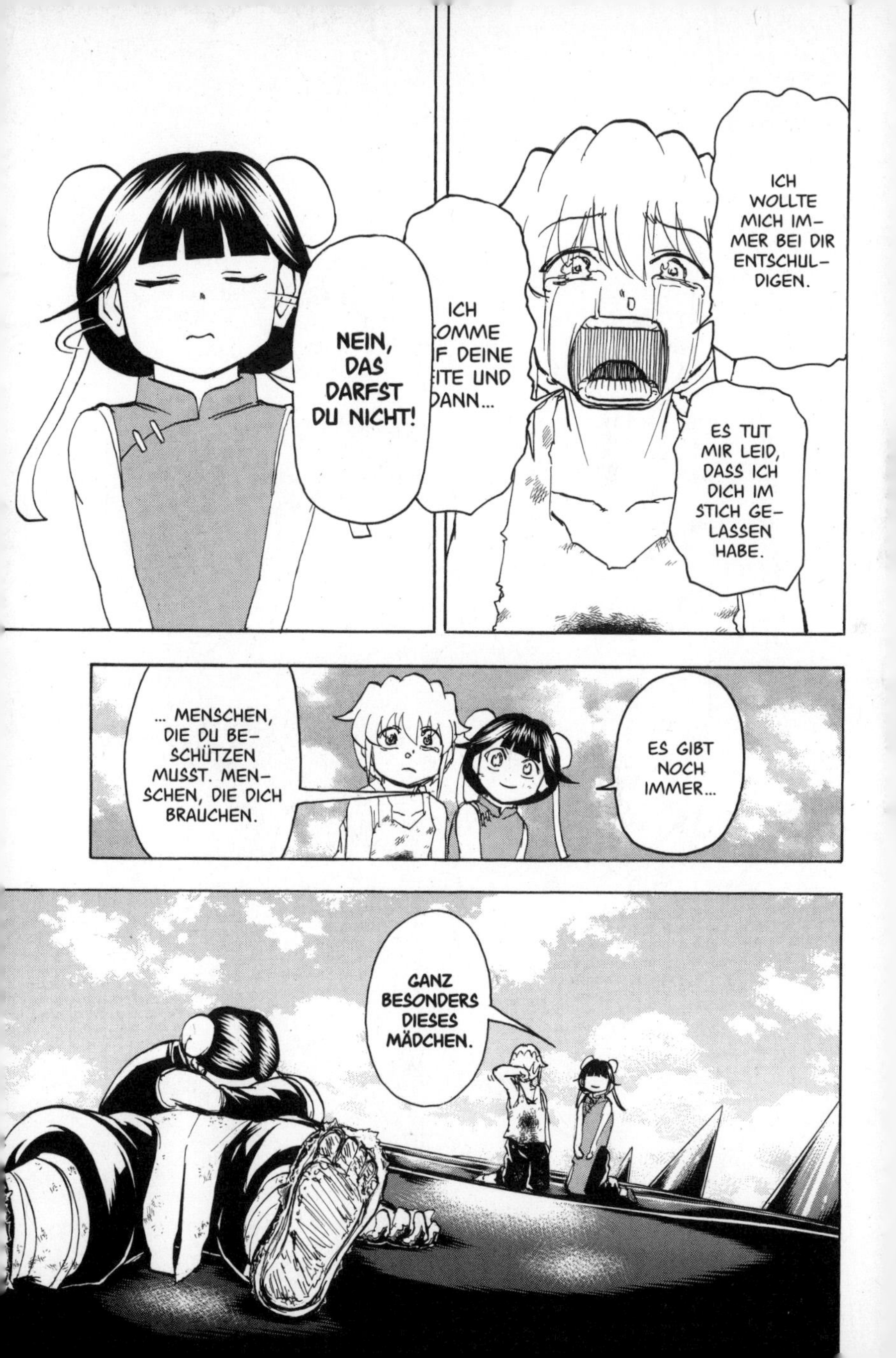
ICH WOLLTE MICH IMMER BEI DIR ENTSCHULDIGEN.
ES TUT MIR LEID, DASS ICH DICH IM STICH GELASSEN HABE.
ICH KOMME F DEINE EITE UND DANN…
NEIN, DAS DARFST DU NICHT!
ES GIBT NOCH IMMER…
… MENSCHEN, DIE DU BESCHÜTZEN MUSST. MENSCHEN, DIE DICH BRAUCHEN.
GANZ BESONDERS DIESES MÄDCHEN.

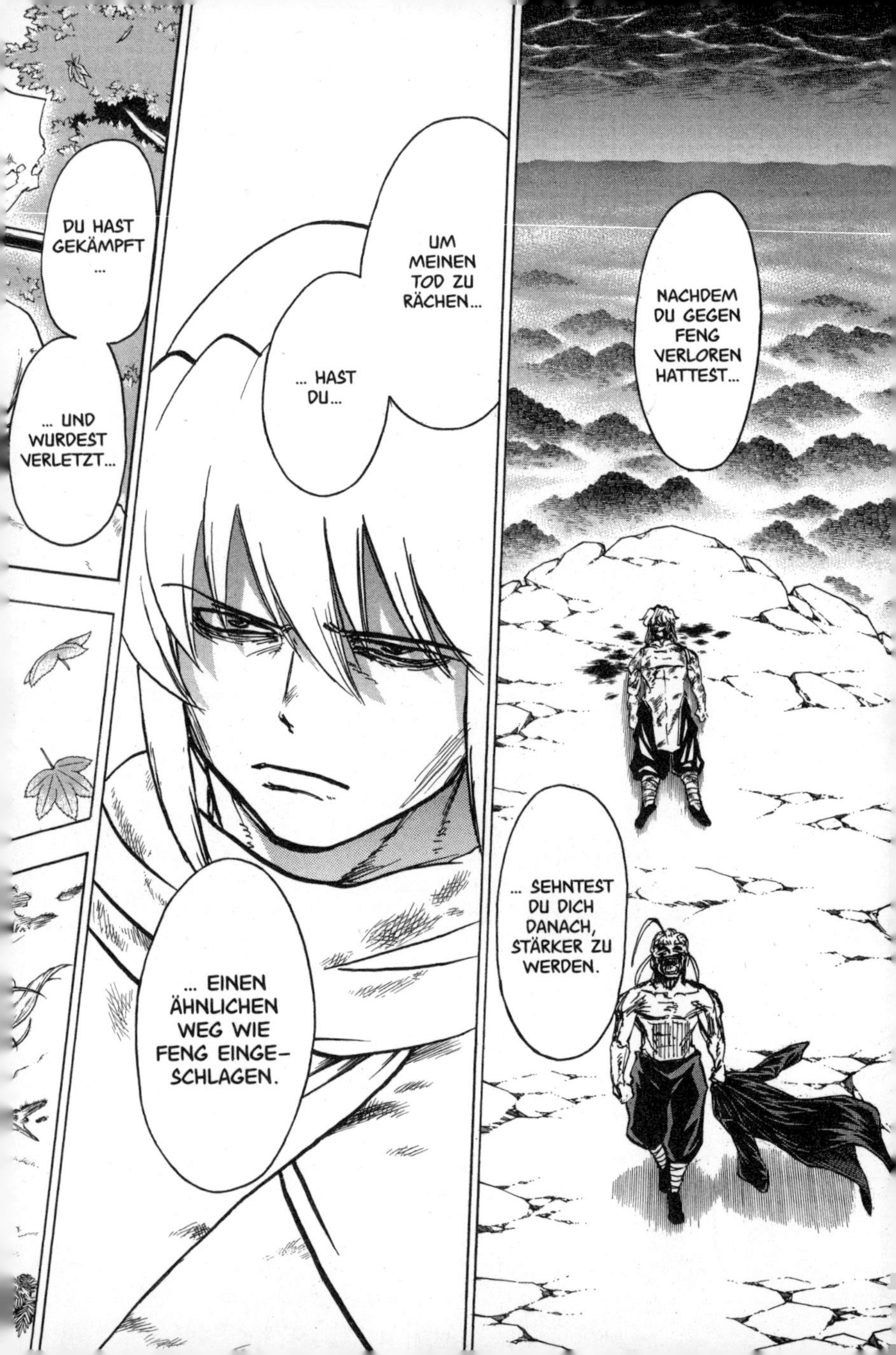
NACHDEM DU GEGEN FENG VERLOREN HATTEST...
... SEHNTEST DU DICH DANACH, STÄRKER ZU WERDEN.
UM MEINEN TOD ZU RÄCHEN...
... HAST DU...
... EINEN ÄHNLICHEN WEG WIE FENG EINGE-SCHLAGEN.
DU HAST GEKÄMPFT ...
... UND WURDEST VERLETZT...

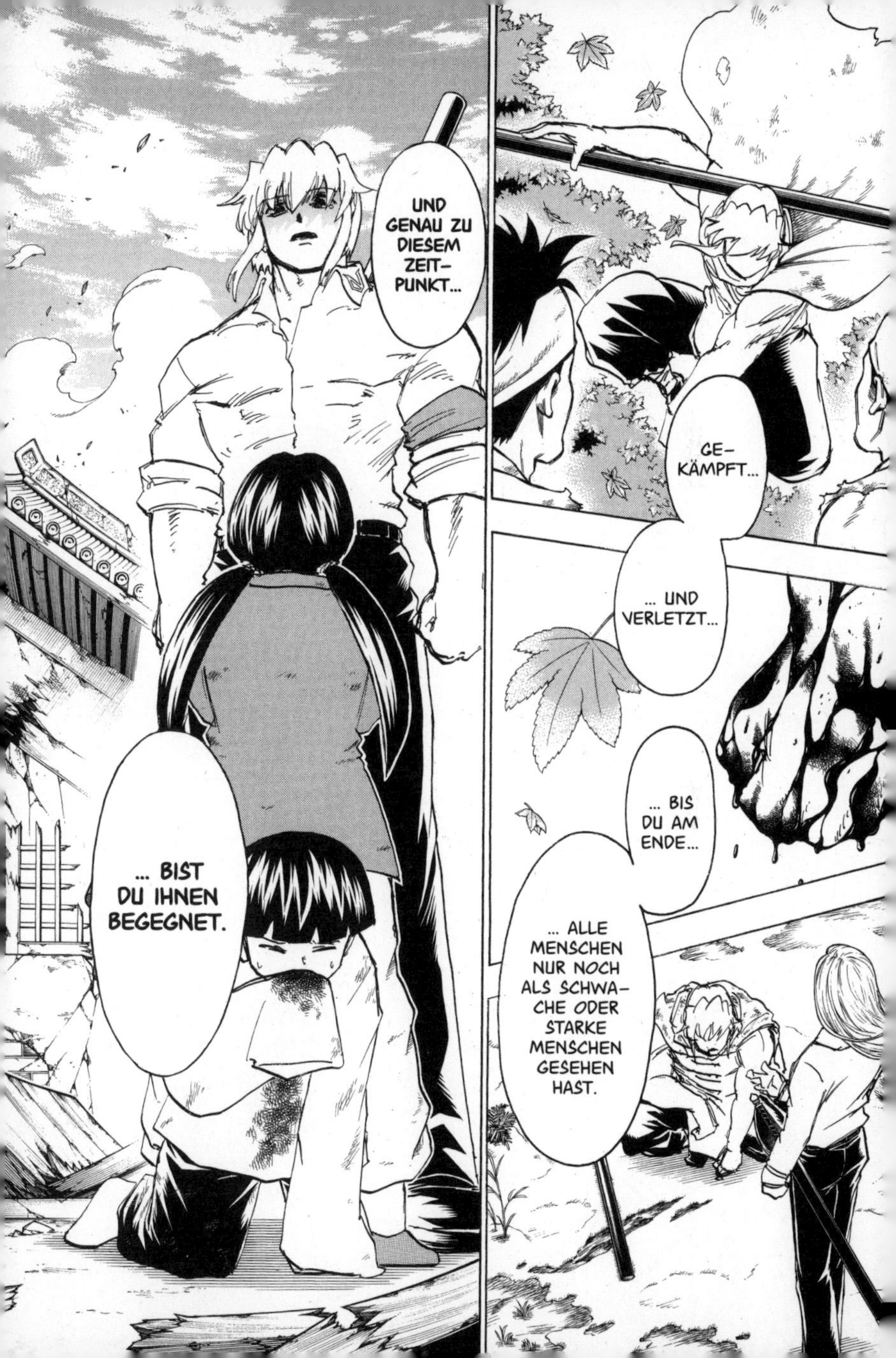
GE-
KÄMPFT...
... UND
VERLETZT...
... BIS
DU AM
ENDE...
... ALLE
MENSCHEN
NUR NOCH
ALS SCHWA-
CHE ODER
STARKE
MENSCHEN
GESEHEN
HAST.
UND
GENAU ZU
DIESEM
ZEIT-
PUNKT...
... BIST
DU IHNEN
BEGEGNET.

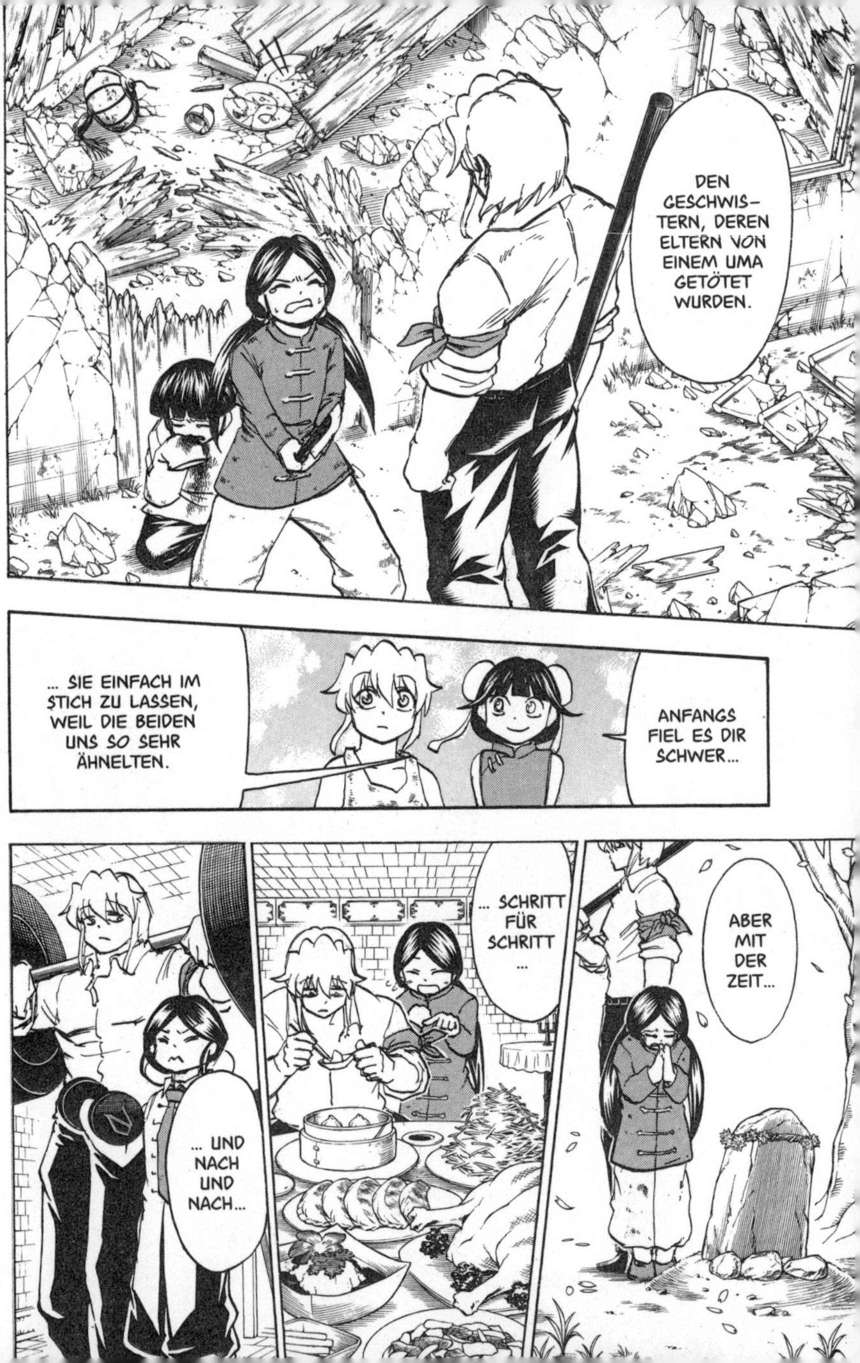

DEN GESCHWISTERN, DEREN ELTERN VON EINEM UMA GETÖTET WURDEN.
ANFANGS FIEL ES DIR SCHWER...
... SIE EINFACH IM STICH ZU LASSEN, WEIL DIE BEIDEN UNS SO SEHR ÄHNELTEN.
ABER MIT DER ZEIT...
... SCHRITT FÜR SCHRITT ...
... UND NACH UND NACH...

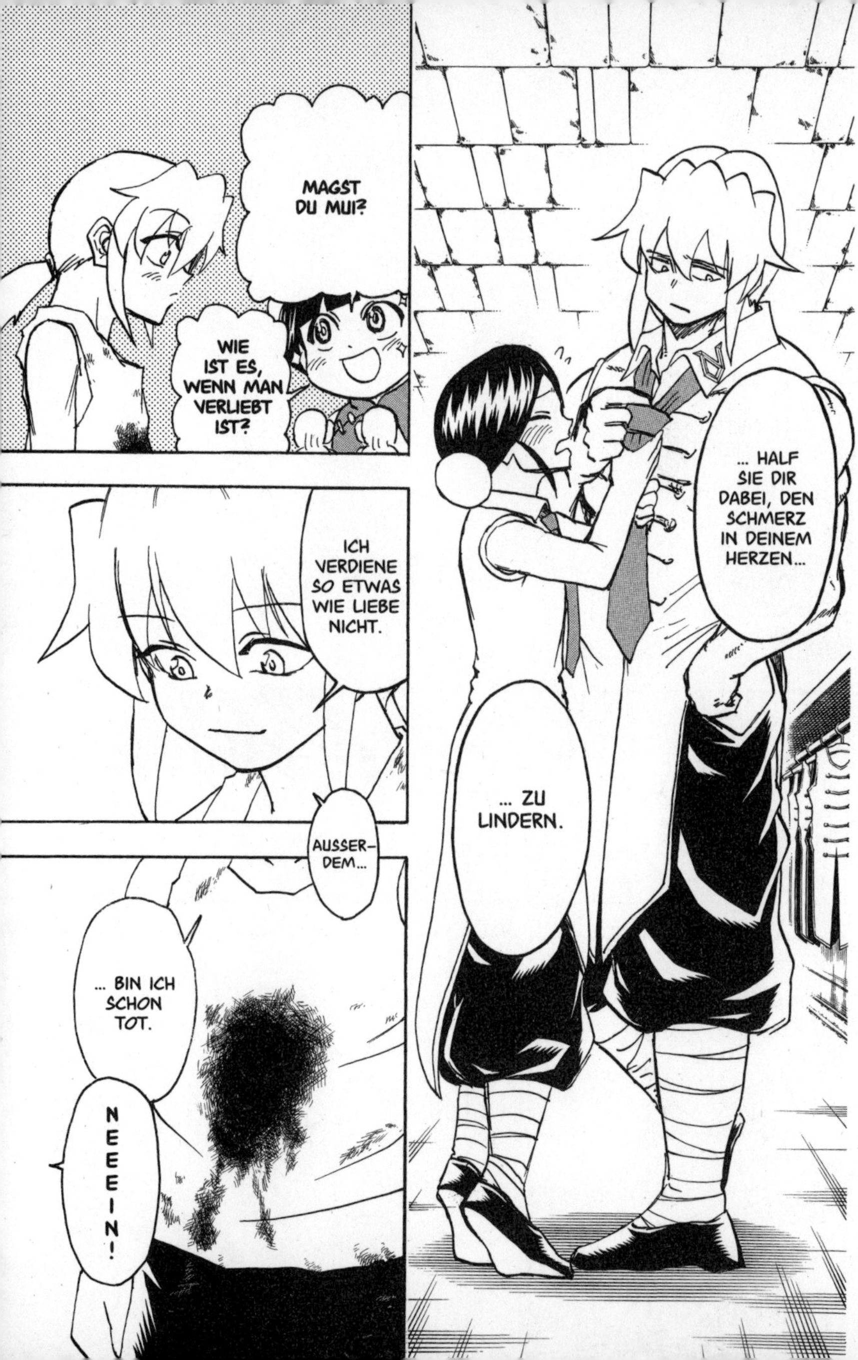

... HALF SIE DIR DABEI, DEN SCHMERZ IN DEINEM HERZEN...
... ZU LINDERN.
MAGST DU MUI?
WIE IST ES, WENN MAN VERLIEBT IST?
ICH VERDIENE SO ETWAS WIE LIEBE NICHT.
AUSSER-DEM...
... BIN ICH SCHON TOT.
NEEEEIN!

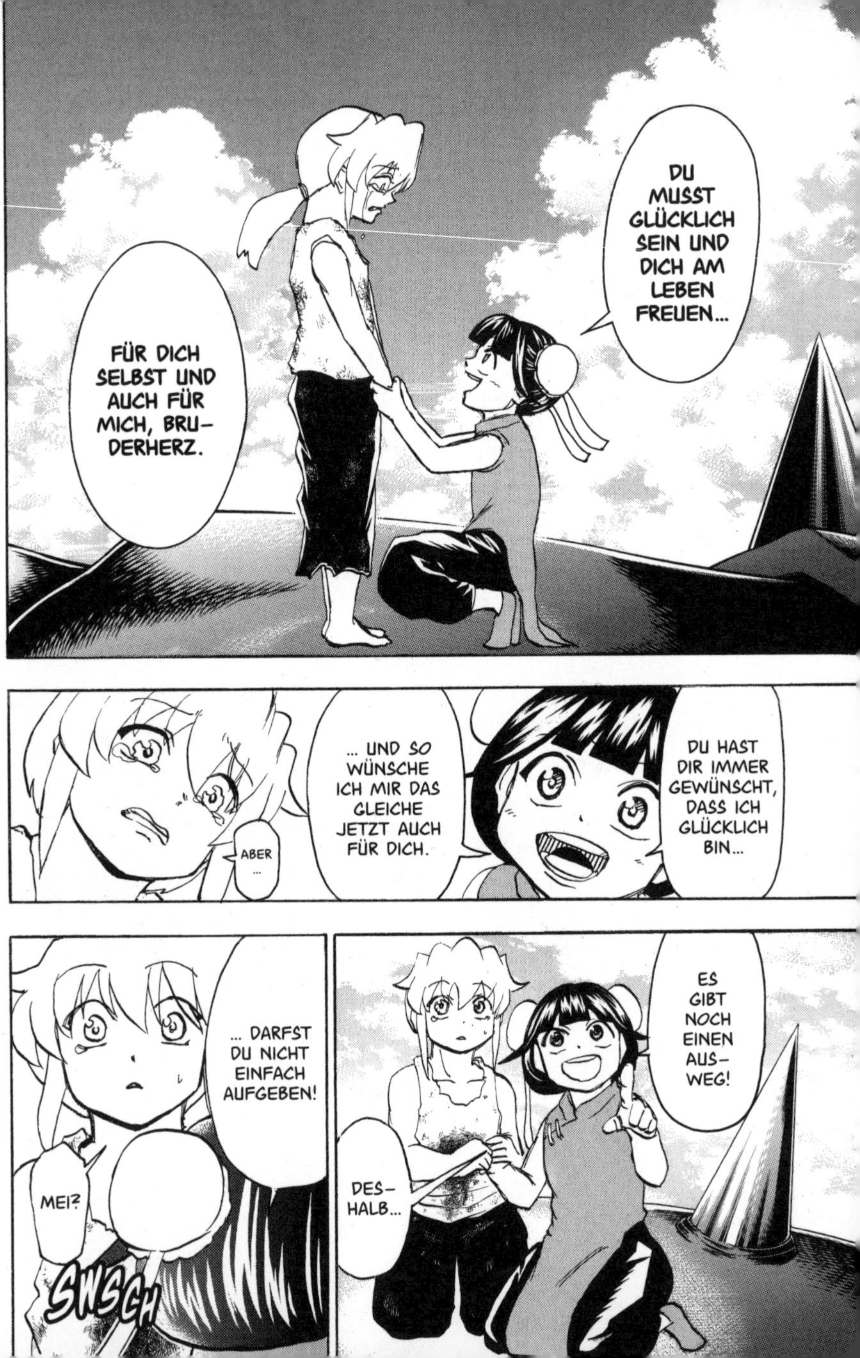
DU MUSST GLÜCKLICH SEIN UND DICH AM LEBEN FREUEN...
FÜR DICH SELBST UND AUCH FÜR MICH, BRUDERHERZ.
DU HAST DIR IMMER GEWÜNSCHT, DASS ICH GLÜCKLICH BIN...
... UND SO WÜNSCHE ICH MIR DAS GLEICHE JETZT AUCH FÜR DICH.
ABER ...
ES GIBT NOCH EINEN AUSWEG!
DESHALB...
... DARFST DU NICHT EINFACH AUFGEBEN!
MEI?
SWSCH

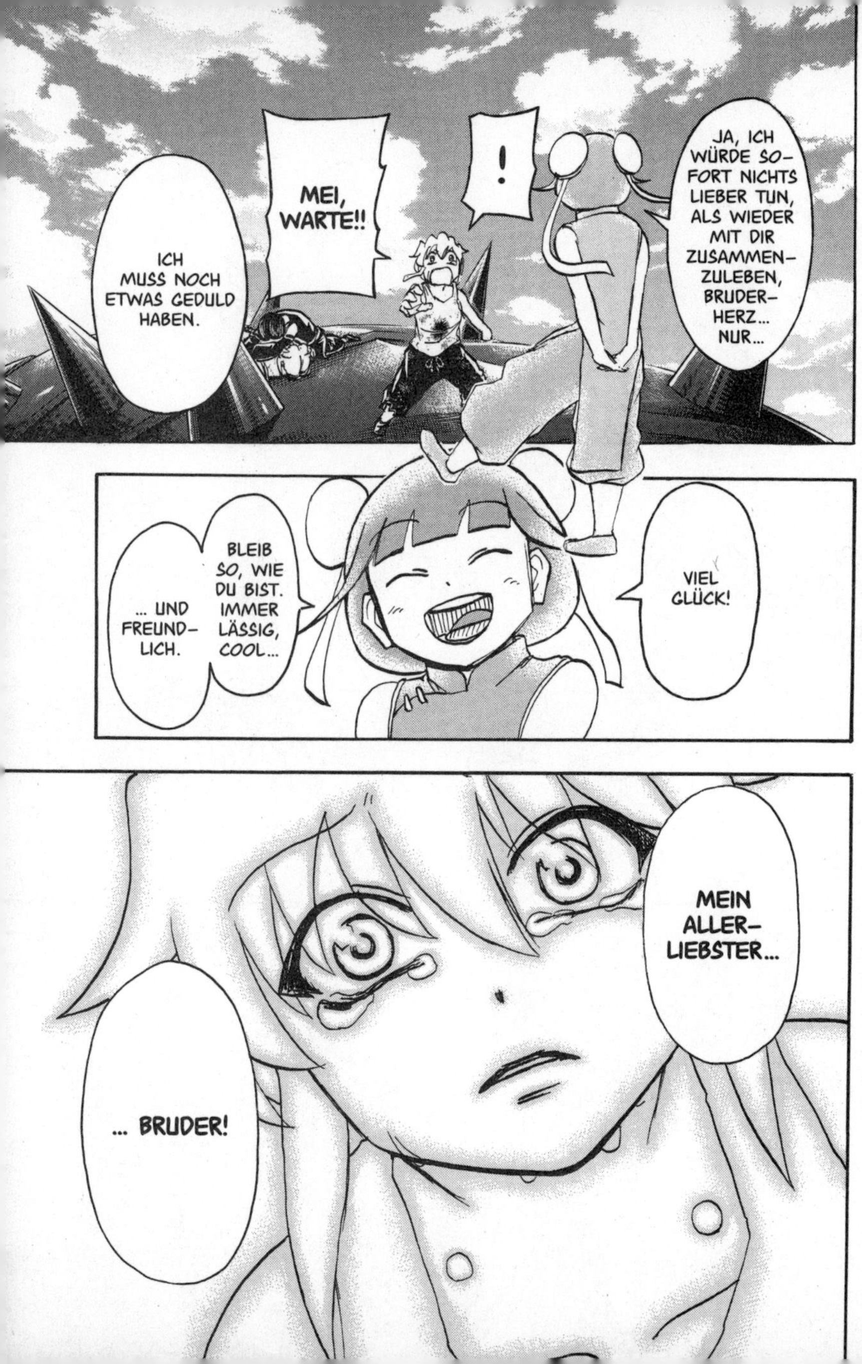
JA, ICH WÜRDE SO- FORT NICHTS LIEBER TUN, ALS WIEDER MIT DIR ZUSAMMEN- ZULEBEN, BRUDER- HERZ... NUR...
!
MEI, WARTE!!
ICH MUSS NOCH ETWAS GEDULD HABEN.
VIEL GLÜCK!
BLEIB SO, WIE DU BIST. IMMER LÄSSIG, COOL...
... UND FREUND- LICH.
MEIN ALLER- LIEBSTER...
... BRUDER!

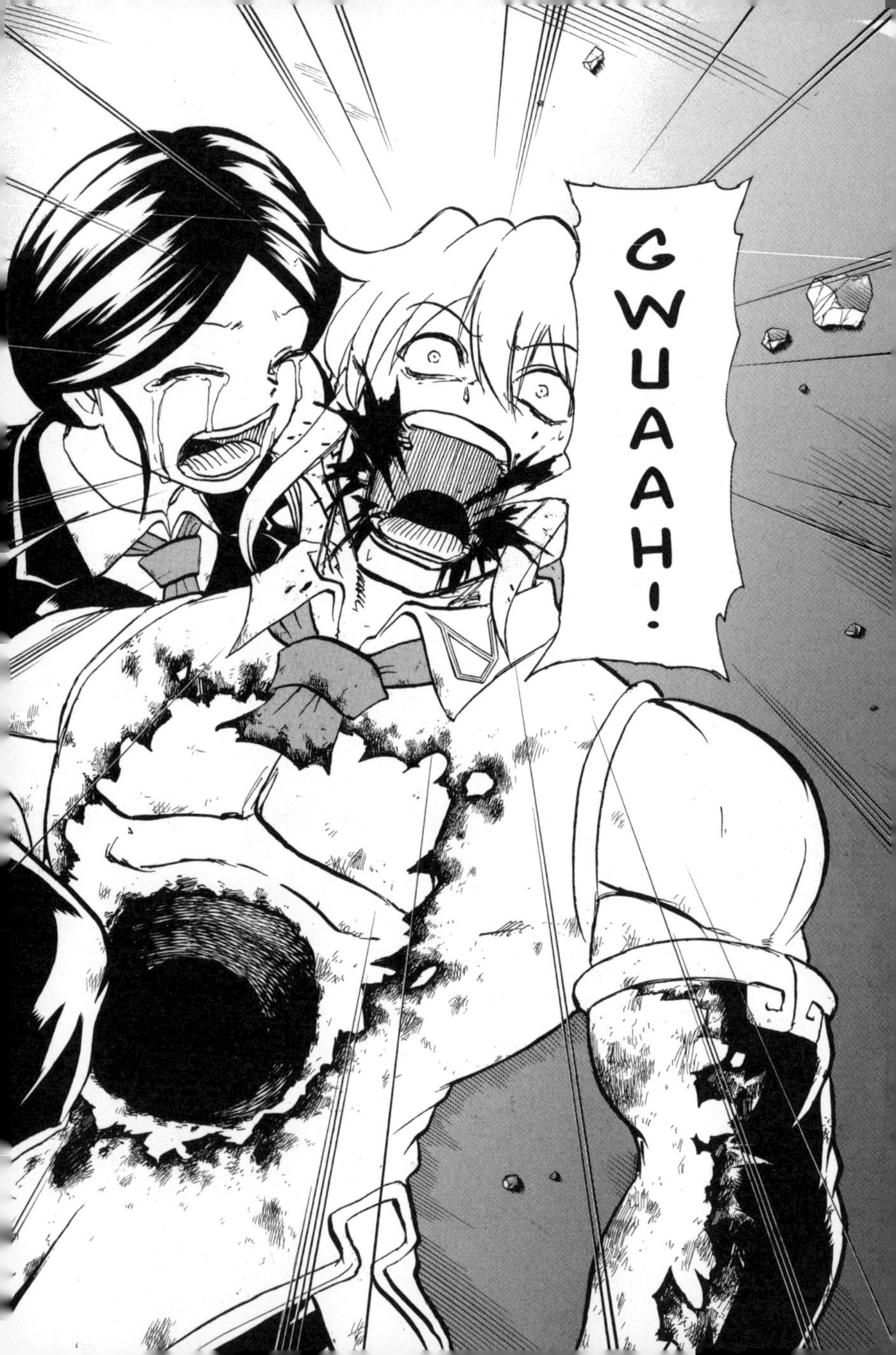
GWUAAH!

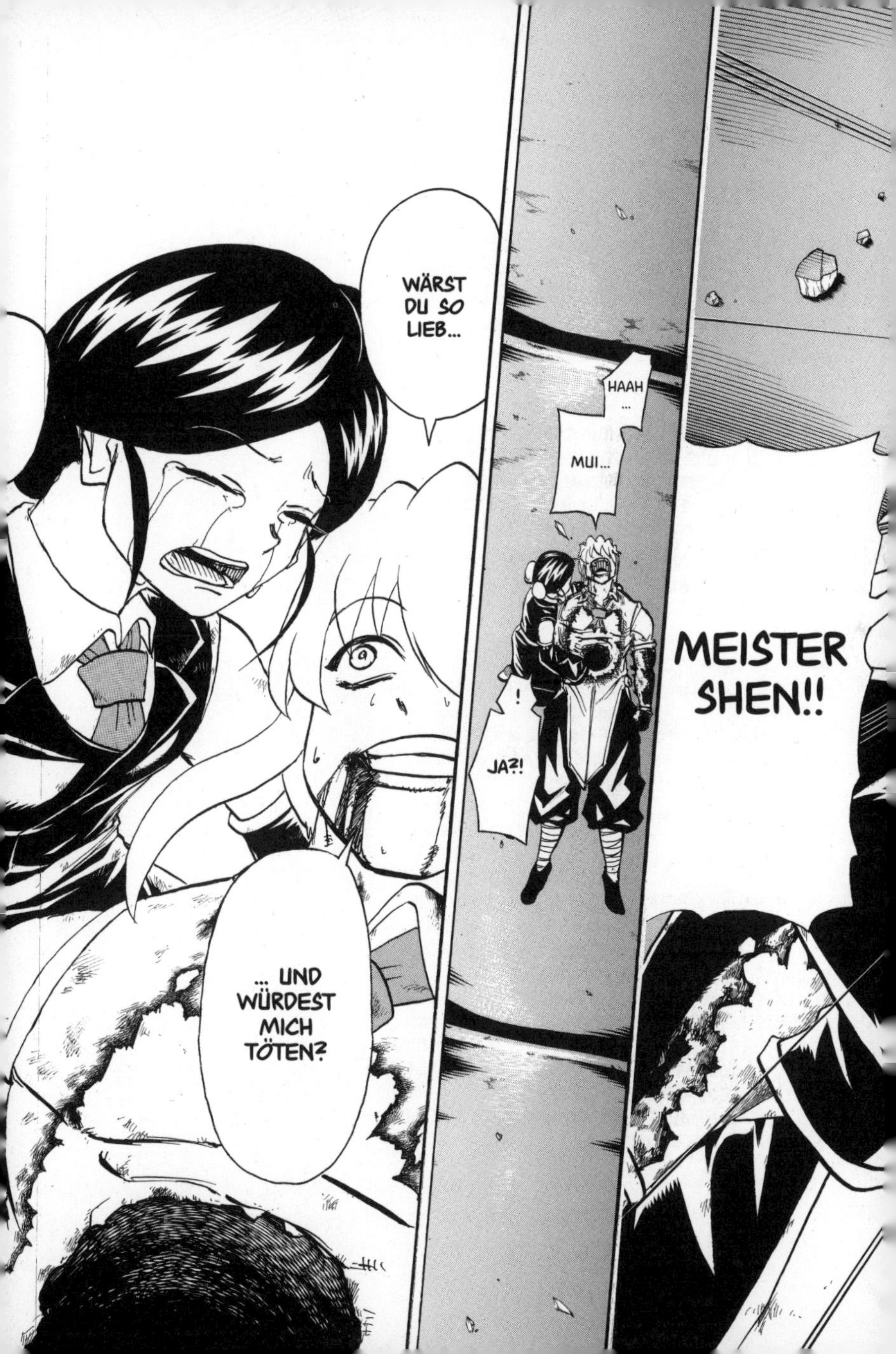
MEISTER SHEN!!
HAAH ...
MUI...
!
JA?!
WÄRST DU SO LIEB...
... UND WÜRDEST MICH TÖTEN?

# MEI

ALTER: ZWEI JAHRE JÜNGER ALS MEIN BRUDER

GRÖSSE: HMM. WIE GROSS BIN ICH...? AUF JEDEN FALL IST MEIN BRUDER VIEL, VIEL GRÖSSER ALS ICH!!

GEWICHT: WIR HABEN KEINE WAAGE

HOBBYS: KOCHEN UND DAS TRAINING MIT MEINEM BRUDER

BESONDERE FÄHIGKEITEN: WEIL MEIN BRUDER EIN ABSOLUTER FLEISCHFRESSER IST, BESTEHT MEINE BESONDERE FÄHIGKEIT DARIN, UNBEMERKT GEMÜSE UNTER DIE GERICHTE ZU MISCHEN

WAS SIE MAG: XIAOLONGBAO UND DAS ZUBEREITEN DIESER GEDÄMPFTEN TEIGTASCHEN MIT MEINEM BRUDER

GABE: KEINE

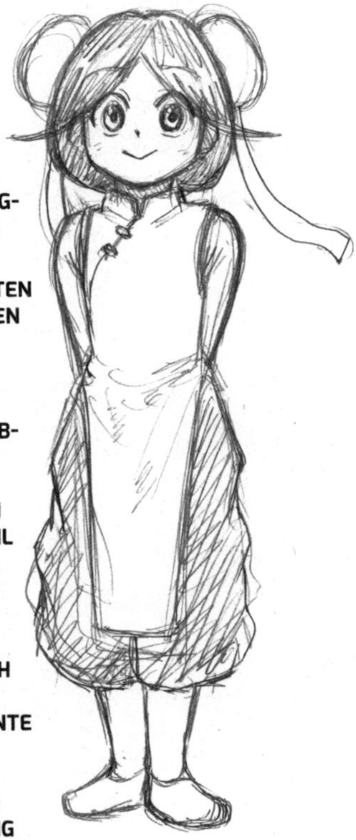

SHENS JÜNGERE SCHWESTER
HATTE STETS EIN PROBLEM MIT SHENS UNGLAUBLICHER STREITSUCHT, WEIL SIE GEWALT ÜBER ALLES VERABSCHEUTE. ES HAT SIE IMMER GESTÖRT, DASS SHEN SO SCHNELL HANDGREIFLICH WURDE UND SICH MIT ANDEREN STRITT, OBWOHL SIE NATÜRLICH WUSSTE, DASS ER DAS NUR TAT, UM SIE ZU BESCHÜTZEN. DARUM ERTRUG SIE ES AUCH EINE GANZE WEILE. ALS SHEN SIE ABER EINES TAGES SELBST IN DEN KAMPFKÜNSTEN UNTERRICHTETE, BLÜHTE IHR TALENT PLÖTZLICH AUF UND SIE ERKANNTE, DASS SIE EINE NOCH BESSERE, STÄRKERE KÄMPFERIN WERDEN KONNTE WENN SIE NUR FLEISSIG TRAINIERTE. DANN BRAUCHTE IHR BRUDER AUCH NICHT MEHR SEIN LEBEN RISKIEREN, UM SIE ZU VERTEIDIGEN, UND KÖNNTE SICH WIEDER SEINEM EIGENEN TRAINING WIDMEN. FENG SPIELTE DIE GESCHWISTER GEGENEINANDER AUS UND BENUTZTE MEI, UM SHEN STÄRKER ZU MACHEN. ER WURDE DURCH SHENS PLÖTZLICHEN ANGRIFF MIT UNTRUTH GETÖTET.

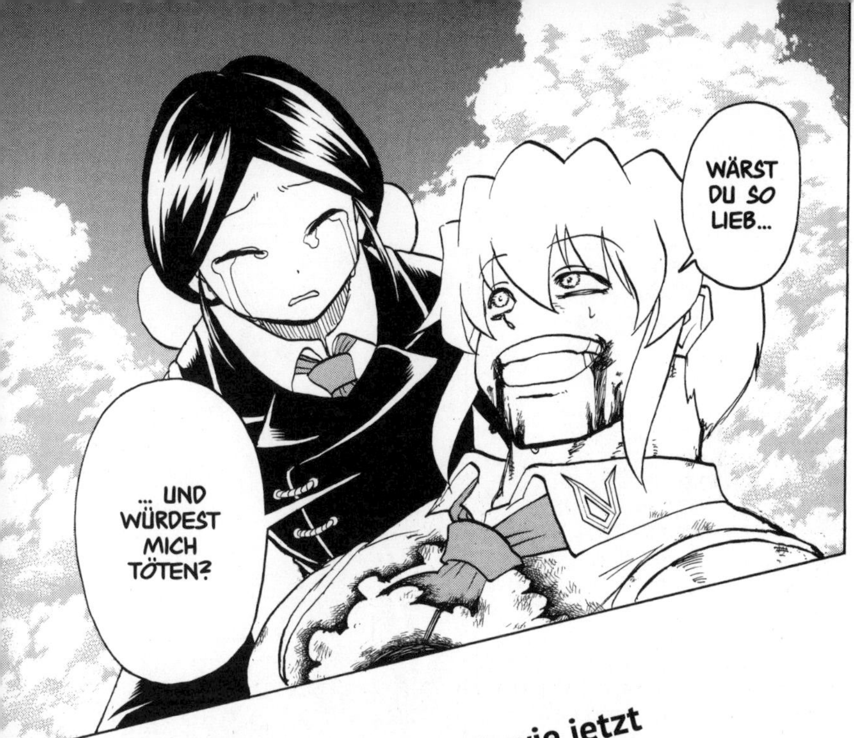


## No. 064 So stark wie jetzt

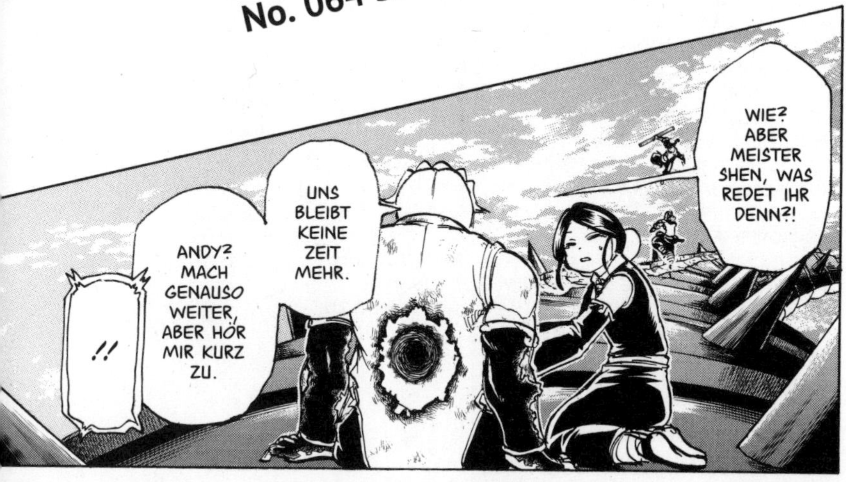

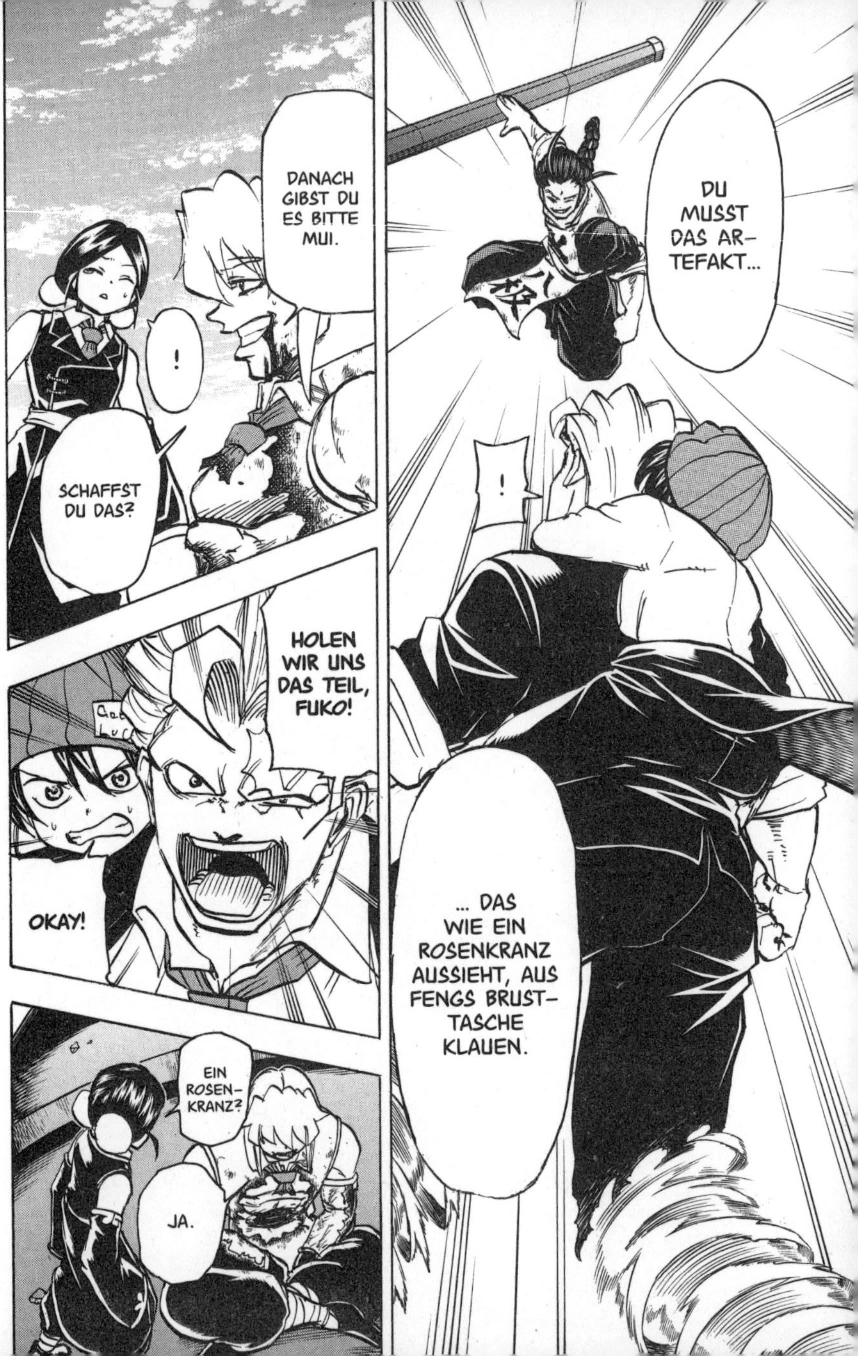
DU MUSST DAS ARTEFAKT...
!
... DAS WIE EIN ROSENKRANZ AUSSIEHT, AUS FENGS BRUSTTASCHE KLAUEN.
DANACH GIBST DU ES BITTE MUI.
!
SCHAFFST DU DAS?
HOLEN WIR UNS DAS TEIL, FUKO!
OKAY!
EIN ROSENKRANZ?
JA.

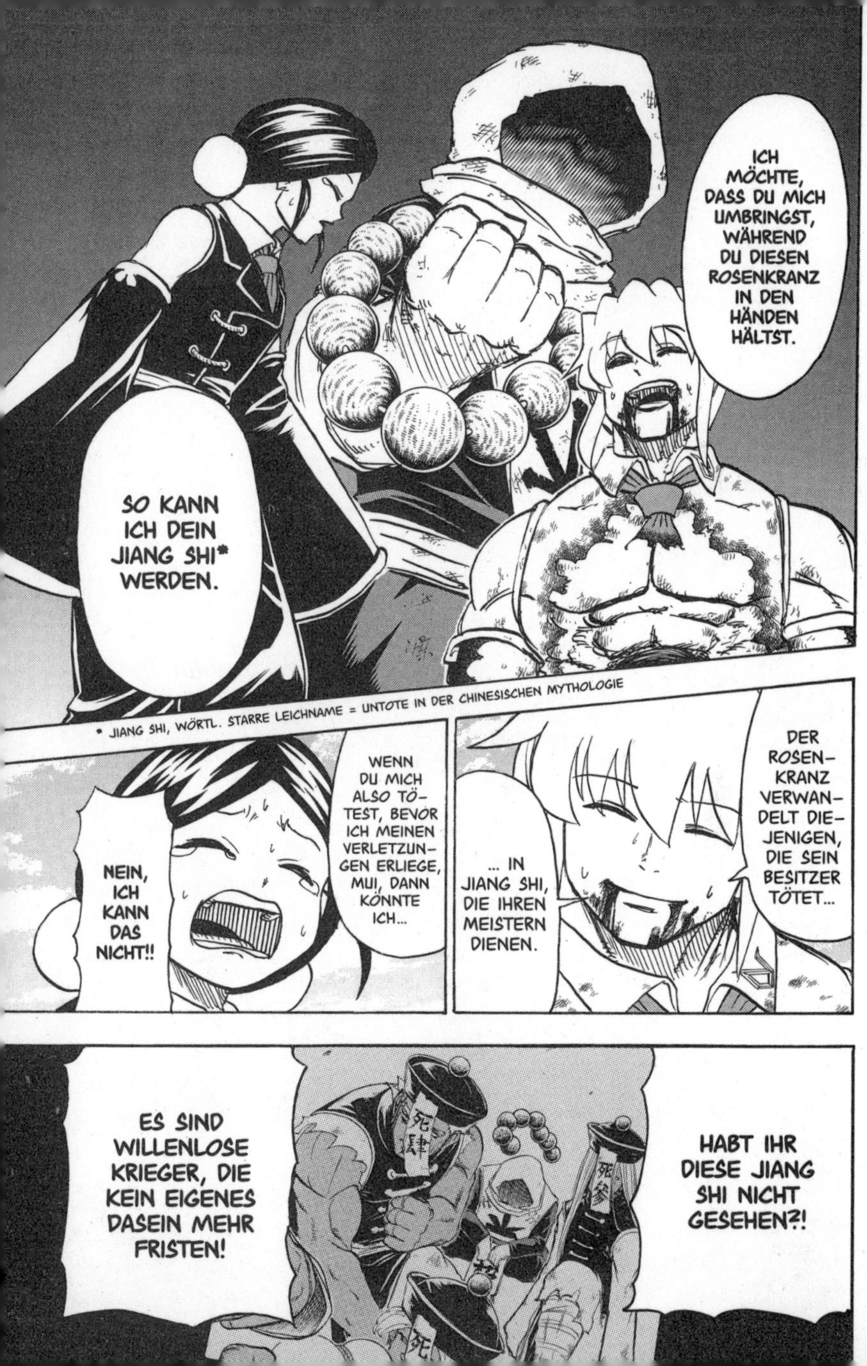
ICH MÖCHTE, DASS DU MICH UMBRINGST, WÄHREND DU DIESEN ROSENKRANZ IN DEN HÄNDEN HÄLTST.
SO KANN ICH DEIN JIANG SHI* WERDEN.
* JIANG SHI, WÖRTL. STARRE LEICHNAME = UNTOTE IN DER CHINESISCHEN MYTHOLOGIE
DER ROSENKRANZ VERWANDELT DIEJENIGEN, DIE SEIN BESITZER TÖTET...
... IN JIANG SHI, DIE IHREN MEISTERN DIENEN.
WENN DU MICH ALSO TÖTEST, BEVOR ICH MEINEN VERLETZUNGEN ERLIEGE, MUI, DANN KÖNNTE ICH...
NEIN, ICH KANN DAS NICHT!!
HABT IHR DIESE JIANG SHI NICHT GESEHEN?!
ES SIND WILLENLOSE KRIEGER, DIE KEIN EIGENES DASEIN MEHR FRISTEN!

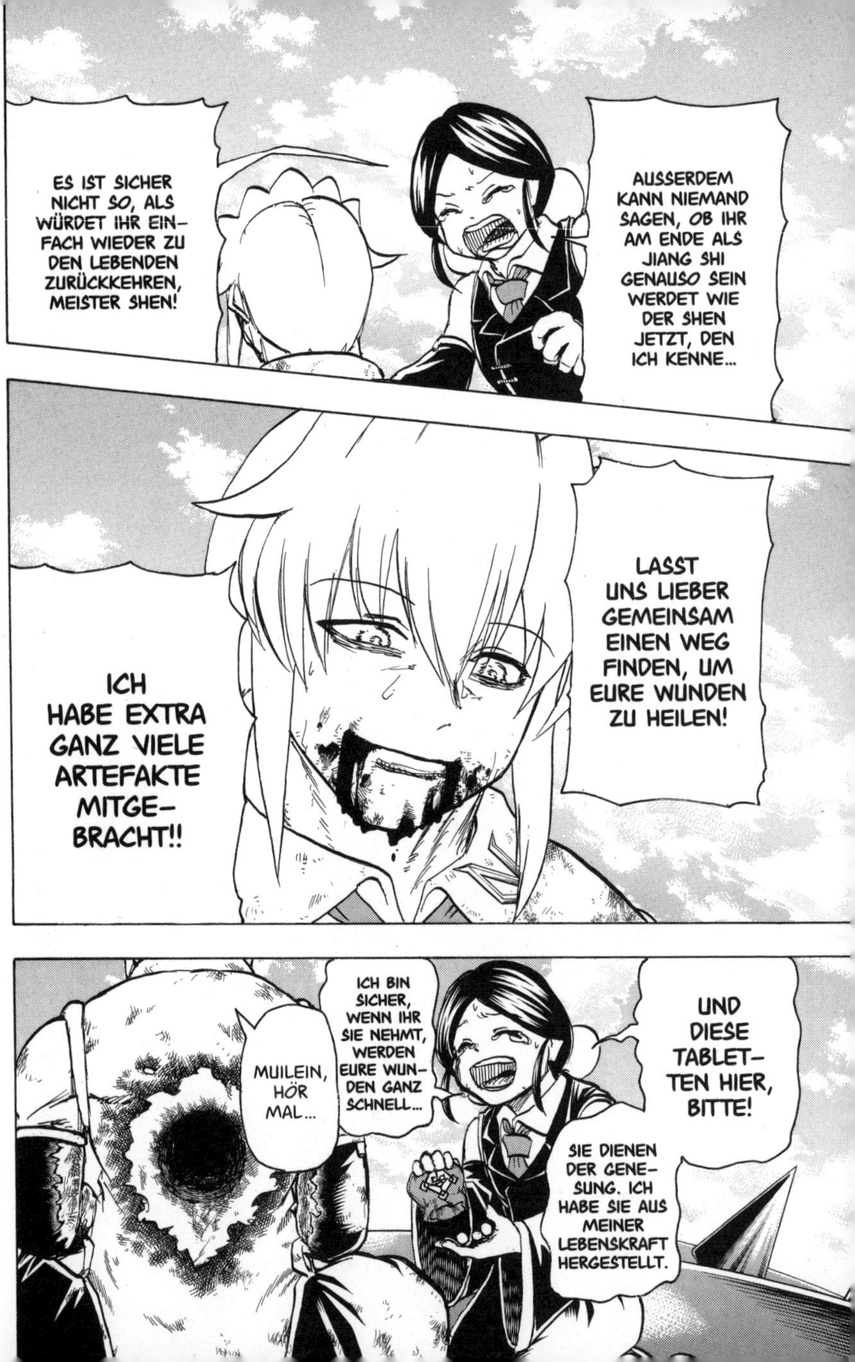
ES IST SICHER NICHT SO, ALS WÜRDET IHR EIN-FACH WIEDER ZU DEN LEBENDEN ZURÜCKKEHREN, MEISTER SHEN!
AUSSERDEM KANN NIEMAND SAGEN, OB IHR AM ENDE ALS JIANG SHI GENAUSO SEIN WERDET WIE DER SHEN JETZT, DEN ICH KENNE...
LASST UNS LIEBER GEMEINSAM EINEN WEG FINDEN, UM EURE WUNDEN ZU HEILEN!
ICH HABE EXTRA GANZ VIELE ARTEFAKTE MITGE-BRACHT!!
UND DIESE TABLET-TEN HIER, BITTE!
SIE DIENEN DER GENE-SUNG. ICH HABE SIE AUS MEINER LEBENSKRAFT HERGESTELLT.
ICH BIN SICHER, WENN IHR SIE NEHMT, WERDEN EURE WUN-DEN GANZ SCHNELL...
MUILEIN, HÖR MAL...

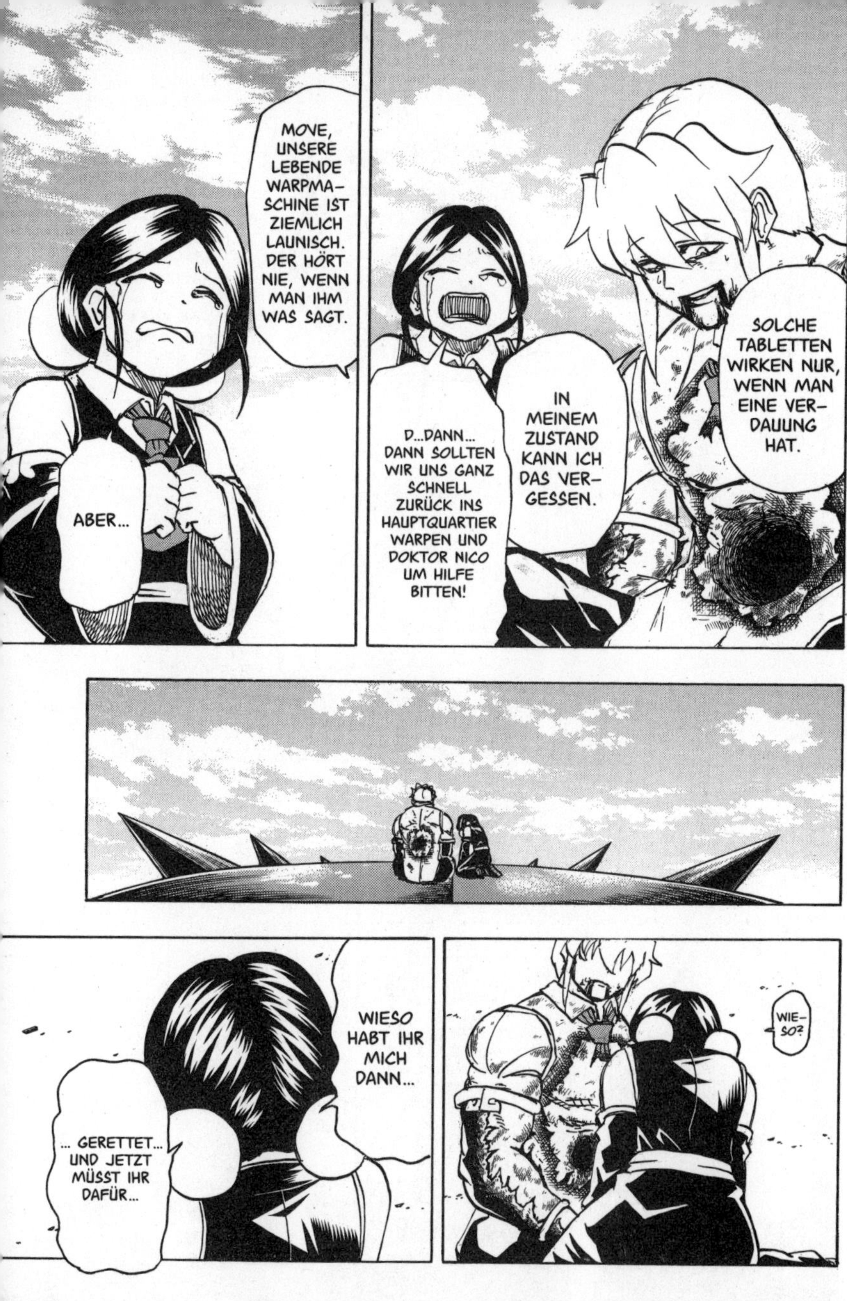
SOLCHE TABLETTEN WIRKEN NUR, WENN MAN EINE VERDAUUNG HAT.
IN MEINEM ZUSTAND KANN ICH DAS VERGESSEN.
D...DANN... DANN SOLLTEN WIR UNS GANZ SCHNELL ZURÜCK INS HAUPTQUARTIER WARPEN UND DOKTOR NICO UM HILFE BITTEN!
MOVE, UNSERE LEBENDE WARPMASCHINE IST ZIEMLICH LAUNISCH. DER HÖRT NIE, WENN MAN IHM WAS SAGT.
ABER...
WIESO?
WIESO HABT IHR MICH DANN...
... GERETTET... UND JETZT MÜSST IHR DAFÜR...

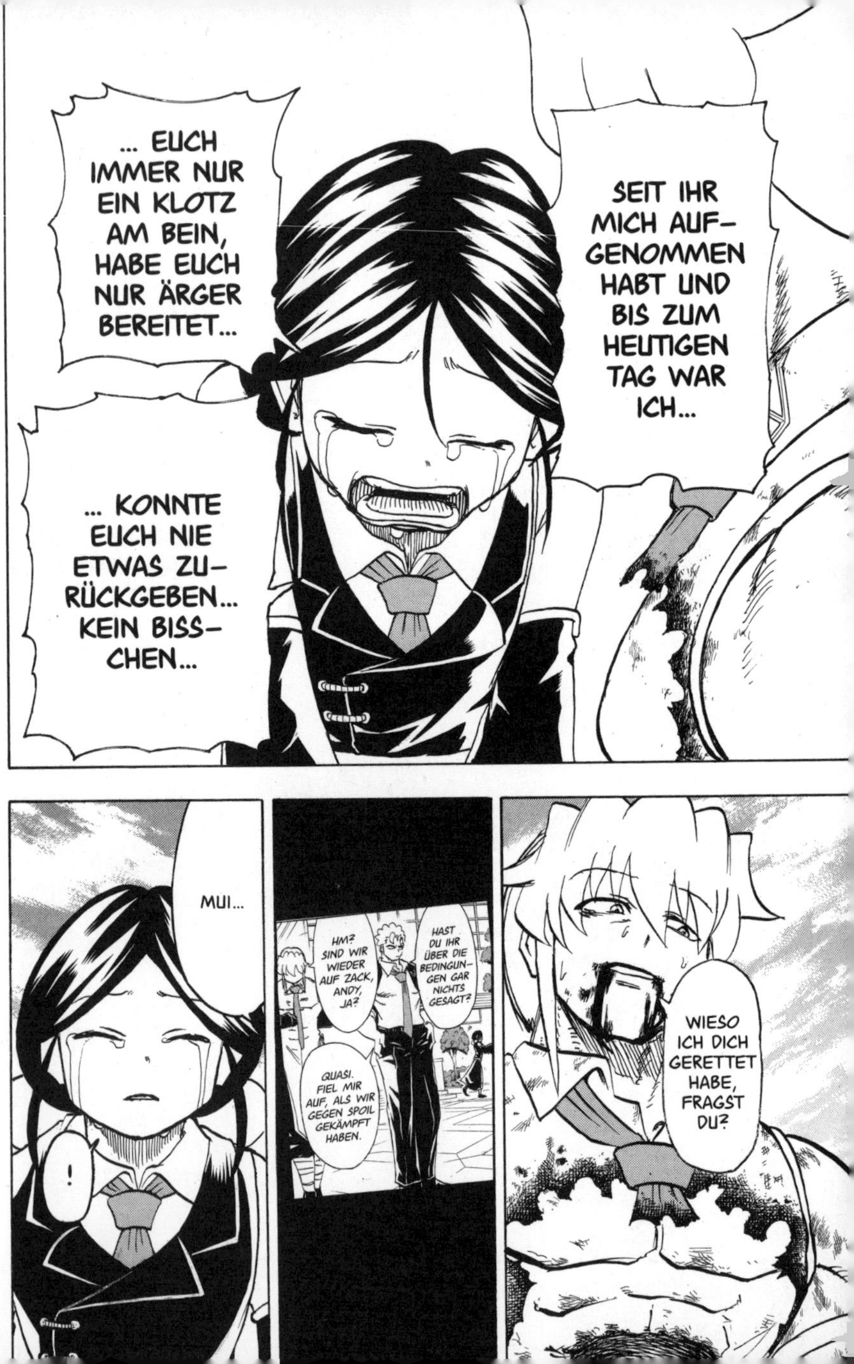
SEIT IHR MICH AUF-GENOMMEN HABT UND BIS ZUM HEUTIGEN TAG WAR ICH...
... EUCH IMMER NUR EIN KLOTZ AM BEIN, HABE EUCH NUR ÄRGER BEREITET...
... KONNTE EUCH NIE ETWAS ZU-RÜCKGEBEN... KEIN BISS-CHEN...
WIESO ICH DICH GERETTET HABE, FRAGST DU?
HAST DU IHR ÜBER DIE BEDINGUN-GEN GAR NICHTS GESAGT?
HM? SIND WIR WIEDER AUF ZACK, ANDY, JA?
QUASI. FIEL MIR AUF, ALS WIR GEGEN SPOIL GEKÄMPFT HABEN.
MUI...
!

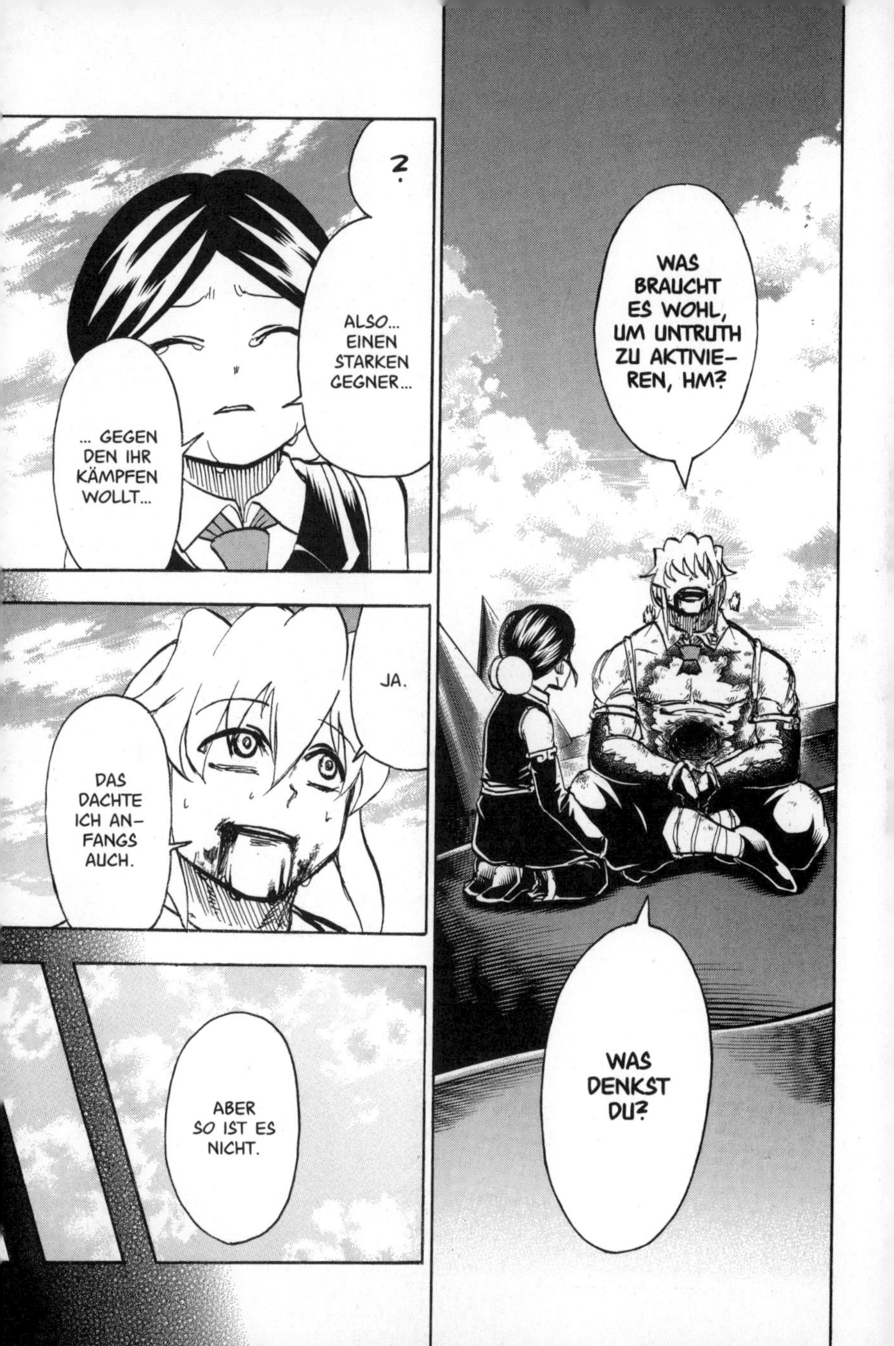
WAS BRAUCHT ES WOHL, UM UNTRUTH ZU AKTIVIE-REN, HM?
WAS DENKST DU?
?
ALSO... EINEN STARKEN GEGNER...
... GEGEN DEN IHR KÄMPFEN WOLLT...
JA.
DAS DACHTE ICH AN-FANGS AUCH.
ABER SO IST ES NICHT.

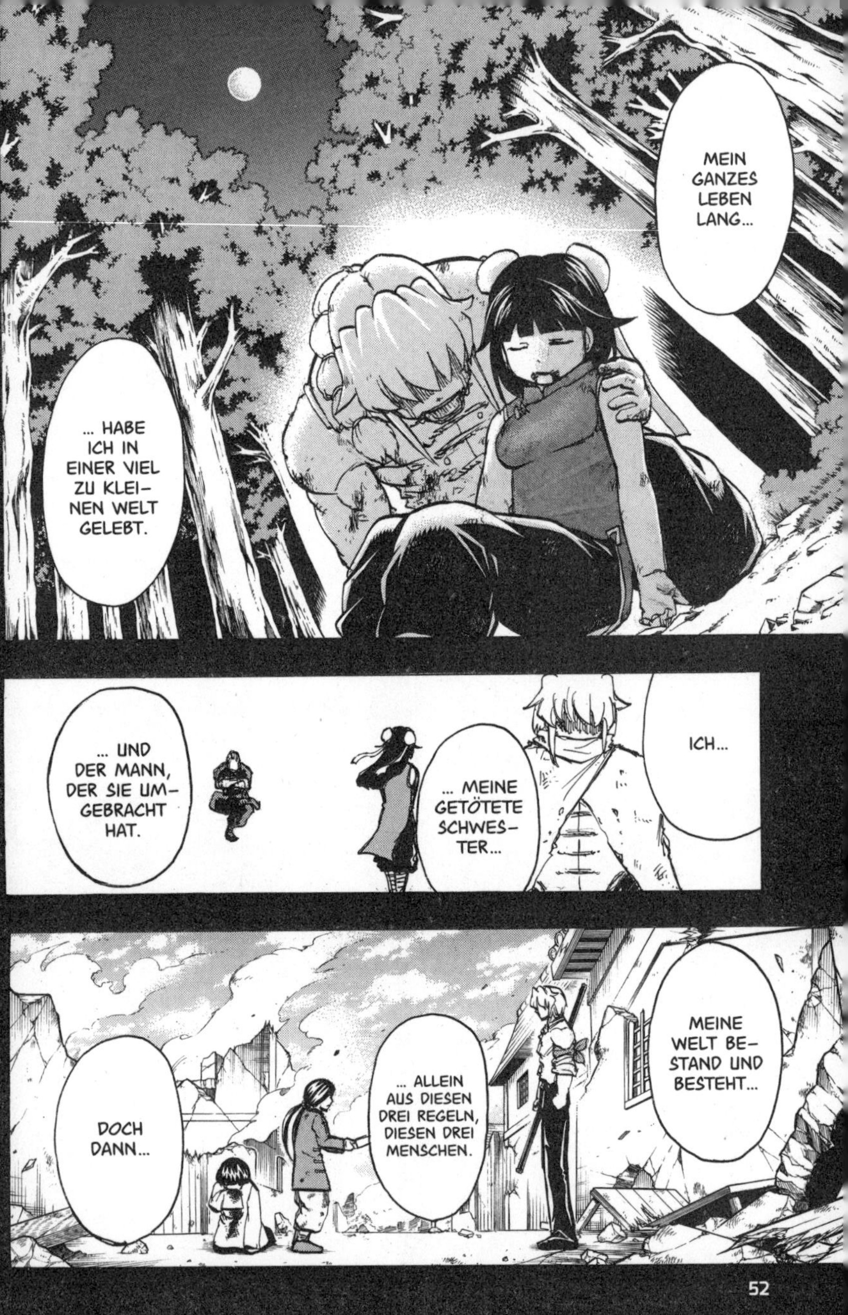
MEIN GANZES LEBEN LANG...
... HABE ICH IN EINER VIEL ZU KLEI-NEN WELT GELEBT.
ICH...
... MEINE GETÖTETE SCHWES-TER...
... UND DER MANN, DER SIE UM-GEBRACHT HAT.
MEINE WELT BE-STAND UND BESTEHT...
... ALLEIN AUS DIESEN DREI REGELN, DIESEN DREI MENSCHEN.
DOCH DANN...

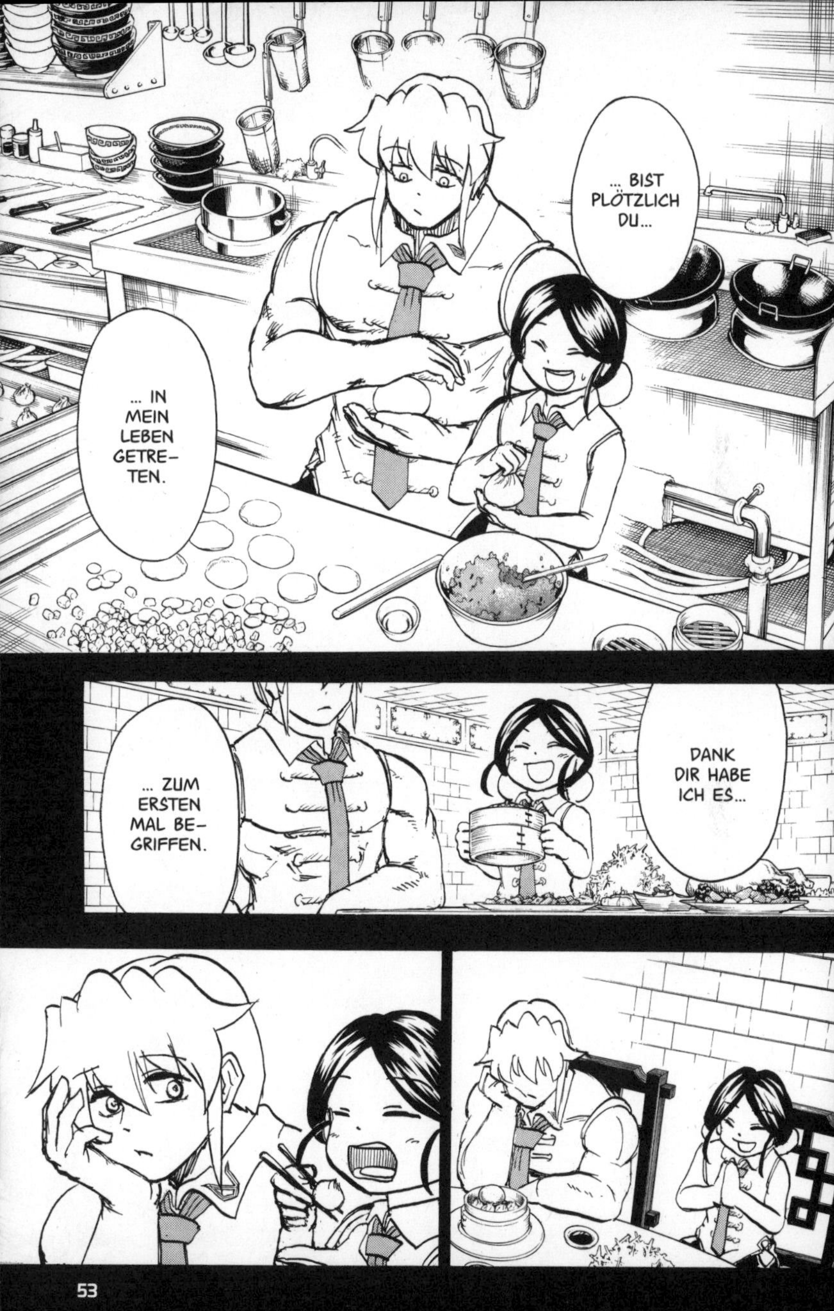
... BIST PLÖTZLICH DU...
... IN MEIN LEBEN GETRETEN.
DANK DIR HABE ICH ES...
... ZUM ERSTEN MAL BEGRIFFEN.

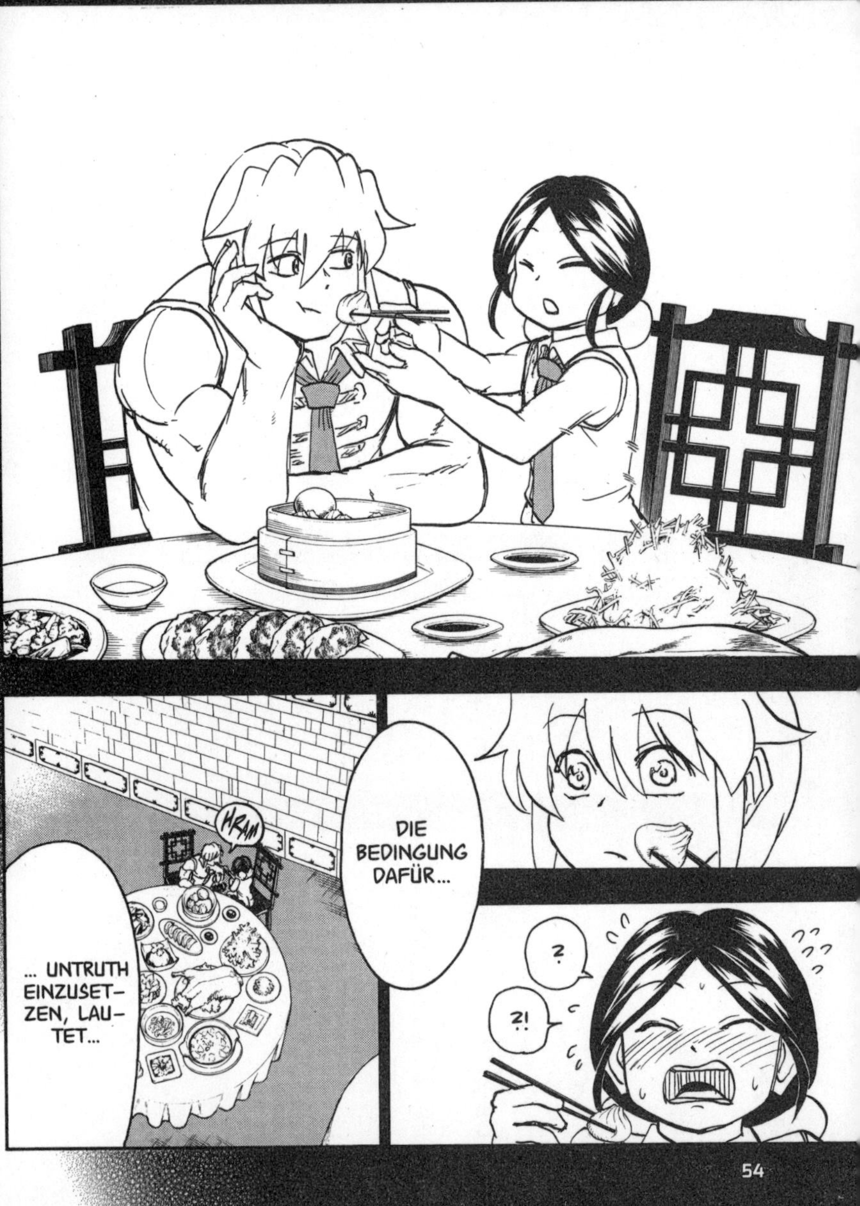
DIE BEDINGUNG DAFÜR...
?
?!
HAM
... UNTRUTH EINZUSET-ZEN, LAU-TET...

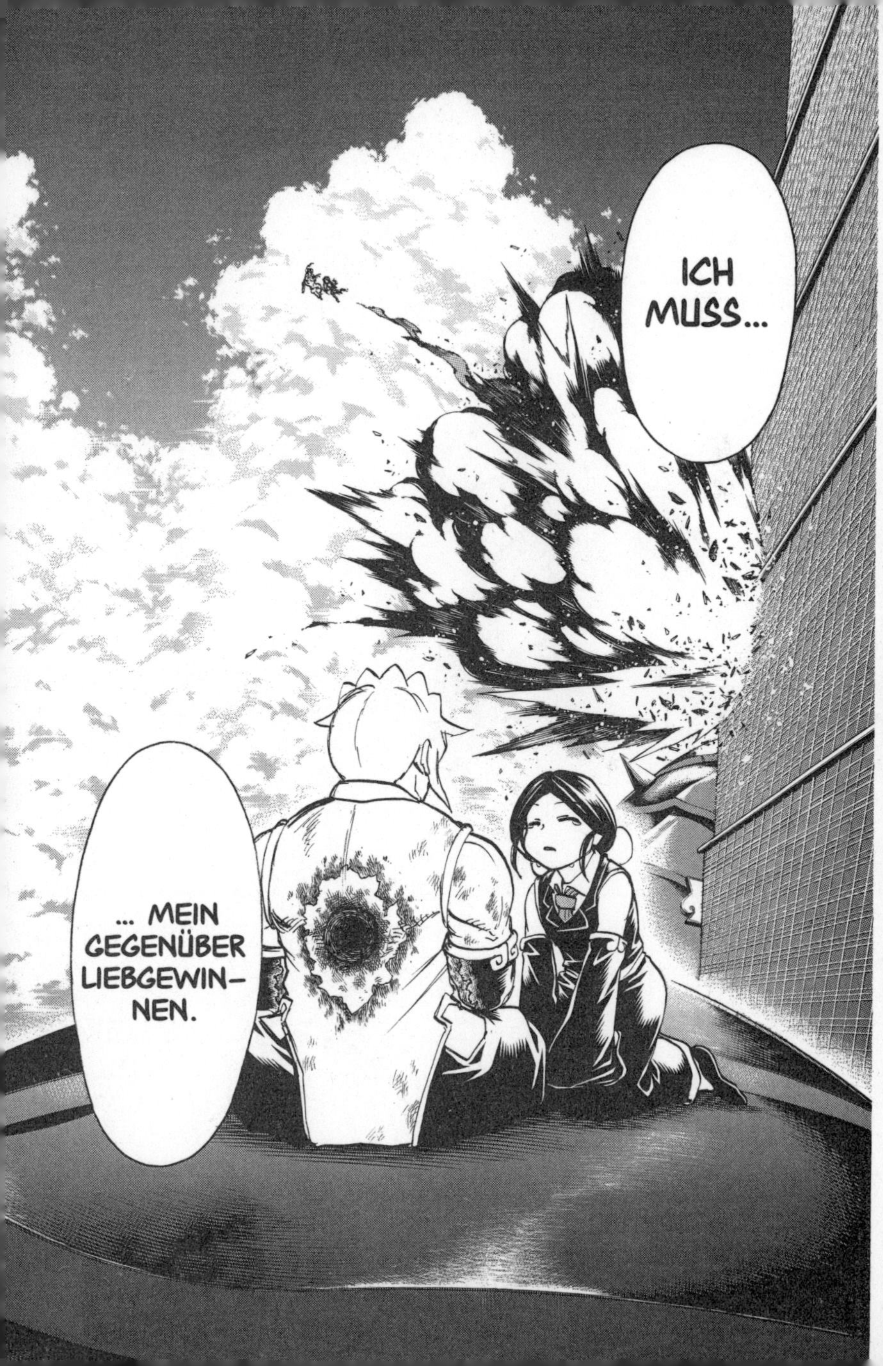
ICH MUSS...
... MEIN GEGENÜBER LIEBGEWIN-NEN.

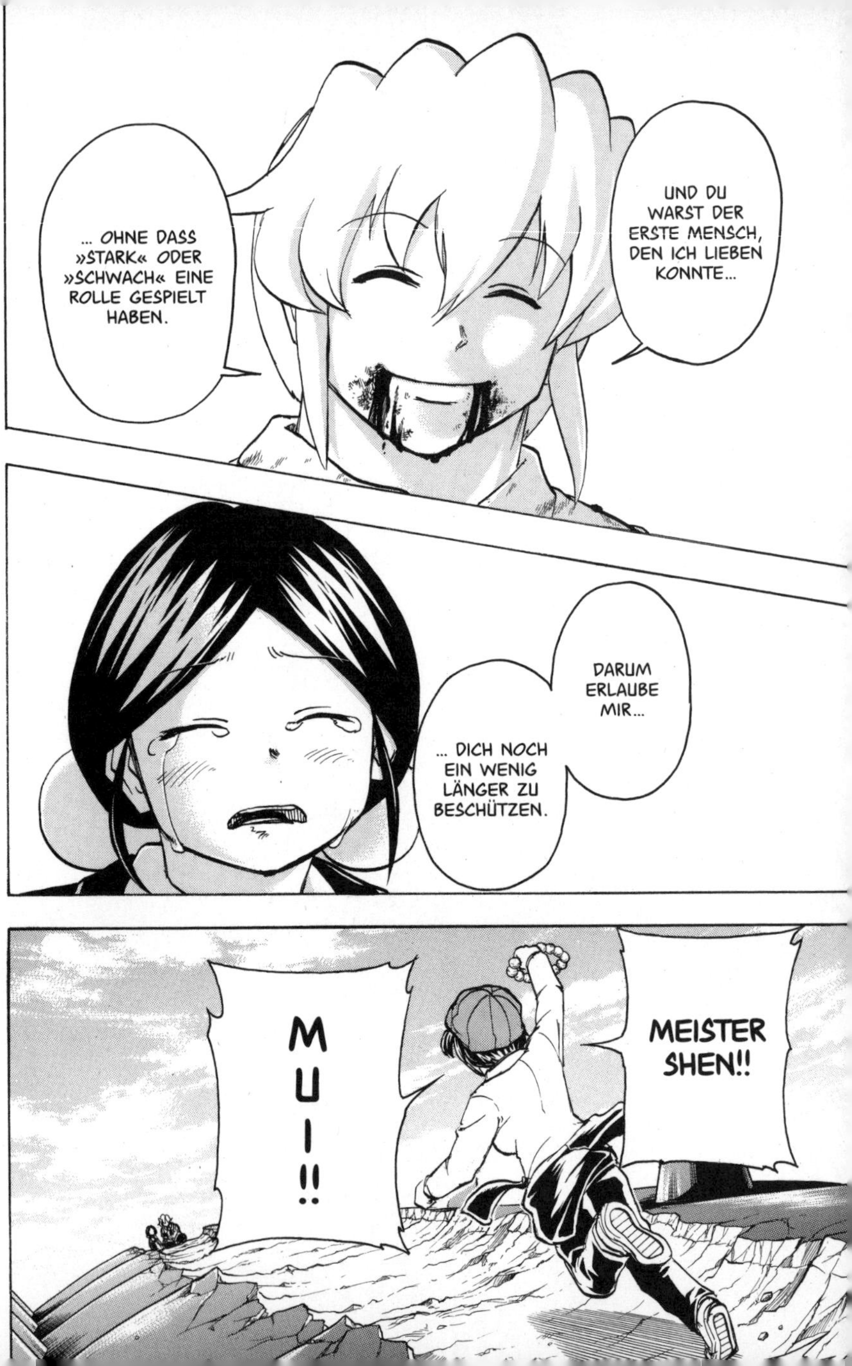
UND DU WARST DER ERSTE MENSCH, DEN ICH LIEBEN KONNTE...
... OHNE DASS »STARK« ODER »SCHWACH« EINE ROLLE GESPIELT HABEN.
DARUM ERLAUBE MIR...
... DICH NOCH EIN WENIG LÄNGER ZU BESCHÜTZEN.
MEISTER SHEN!!
MUI!!

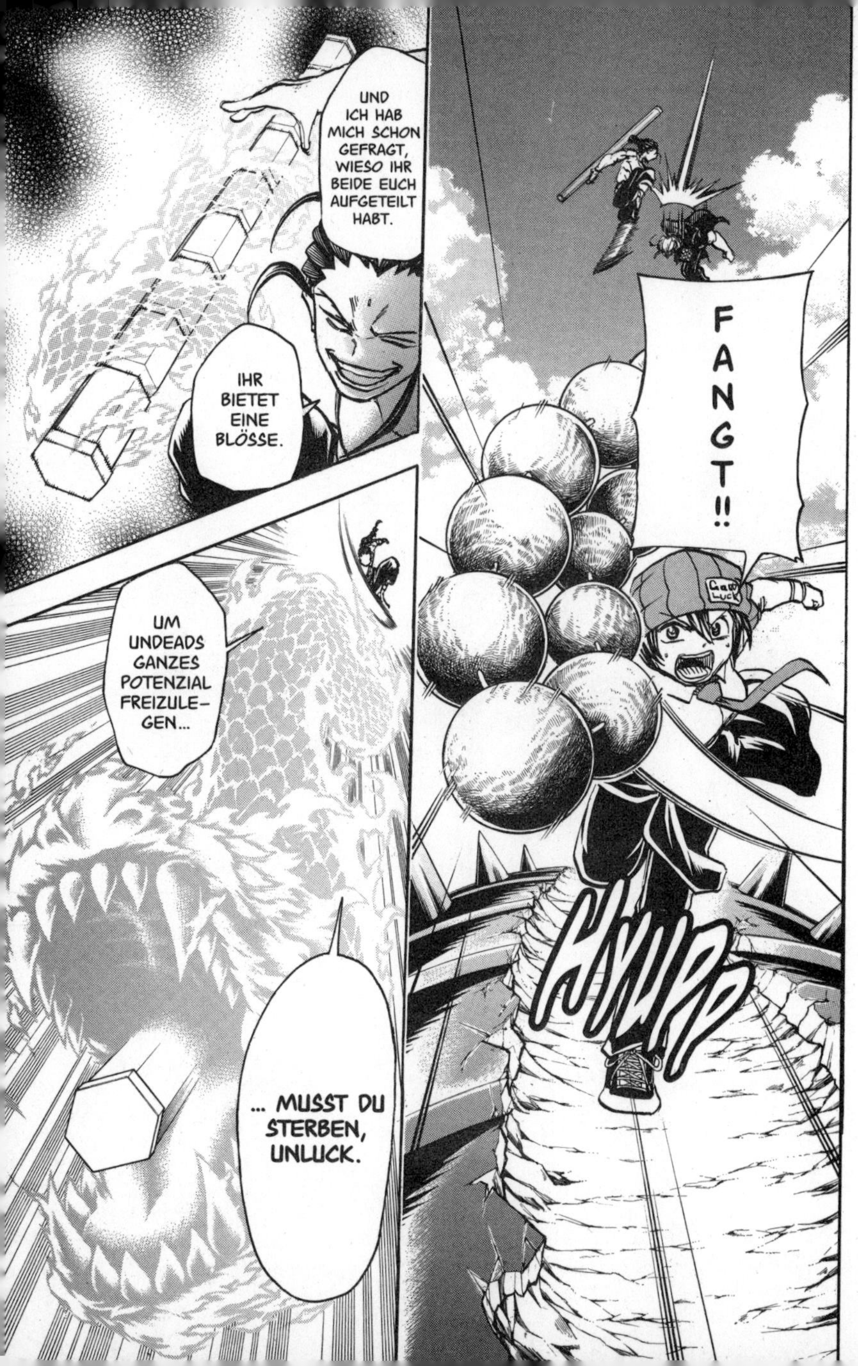
FANGT!!
UND ICH HAB MICH SCHON GEFRAGT, WIESO IHR BEIDE EUCH AUFGETEILT HABT.
IHR BIETET EINE BLÖSSE.
UM UNDEADS GANZES POTENZIAL FREIZULE-GEN...
... MUSST DU STERBEN, UNLUCK.

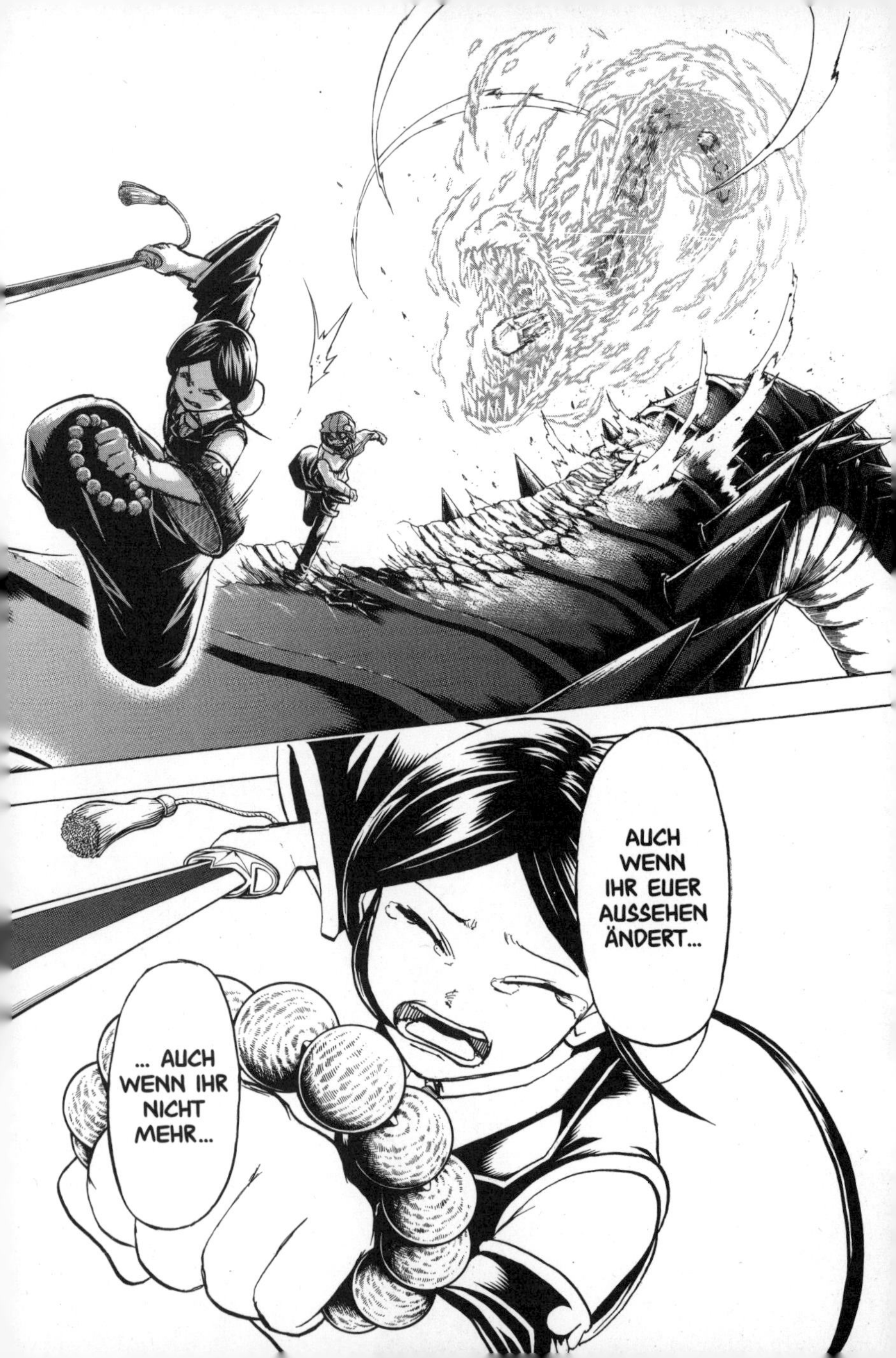
AUCH WENN IHR EUER AUSSEHEN ÄNDERT...
... AUCH WENN IHR NICHT MEHR...

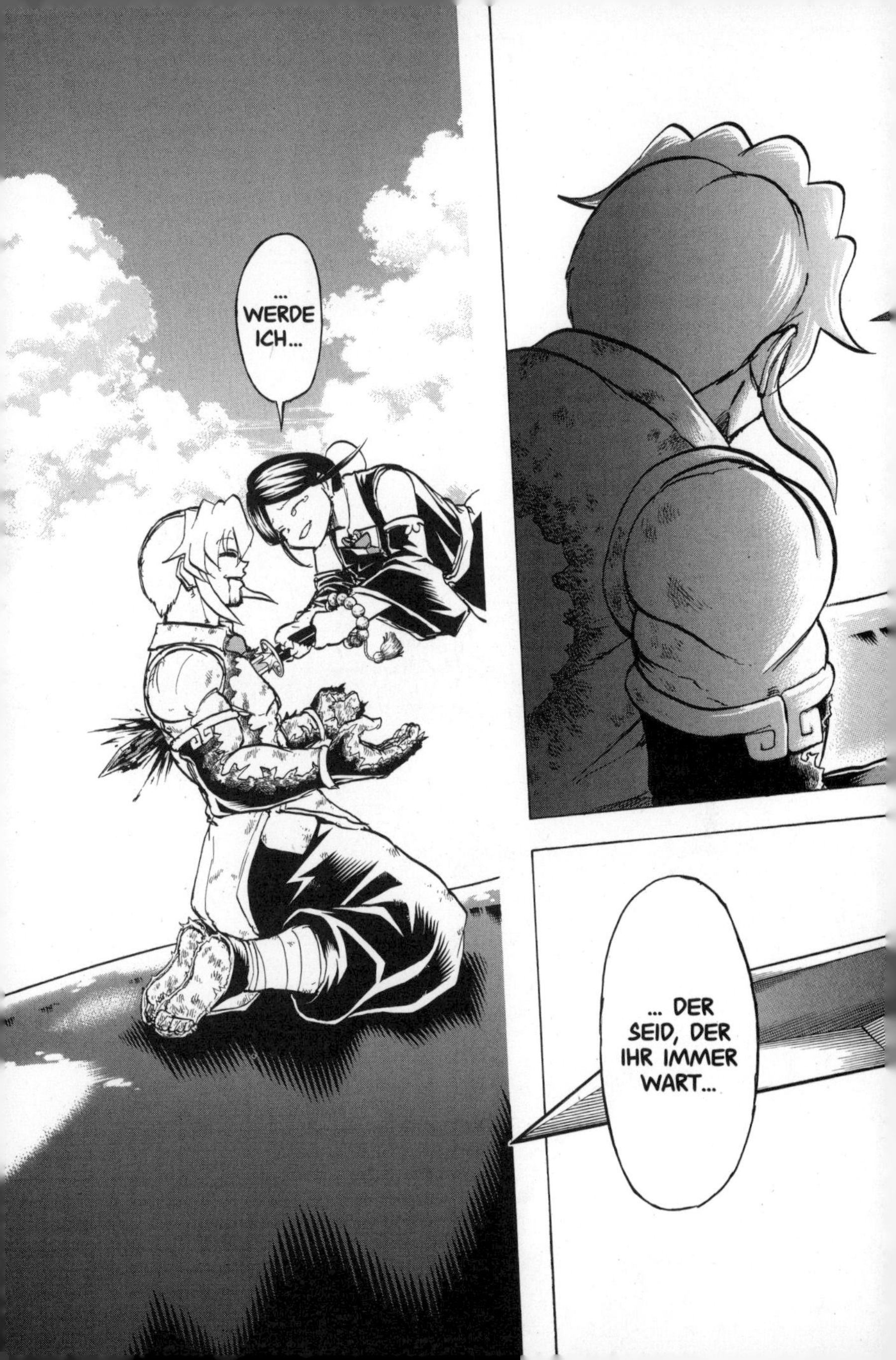
... DER SEID, DER IHR IMMER WART...
... WERDE ICH...

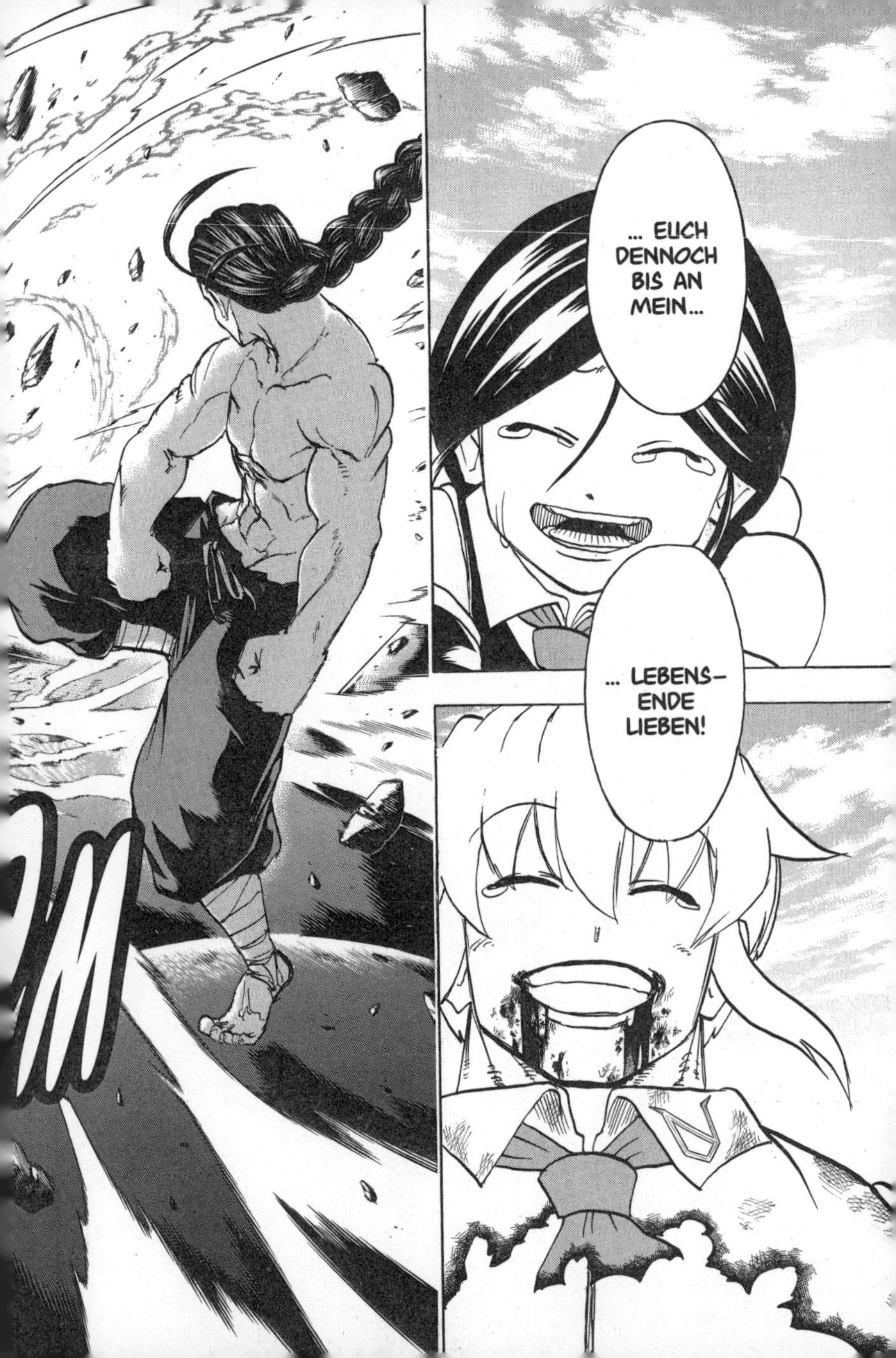
... EUCH DENNOCH BIS AN MEIN...
... LEBENS-ENDE LIEBEN!

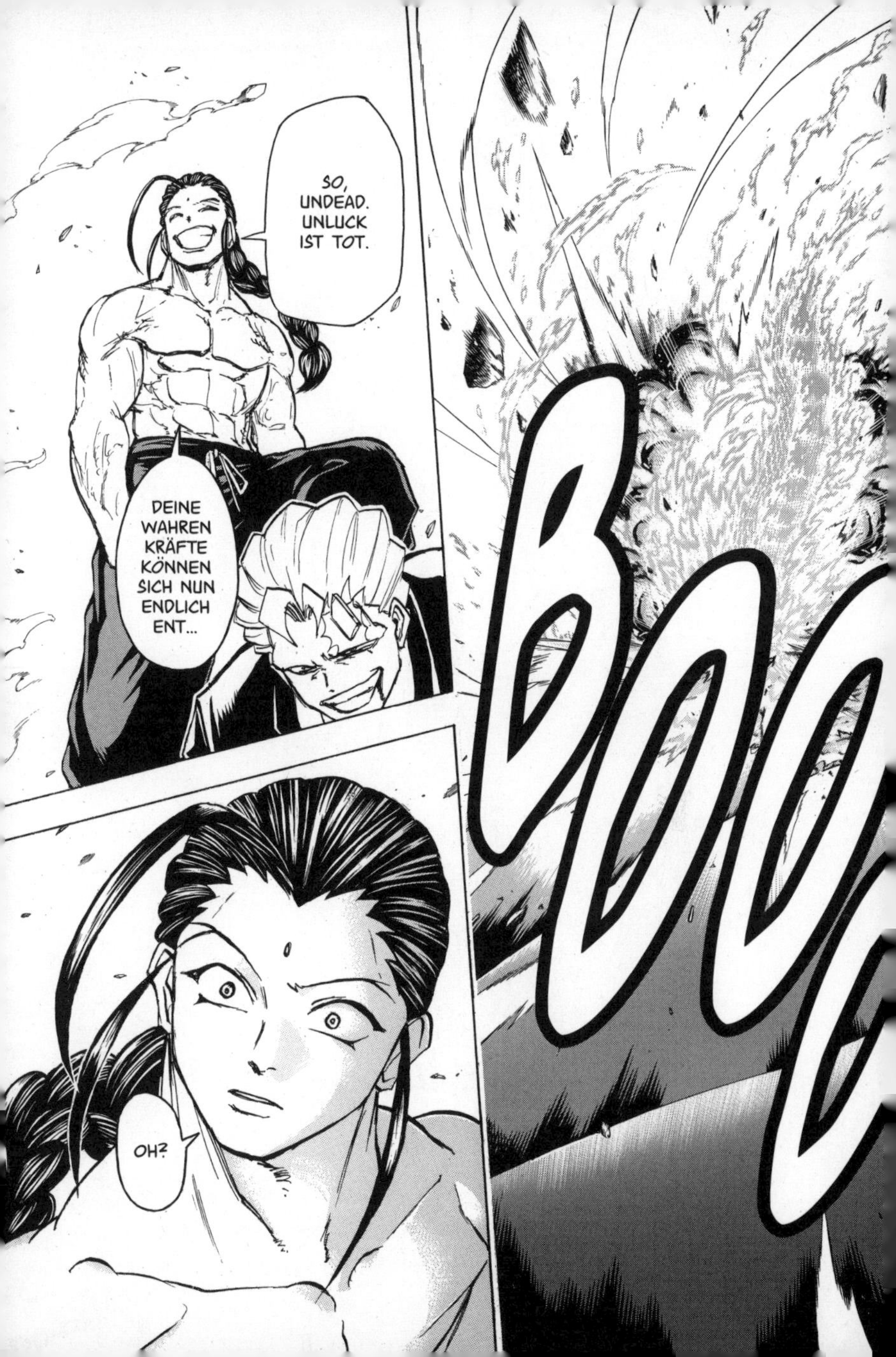
SO, UNDEAD. UNLUCK IST TOT.
DEINE WAHREN KRÄFTE KÖNNEN SICH NUN ENDLICH ENT...
BOOO
OH?

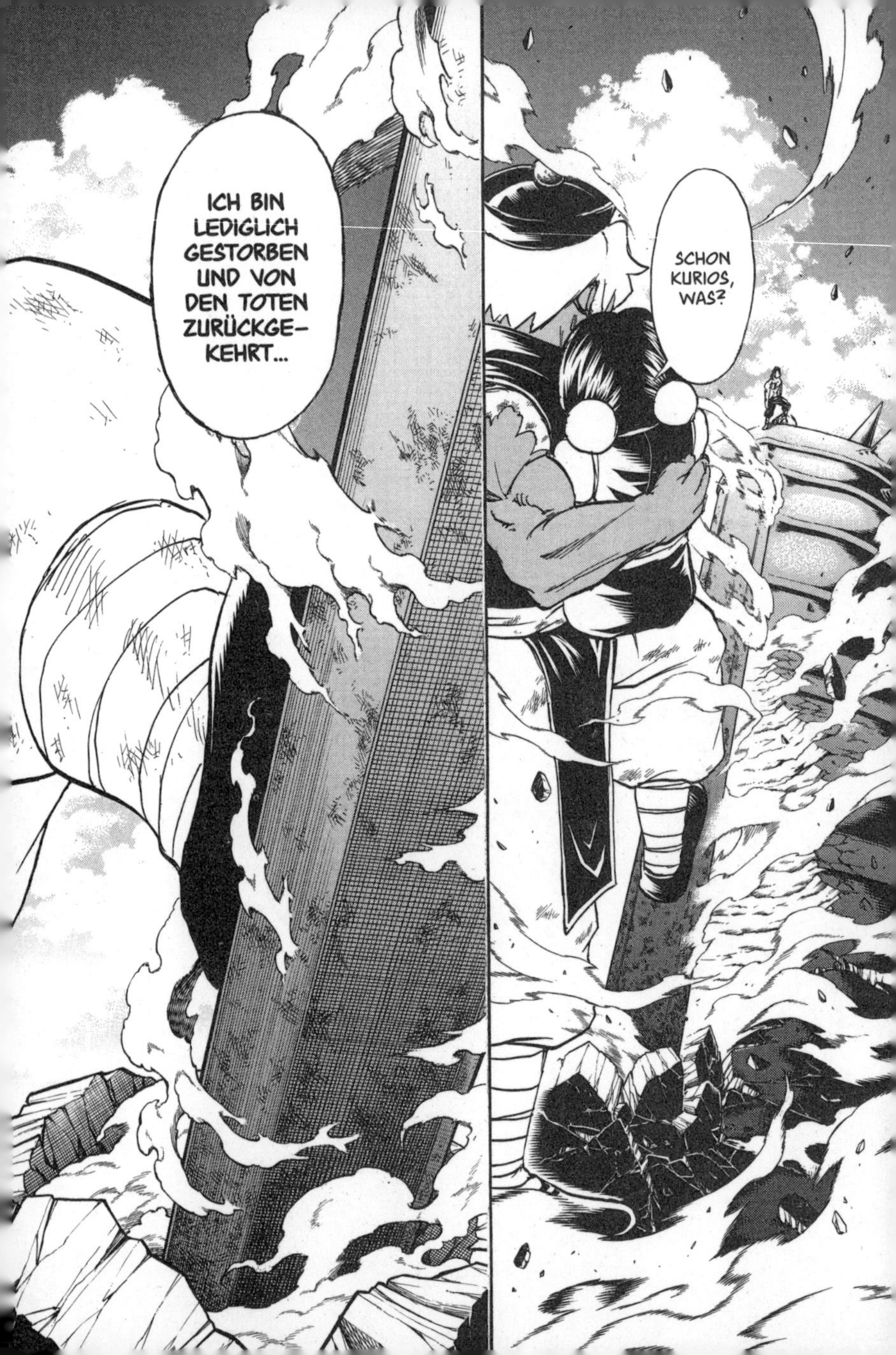
SCHON KURIOS, WAS?
ICH BIN LEDIGLICH GESTORBEN UND VON DEN TOTEN ZURÜCKGE-KEHRT...

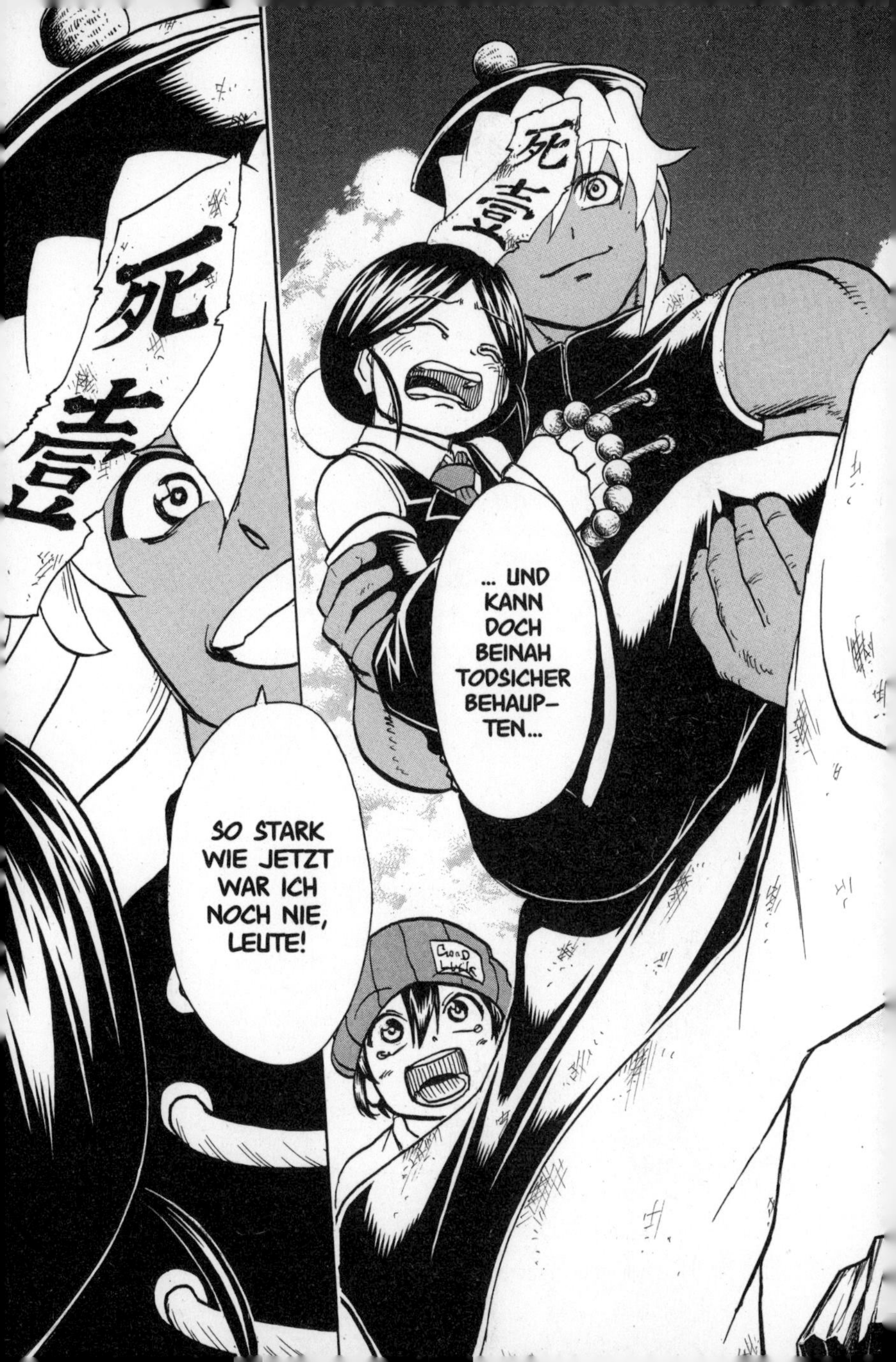
死壹
... UND KANN DOCH BEINAH TODSICHER BEHAUP-TEN...
死壹
SO STARK WIE JETZT WAR ICH NOCH NIE, LEUTE!
Good Luck

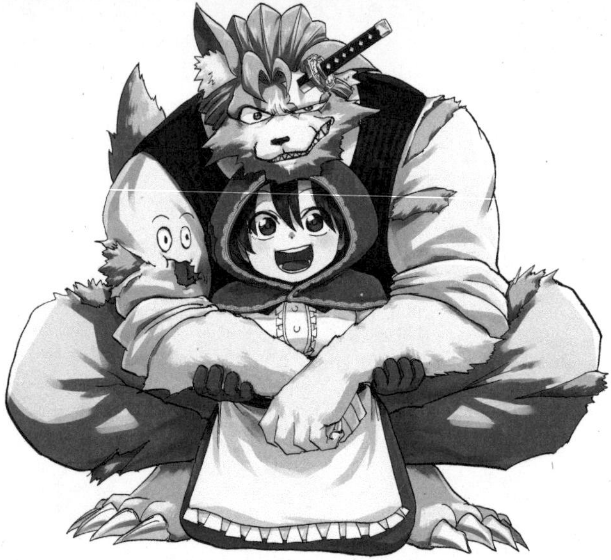

AUS DER WEEKLY SHONEN JUMP 2021, AUSGABE 21/22

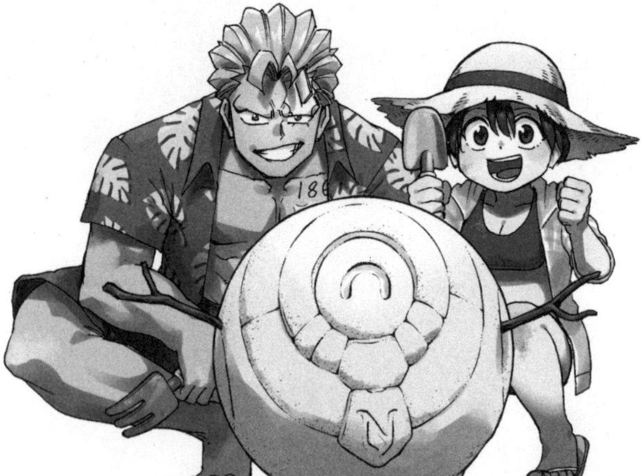

AUS DER WEEKLY SHONEN JUMP 2021, AUSGABE 36/37

## No. 065
## Ich danke dir

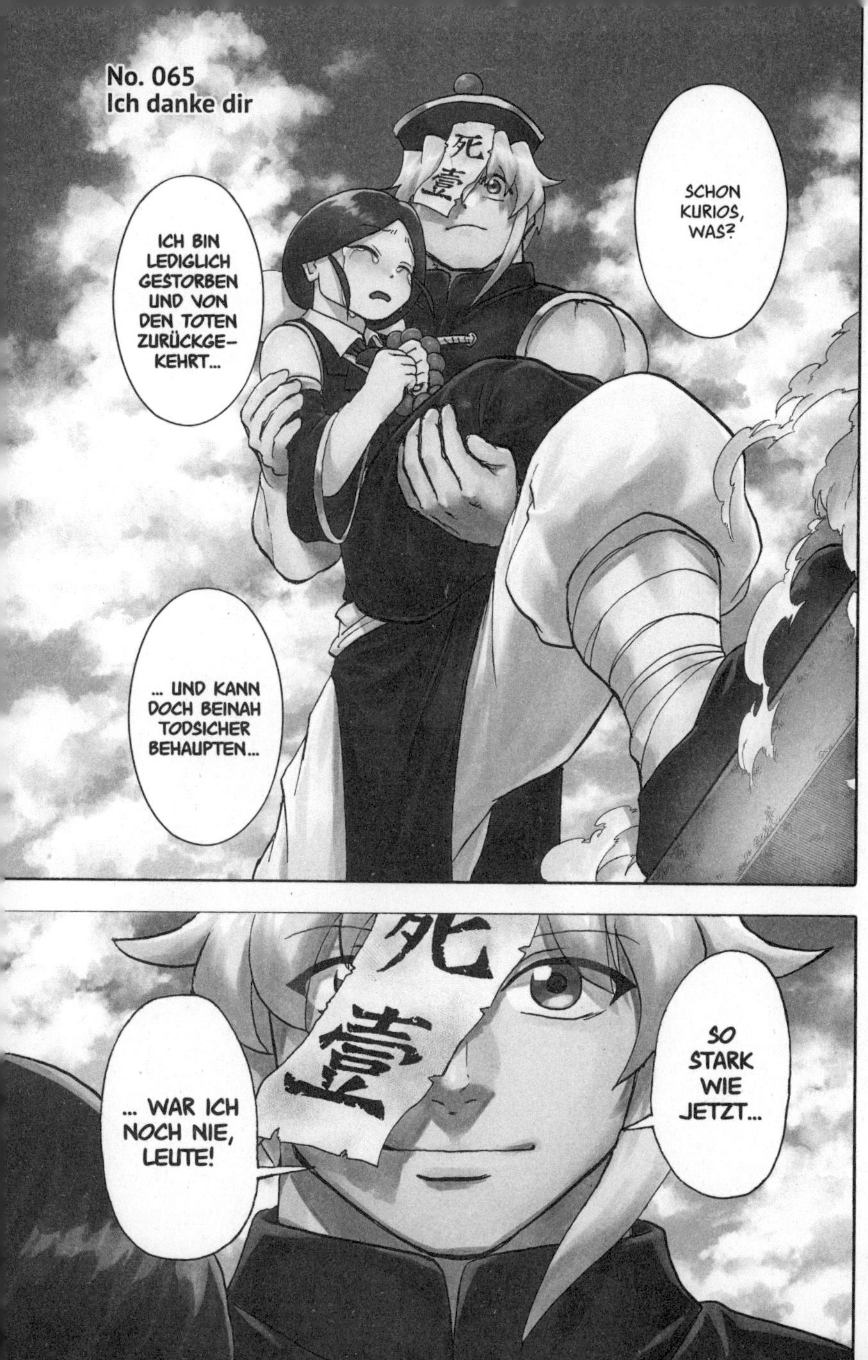

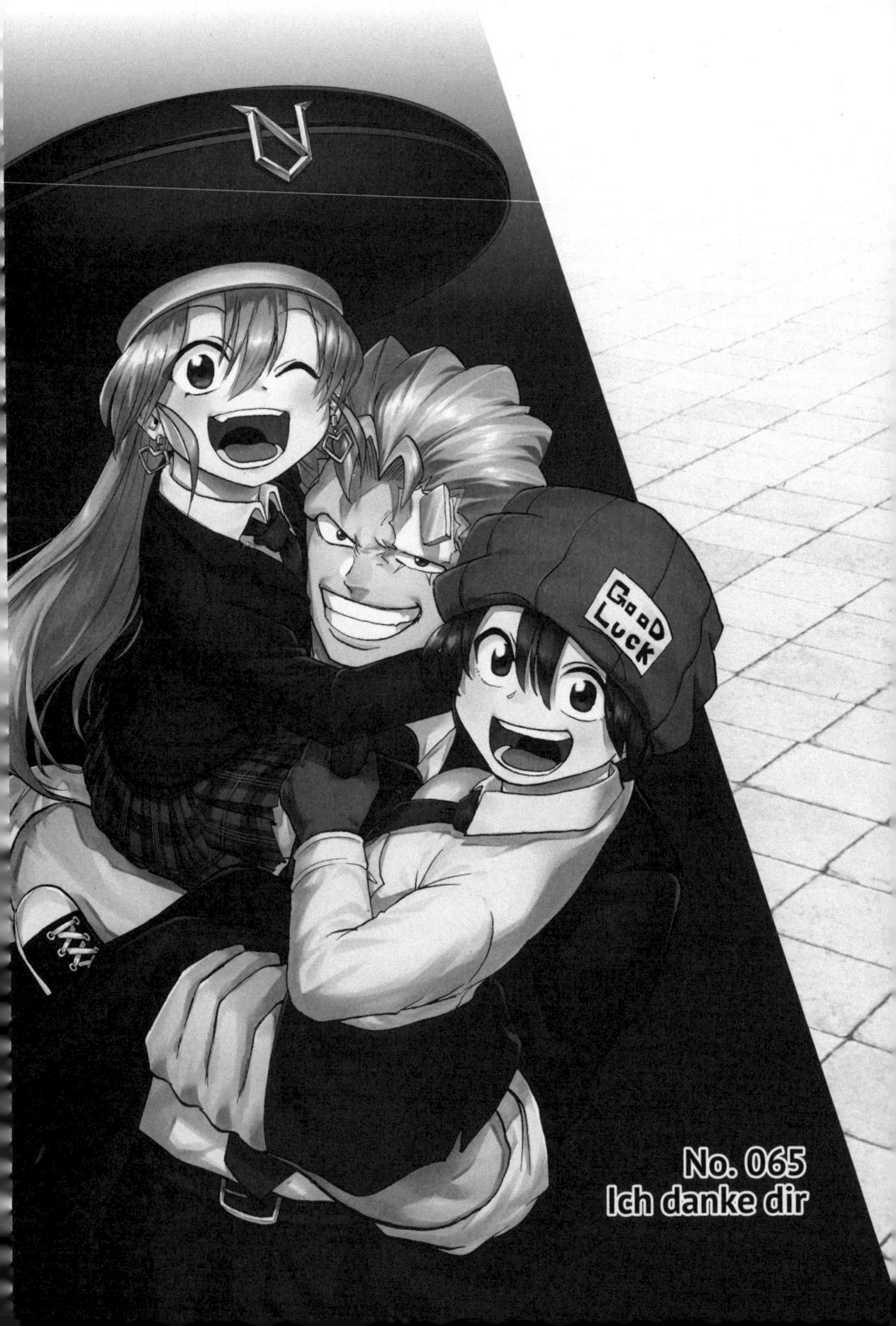


# No. 065
# Ich danke dir

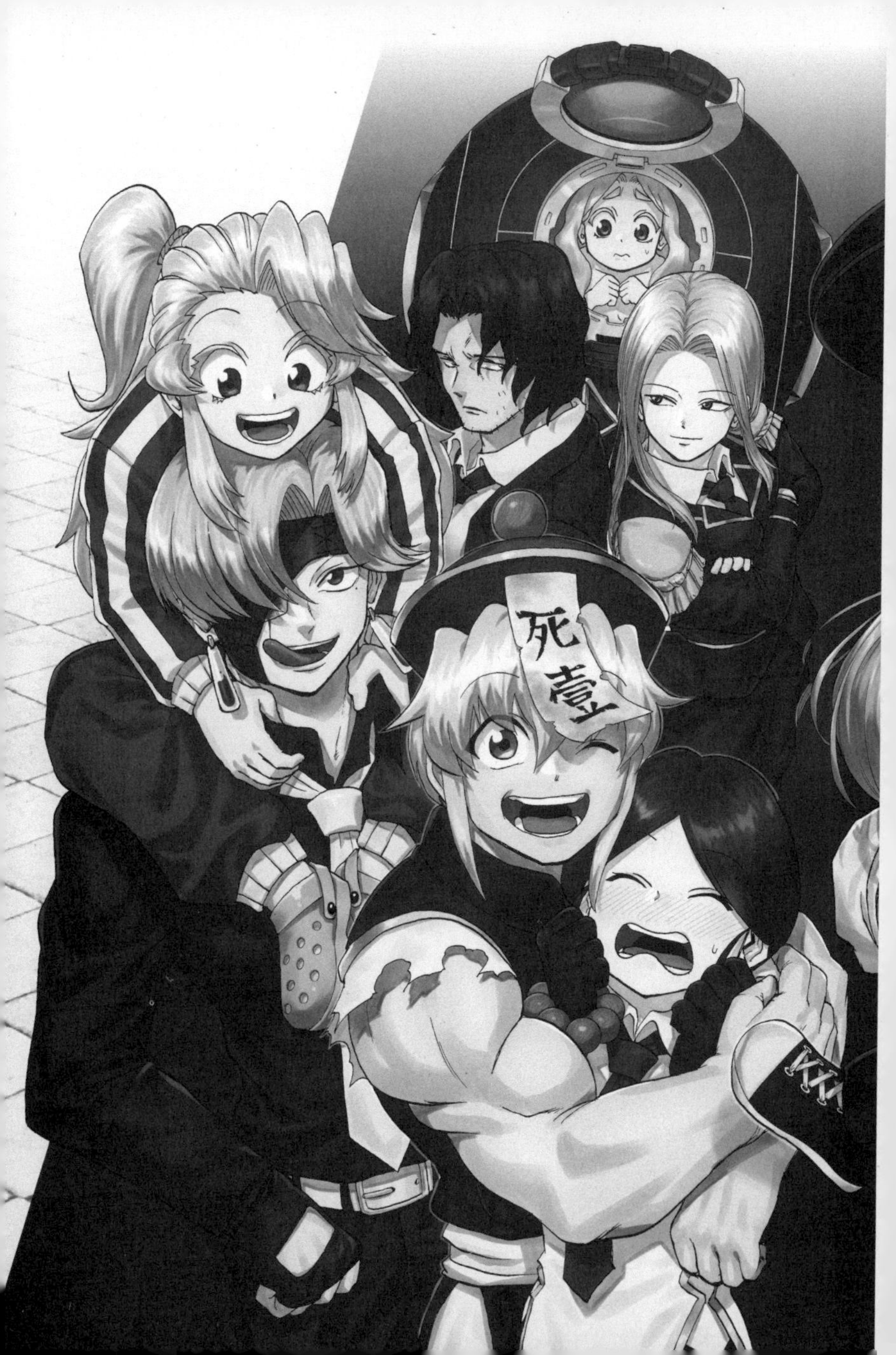
死壹

# UNDEAD UNLUCK 1. JUBILÄUM

**ERSTE JAHRESUMFRAGE IN JAPAN ZU DEN BELIEBTESTEN CHARAKTEREN**

## WIR HABEN DIE ERGEBNISSE!

| | | |
|---|---|---|
| PLATZ 1 | ANDY | 9453 STIMMEN |
| PLATZ 2 | FUKO IZUMO | 8742 STIMMEN |
| PLATZ 3 | ANNO UN | 5512 STIMMEN |
| PLATZ 4 | SHEN | 5388 STIMMEN |
| PLATZ 5 | JUIZ | 5228 STIMMEN |
| PLATZ 6 | GINA | 4044 STIMMEN |
| PLATZ 7 | RIP | 3349 STIMMEN |
| PLATZ 8 | TATJANA | 2413 STIMMEN |
| PLATZ 9 | BILLY | 2279 STIMMEN |
| PLATZ 10 | MUI | 2025 STIMMEN |

| | |
|---|---|
| PLATZ 11 | BACKS |
| PLATZ 12 | LATLA |
| PLATZ 13 | CHIKARA SHIGENO |
| PLATZ 14 | VICTOR |
| PLATZ 15 | TOP |
| PLATZ 16 | NICO VORGEIL |
| PLATZ 17 | PAN PANDA |
| PLATZ 18 | SPOIL |
| PLATZ 19 | DIE LEHRERIN AUS LONGING |
| PLATZ 20 | CLOTHES |
| PLATZ 21 | PHIL |
| PLATZ 22 | MICO VORGEIL |
| PLATZ 23 | ISSHIN |
| PLATZ 24 | SPRING |
| PLATZ 25 | VOID |
| PLATZ 26 | RYO |
| PLATZ 27 | SEAN |
| PLATZ 28 | YUSAI |
| PLATZ 29 | GOTT? |
| PLATZ 30 | BOH |
| PLATZ 31 | APOKALYPSE |
| PLATZ 32 | JOSH |
| PLATZ 33 | FRAU KUNO |
| PLATZ 34 | BURN |
| PLATZ 35 | SANDERS |
| PLATZ 36 | TAHIOKA |
| PLATZ 37 | FENG |
| PLATZ 38 | UNION HUNTER |
| PLATZ 39 | GALAXY |
| PLATZ 40 | ASH |
| PLATZ 41 | MOVE |
| PLATZ 42 | DIE KINDER AUS LONGING |
| PLATZ 43 | LEILA |
| PLATZ 44 | ACKS |
| PLATZ 45 | CREED |
| PLATZ 46 | CAMUS |
| PLATZ 47 | MUTTER UND KIND AUS DEM SALOON |
| PLATZ 48 | AUTUMN |
| PLATZ 49 | RED |
| PLATZ 50 | SUMMER |
| PLATZ 51 | WINTER |
| | |

WEEKLY JUMP, ZUR VERÖFFENTLICHUNG DER AUSGABE 2021/26

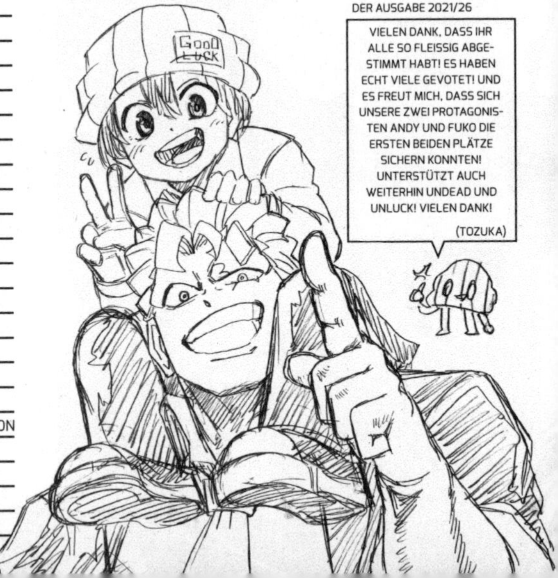

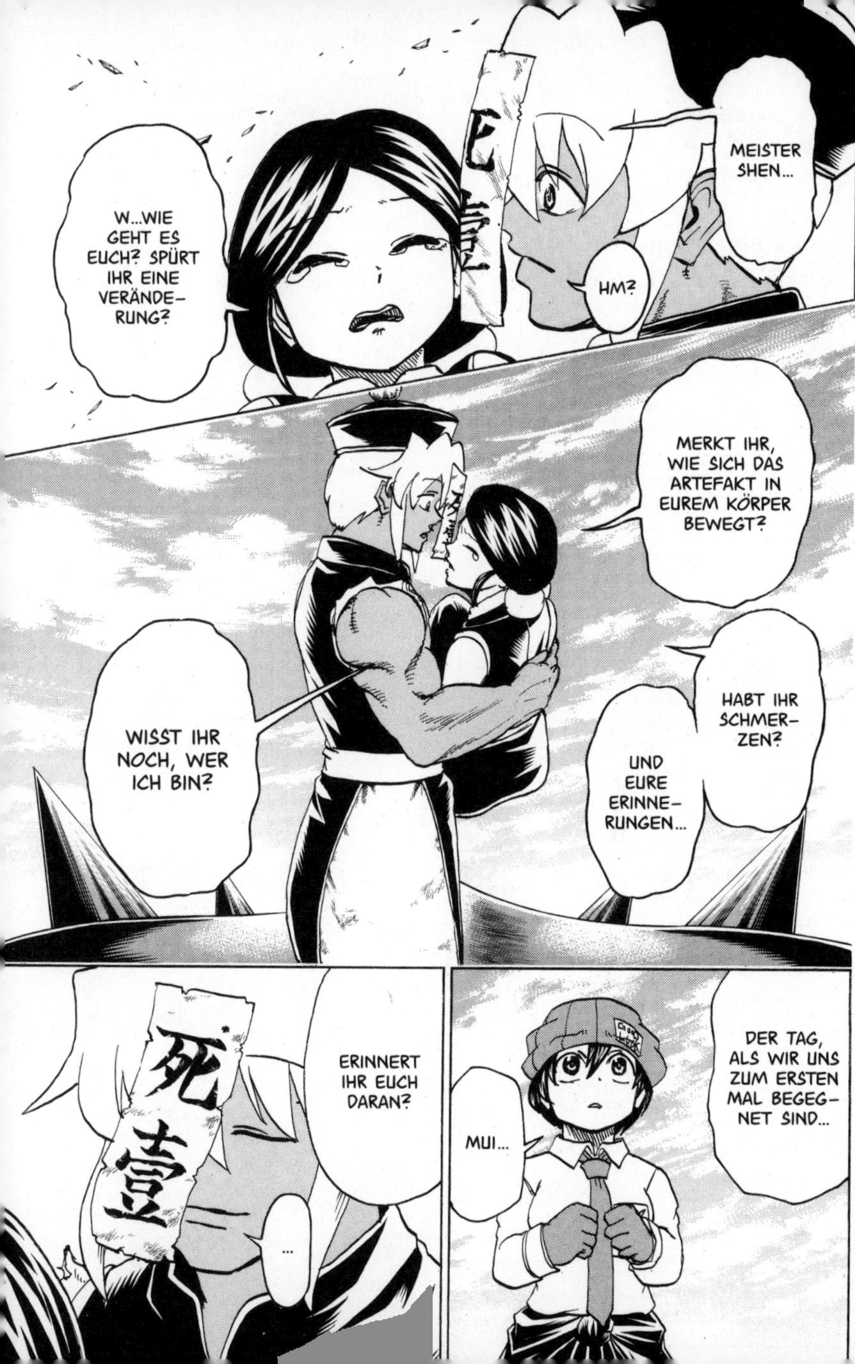


* KANJI-ZEICHEN FÜR »TOD« UND FÜR DIE ZIFFER EINS

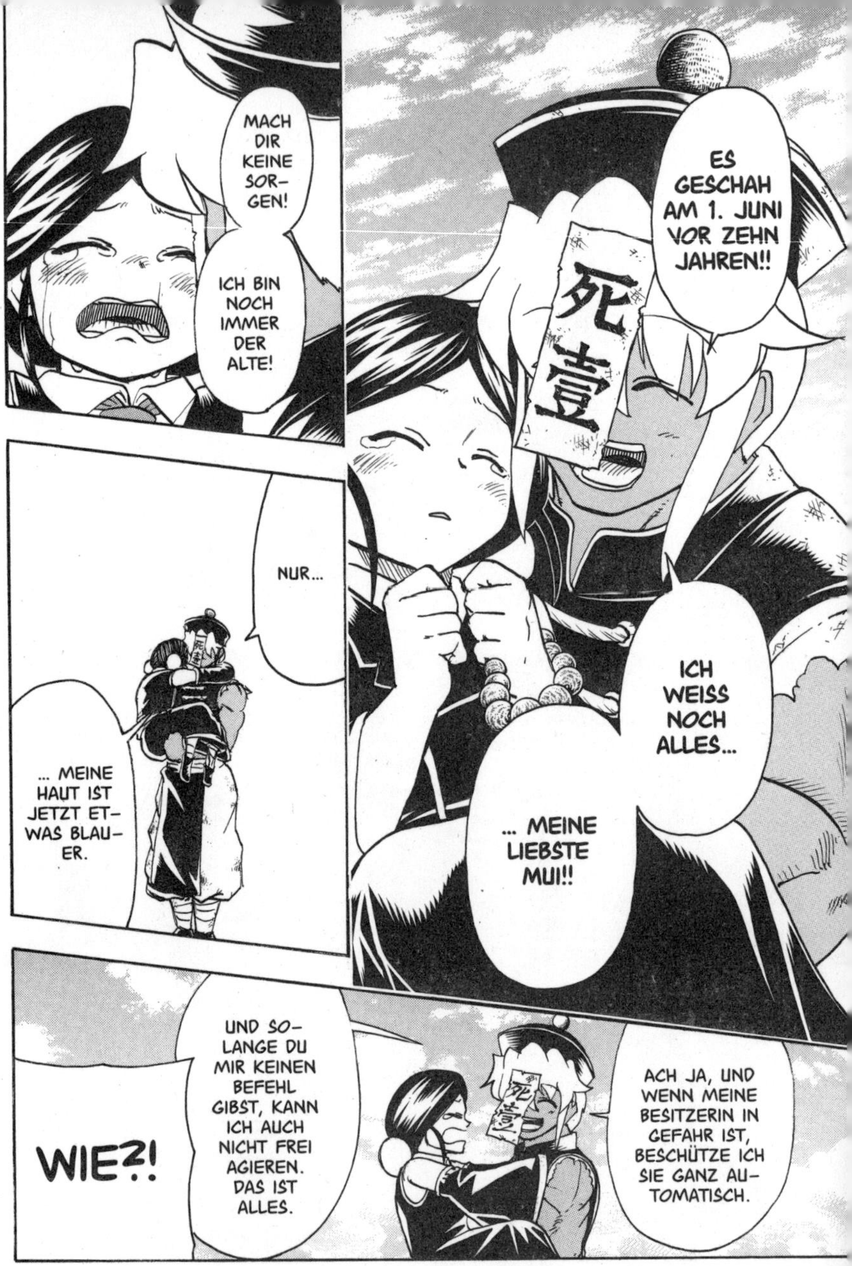
ES GESCHAH AM 1. JUNI VOR ZEHN JAHREN!!
死壹
ICH WEISS NOCH ALLES...
... MEINE LIEBSTE MUI!!
MACH DIR KEINE SORGEN!
ICH BIN NOCH IMMER DER ALTE!
NUR...
... MEINE HAUT IST JETZT ETWAS BLAUER.
ACH JA, UND WENN MEINE BESITZERIN IN GEFAHR IST, BESCHÜTZE ICH SIE GANZ AUTOMATISCH.
UND SOLANGE DU MIR KEINEN BEFEHL GIBST, KANN ICH AUCH NICHT FREI AGIEREN. DAS IST ALLES.
WIE?!

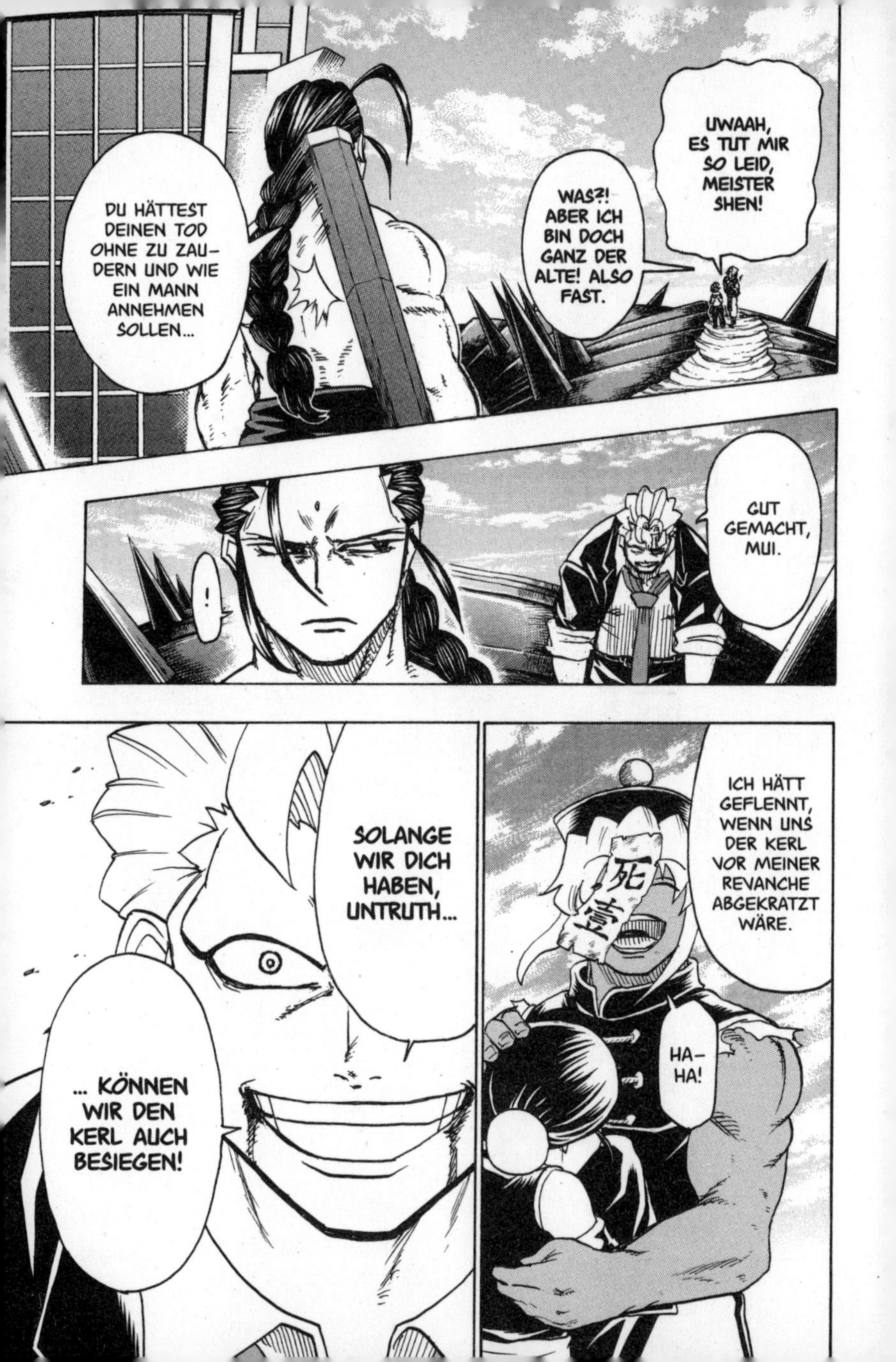
UWAAH, ES TUT MIR SO LEID, MEISTER SHEN!
WAS?! ABER ICH BIN DOCH GANZ DER ALTE! ALSO FAST.
DU HÄTTEST DEINEN TOD OHNE ZU ZAUDERN UND WIE EIN MANN ANNEHMEN SOLLEN...
GUT GEMACHT, MUI.
!
ICH HÄTT GEFLENNT, WENN UNS DER KERL VOR MEINER REVANCHE ABGEKRATZT WÄRE.
HA-HA!
SOLANGE WIR DICH HABEN, UNTRUTH...
... KÖNNEN WIR DEN KERL AUCH BESIEGEN!

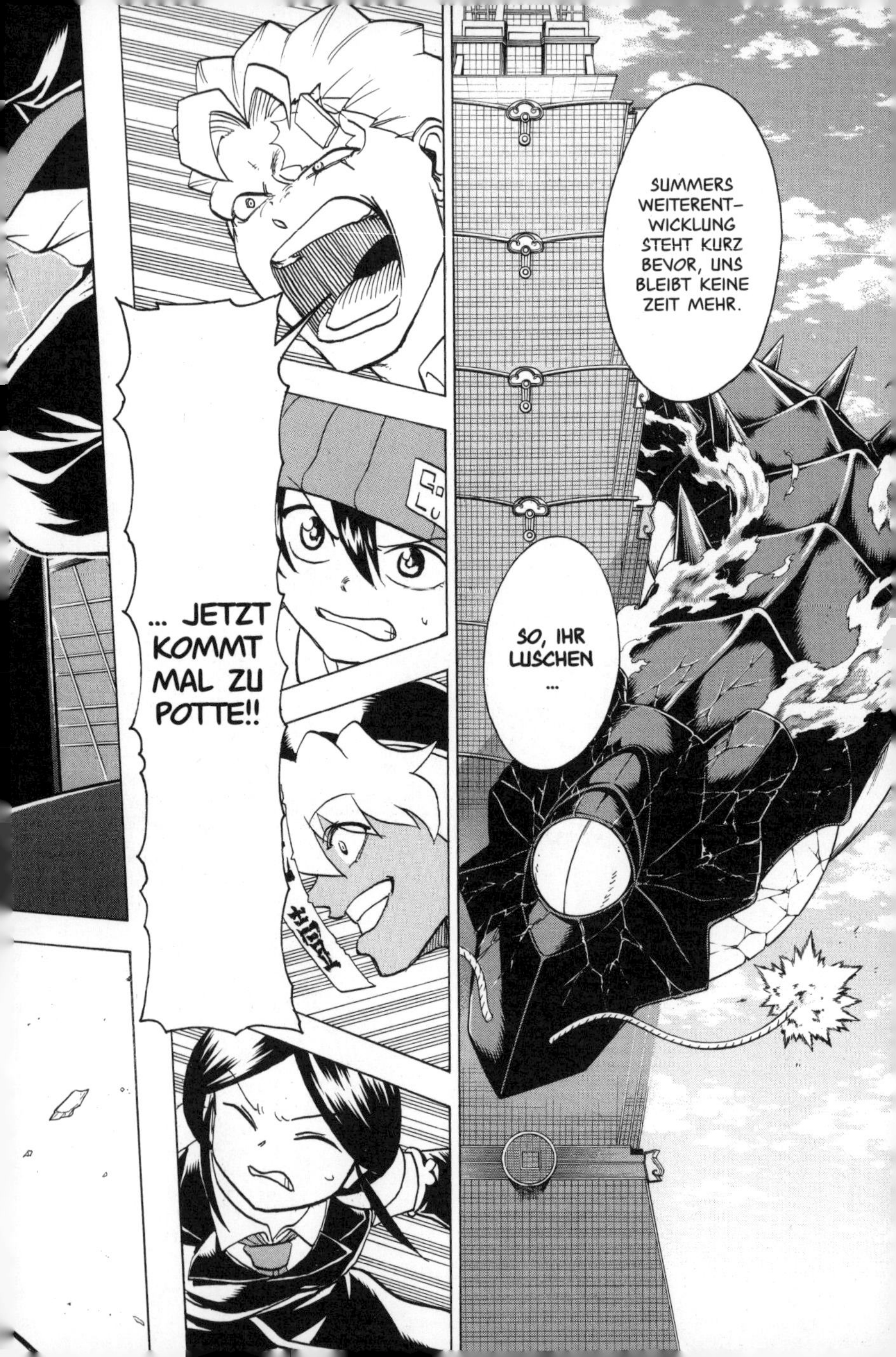
SUMMERS WEITERENT-WICKLUNG STEHT KURZ BEVOR, UNS BLEIBT KEINE ZEIT MEHR.
SO, IHR LUSCHEN ...
... JETZT KOMMT MAL ZU POTTE!!

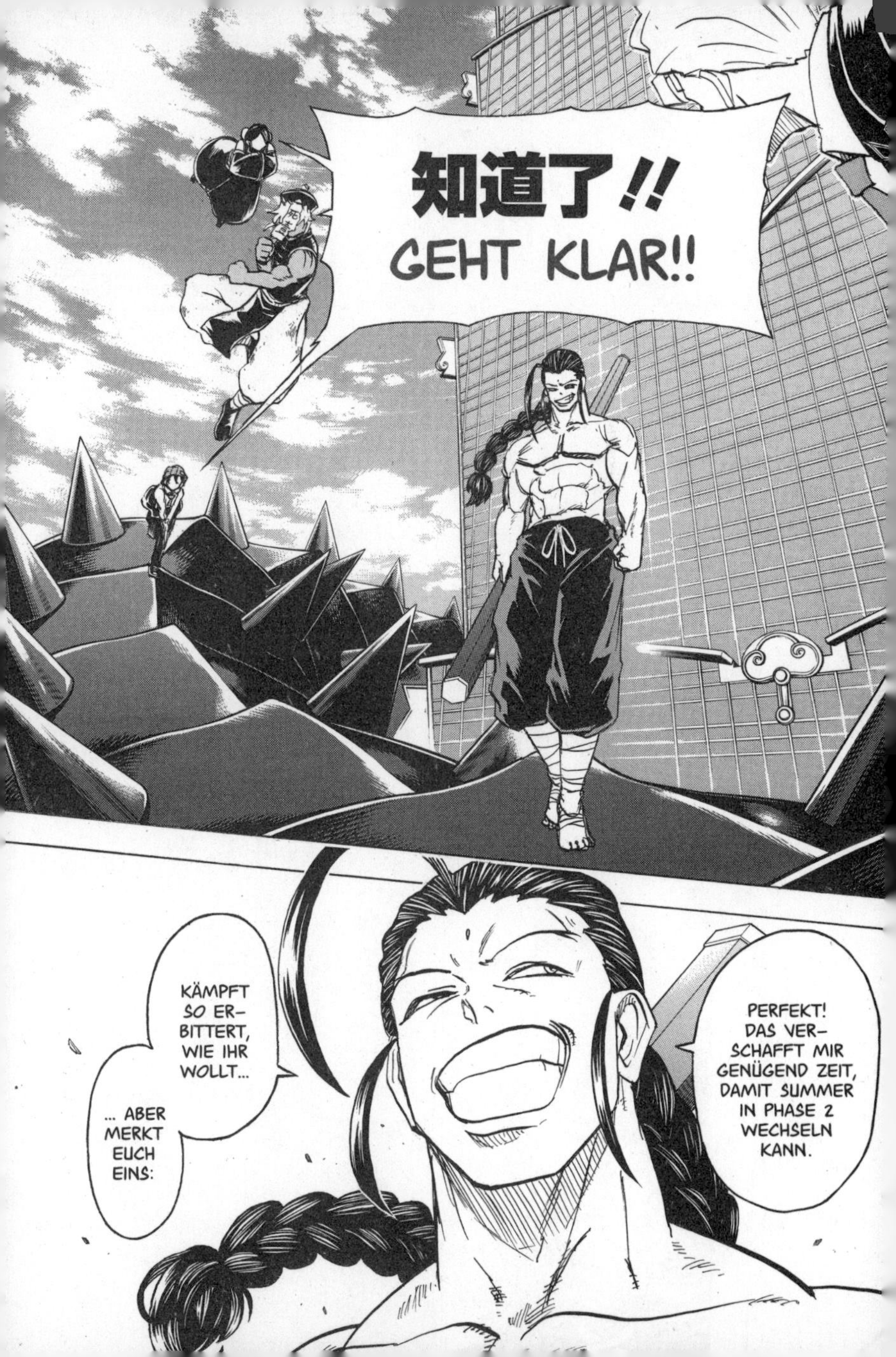
知道了!!
GEHT KLAR!!
PERFEKT! DAS VERSCHAFFT MIR GENÜGEND ZEIT, DAMIT SUMMER IN PHASE 2 WECHSELN KANN.
KÄMPFT SO ERBITTERT, WIE IHR WOLLT...
... ABER MERKT EUCH EINS:

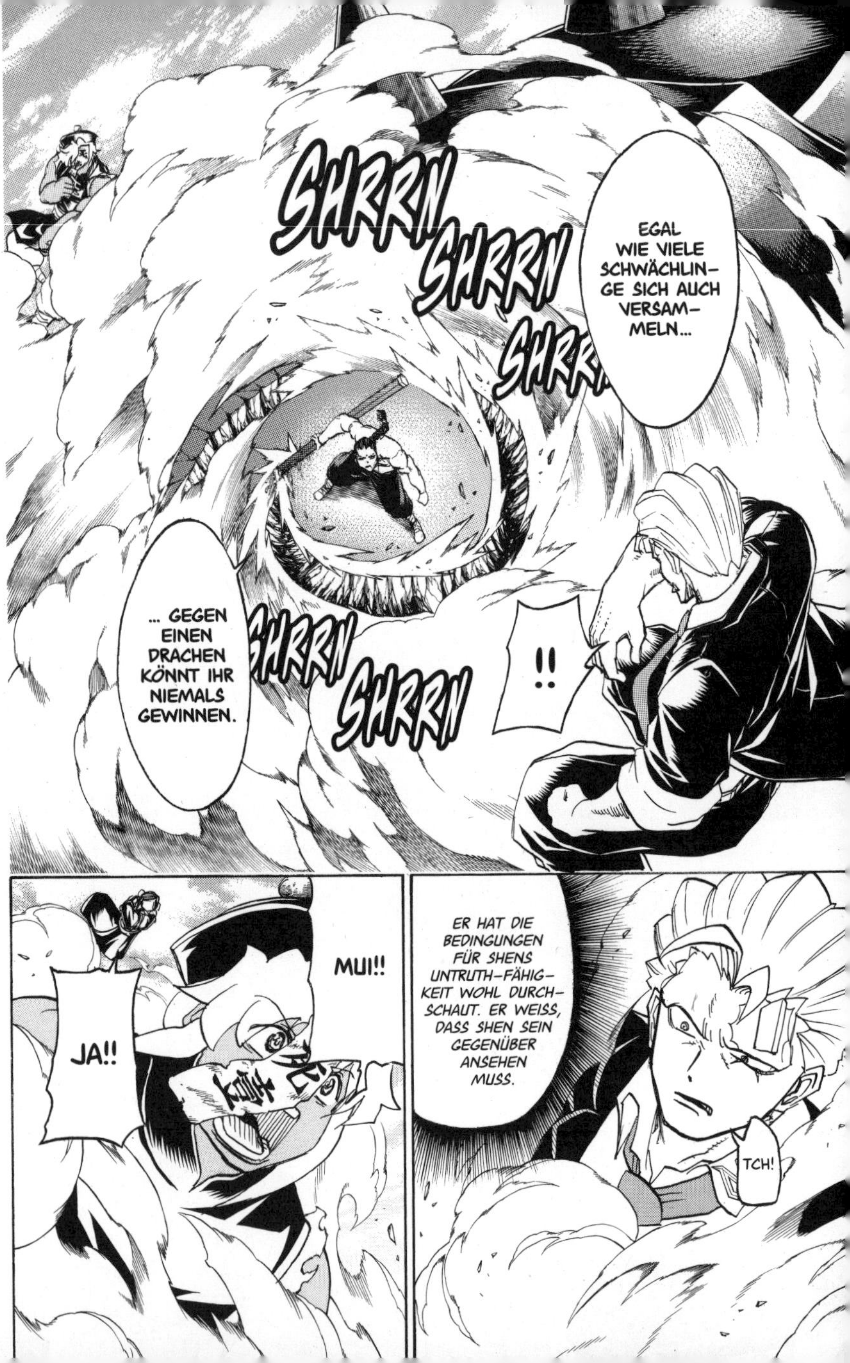
EGAL WIE VIELE SCHWÄCHLINGE SICH AUCH VERSAMMELN...
SHRRN
SHRRN
!!
SHRRN
SHRRN
... GEGEN EINEN DRACHEN KÖNNT IHR NIEMALS GEWINNEN.
ER HAT DIE BEDINGUNGEN FÜR SHENS UNTRUTH-FÄHIGKEIT WOHL DURCHSCHAUT. ER WEISS, DASS SHEN SEIN GEGENÜBER ANSEHEN MUSS.
TCH!
MUI!!
JA!!

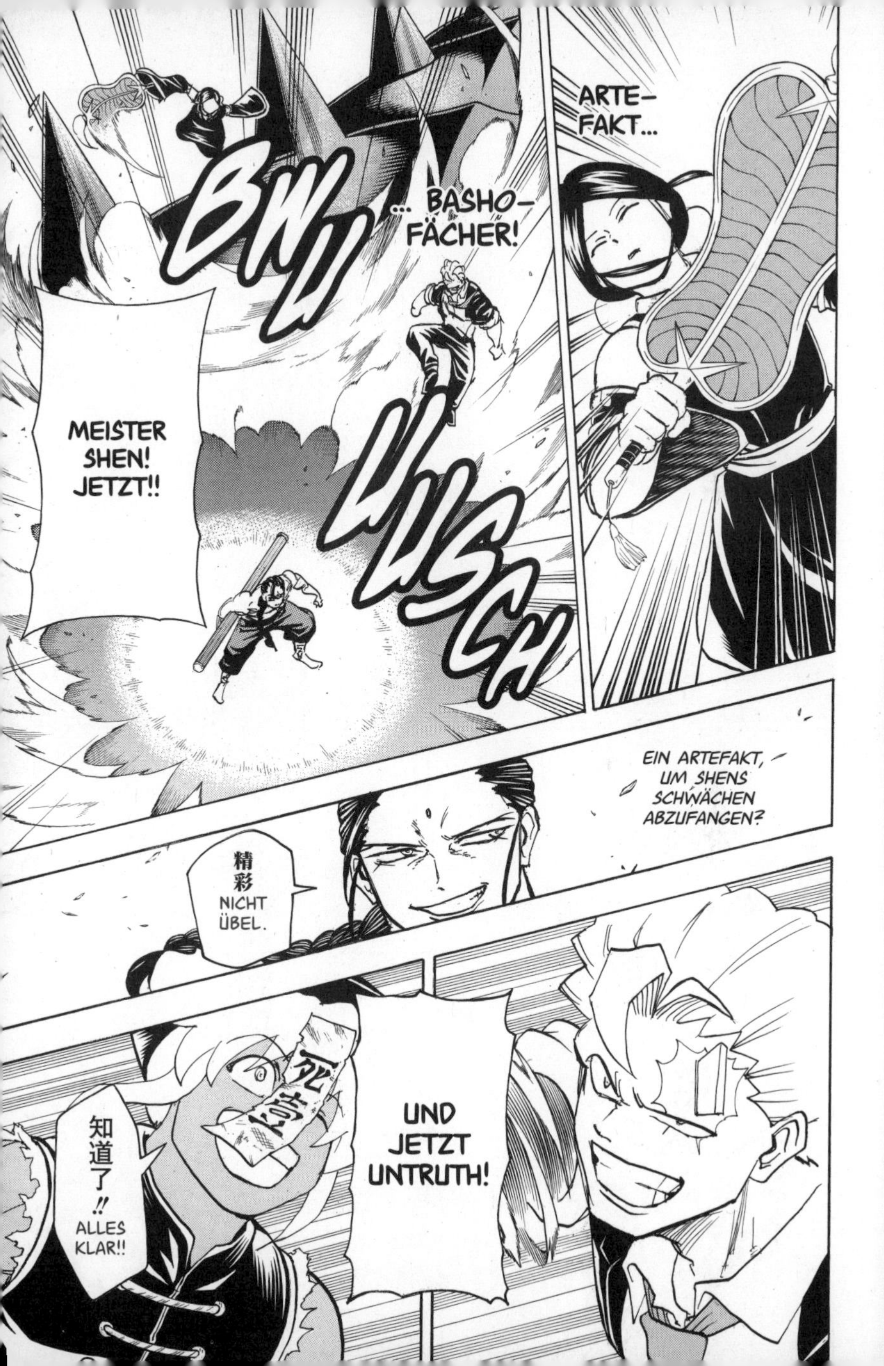
ARTE-
FAKT...
... BASHO-
FÄCHER!
BWU
WUSCH
MEISTER
SHEN!
JETZT!!
EIN ARTEFAKT, UM SHENS SCHWÄCHEN ABZUFANGEN?
精彩 NICHT ÜBEL.
UND JETZT UNTRUTH!
知道了!! ALLES KLAR!!

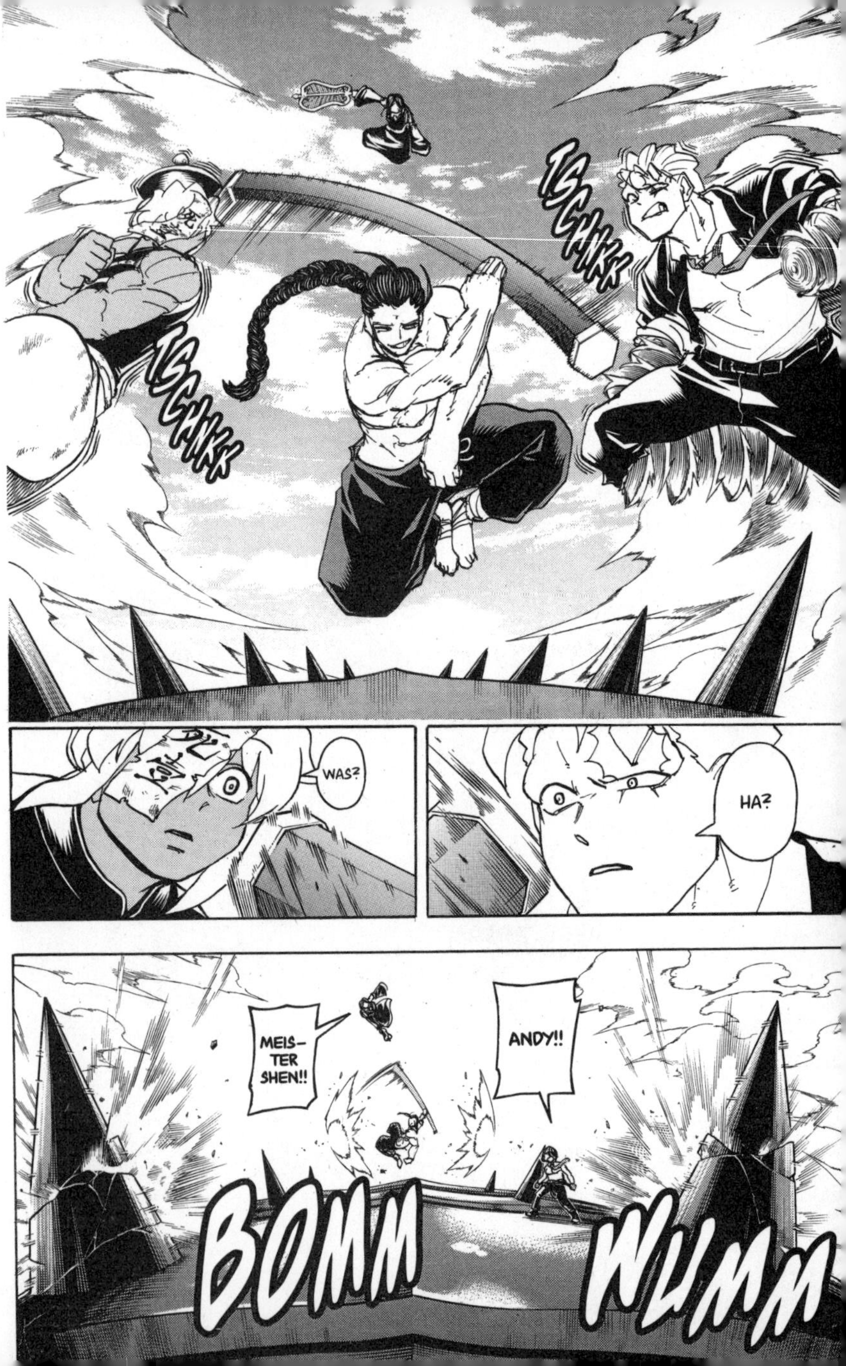
TSCHKK
TSCHKK
HA?
WAS?
ANDY!!
MEIS-
TER
SHEN!!
BOMM
WUMM

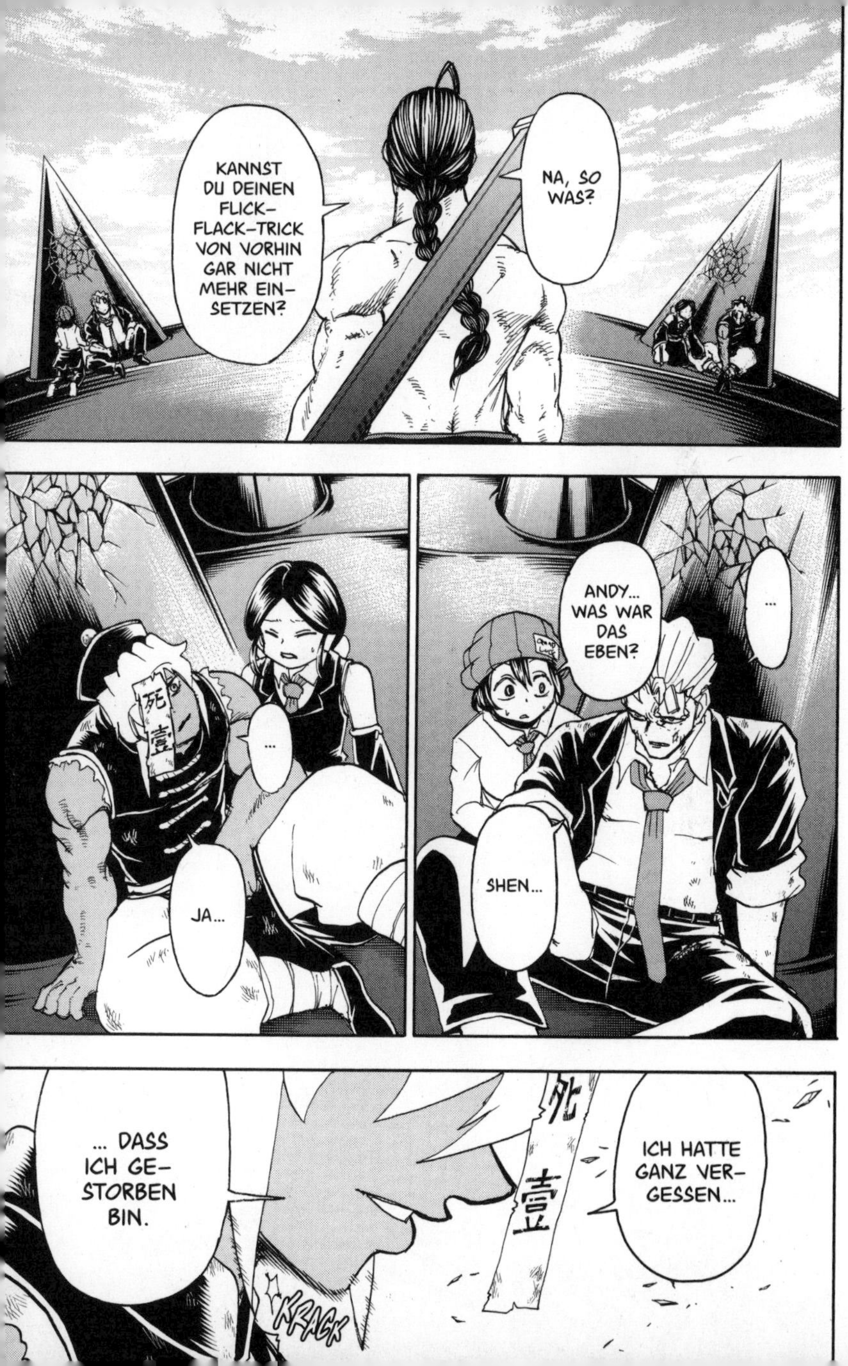
NA, SO WAS?
KANNST DU DEINEN FLICK-FLACK-TRICK VON VORHIN GAR NICHT MEHR EIN-SETZEN?
...
ANDY... WAS WAR DAS EBEN?
SHEN...
死壹
...
JA...
死壹
ICH HATTE GANZ VER-GESSEN...
... DASS ICH GE-STORBEN BIN.
KRACK

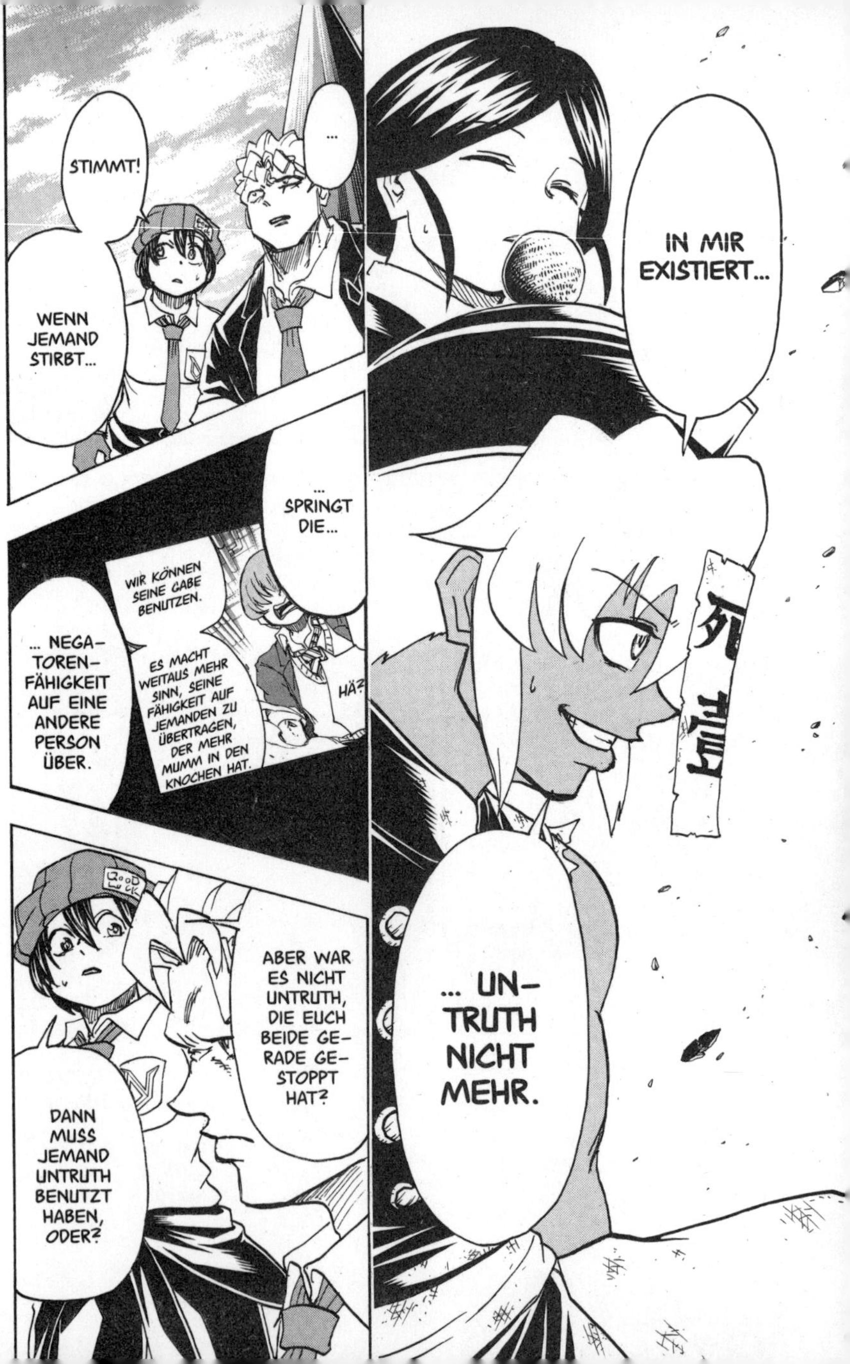
...
STIMMT!
WENN JEMAND STIRBT...
... SPRINGT DIE...
... NEGATOREN-FÄHIGKEIT AUF EINE ANDERE PERSON ÜBER.
WIR KÖNNEN SEINE GABE BENUTZEN.
ES MACHT WEITAUS MEHR SINN, SEINE FÄHIGKEIT AUF JEMANDEN ZU ÜBERTRAGEN, DER MEHR MUMM IN DEN KNOCHEN HAT.
HÄ?
ABER WAR ES NICHT UNTRUTH, DIE EUCH BEIDE GERADE GESTOPPT HAT?
DANN MUSS JEMAND UNTRUTH BENUTZT HABEN, ODER?
IN MIR EXISTIERT...
... UNTRUTH NICHT MEHR.

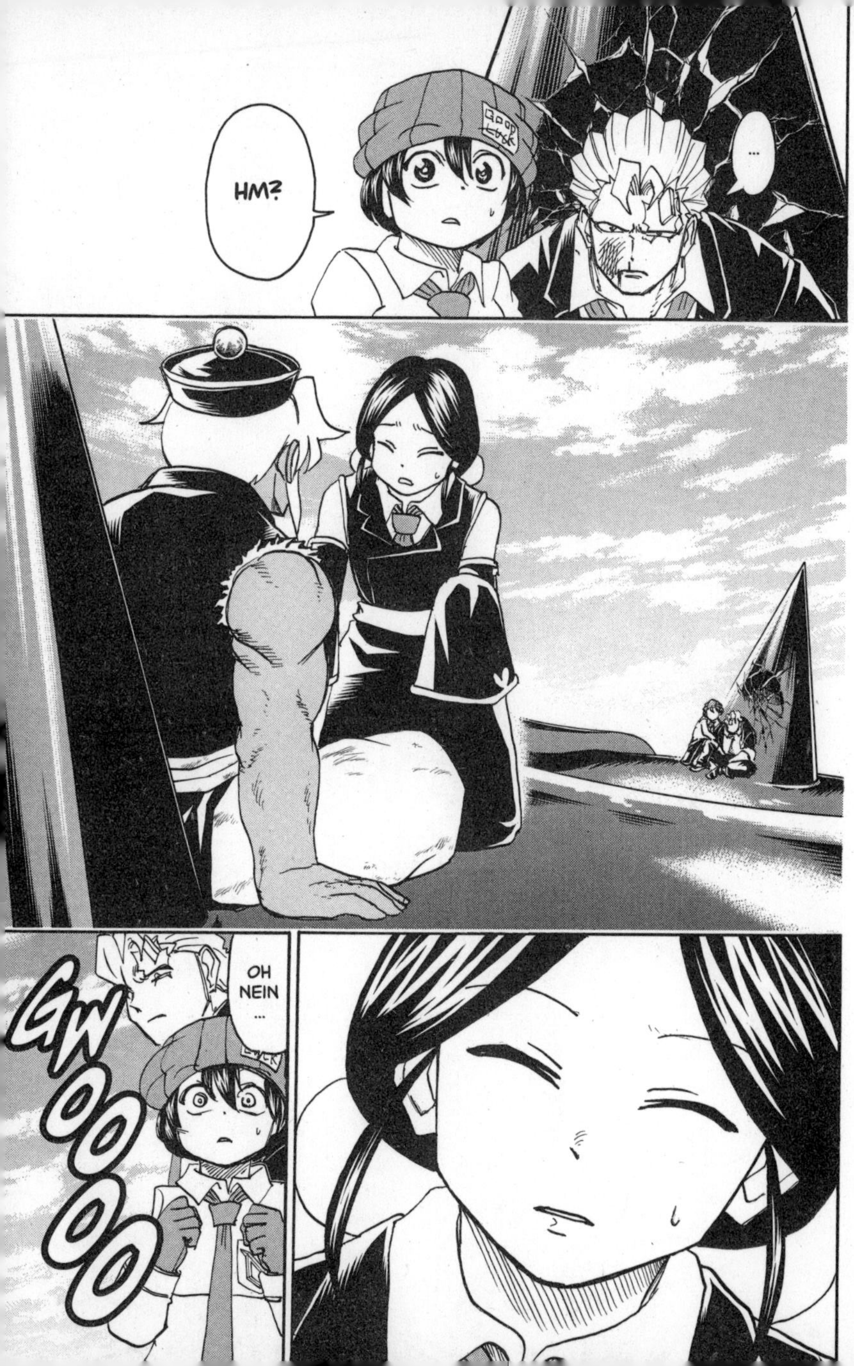
...
HM?
OH NEIN ...
GWOOOOO

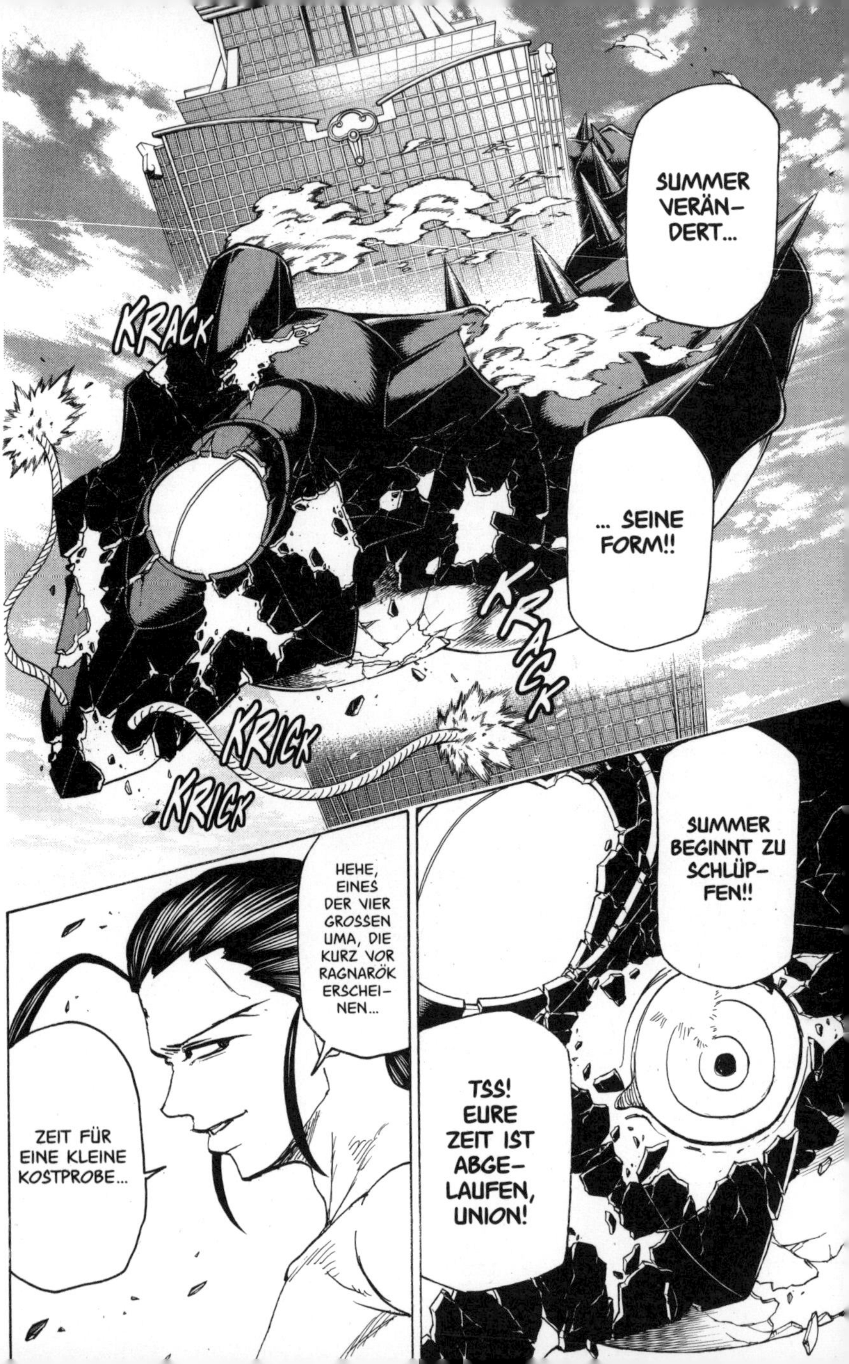

SUMMER VERÄNDERT...
... SEINE FORM!!
KRACK
KRACK
KRICK
KRICK
SUMMER BEGINNT ZU SCHLÜPFEN!!
HEHE, EINES DER VIER GROSSEN UMA, DIE KURZ VOR RAGNARÖK ERSCHEINEN...
TSS! EURE ZEIT IST ABGELAUFEN, UNION!
ZEIT FÜR EINE KLEINE KOSTPROBE...

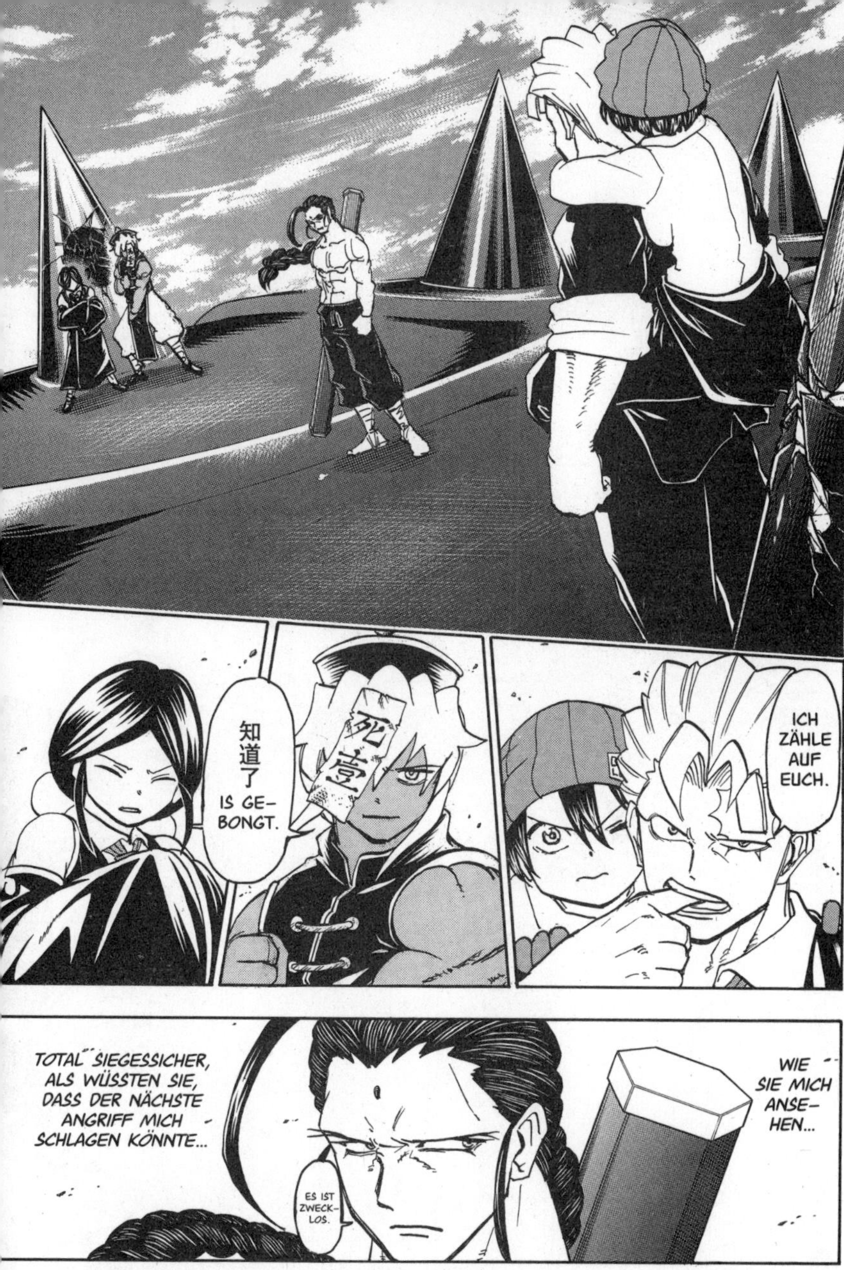
ICH ZÄHLE AUF EUCH.
知道了
IS GEBONGT.
WIE SIE MICH ANSEHEN...
TOTAL SIEGESSICHER, ALS WÜSSTEN SIE, DASS DER NÄCHSTE ANGRIFF MICH SCHLAGEN KÖNNTE...
ES IST ZWECKLOS.

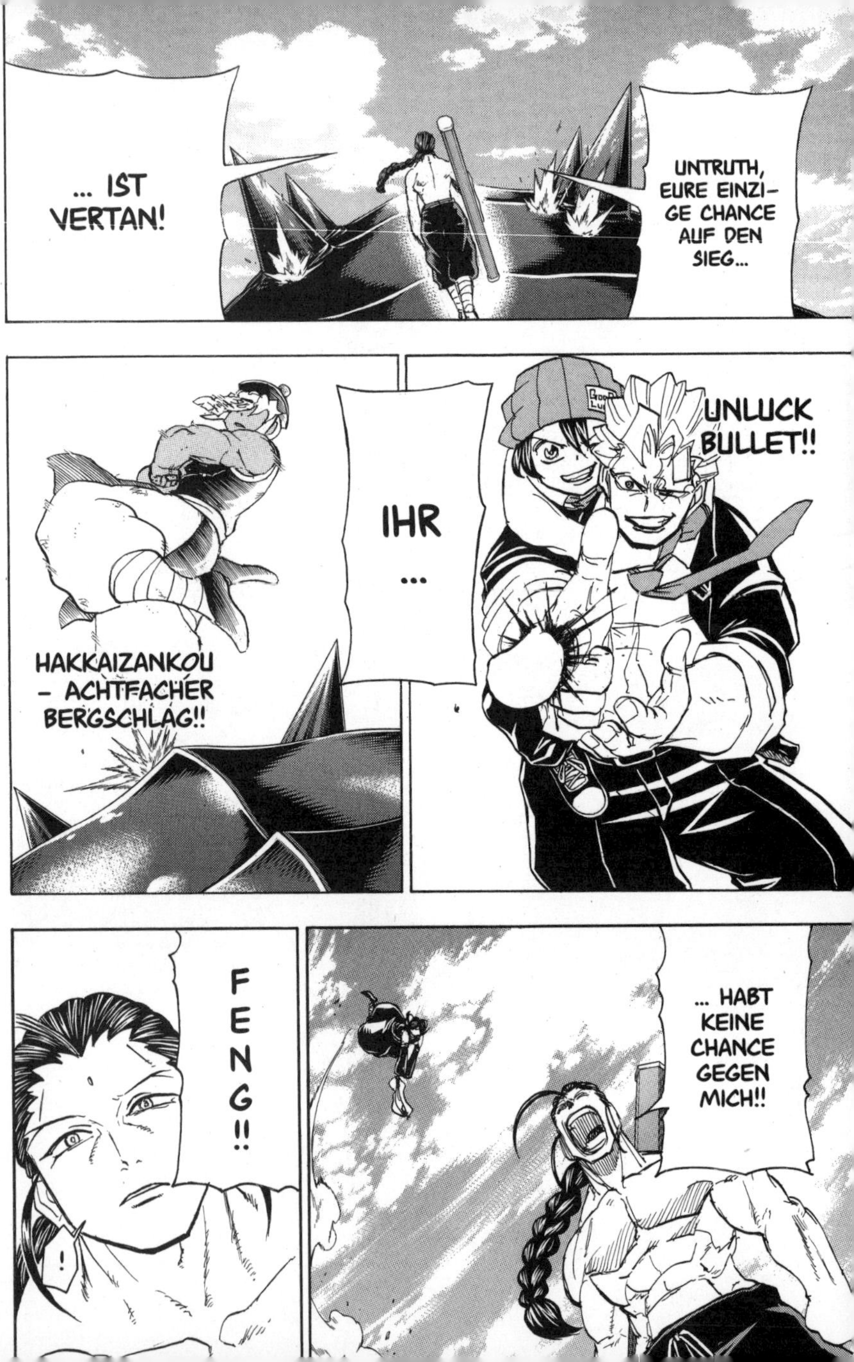
UNTRUTH, EURE EINZI-GE CHANCE AUF DEN SIEG...
... IST VERTAN!
UNLUCK BULLET!!
IHR ...
HAKKAIZANKOU – ACHTFACHER BERGSCHLAG!!
... HABT KEINE CHANCE GEGEN MICH!!
FENG!!
!

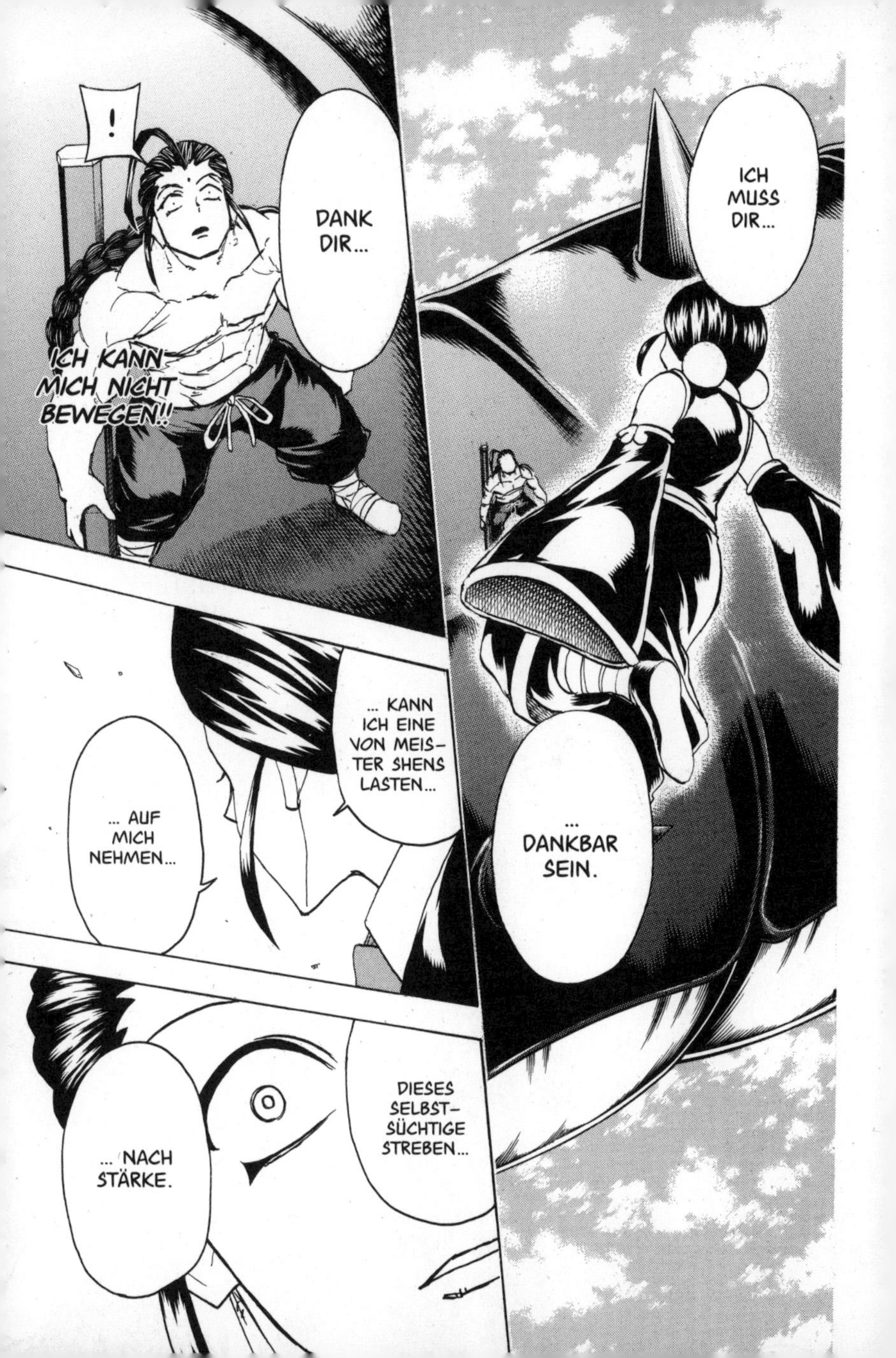
!
ICH MUSS DIR...
DANK DIR...
ICH KANN MICH NICHT BEWEGEN!!
... KANN ICH EINE VON MEISTER SHENS LASTEN...
... AUF MICH NEHMEN...
... DANKBAR SEIN.
DIESES SELBSTSÜCHTIGE STREBEN...
... NACH STÄRKE.

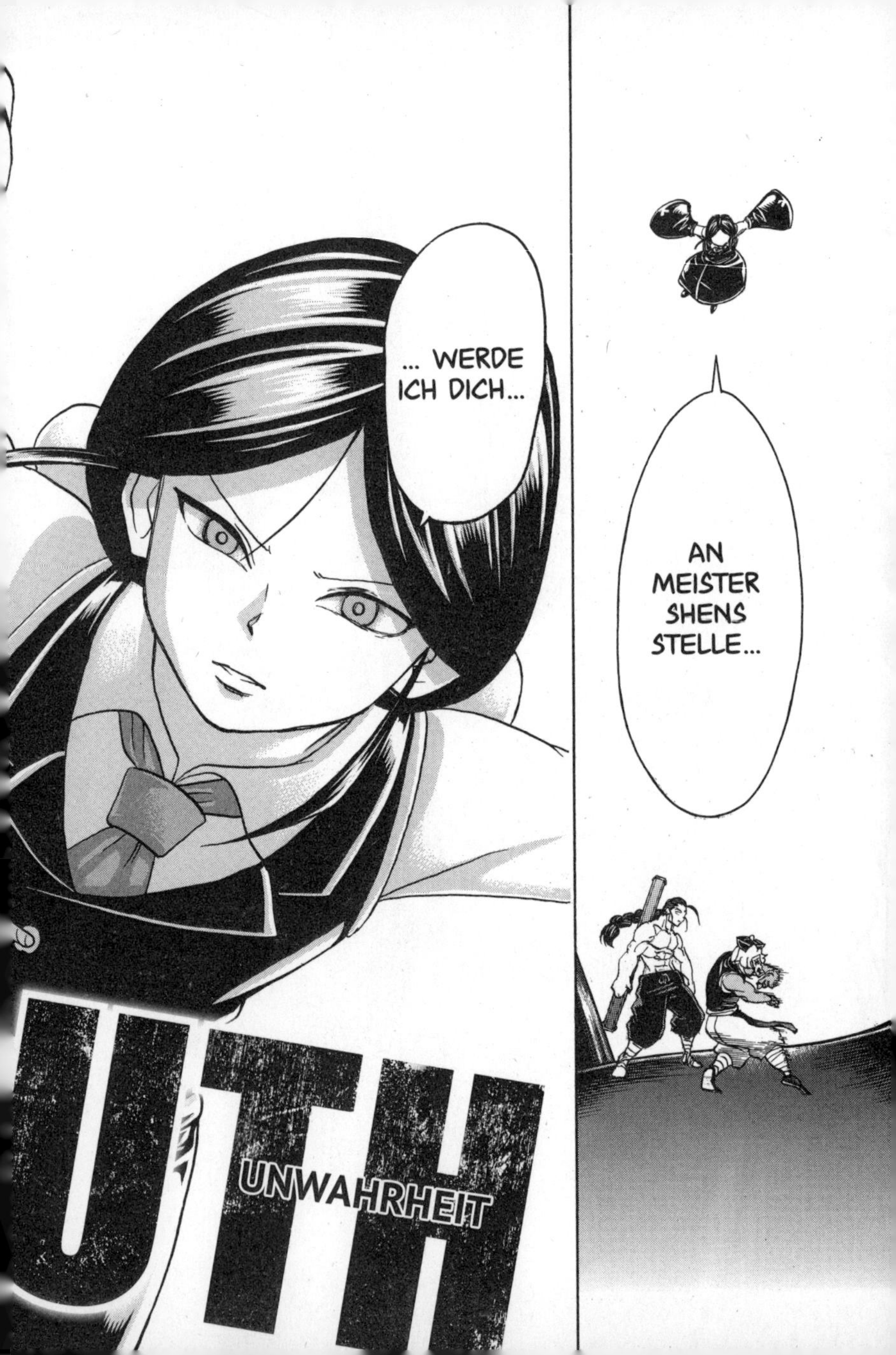

AN MEISTER SHENS STELLE...
... WERDE ICH DICH...
UTH
UNWAHRHEIT

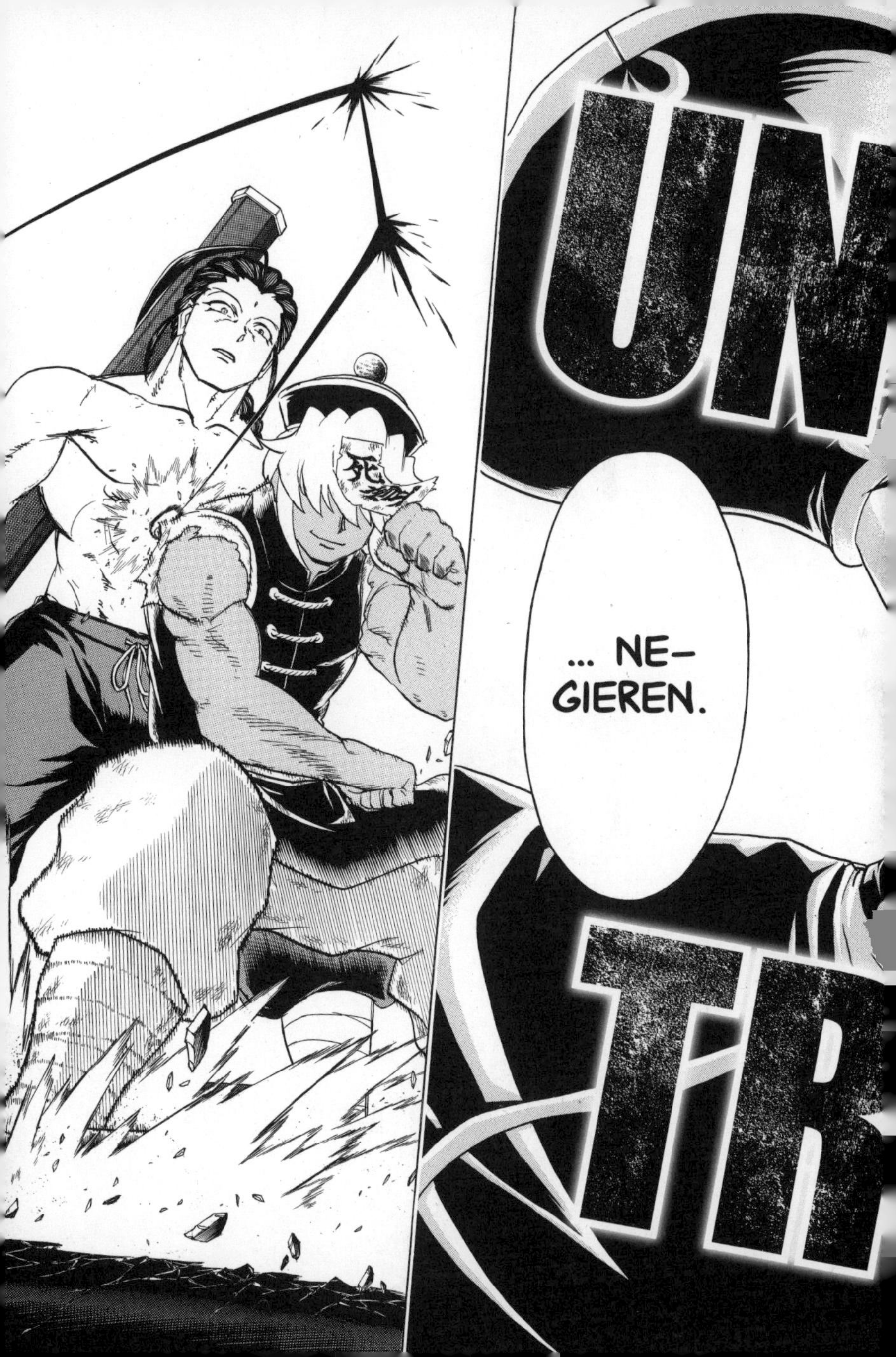
UN
... NE-
GIEREN.
TR

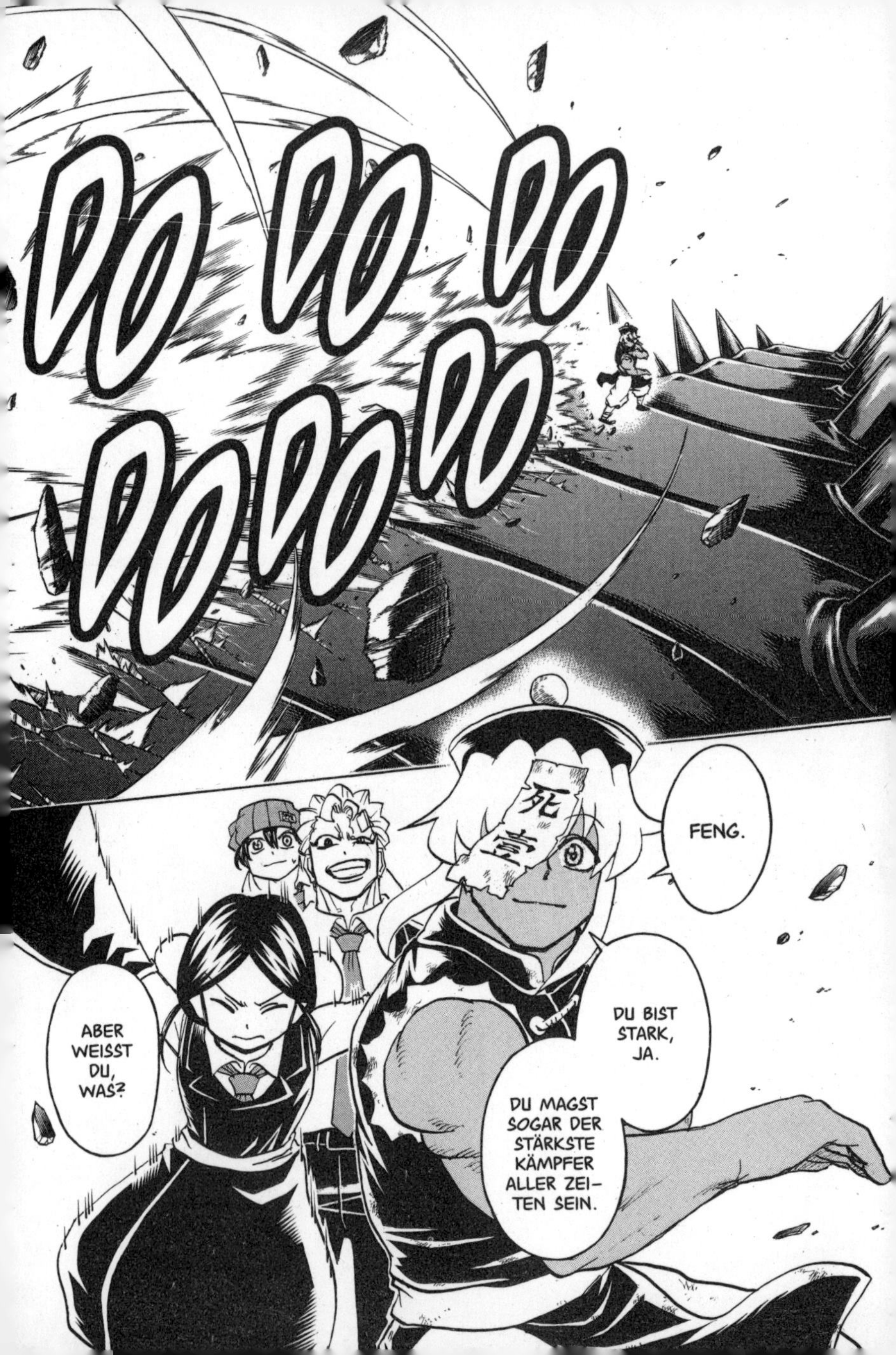
FENG.
DU BIST STARK, JA.
DU MAGST SOGAR DER STÄRKSTE KÄMPFER ALLER ZEI-TEN SEIN.
ABER WEISST DU, WAS?

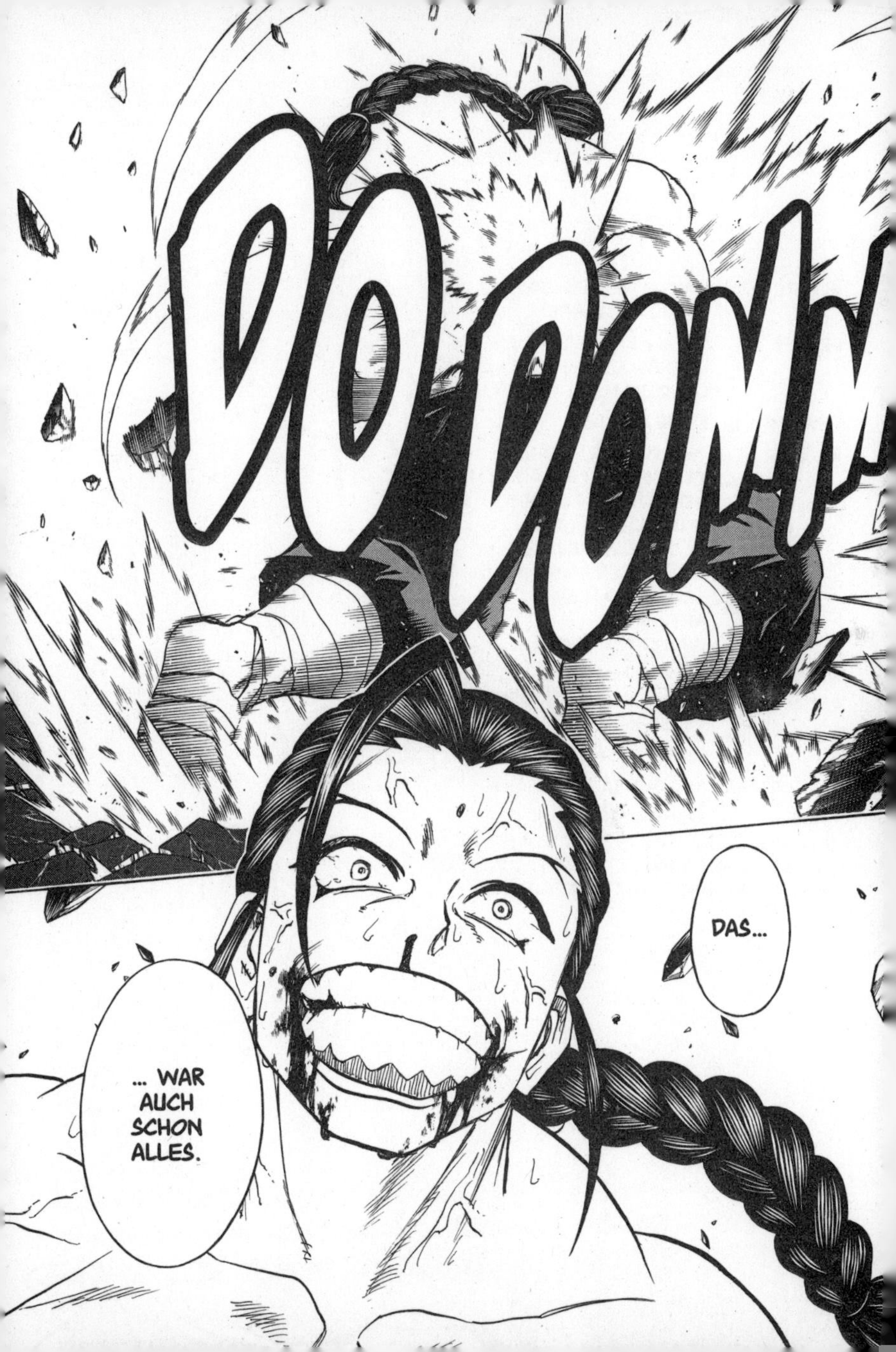
DAS...
... WAR AUCH SCHON ALLES.

| | |
|---|---|
| ALTER: | HAB NICHT NACHGEZÄHLT, ABER SO 170, 180 JAHRE |
| GRÖSSE: | KEINE AHNUNG (BEI DER UNTERSUCHUNG DURCH DIE UNION KAMEN 1,65 M RAUS) |
| GEWICHT: | KEINE AHNUNG |
| HOBBYS: | TRAINING, TRAINING, TRAINING – STREBT DANACH, DER STÄRKSTE ALLER ZEITEN ZU WERDEN, BILDET ZUM EIGENEN VERGNÜGEN SCHÜLER AUS. SAMMELT ALLERLEI ARTEFAKTE. (WAFFENZENTRUM) |
| BESONDERE FÄHIGKEITEN: | ENTWICKELT GERN NEUE TECHNIKEN<br>WAFFENKENNER |
| WAS ER MAG: | XIALONGBAO UND SAKE |
| GABE: | NICHTALTERN – UNFADE – |

SELBSTGESTEUERTE ZWANGSAKTIVIERUNG; SOBALD SEINE FÄHIGKEIT AKTIVIERT IST, KANN ER DEN ALTERUNGSPROZESS NEGIEREN

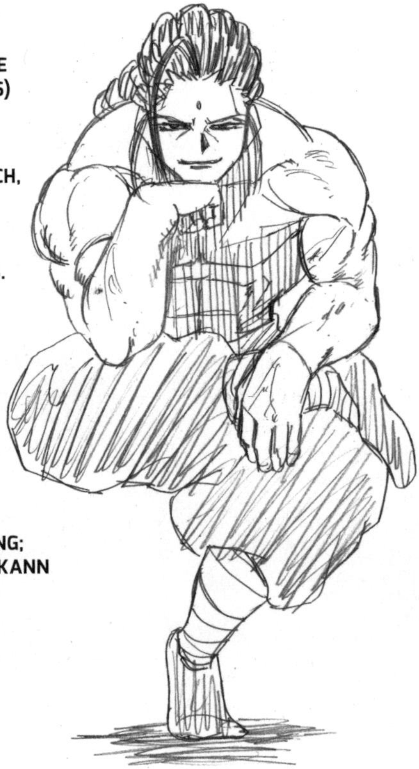

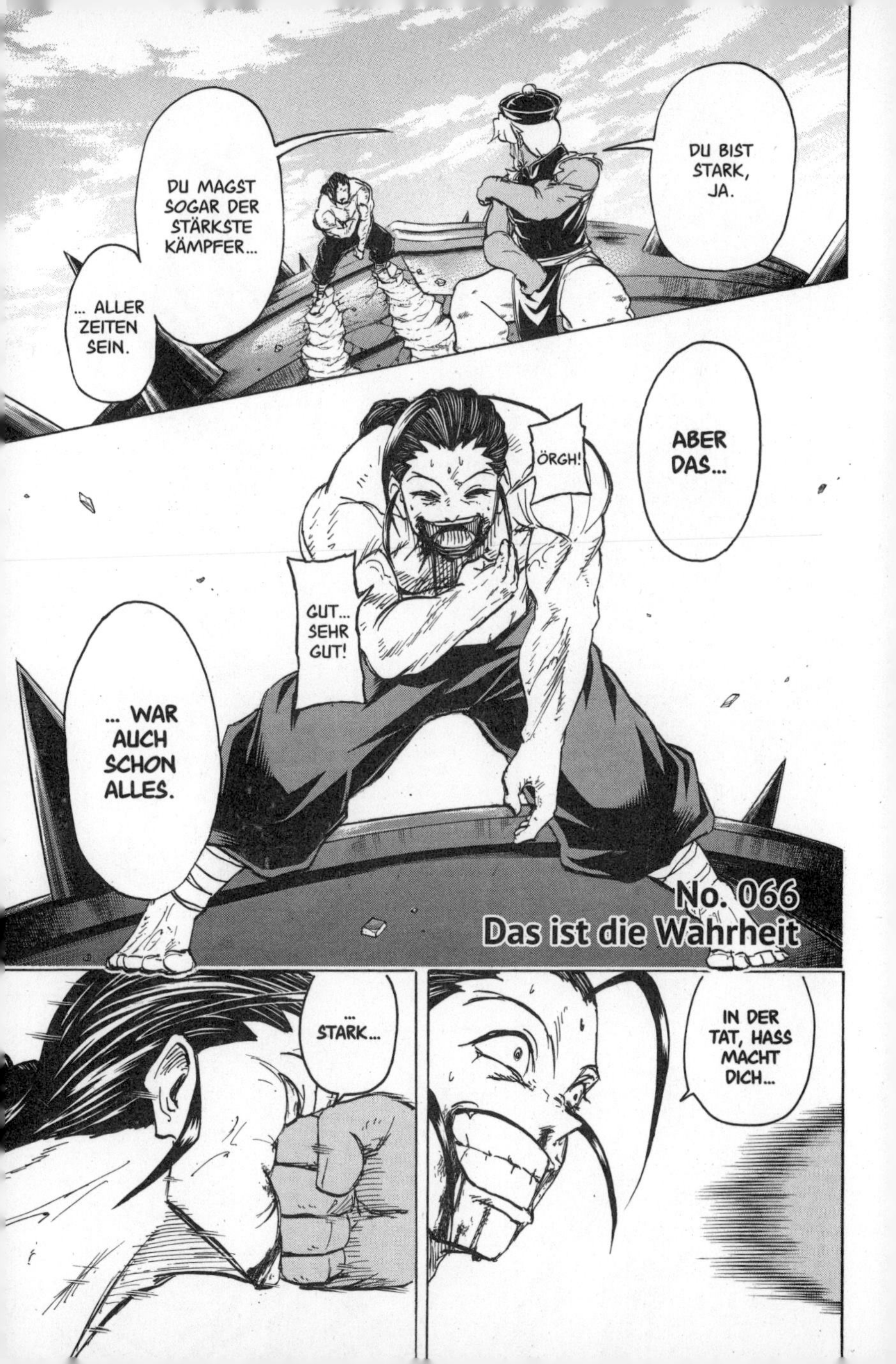
DU BIST STARK, JA.
DU MAGST SOGAR DER STÄRKSTE KÄMPFER...
... ALLER ZEITEN SEIN.
ABER DAS...
ÖRGH!
GUT... SEHR GUT!
... WAR AUCH SCHON ALLES.
No. 066
Das ist die Wahrheit
IN DER TAT, HASS MACHT DICH...
... STARK...

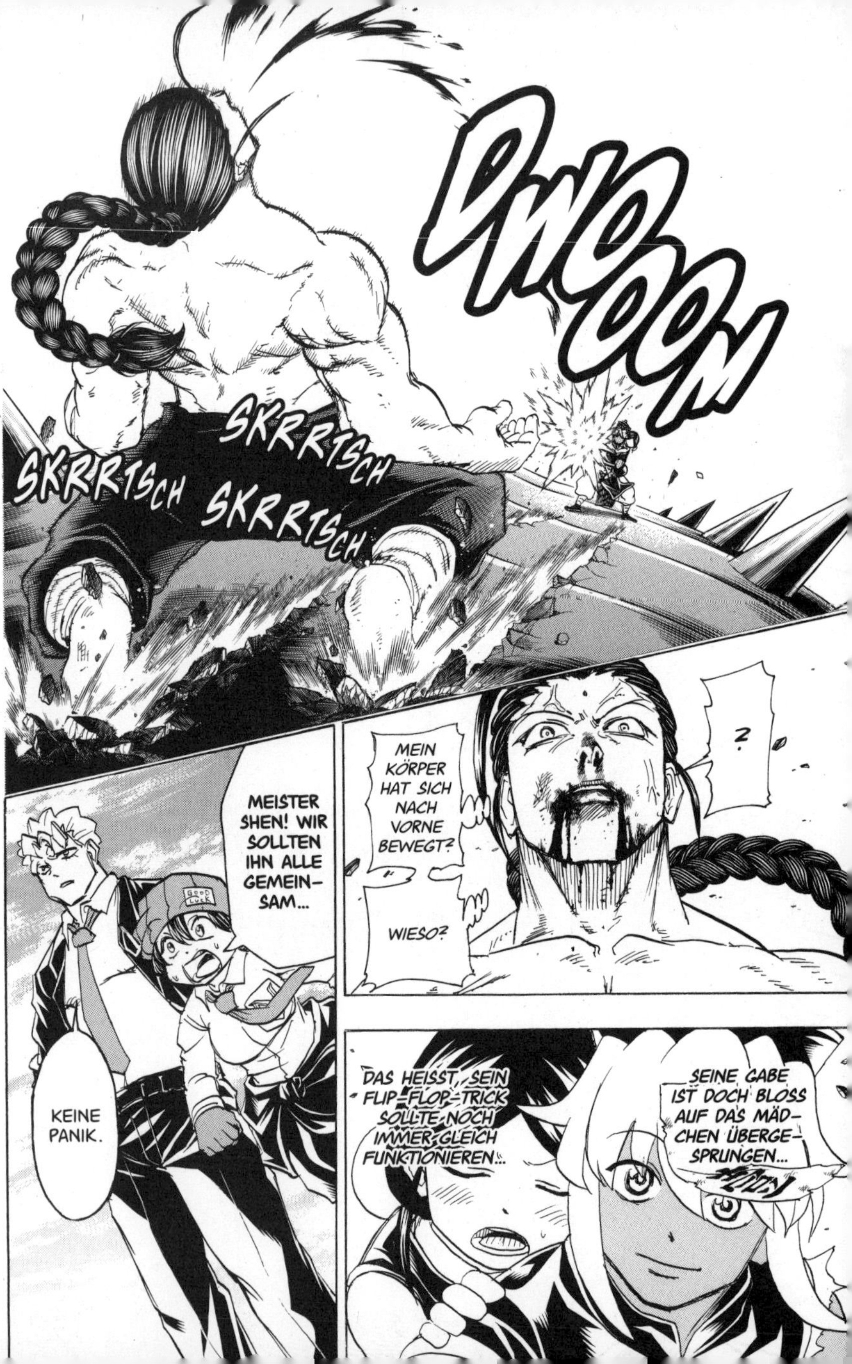
SKRRTSCH
SKRRTSCH
SKRRTSCH
?
MEIN KÖRPER HAT SICH NACH VORNE BEWEGT?
WIESO?
MEISTER SHEN! WIR SOLLTEN IHN ALLE GEMEIN-SAM...
KEINE PANIK.
SEINE GABE IST DOCH BLOSS AUF DAS MÄD-CHEN ÜBERGE-SPRUNGEN...
DAS HEISST, SEIN FLIP-FLOP-TRICK SOLLTE NOCH IMMER GLEICH FUNKTIONIEREN...

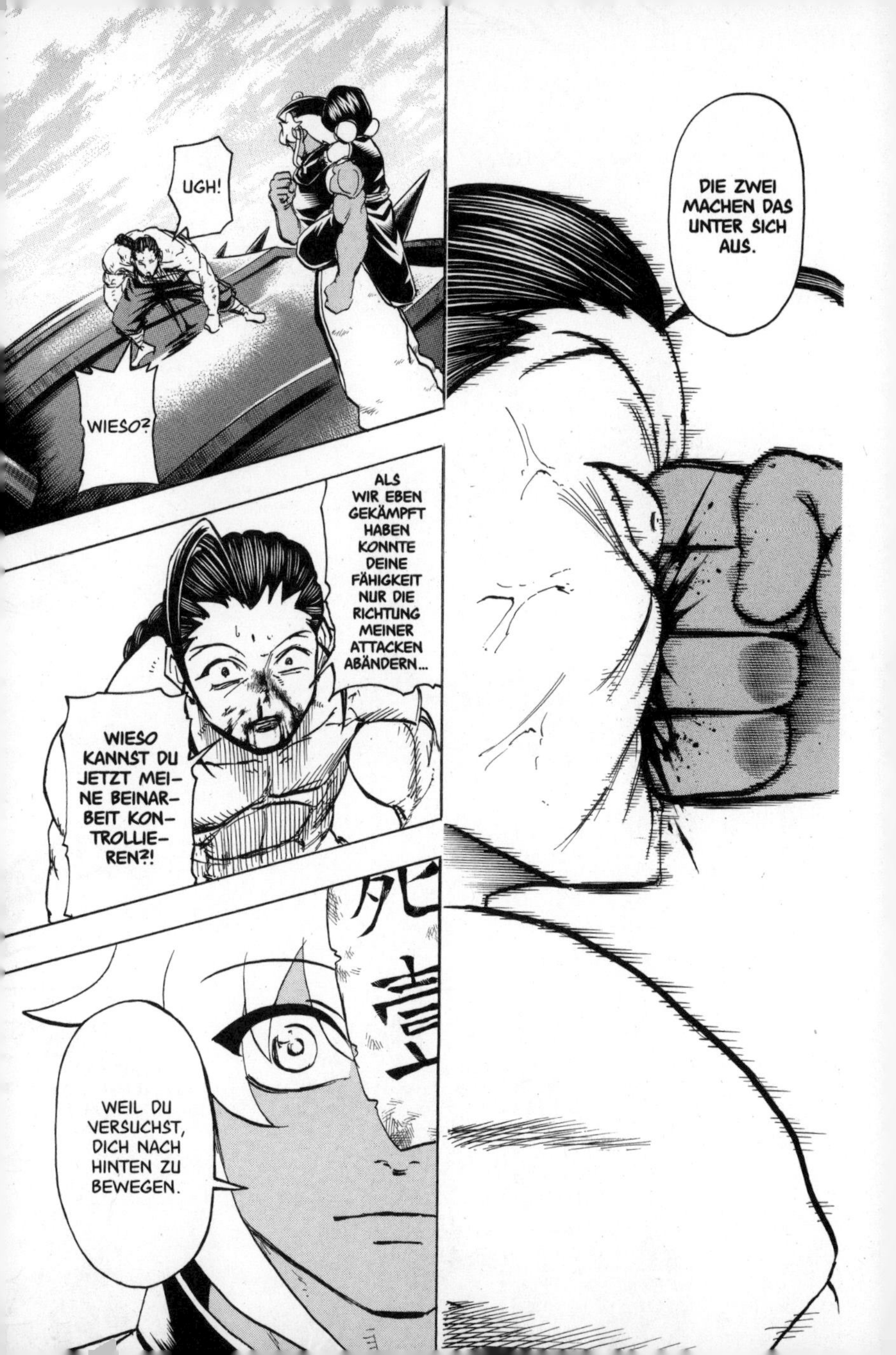
DIE ZWEI MACHEN DAS UNTER SICH AUS.
UGH!
WIESO?
ALS WIR EBEN GEKÄMPFT HABEN KONNTE DEINE FÄHIGKEIT NUR DIE RICHTUNG MEINER ATTACKEN ABÄNDERN...
WIESO KANNST DU JETZT MEI-NE BEINAR-BEIT KON-TROLLIE-REN?!
WEIL DU VERSUCHST, DICH NACH HINTEN ZU BEWEGEN.

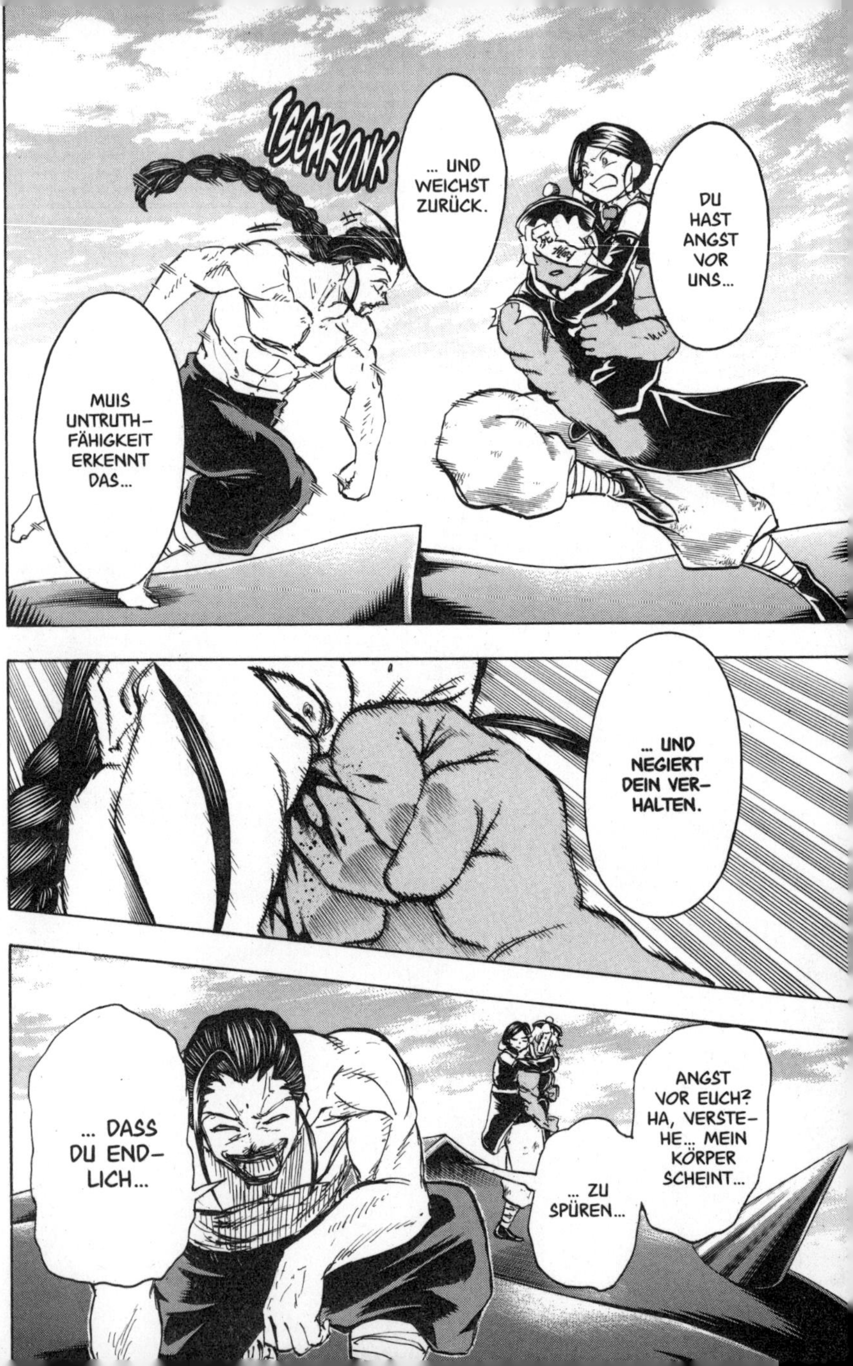
DU HAST ANGST VOR UNS...
... UND WEICHST ZURÜCK.
TSCHRONK
MUIS UNTRUTH-FÄHIGKEIT ERKENNT DAS...
... UND NEGIERT DEIN VER-HALTEN.
ANGST VOR EUCH? HA, VERSTE-HE... MEIN KÖRPER SCHEINT...
... ZU SPÜREN...
... DASS DU END-LICH...

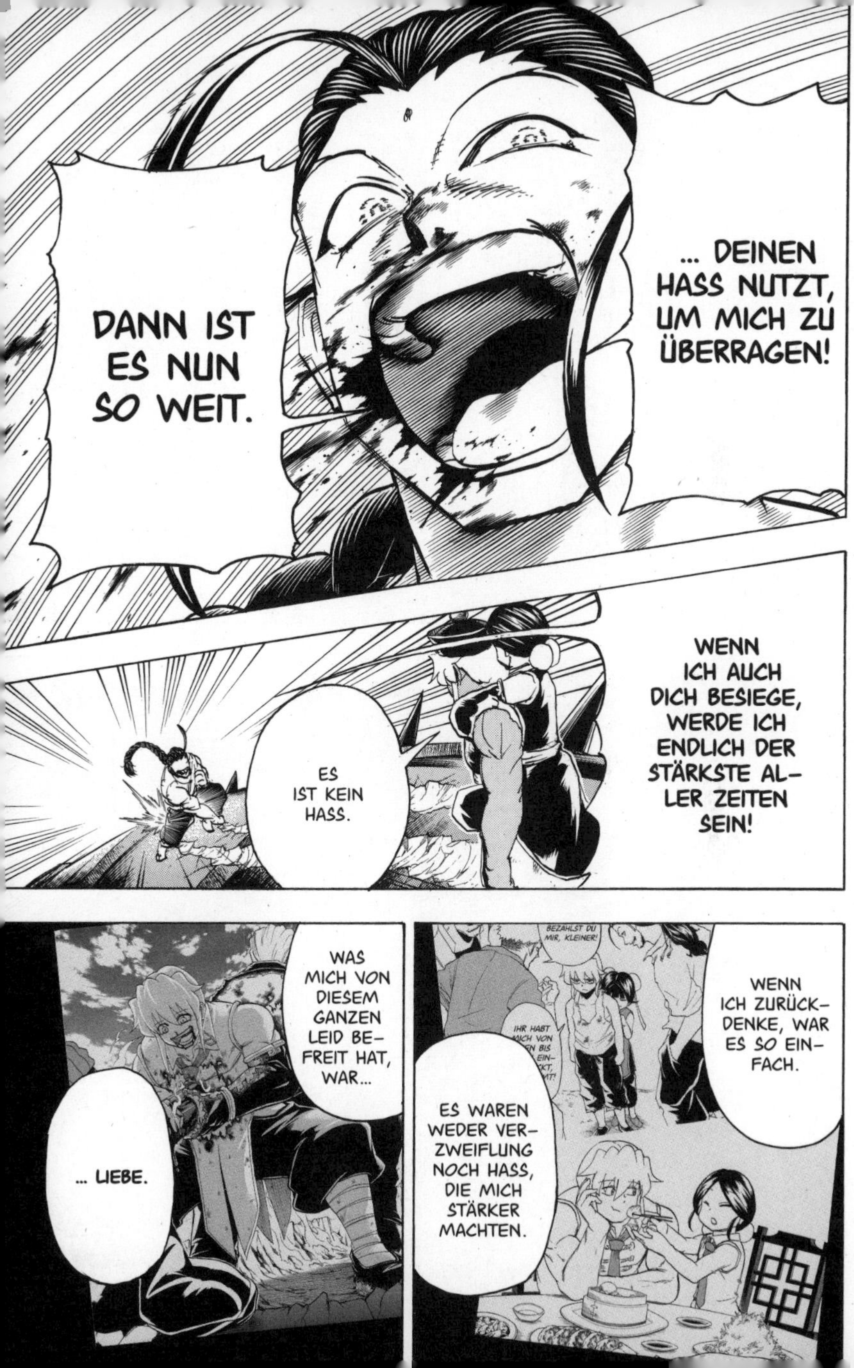

... DEINEN HASS NUTZT, UM MICH ZU ÜBERRAGEN!
DANN IST ES NUN SO WEIT.
WENN ICH AUCH DICH BESIEGE, WERDE ICH ENDLICH DER STÄRKSTE AL-LER ZEITEN SEIN!
ES IST KEIN HASS.
BEZAHLST DU MIR, KLEINER!
WENN ICH ZURÜCK-DENKE, WAR ES SO EIN-FACH.
ES WAREN WEDER VER-ZWEIFLUNG NOCH HASS, DIE MICH STÄRKER MACHTEN.
WAS MICH VON DIESEM GANZEN LEID BE-FREIT HAT, WAR...
... LIEBE.

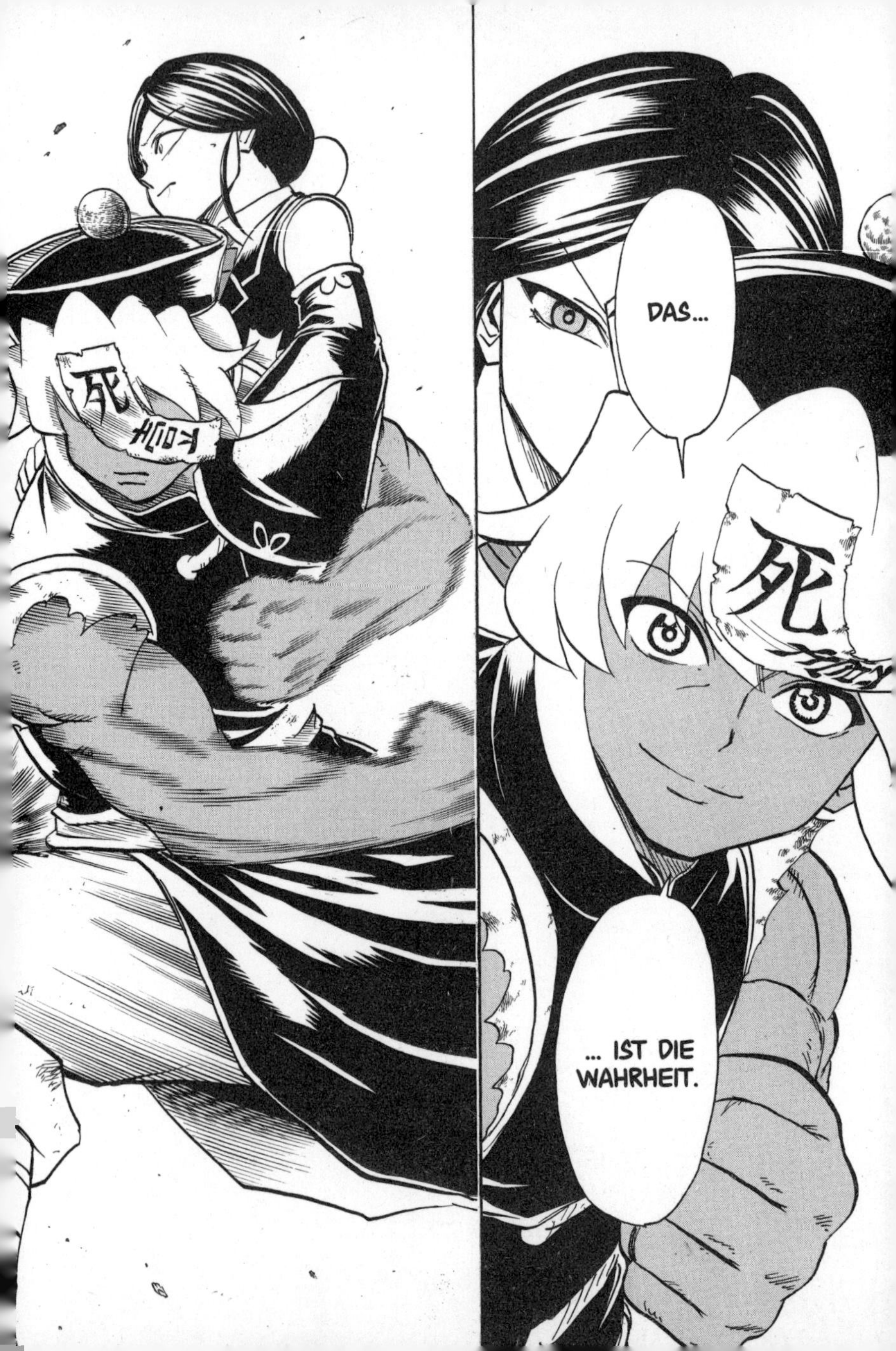
DAS...
... IST DIE WAHRHEIT.

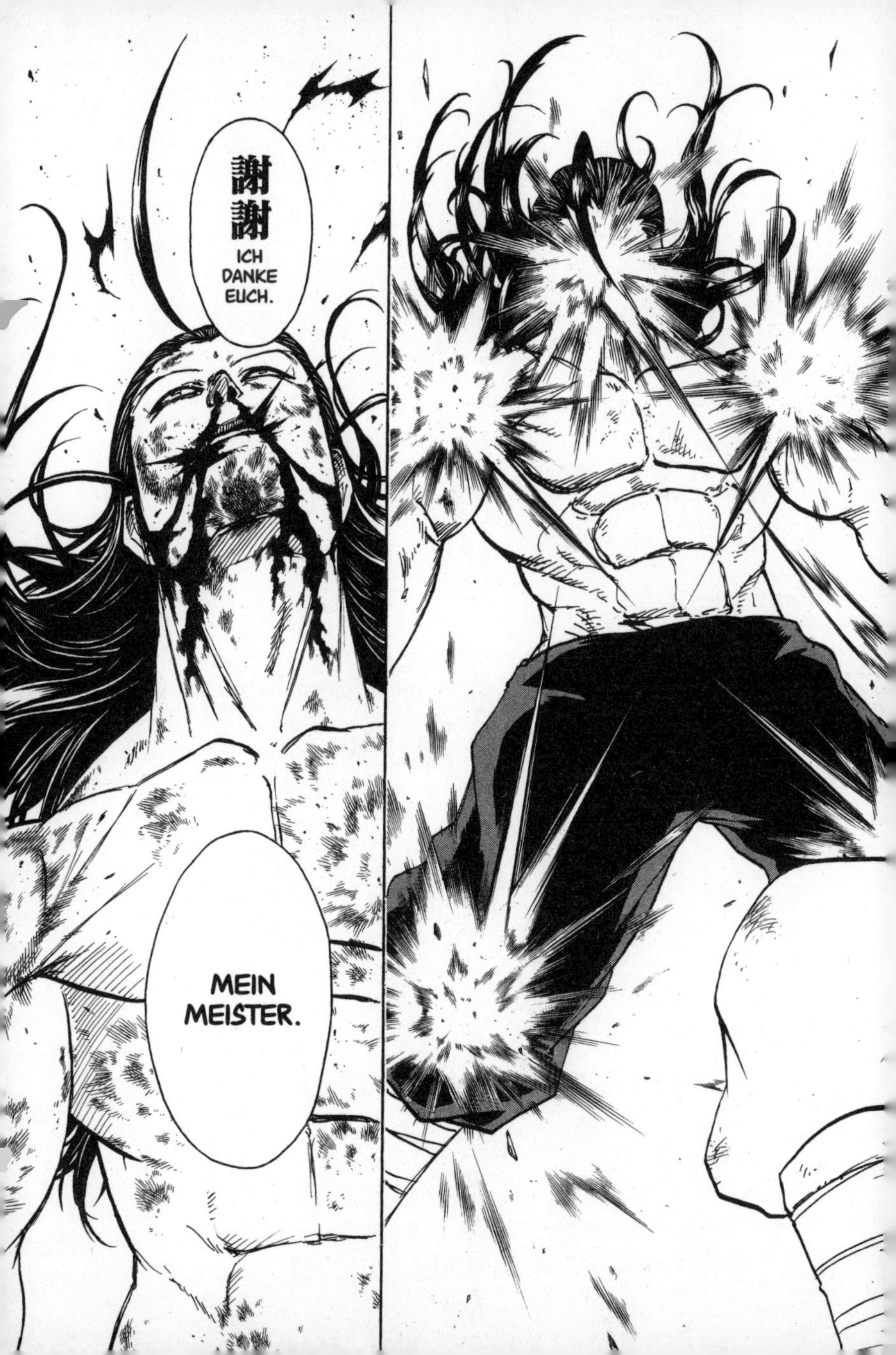
謝謝
ICH DANKE EUCH.
MEIN MEISTER.

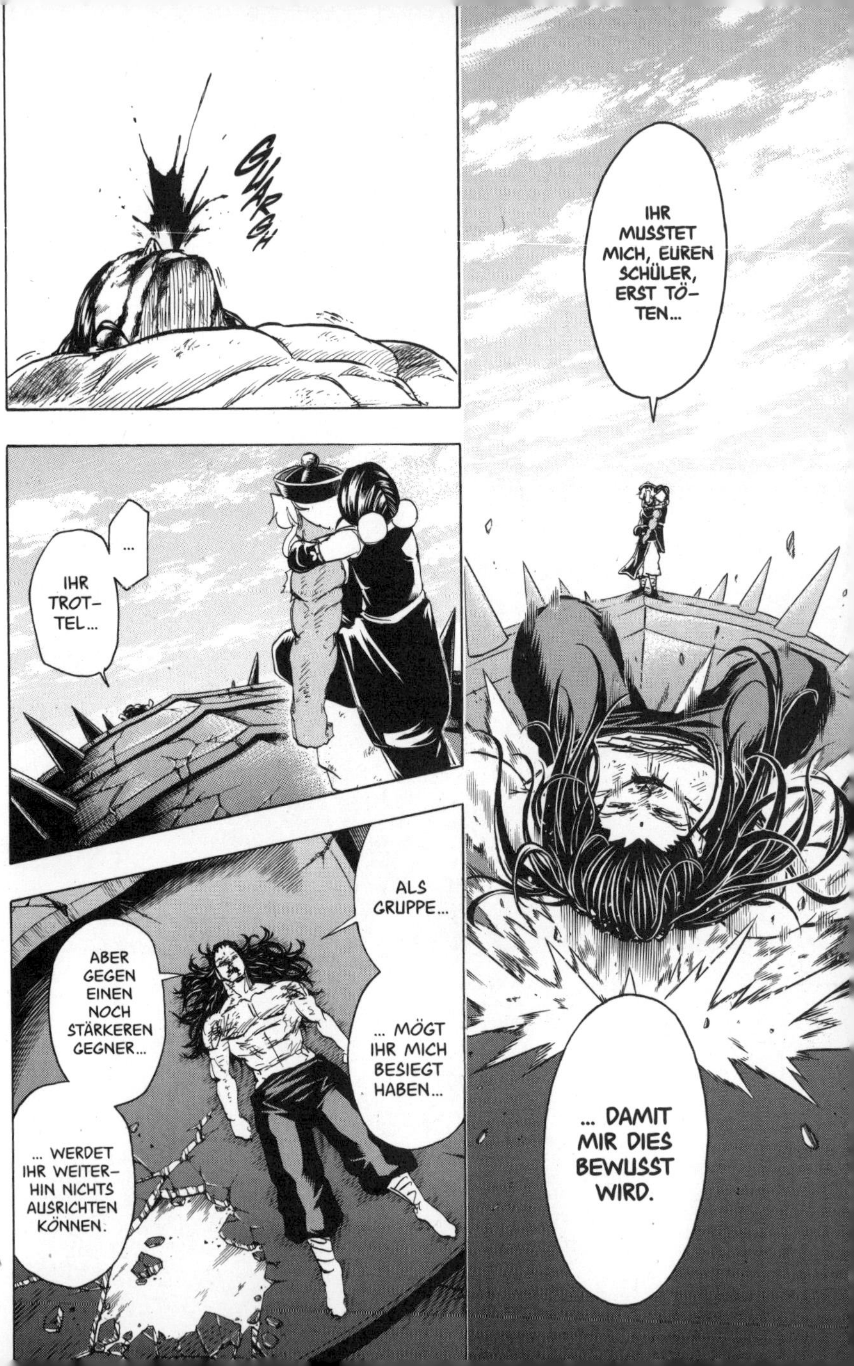
IHR MUSSTET MICH, EUREN SCHÜLER, ERST TÖTEN...
... DAMIT MIR DIES BEWUSST WIRD.
GUARGH
...
IHR TROTTEL...
ALS GRUPPE...
... MÖGT IHR MICH BESIEGT HABEN...
ABER GEGEN EINEN NOCH STÄRKEREN GEGNER...
... WERDET IHR WEITERHIN NICHTS AUSRICHTEN KÖNNEN.

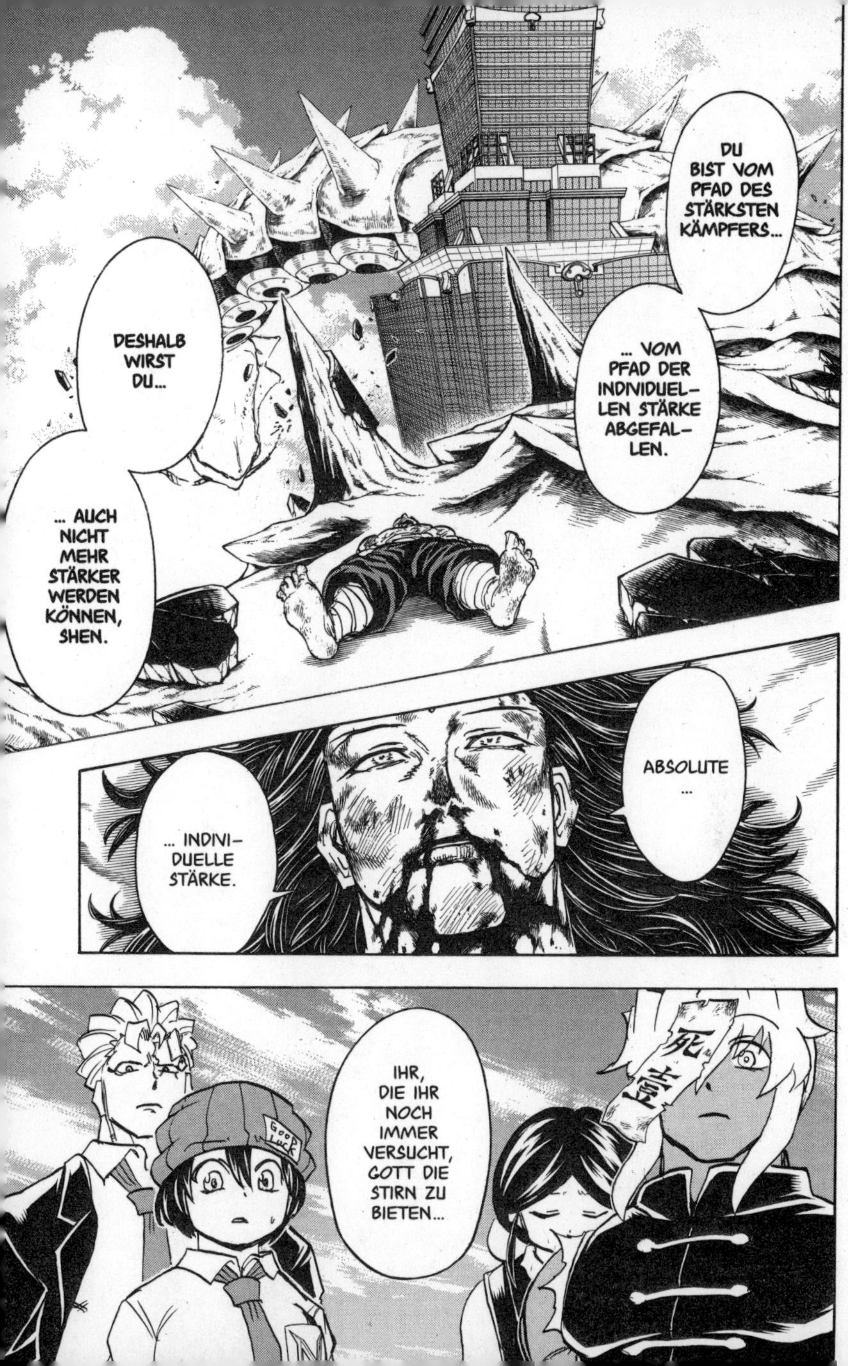

DU BIST VOM PFAD DES STÄRKSTEN KÄMPFERS...
... VOM PFAD DER INDIVIDUEL-LEN STÄRKE ABGEFAL-LEN.
DESHALB WIRST DU...
... AUCH NICHT MEHR STÄRKER WERDEN KÖNNEN, SHEN.
ABSOLUTE ...
... INDIVI-DUELLE STÄRKE.
IHR, DIE IHR NOCH IMMER VERSUCHT, GOTT DIE STIRN ZU BIETEN...
GOOD LUCK

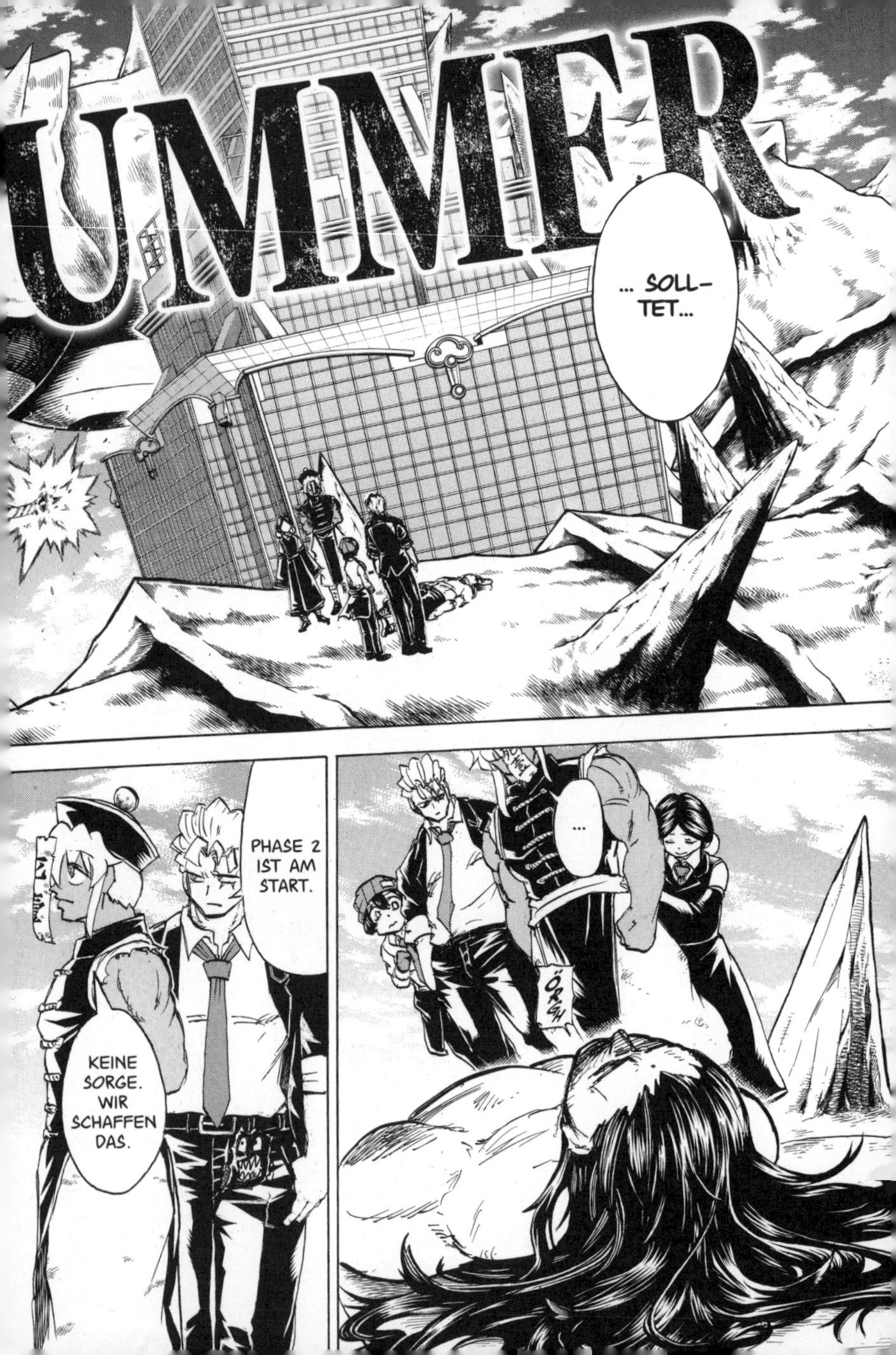
UMMER
... SOLL-
TET...
PHASE 2
IST AM
START.
KEINE
SORGE.
WIR
SCHAFFEN
DAS.
...
ÖRGH

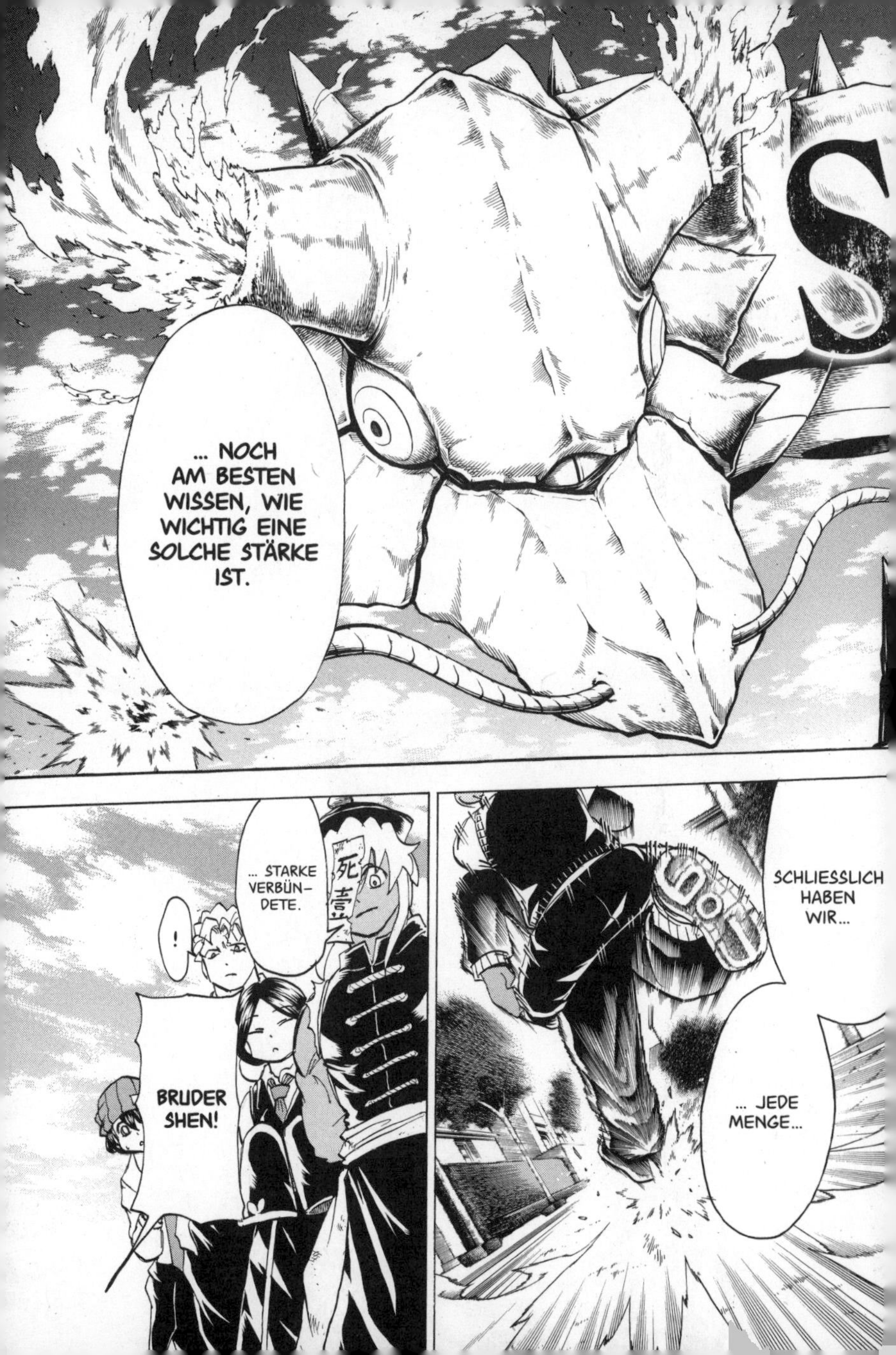
... NOCH AM BESTEN WISSEN, WIE WICHTIG EINE SOLCHE STÄRKE IST.
SCHLIESSLICH HABEN WIR...
... JEDE MENGE...
... STARKE VERBÜNDETE.
!
BRUDER SHEN!

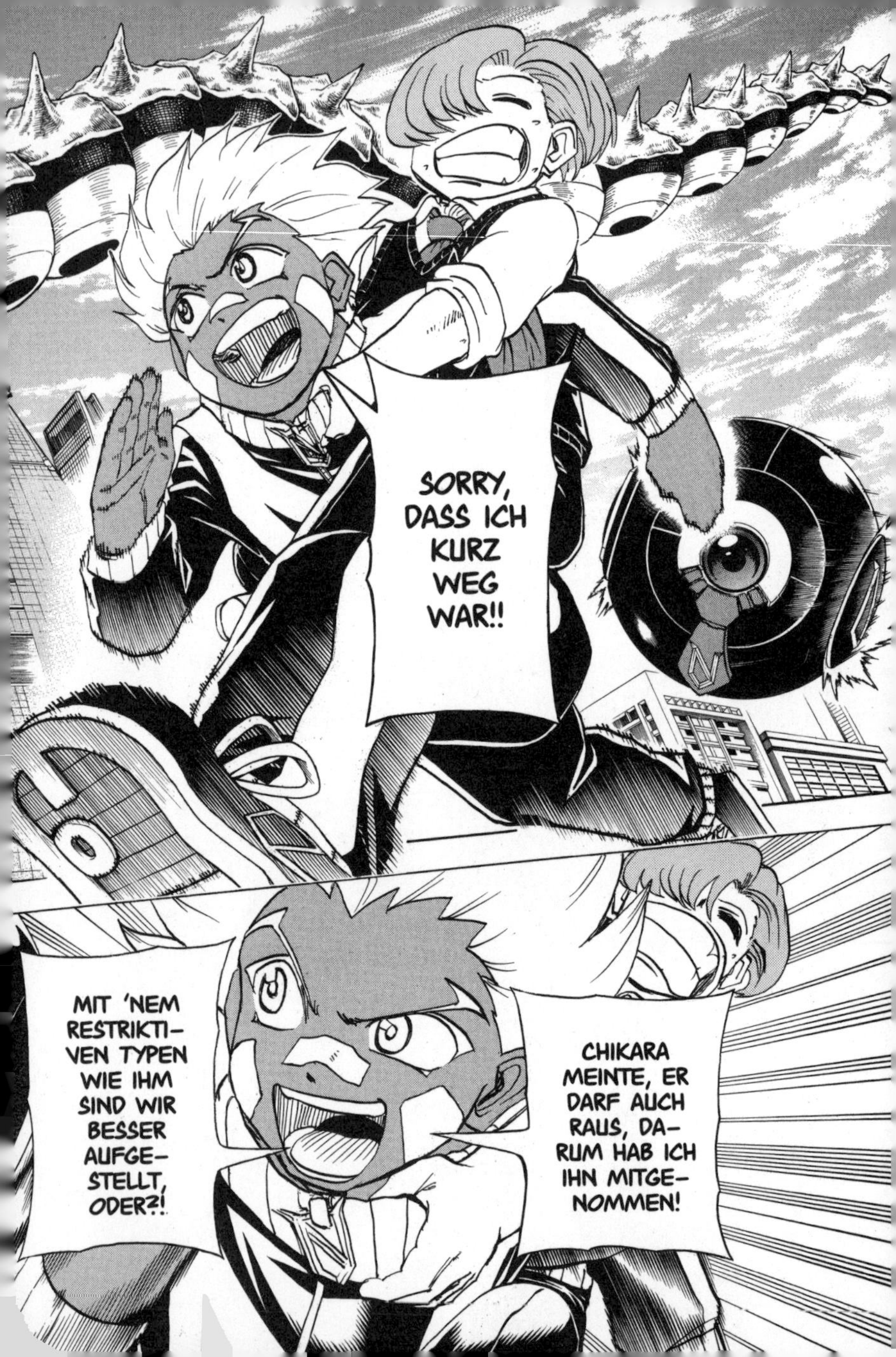
SORRY, DASS ICH KURZ WEG WAR!!
CHIKARA MEINTE, ER DARF AUCH RAUS, DA-RUM HAB ICH IHN MITGE-NOMMEN!
MIT 'NEM RESTRIKTI-VEN TYPEN WIE IHM SIND WIR BESSER AUFGE-STELLT, ODER?!

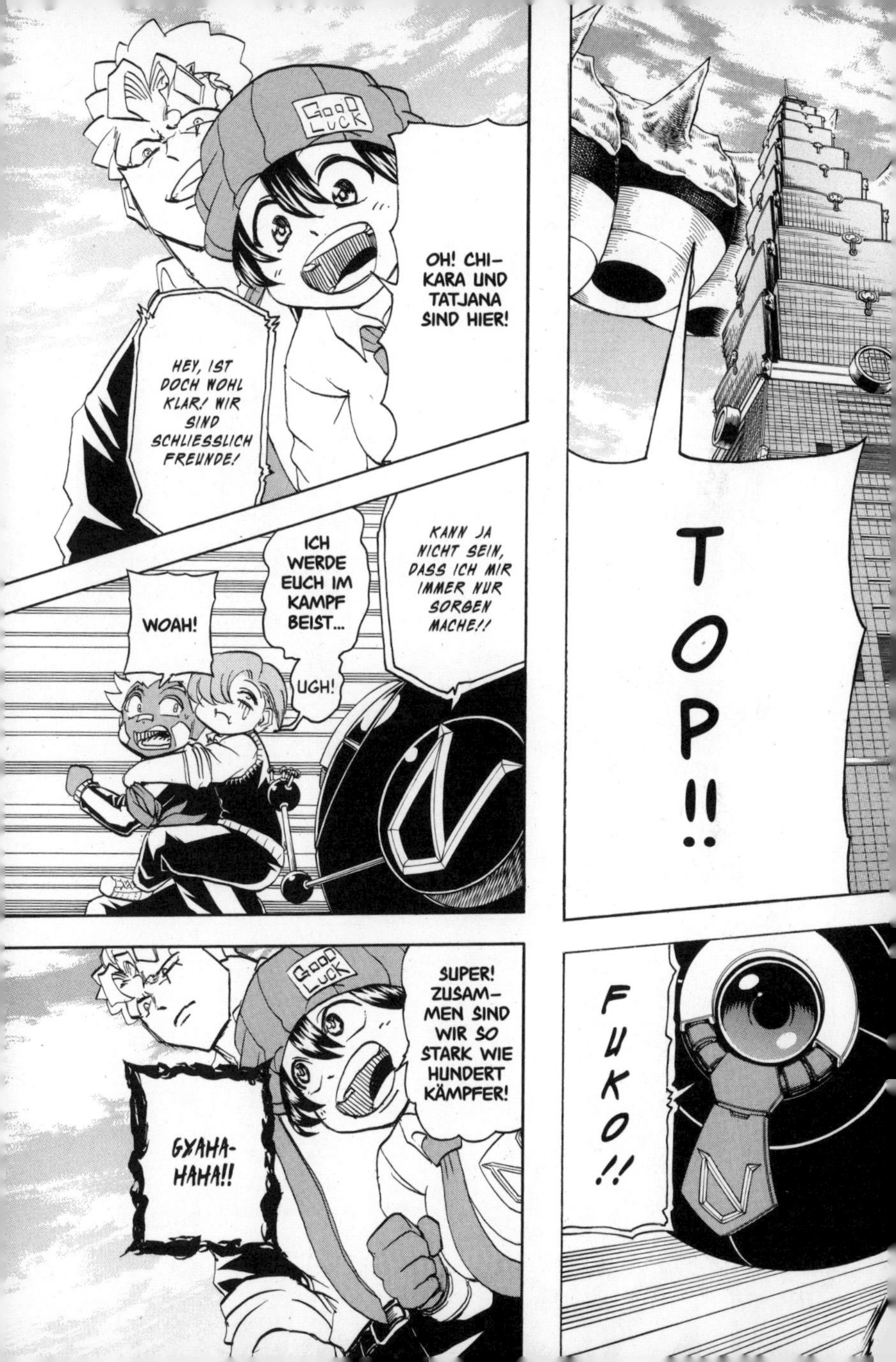
TOP!!
OH! CHIKARA UND TATJANA SIND HIER!
HEY, IST DOCH WOHL KLAR! WIR SIND SCHLIESSLICH FREUNDE!
KANN JA NICHT SEIN, DASS ICH MIR IMMER NUR SORGEN MACHE!!
ICH WERDE EUCH IM KAMPF BEIST...
UGH!
WOAH!
FUKO!!
SUPER! ZUSAMMEN SIND WIR SO STARK WIE HUNDERT KÄMPFER!
GYAHAHAHA!!

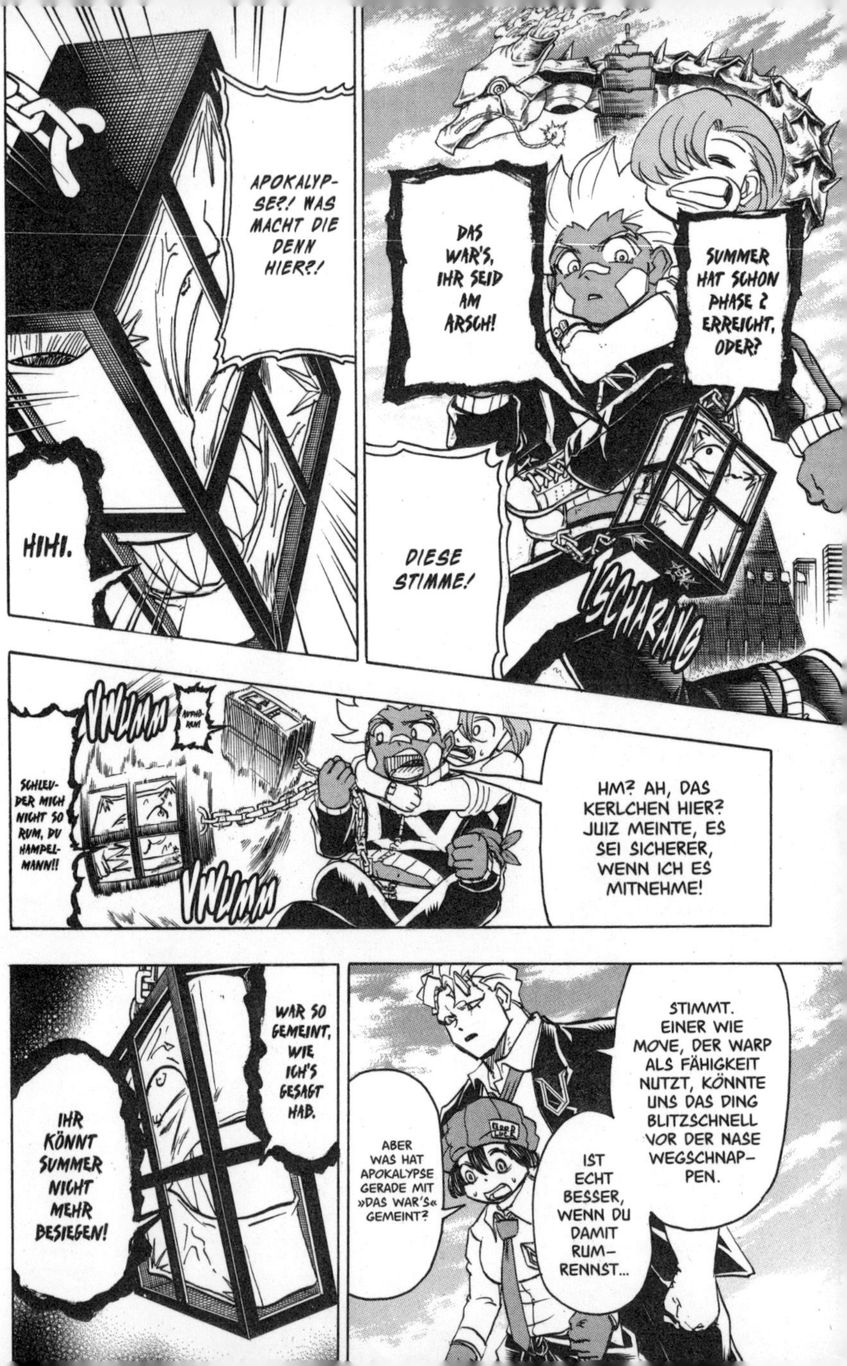
SUMMER HAT SCHON PHASE 2 ERREICHT, ODER?
DAS WAR'S, IHR SEID AM ARSCH!
SCHARANG
DIESE STIMME!
APOKALYP-SE?! WAS MACHT DIE DENN HIER?!
HIHI.
HM? AH, DAS KERLCHEN HIER? JUIZ MEINTE, ES SEI SICHERER, WENN ICH ES MITNEHME!
AUFHÖ-REN!
VWUMM
SCHLEU-DER MICH NICHT SO RUM, DU HAMPEL-MANN!!
VWUMM
STIMMT. EINER WIE MOVE, DER WARP ALS FÄHIGKEIT NUTZT, KÖNNTE UNS DAS DING BLITZSCHNELL VOR DER NASE WEGSCHNAP-PEN.
IST ECHT BESSER, WENN DU DAMIT RUM-RENNST…
ABER WAS HAT APOKALYPSE GERADE MIT »DAS WAR'S« GEMEINT?
WAR SO GEMEINT, WIE ICH'S GESAGT HAB.
IHR KÖNNT SUMMER NICHT MEHR BESIEGEN!

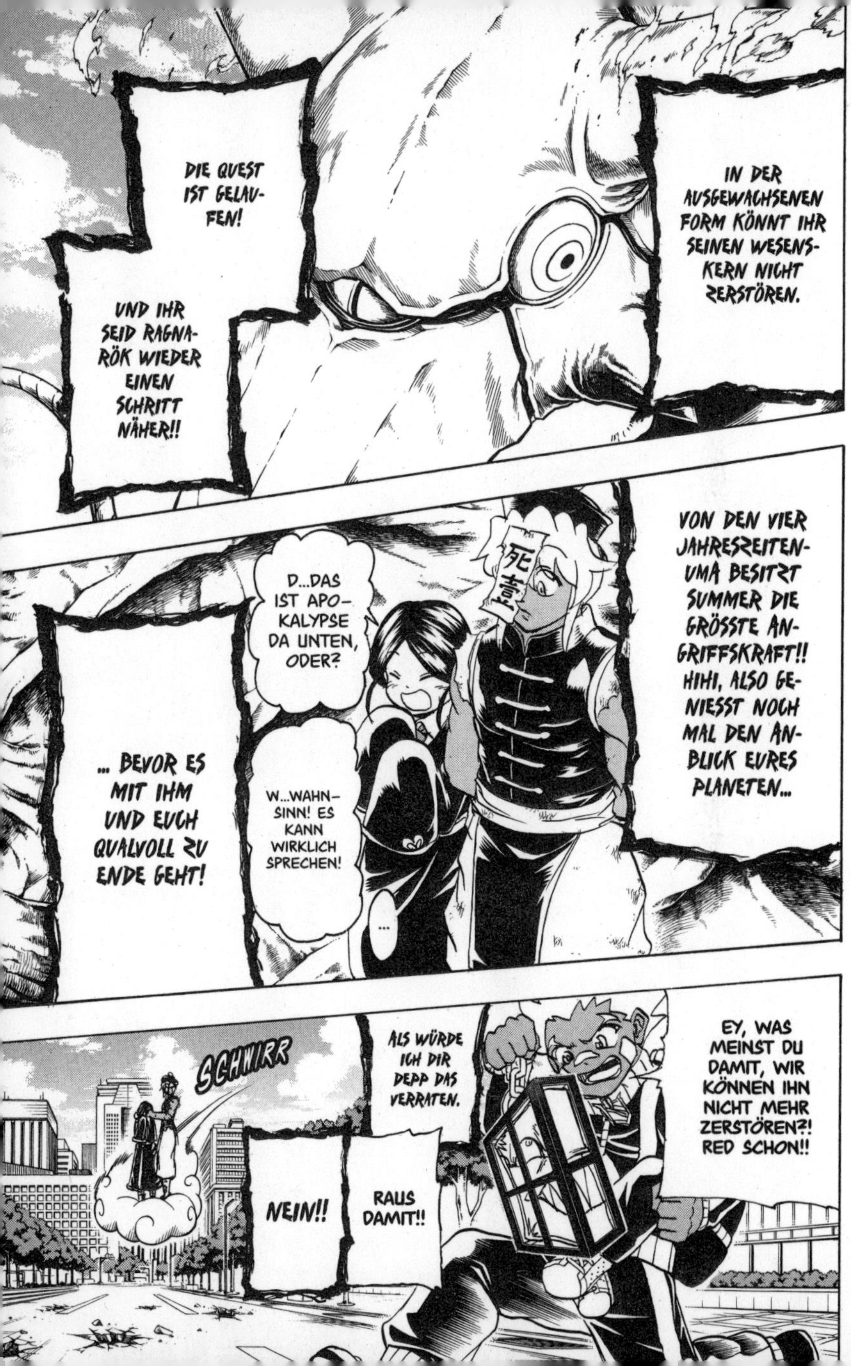
In der ausgewachsenen Form könnt ihr seinen Wesenskern nicht zerstören.
Die Quest ist gelaufen!
Und ihr seid Ragnarök wieder einen Schritt näher!!
Von den vier Jahreszeiten-Uma besitzt Summer die grösste Angriffskraft!! Hihi, also geniesst nochmal den Anblick eures Planeten...
D...das ist Apokalypse da unten, oder?
W...Wahnsinn! Es kann wirklich sprechen!
...
... bevor es mit ihm und euch qualvoll zu Ende geht!
Ey, was meinst du damit, wir können ihn nicht mehr zerstören?! Red schon!!
Als würde ich dir Depp das verraten.
Raus damit!!
Nein!!
SCHWIRR

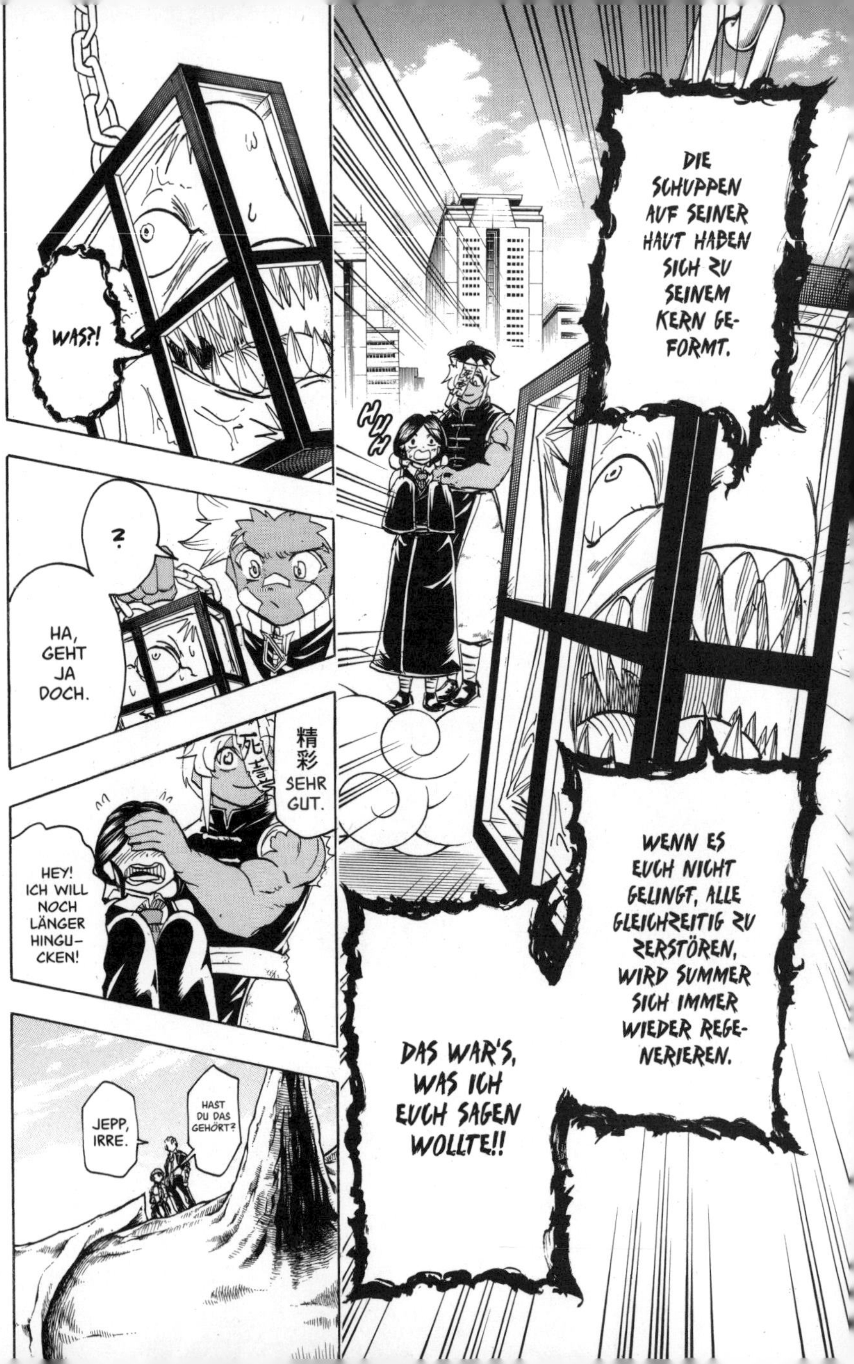
DIE SCHUPPEN AUF SEINER HAUT HABEN SICH ZU SEINEM KERN GEFORMT.
WENN ES EUCH NICHT GELINGT, ALLE GLEICHZEITIG ZU ZERSTÖREN, WIRD SUMMER SICH IMMER WIEDER REGENERIEREN.
DAS WAR'S, WAS ICH EUCH SAGEN WOLLTE!!
WAS?!
?
HA, GEHT JA DOCH.
精彩 SEHR GUT.
HEY! ICH WILL NOCH LÄNGER HINGUCKEN!
HAST DU DAS GEHÖRT?
JEPP, IRRE.

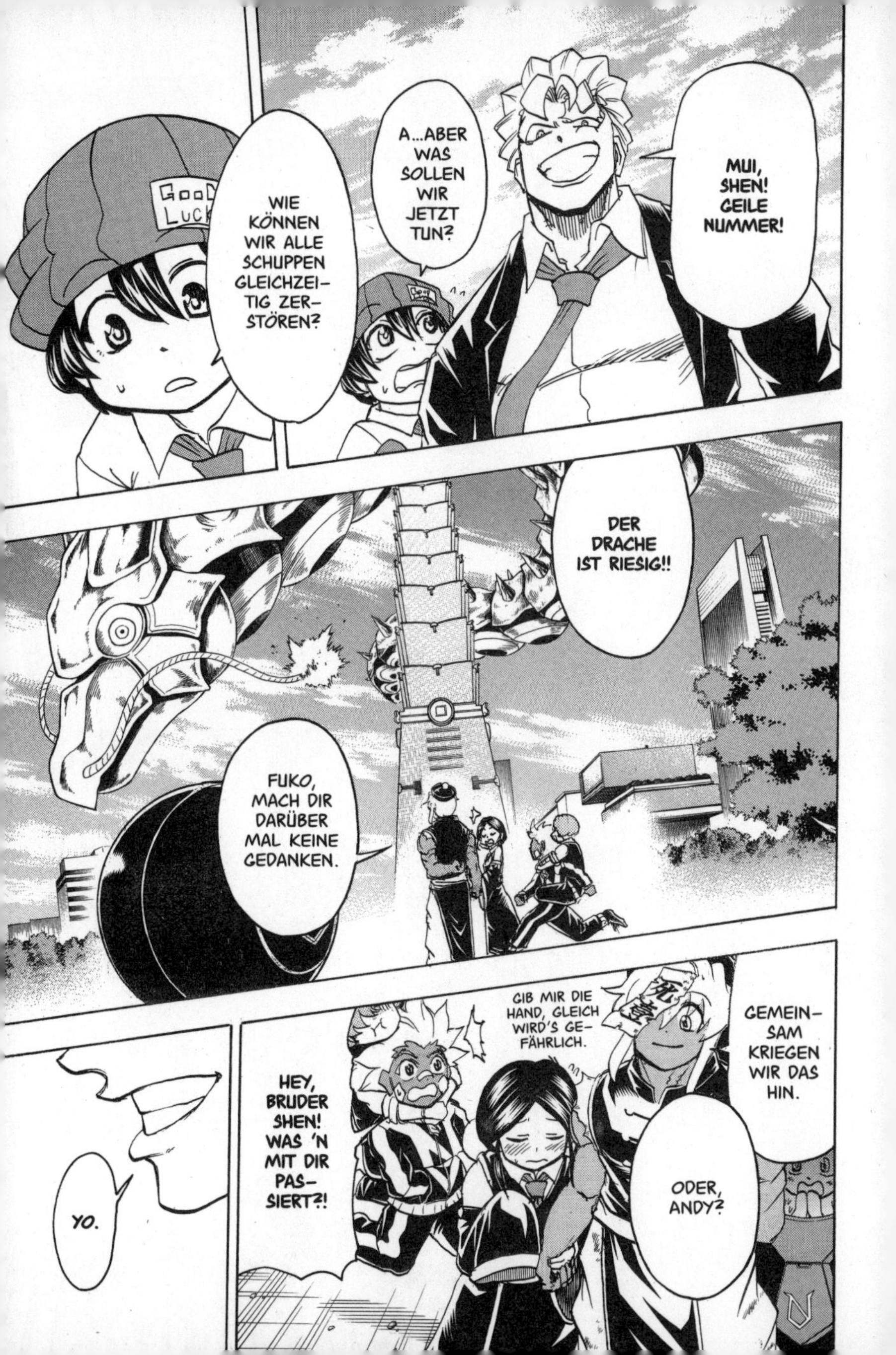
MUI, SHEN! GEILE NUMMER!
A...ABER WAS SOLLEN WIR JETZT TUN?
WIE KÖNNEN WIR ALLE SCHUPPEN GLEICHZEITIG ZERSTÖREN?
DER DRACHE IST RIESIG!!
FUKO, MACH DIR DARÜBER MAL KEINE GEDANKEN.
GEMEINSAM KRIEGEN WIR DAS HIN.
ODER, ANDY?
GIB MIR DIE HAND, GLEICH WIRD'S GEFÄHRLICH.
HEY, BRUDER SHEN! WAS 'N MIT DIR PASSIERT?!
YO.

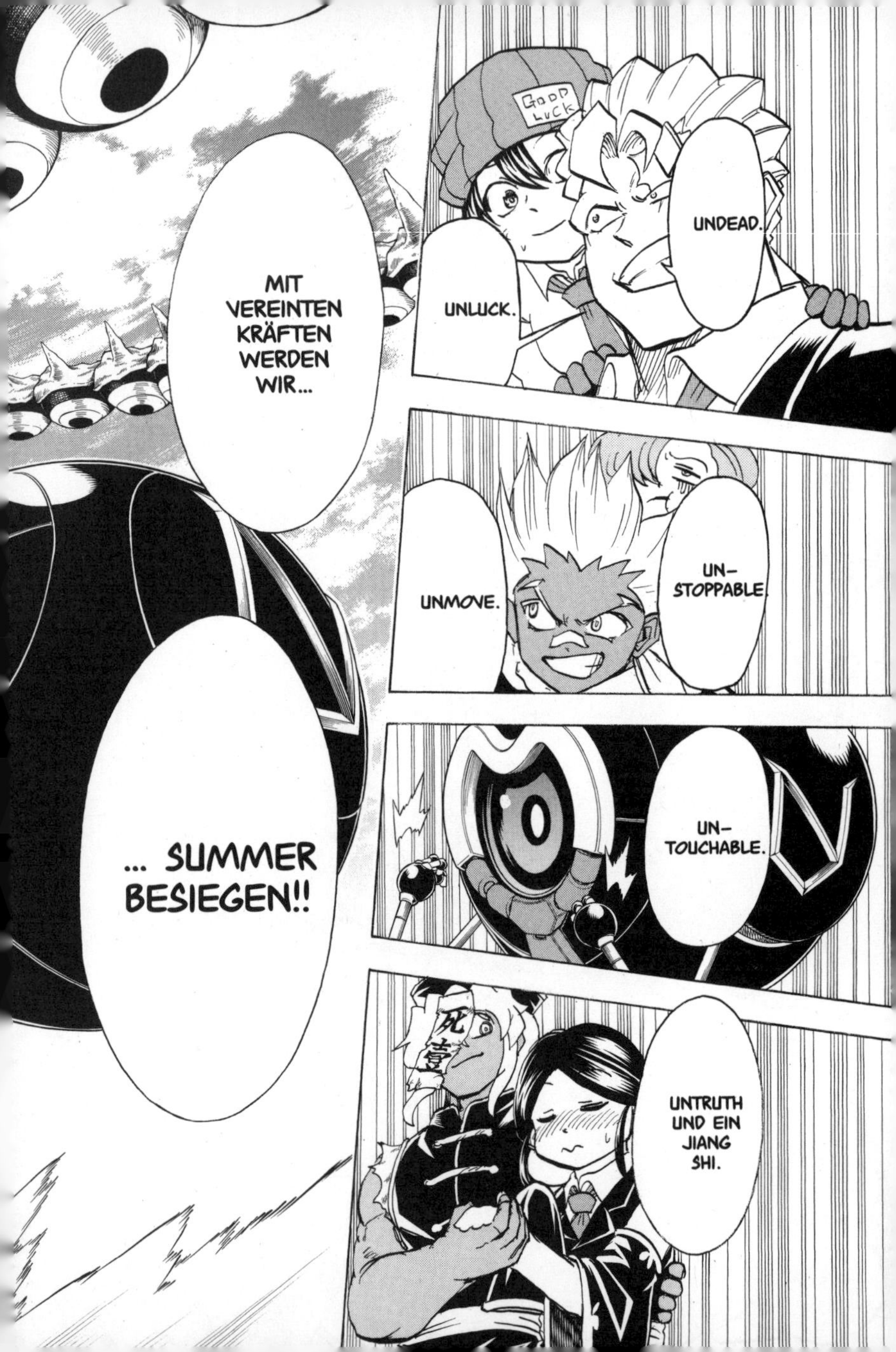
GOOD LUCK
UNDEAD.
UNLUCK.
UN-STOPPABLE.
UNMOVE.
UN-TOUCHABLE.
UNTRUTH UND EIN JIANG SHI.
MIT VEREINTEN KRÄFTEN WERDEN WIR...
... SUMMER BESIEGEN!!

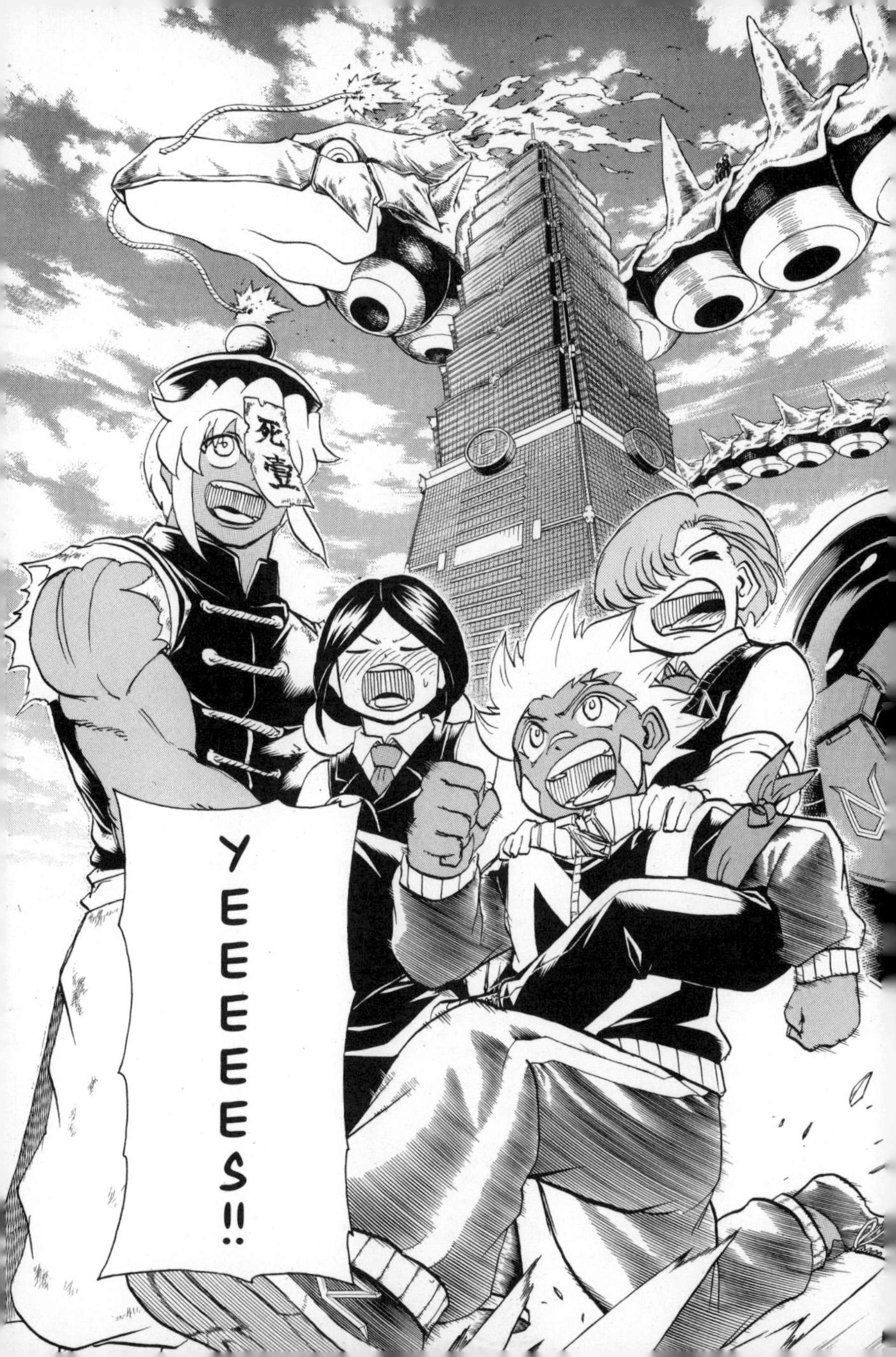

死壹
YEEEEEES!!

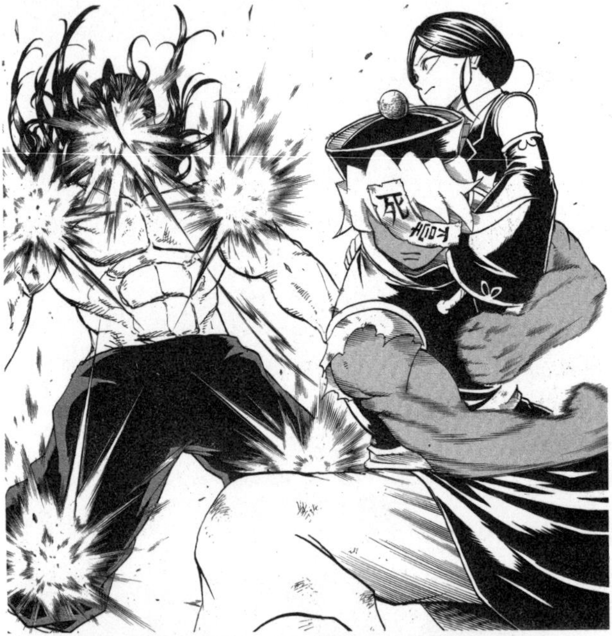

# GOFUKUSEI – FÜNF-PUNKTE-SCHMERZFREI-STERNANGRIFF

SHENS SELBSTENTWICKELTE SHIN-HAKKYOKU-TECHNIK.
DABEI ZERSTÖRT ER MIT EINEM EINZIGEN ANGRIFF DEN KOPF, BEIDE SCHULTERN UND BEIDE KNIE SEINER GEGNER GLEICHZEITIG UND MACHT SIE SOMIT KAMPFUNFÄHIG.
DIESE TECHNIK HAT ER ENTWICKELT, NACHDEM DAS UMA GALAXY HINZUGEFÜGT WURDE UND SOMIT AUCH DAS KONZEPT DER »STERNE« IN DER WELT ANERKANNT WAR.
INSPIRIERT DURCH DAS SYMBOL EINES »STERNS« HAT SHEN DIESE TECHNIK AUFGEBAUT.
EINE FAST GLEICHZEITIGE ZERSTÖRUNG DER GENANNTEN KÖRPERTEILE – DER BESSEREN ANSCHAUUNG HALBER HIER ABER NOCH MAL DIE GENAUE REIHENFOLGE DES ANGRIFFS:
① KOPF (BEWUSSTSEINSVERNEBELUNG, DAMIT DEN NÄCHSTEN ANGRIFFEN NICHT MEHR AUSGEWICHEN WERDEN KANN)
② KNIE (ZERQUETSCHT DAS DOMINANTE BEIN, UM DEN GEGNER AN DER FLUCHT ZU HINDERN; JE NACH GEGNER MANCHMAL MIT DEM LINKEN KNIE BEGINNEND)
③+④ ANGRIFF AUF DIE SCHULTERN
(WENN 2. DAS RECHTE KNIE WAR, DANN ANGRIFF DER LINKEN SCHULTER, WENN 2. DAS LINKE KNIE, DANN ANGRIFF DER RECHTEN SCHULTER)
⑤ KNIE (NACHDEM DIE SCHULTERN ZERSTÖRT SIND, KANN DER GEGNER KEINEN GEGENANGRIFF MEHR STARTEN, DARAUFHIN ZERSTÖRT ER AUCH DAS VERBLEIBENDE ZWEITE KNIE)

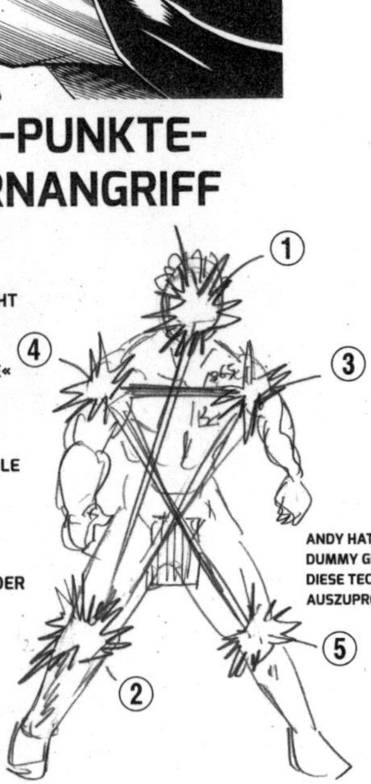


ANDY HAT IHM ALS DUMMY GEHOLFEN, DIESE TECHNIK AUSZUPROBIEREN.

# No. 067 Feuerwerk

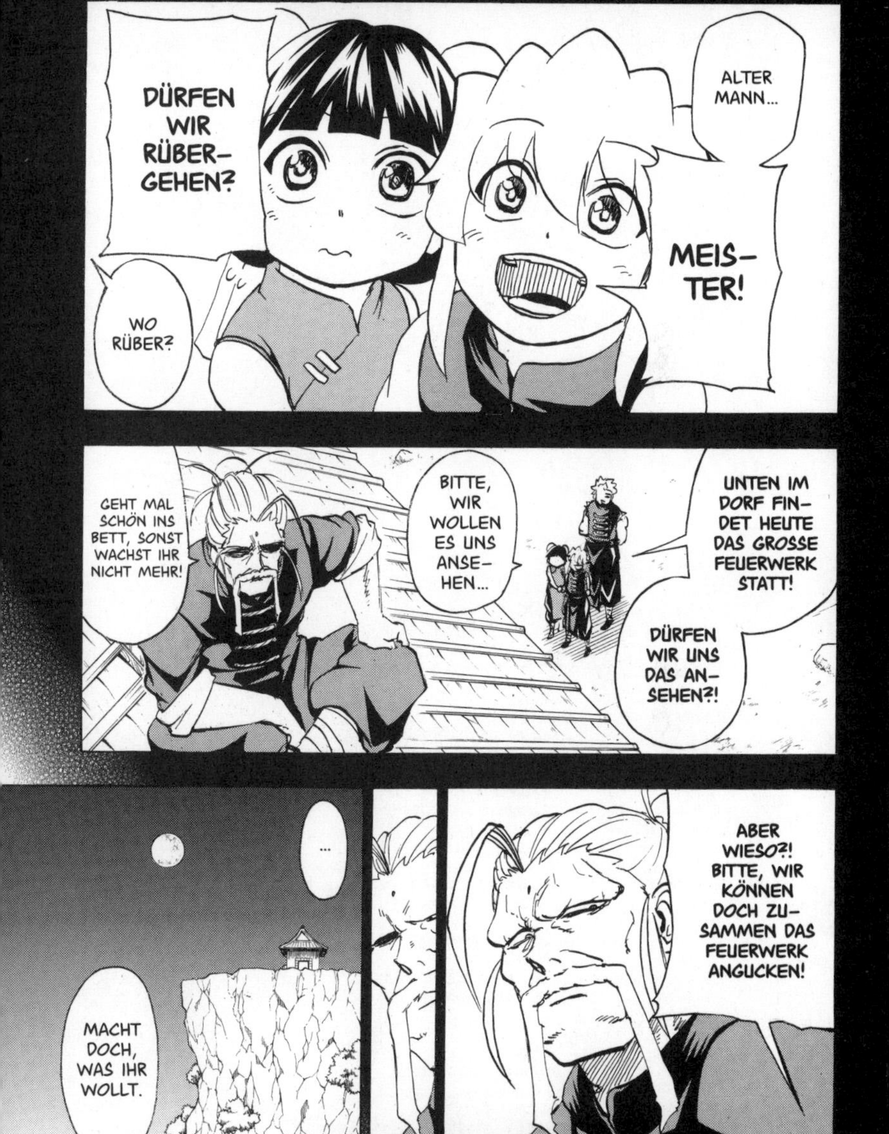

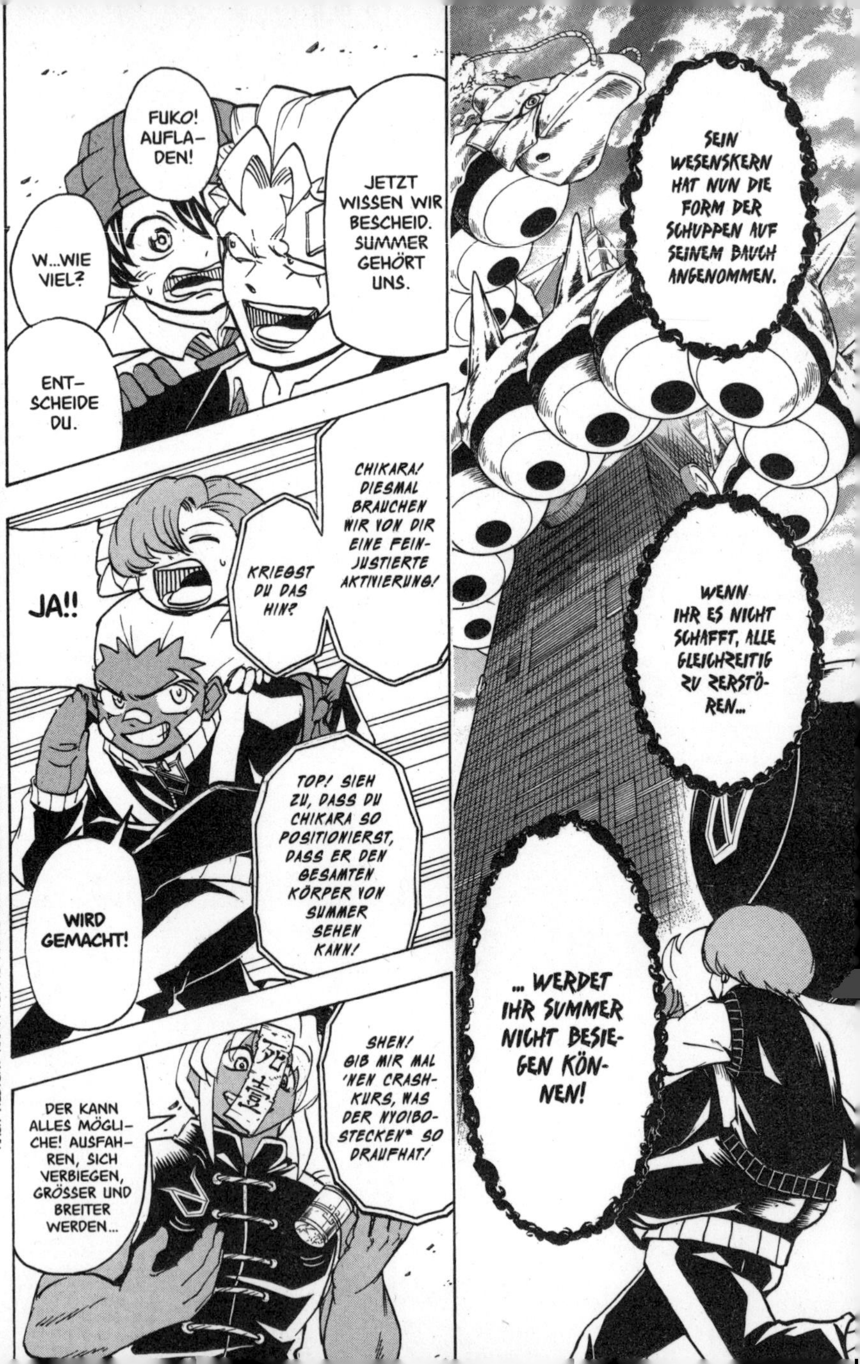


* ADAPTION DES RUYI JINGU BANG, MIT DEM DER URSPRÜNGLICHE SUN WUKONG/ DER AFFENKÖNIG SON GOKU IN »DIE REISE NACH WESTEN« KÄMPFTE. DIE WAFFE HAT EINE ROTE GRUNDFORM UND GOLDENE AKZENTE AN BEIDEN ENDEN DES SCHAFTS.

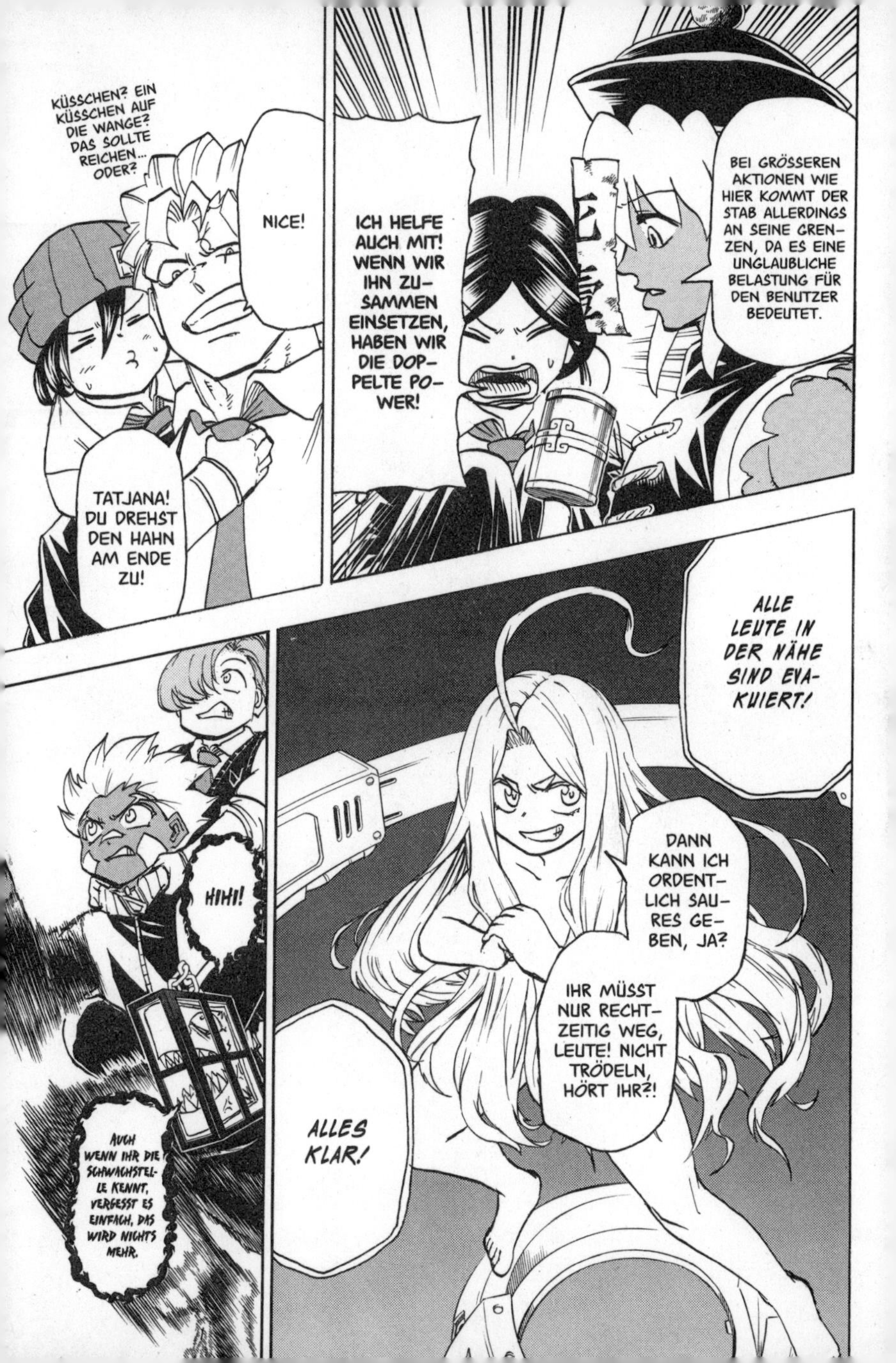
BEI GRÖSSEREN AKTIONEN WIE HIER KOMMT DER STAB ALLERDINGS AN SEINE GRENZEN, DA ES EINE UNGLAUBLICHE BELASTUNG FÜR DEN BENUTZER BEDEUTET.
ICH HELFE AUCH MIT! WENN WIR IHN ZUSAMMEN EINSETZEN, HABEN WIR DIE DOPPELTE POWER!
NICE!
KÜSSCHEN? EIN KÜSSCHEN AUF DIE WANGE? DAS SOLLTE REICHEN... ODER?
TATJANA! DU DREHST DEN HAHN AM ENDE ZU!
ALLE LEUTE IN DER NÄHE SIND EVAKUIERT!
DANN KANN ICH ORDENTLICH SAURES GEBEN, JA?
IHR MÜSST NUR RECHTZEITIG WEG, LEUTE! NICHT TRÖDELN, HÖRT IHR?!
ALLES KLAR!
HIHI!
AUCH WENN IHR DIE SCHWACHSTELLE KENNT, VERGESST ES EINFACH, DAS WIRD NICHTS MEHR.

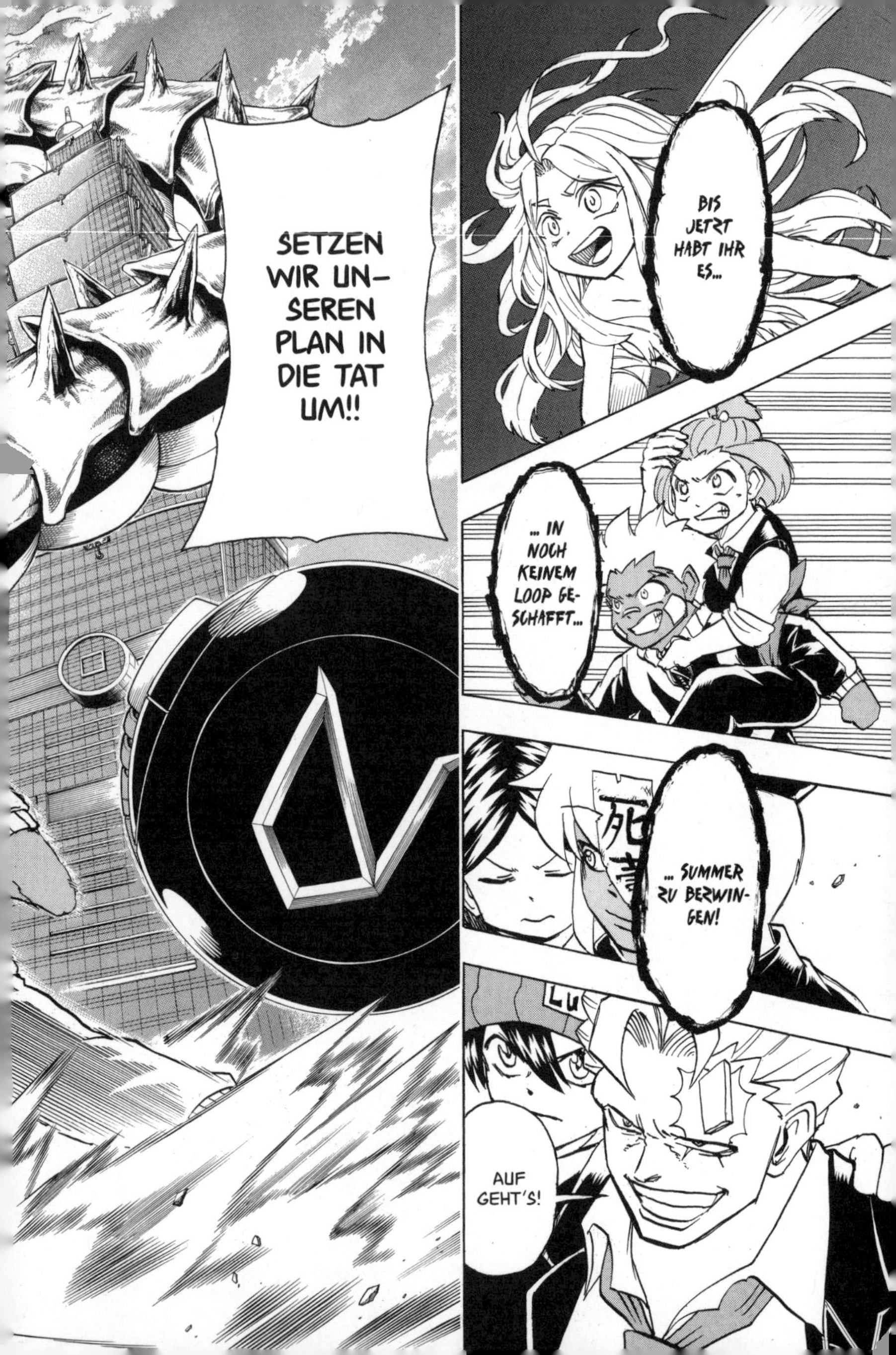
BIS JETZT HABT IHR ES...
... IN NOCH KEINEM LOOP GESCHAFFT...
... SUMMER ZU BEZWINGEN!
AUF GEHT'S!
SETZEN WIR UNSEREN PLAN IN DIE TAT UM!!

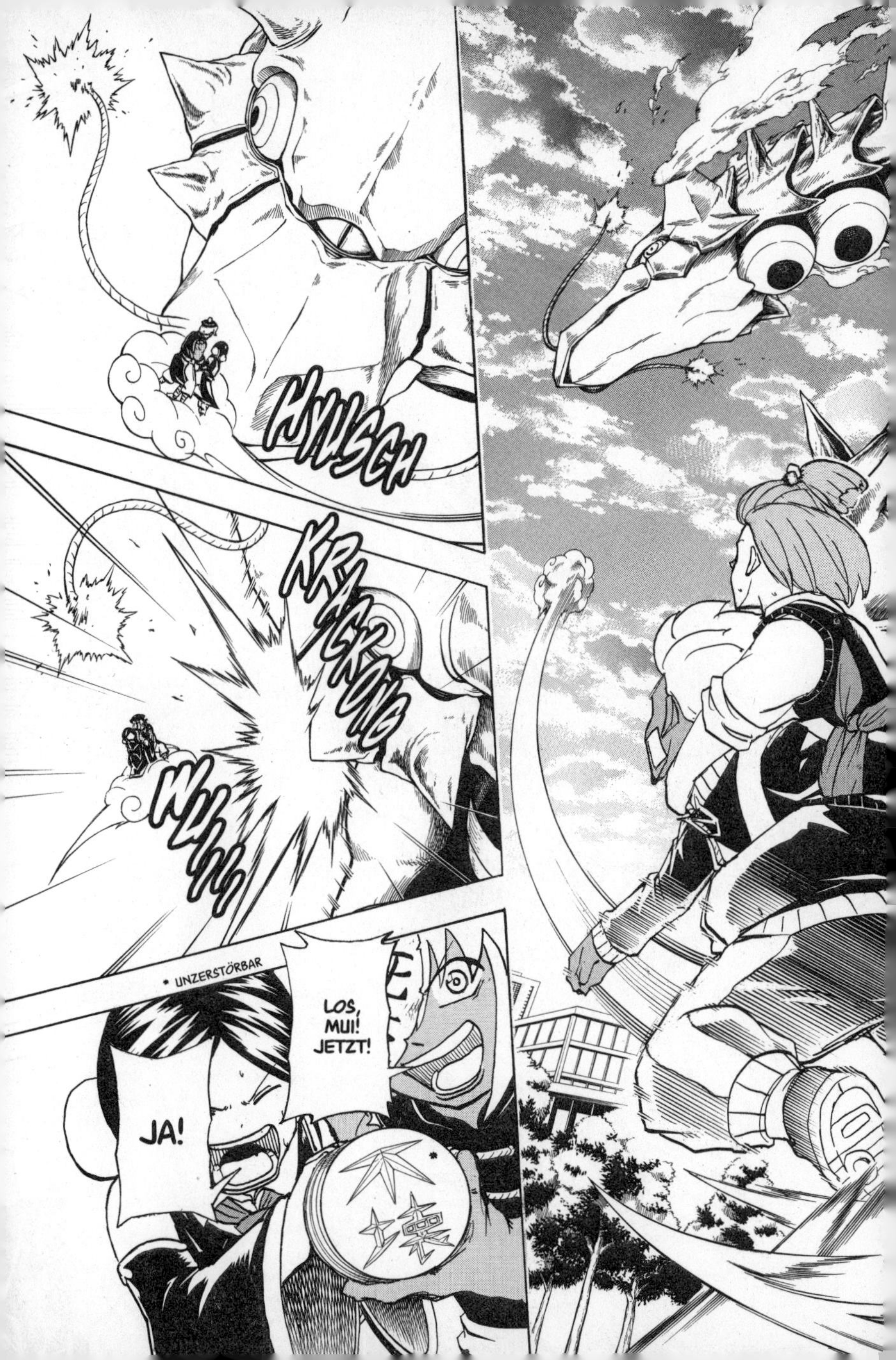

KRACKONG
LOS, MUI! JETZT!
JA!
* UNZERSTÖRBAR

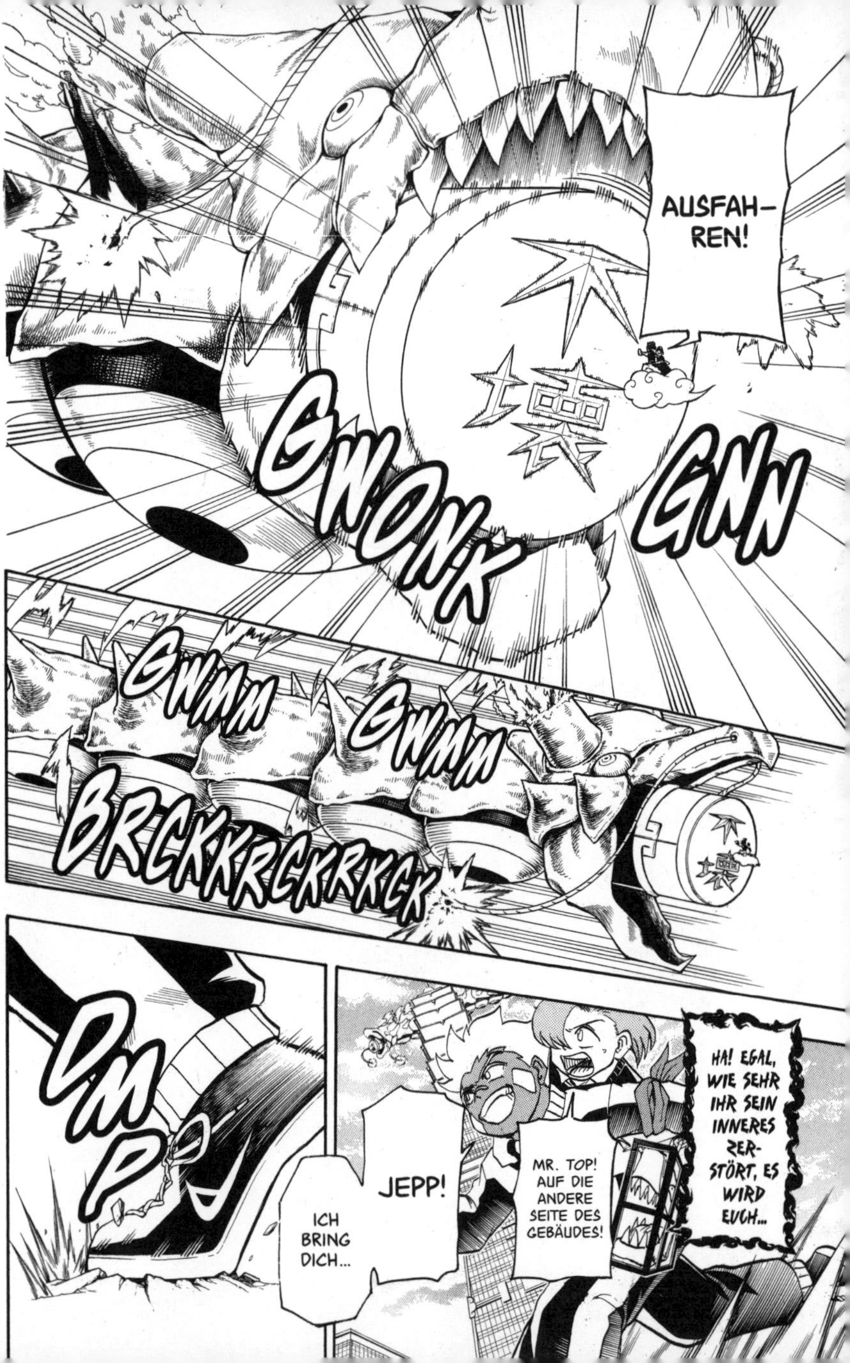
AUSFAH-
REN!
GWONK
GNN
GWMM
GWMM
BRCKKRCKRKCK
HA! EGAL, WIE SEHR IHR SEIN INNERES ZER-STÖRT, ES WIRD EUCH...
MR. TOP! AUF DIE ANDERE SEITE DES GEBÄUDES!
JEPP!
ICH BRING DICH...
DMP

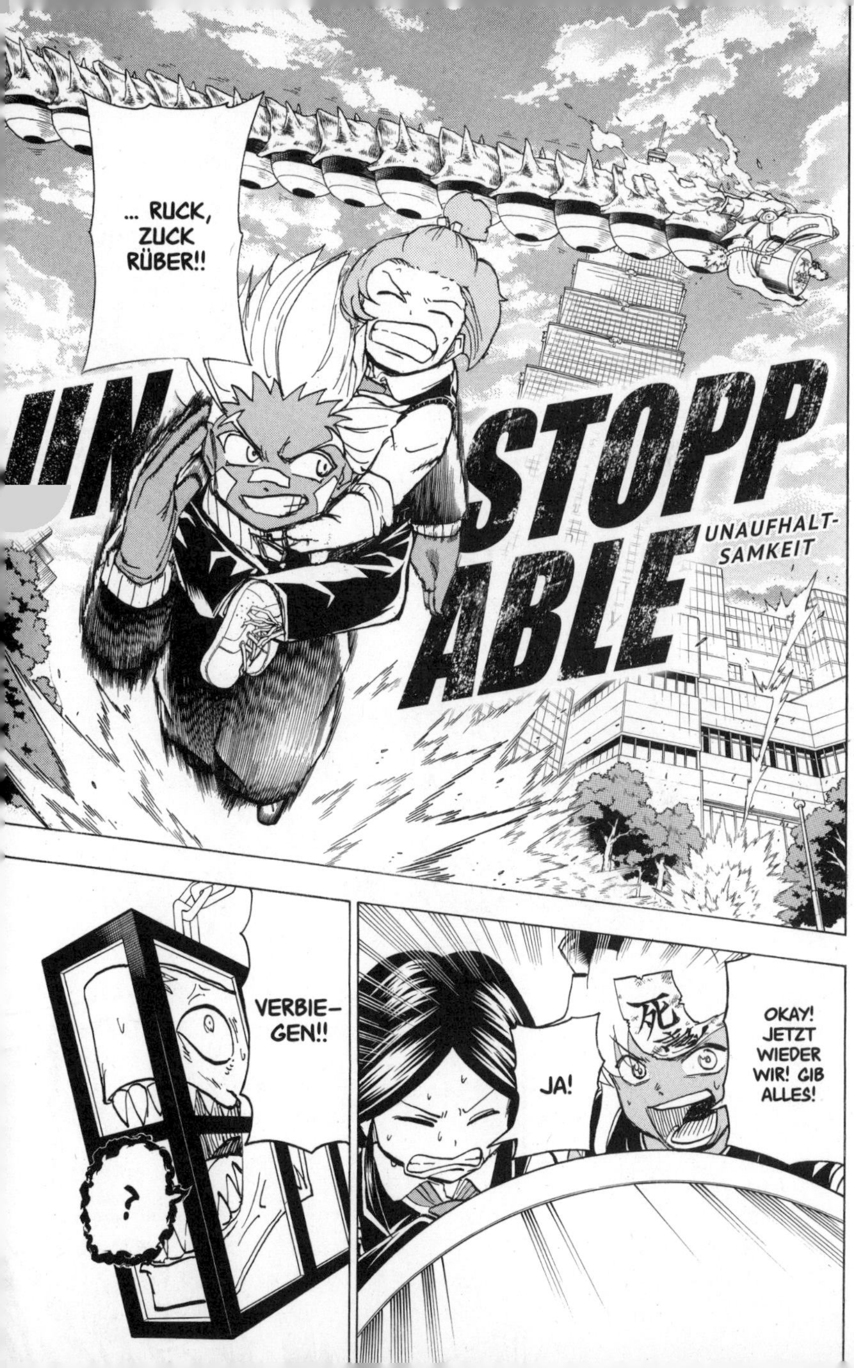
... RUCK, ZUCK RÜBER!!
UN STOPP ABLE
UNAUFHALT-SAMKEIT
OKAY! JETZT WIEDER WIR! GIB ALLES!
JA!
VERBIE-GEN!!
?

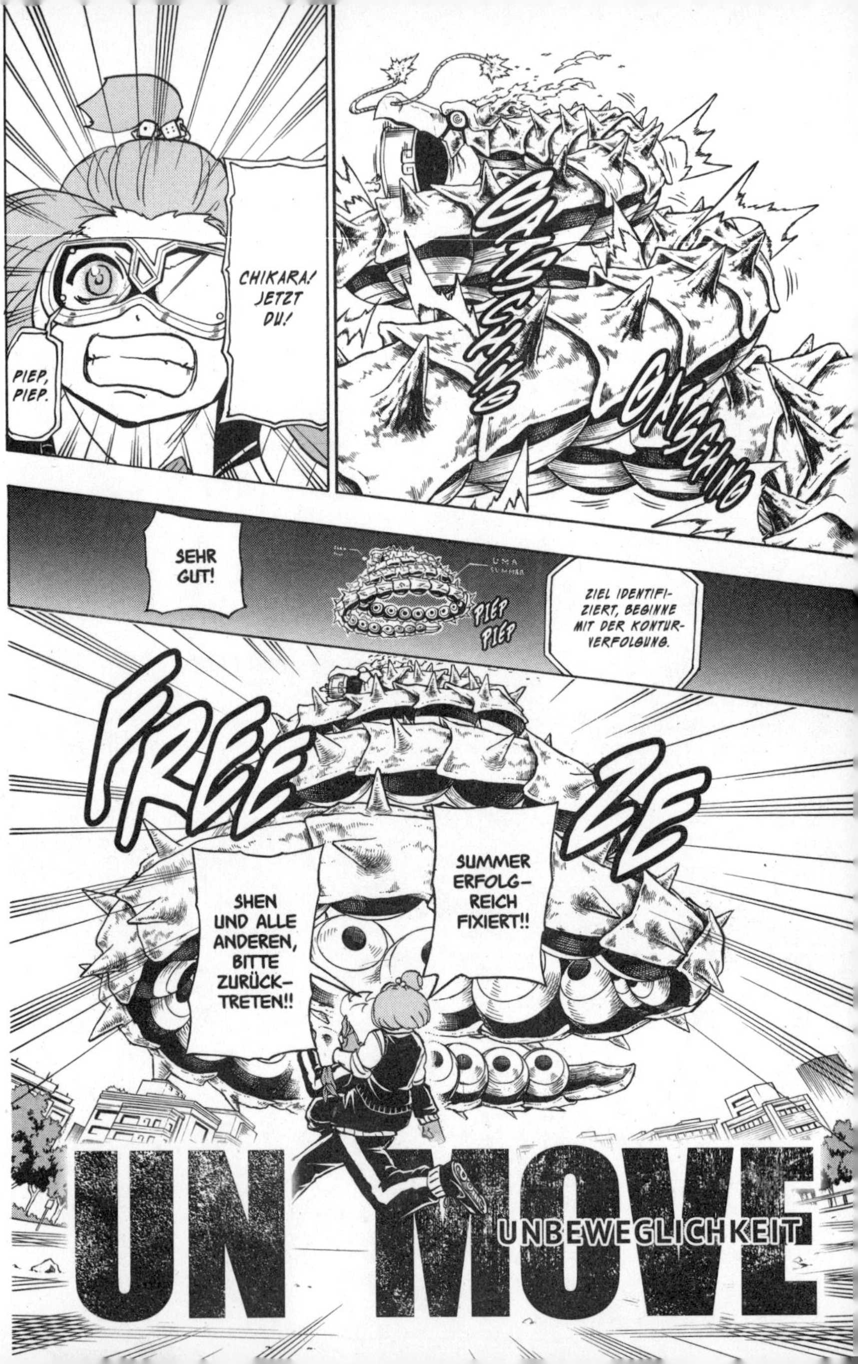
GATSCHING
GATSCHING
CHIKARA! JETZT DU!
PIEP, PIEP.
ZIEL IDENTIFIZIERT, BEGINNE MIT DER KONTURVERFOLGUNG.
PIEP PIEP
SEHR GUT!
FREEZE
SUMMER ERFOLGREICH FIXIERT!!
SHEN UND ALLE ANDEREN, BITTE ZURÜCKTRETEN!!
UN MOVE
UNBEWEGLICHKEIT

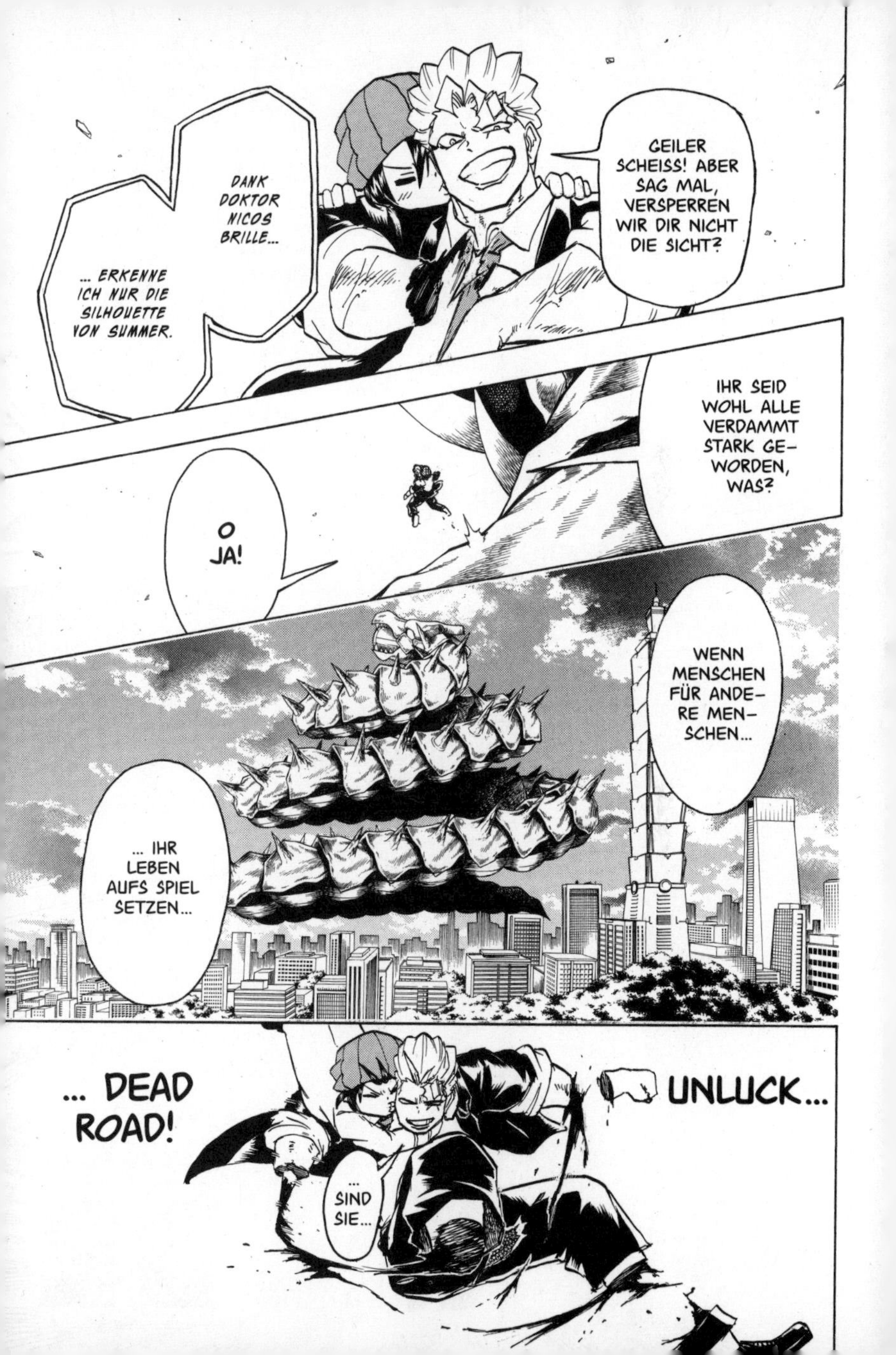
GEILER SCHEISS! ABER SAG MAL, VERSPERREN WIR DIR NICHT DIE SICHT?
DANK DOKTOR NICOS BRILLE...
... ERKENNE ICH NUR DIE SILHOUETTE VON SUMMER.
IHR SEID WOHL ALLE VERDAMMT STARK GE-WORDEN, WAS?
O JA!
WENN MENSCHEN FÜR ANDE-RE MEN-SCHEN...
... IHR LEBEN AUFS SPIEL SETZEN...
UNLUCK...
... SIND SIE...
... DEAD ROAD!

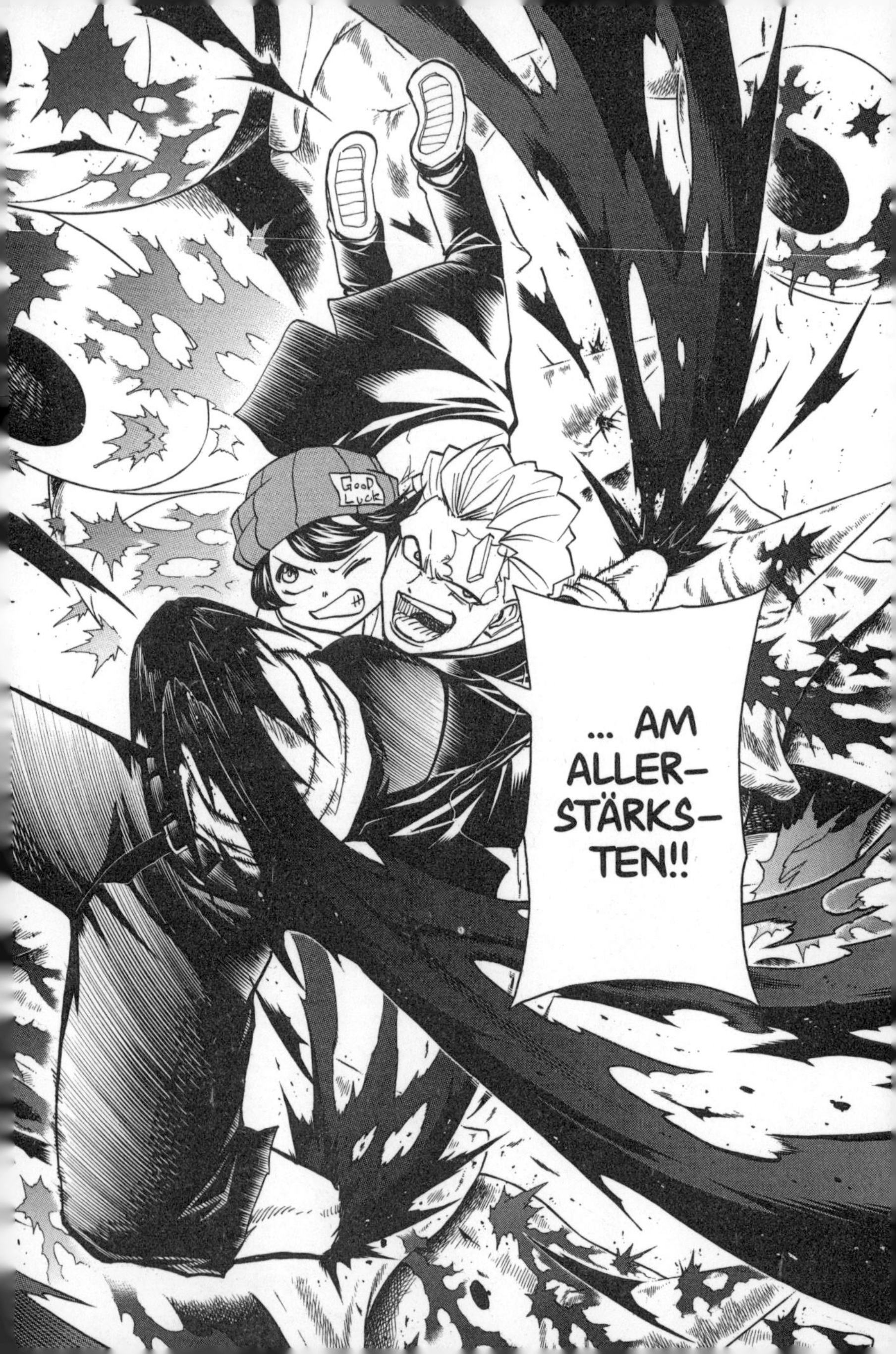
GOOD LUCK
... AM ALLER-STÄRKS-TEN!!

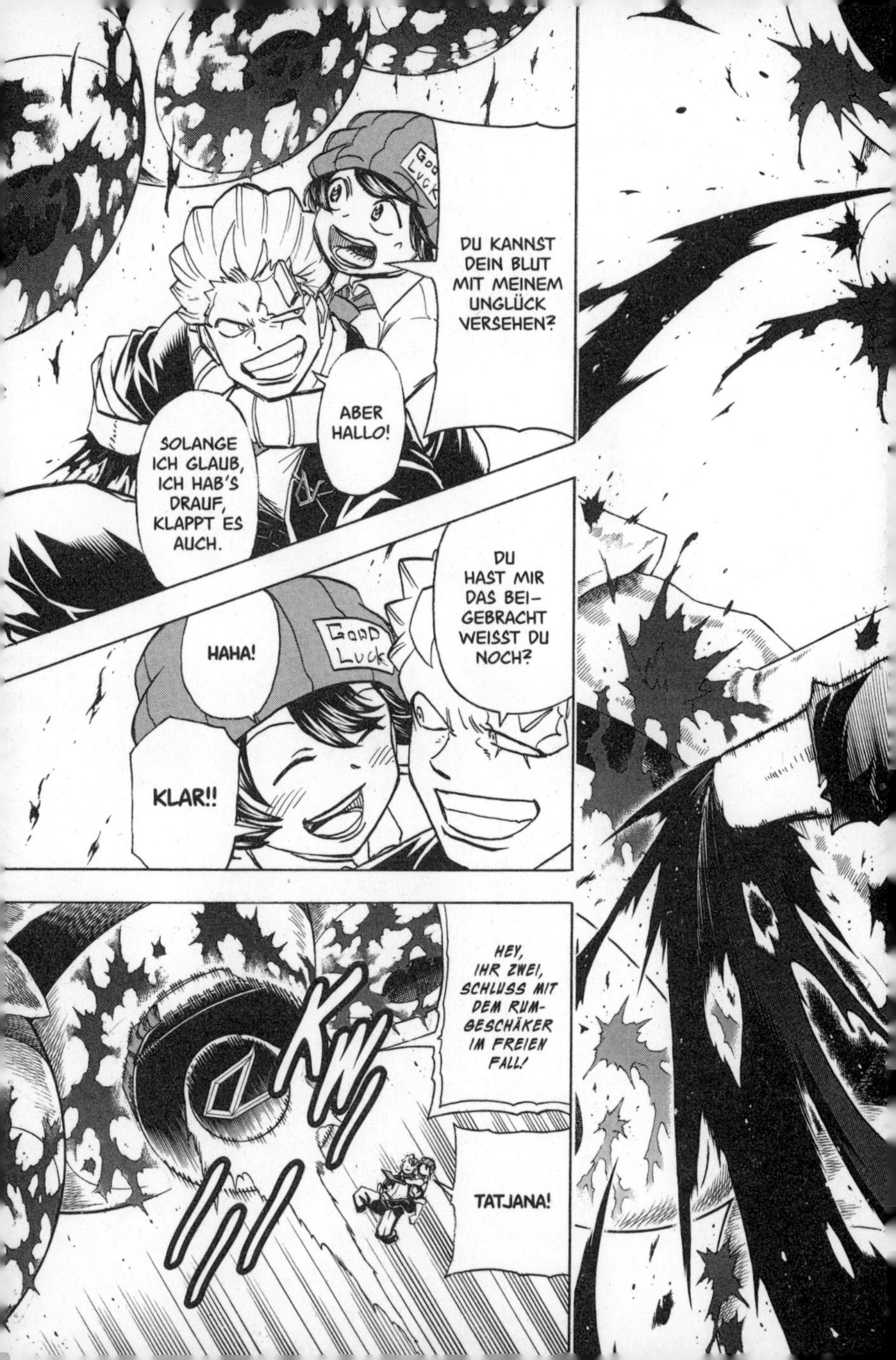
DU KANNST DEIN BLUT MIT MEINEM UNGLÜCK VERSEHEN?
ABER HALLO!
SOLANGE ICH GLAUB, ICH HAB'S DRAUF, KLAPPT ES AUCH.
GOOD LUCK
DU HAST MIR DAS BEI-GEBRACHT WEISST DU NOCH?
HAHA!
GOOD LUCK
KLAR!!
HEY, IHR ZWEI, SCHLUSS MIT DEM RUM-GESCHÄKER IM FREIEN FALL!
TATJANA!

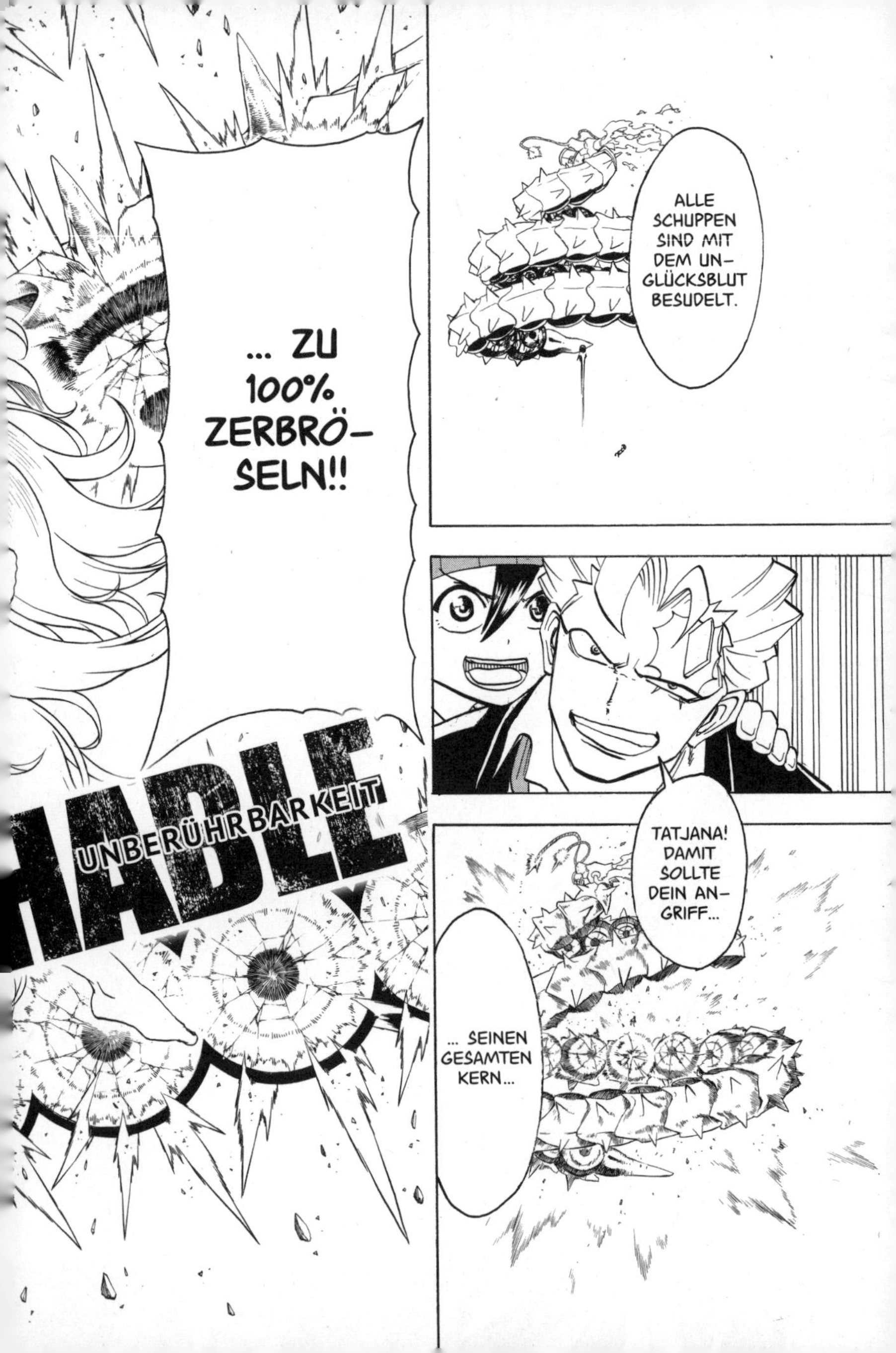
ALLE SCHUPPEN SIND MIT DEM UN-GLÜCKSBLUT BESUDELT.
TATJANA! DAMIT SOLLTE DEIN AN-GRIFF...
... SEINEN GESAMTEN KERN...
... ZU 100% ZERBRÖ-SELN!!
UNBERÜHRBARKEIT

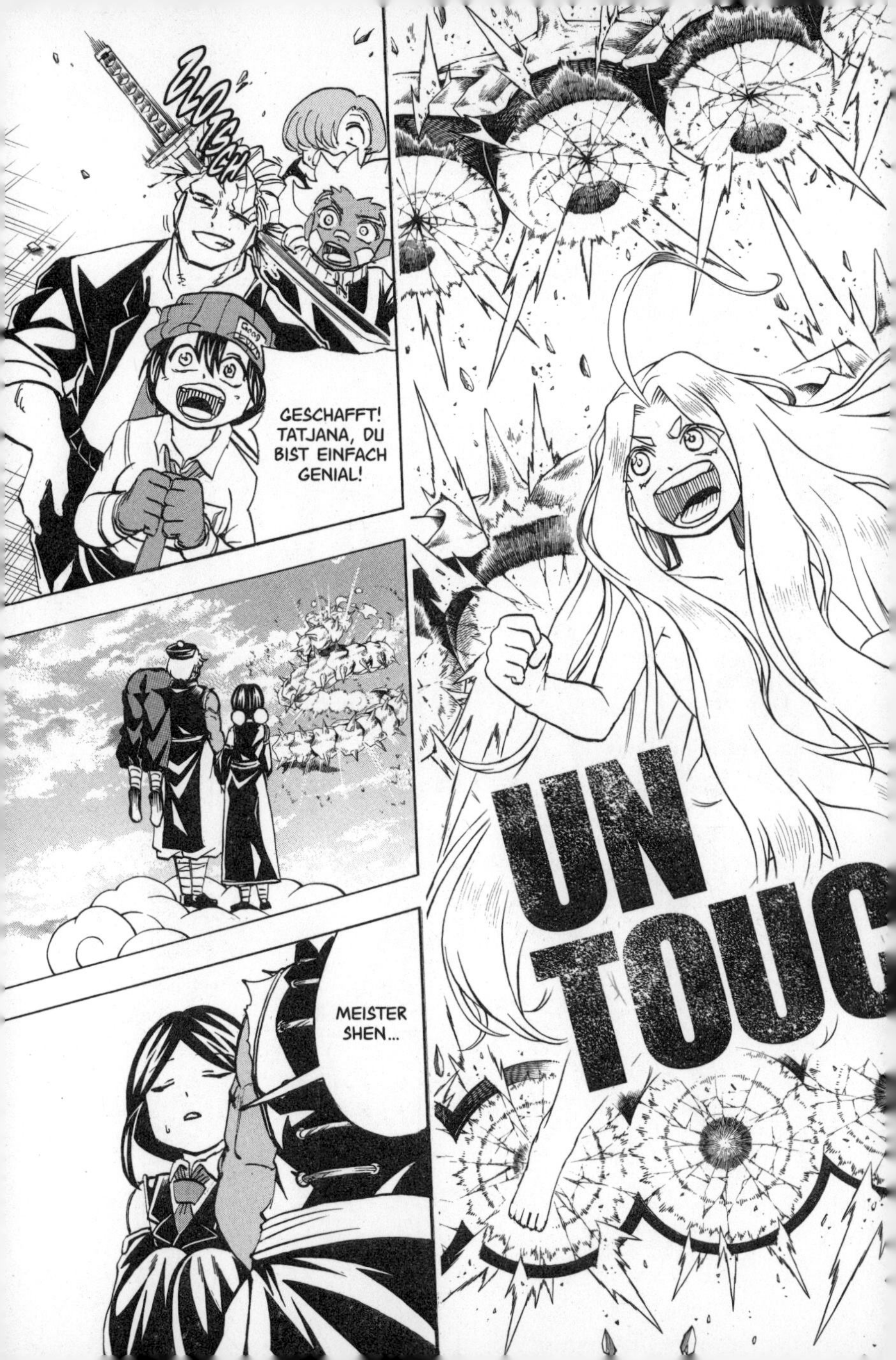

ZLOTSCH
GESCHAFFT! TATJANA, DU BIST EINFACH GENIAL!
MEISTER SHEN...
UN TOUC

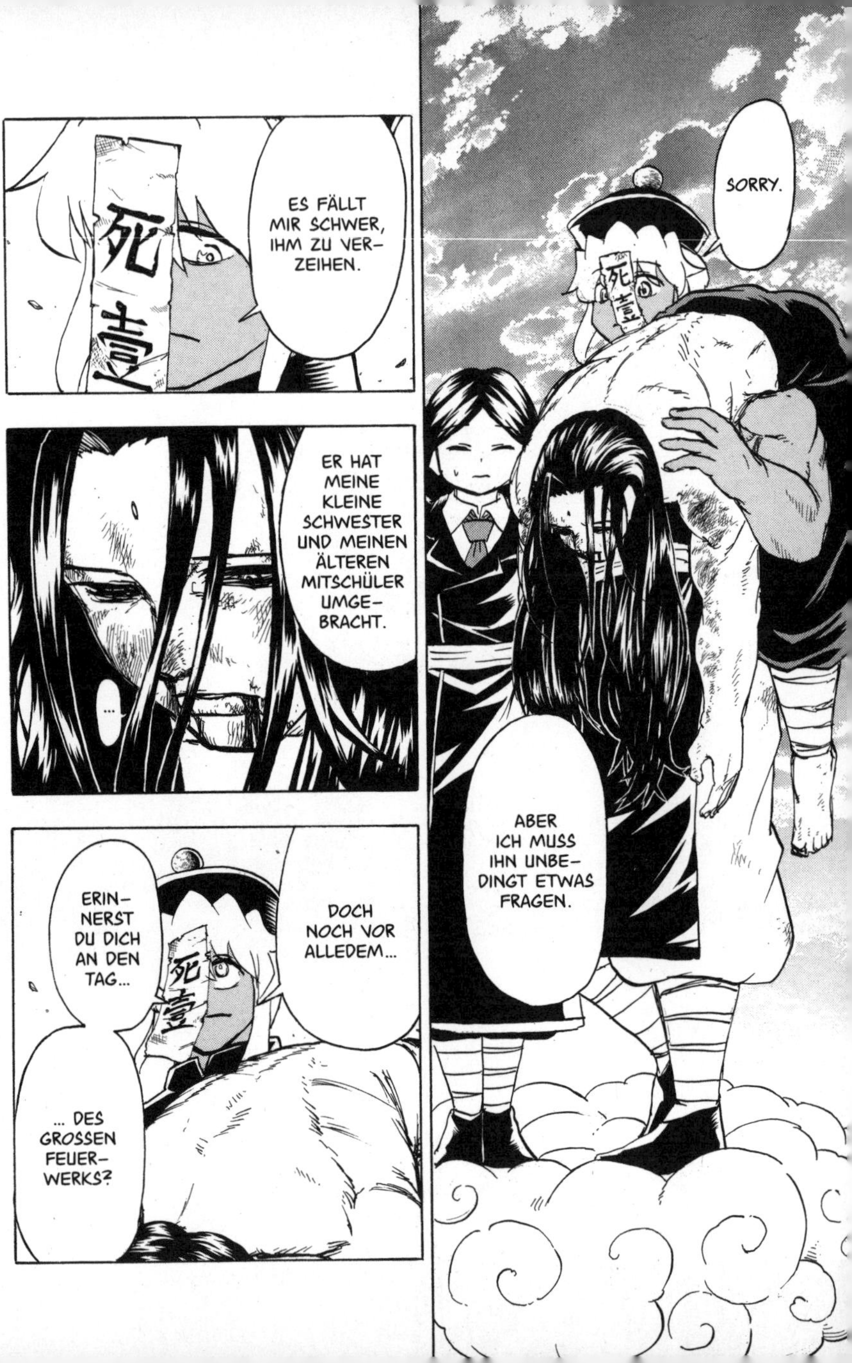
SORRY.
ABER ICH MUSS IHN UNBEDINGT ETWAS FRAGEN.
ES FÄLLT MIR SCHWER, IHM ZU VERZEIHEN.
ER HAT MEINE KLEINE SCHWESTER UND MEINEN ÄLTEREN MITSCHÜLER UMGEBRACHT.
...
DOCH NOCH VOR ALLEDEM...
ERINNERST DU DICH AN DEN TAG...
... DES GROSSEN FEUERWERKS?

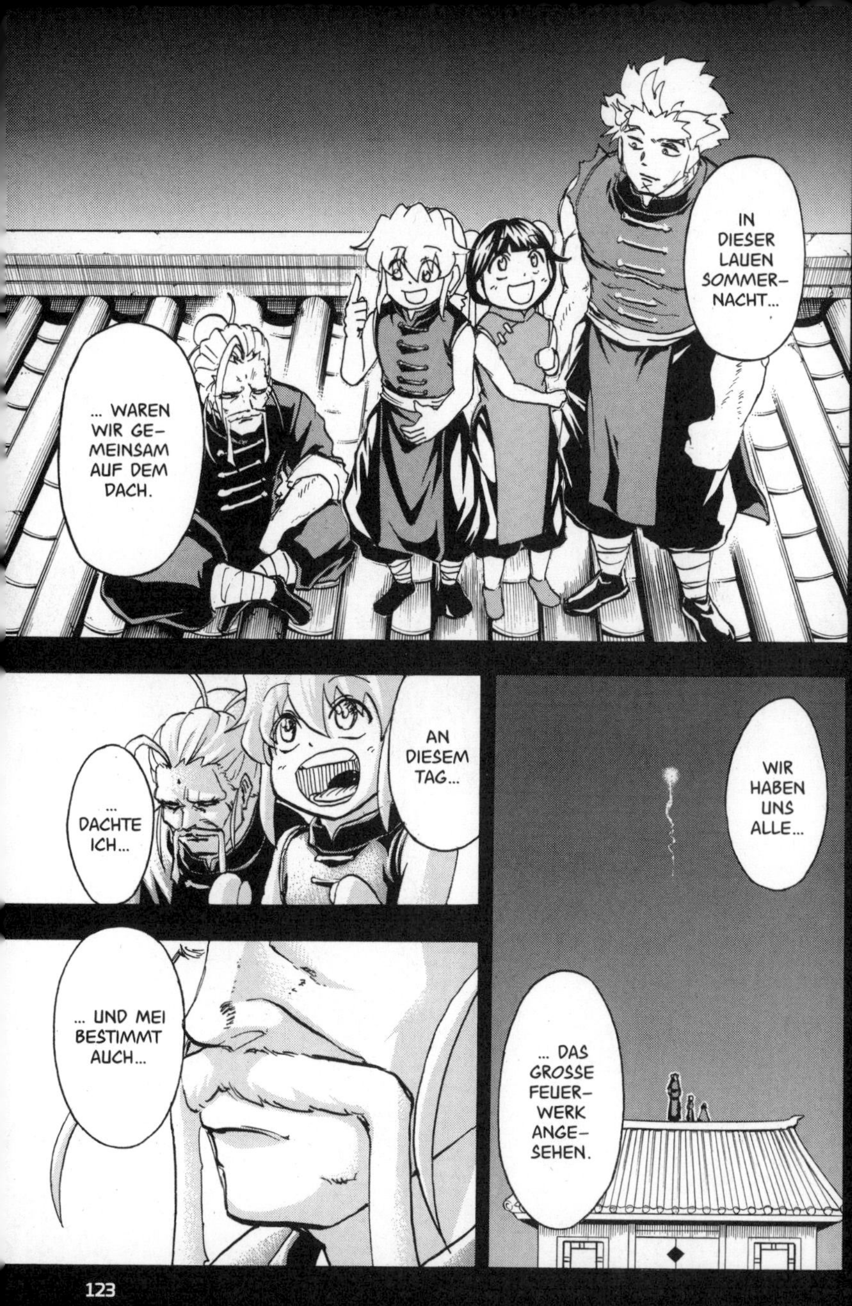
IN DIESER LAUEN SOMMER-NACHT...
... WAREN WIR GE-MEINSAM AUF DEM DACH.
WIR HABEN UNS ALLE...
... DAS GROSSE FEUER-WERK ANGE-SEHEN.
AN DIESEM TAG...
... DACHTE ICH...
... UND MEI BESTIMMT AUCH...

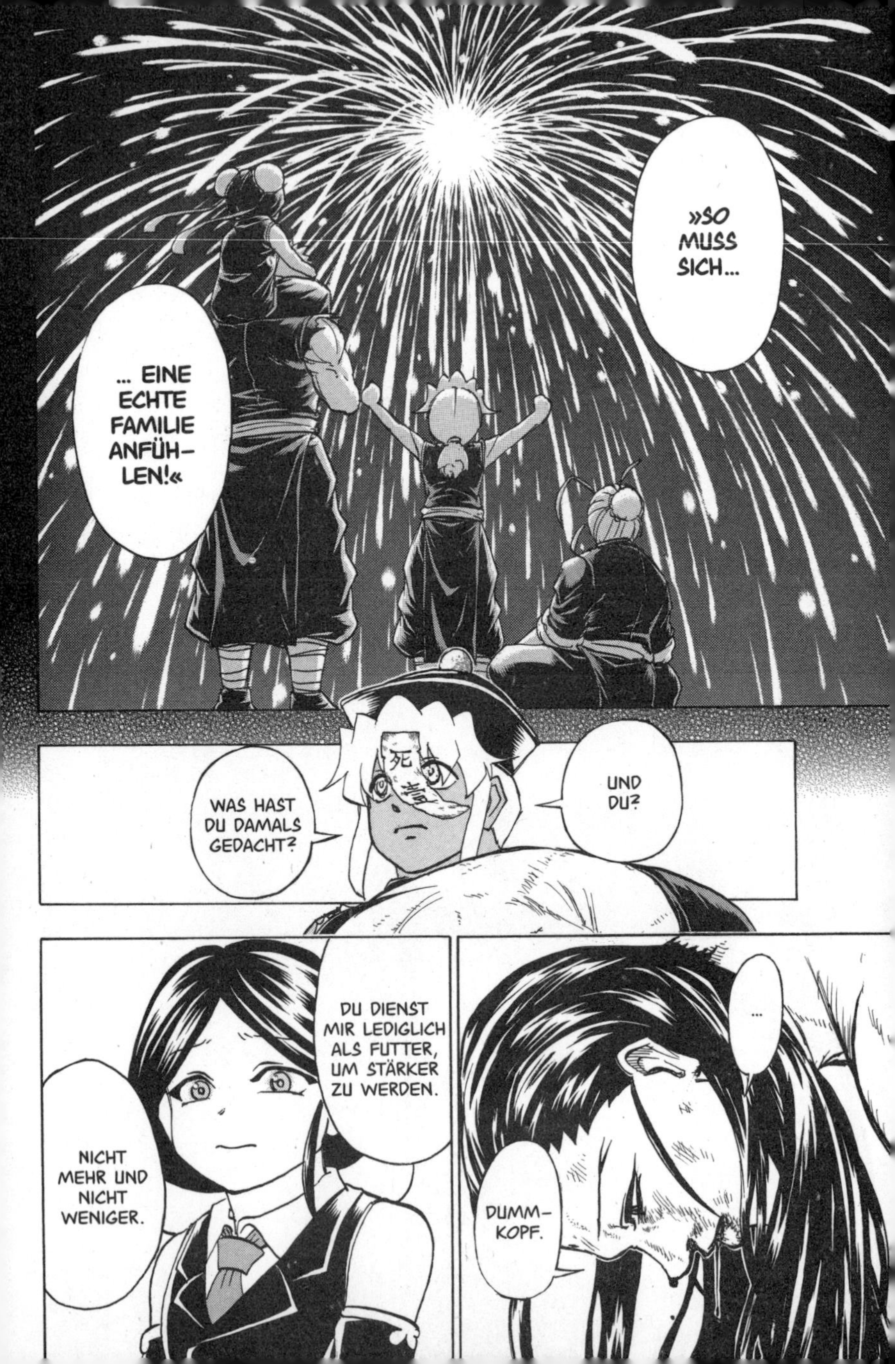
»SO MUSS SICH …
… EINE ECHTE FAMILIE ANFÜHLEN!«
UND DU?
WAS HAST DU DAMALS GEDACHT?
DU DIENST MIR LEDIGLICH ALS FUTTER, UM STÄRKER ZU WERDEN.
NICHT MEHR UND NICHT WENIGER.
…
DUMMKOPF.

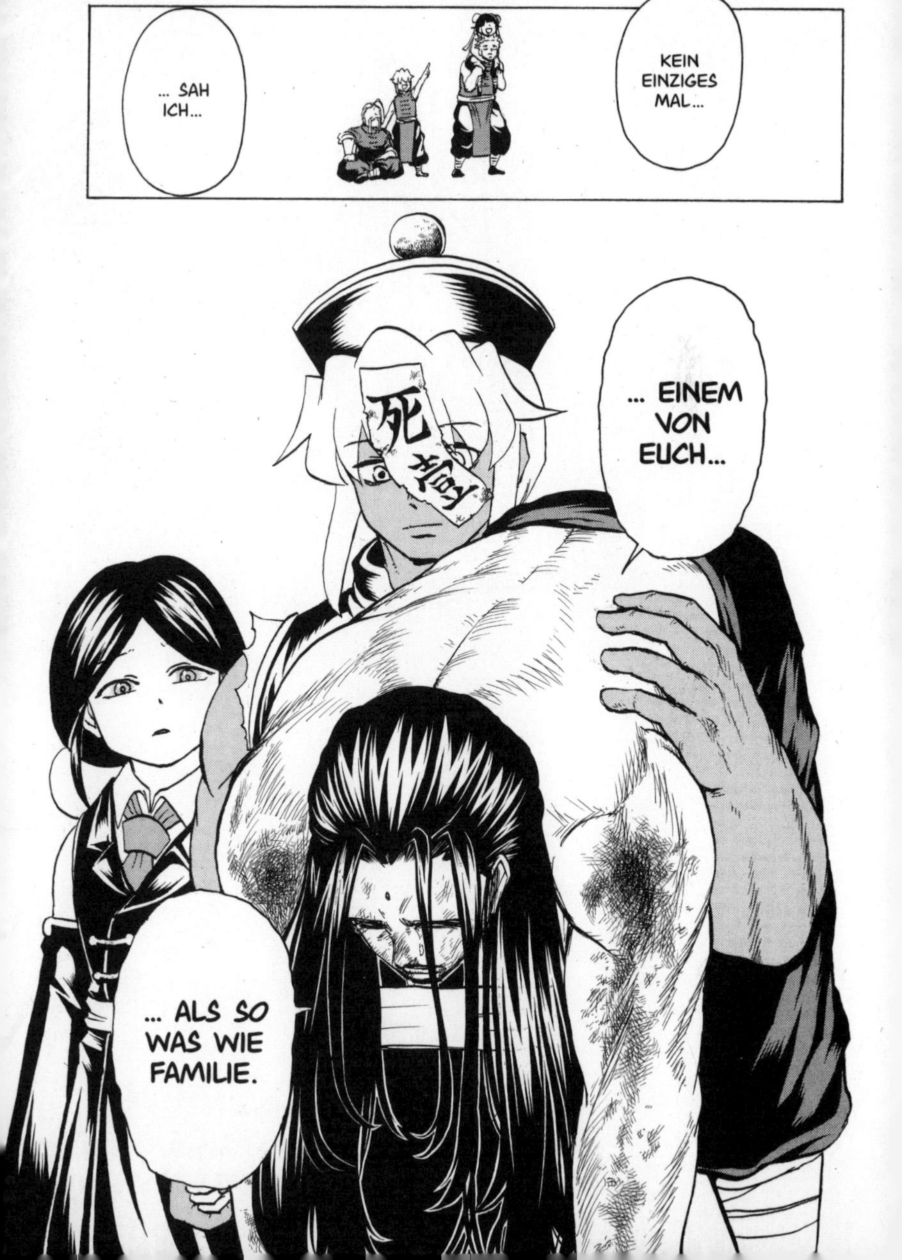
KEIN EINZIGES MAL...
... SAH ICH...
... EINEM VON EUCH...
... ALS SO WAS WIE FAMILIE.

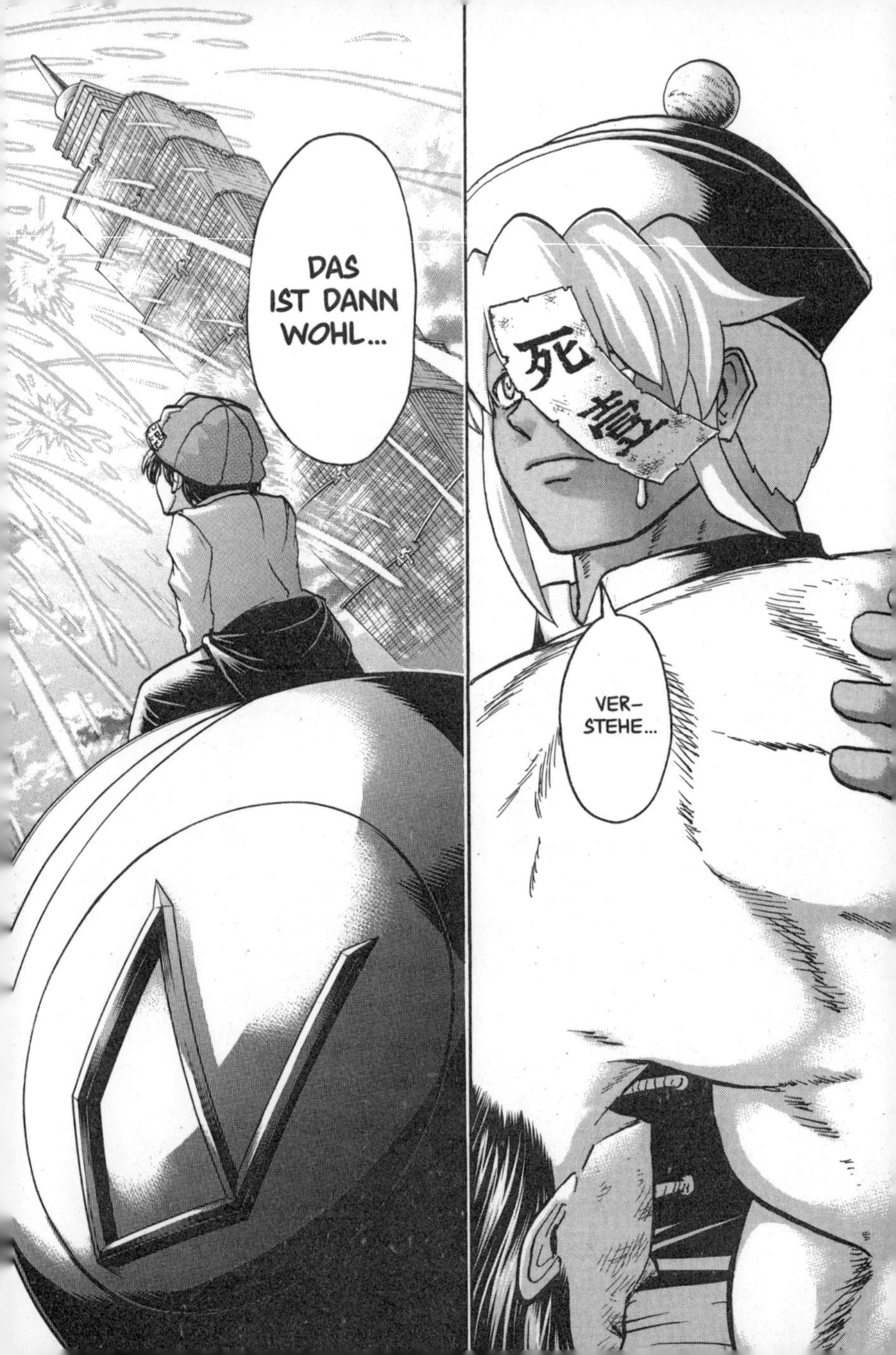
VER-
STEHE...
DAS
IST DANN
WOHL...

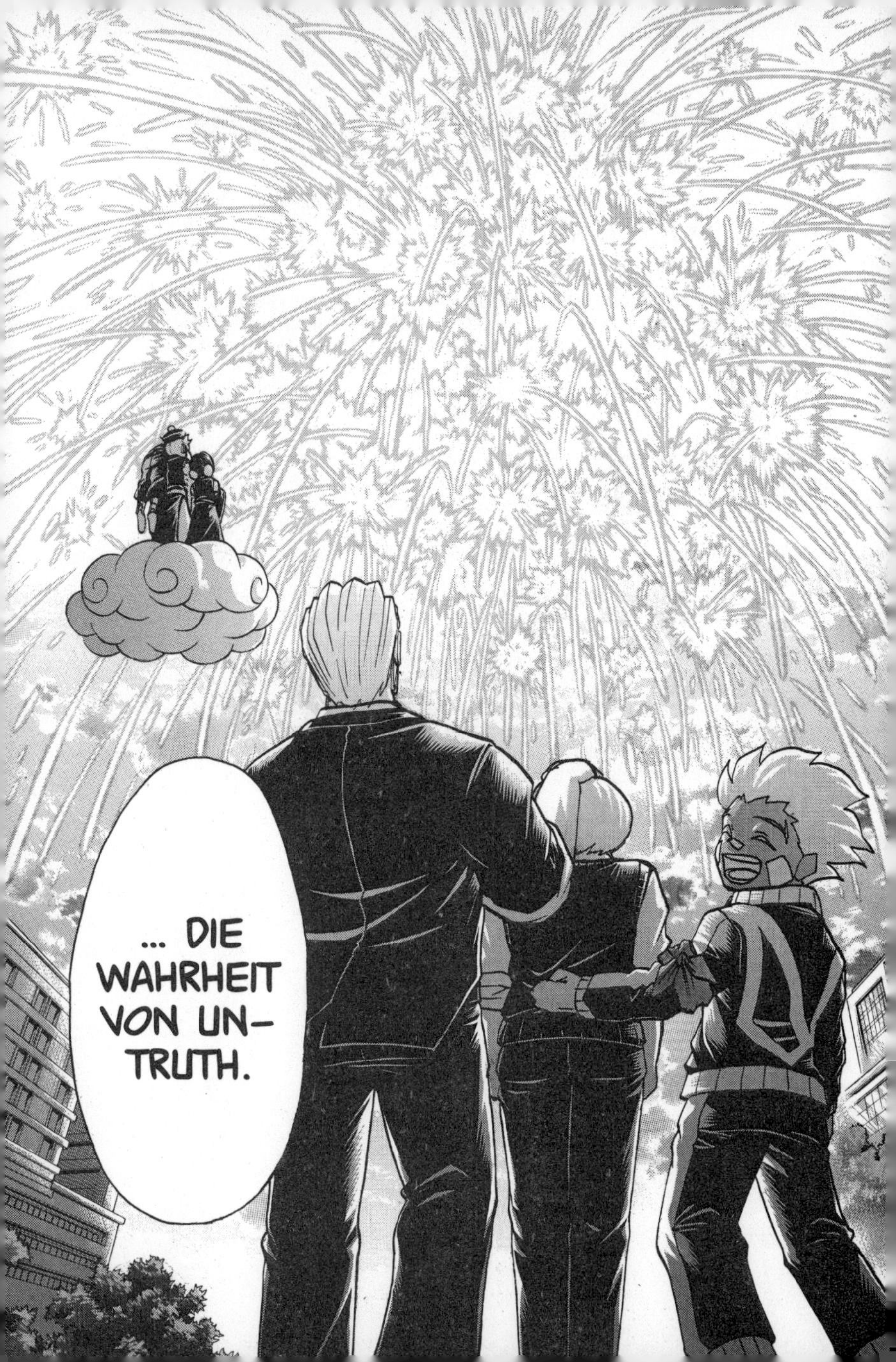
... DIE WAHRHEIT VON UN-TRUTH.

## UNTERSUCHUNGSBERICHT ÜBER FENG AUSGEHEND VOM BEGINN SEINER UNFADE-FÄHIGKEIT BIS ZUR GEGENWART (ERSTELLT AUF GRUNDLAGE VON FENGS BEFRAGUNG DURCH SHEN)

FENG WAR STETS BESESSEN VON INDIVIDUELLER STÄRKE UND TRAINIERTE SELBST IM HOHEN ALTER NOCH TÄGLICH, DOCH ALSBALD MUSSTE ER SEINER KÖRPERLICHEN SCHWÄCHE TRIBUT ZOLLEN. ALS ER ETWA 70 JAHRE ALT WAR, MACHTE ER SICH ALLMÄHLICH ERNSTHAFT SORGEN DARÜBER, OB ER SEIN ANDAUERNDES TRAINING NOCH LÄNGER DURCHHALTEN KÖNNTE. ER BEGANN, DIE JUNGEN ZU BENEIDEN UND AUF SEINE JUGEND ZURÜCKZUSCHAUEN, WORAUFHIN SICH SCHON BALD SEINE FÄHIGKEIT ENTWICKELTE.

ER FAND ES ÄUSSERST MERKWÜRDIG, DASS SEIN KÖRPER SELBST JAHRZEHNTE NACH SEINEM 70. LEBENSJAHR NICHT MEHR SCHWÄCHER WURDE, ALSO BESCHLOSS ER, DIE WELT ZU DURCHSTREIFEN, ERFUHR VON DER EXISTENZ DER NEGATOREN, KAM MIT DIVERSEN ARTEFAKTEN IN BERÜHRUNG UND ERKANNTE SCHLIESSLICH, DASS DER ALTERUNGSPROZESS GESTOPPT HATTE, SEIN KÖRPER VERFIEL NICHT LÄNGER, JA, ER WAR IM GRUNDE UNVERGÄNGLICH.

LEIDER ABER BLIEB SEIN KÖRPER IM GEALTERTEN ZUSTAND, WAS FENG MISSFIEL UND WESHALB ER BESTREBT WAR, NOCH WEITAUS STÄRKER ZU WERDEN. IN DER HOFFNUNG, IRGENDWO EIN ARTEFAKT ZU FINDEN, DAS IHN JÜNGER MACHEN KÖNNTE, DURCHFORSTETE ER DARAUFHIN ALLE LÄNDER UND ORTE DER WELT. AUF SEINER REISE TRAF ER BILLY UND SCHLOSS SICH KURZERHAND UNDER AN, ALLERDINGS UNTER DER BEDINGUNG, DASS MAN IHM INFORMATIONEN ÜBER ARTEFAKTE MITTEILEN WÜRDE, DIE EINEN MENSCHEN VERJÜNGEN KÖNNTEN. DURCH DAS AUF DER SCHWARZMARKTAUKTION ERWORBENE ARTEFAKT »LIFE IS STRANGE« GELANG ES FENG AM ENDE, SEINEN KÖRPER WIEDER IN DIE URSPRÜNGLICHE JÜNGERE FORM ZURÜCKZUVERWANDELN.

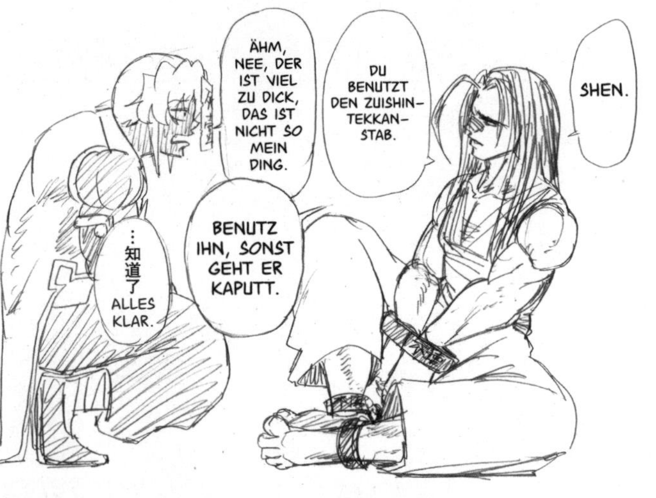

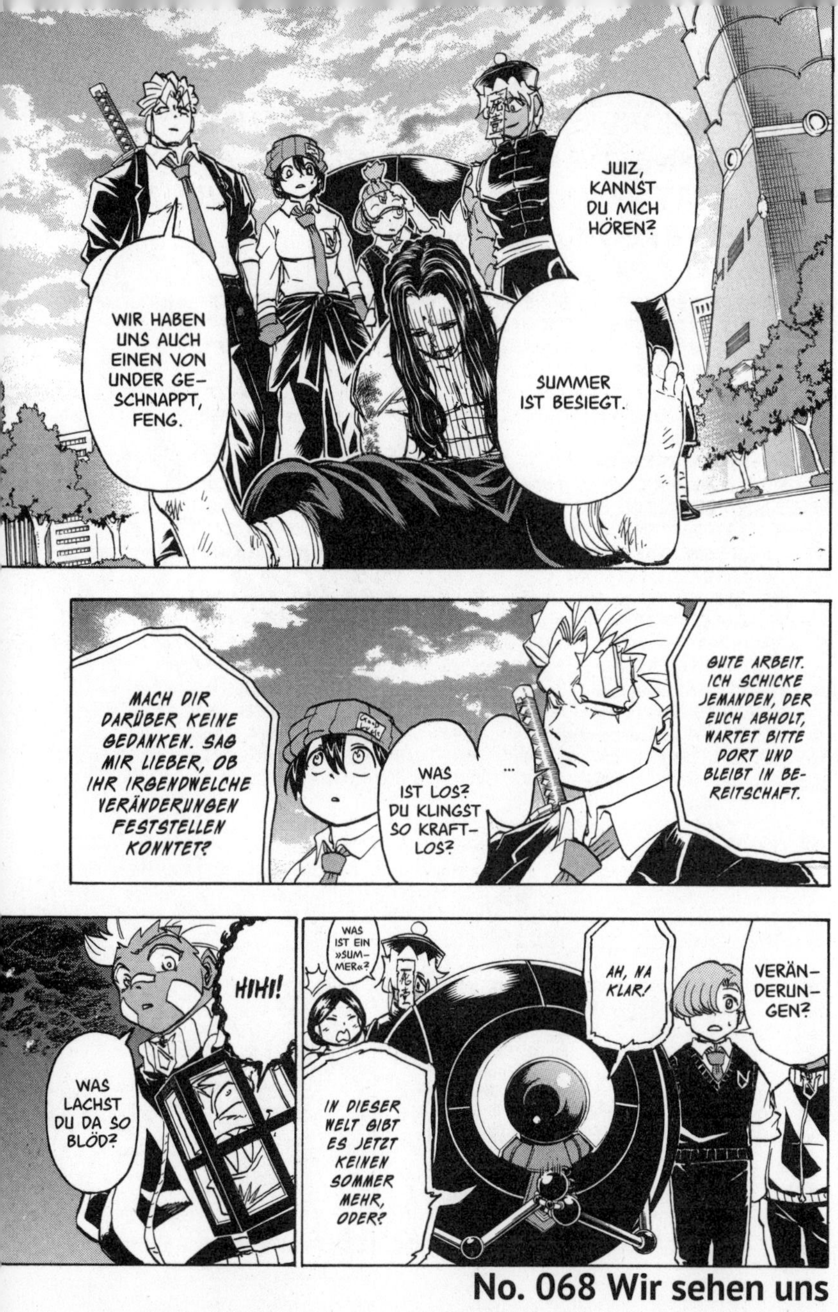


# No. 068 Wir sehen uns

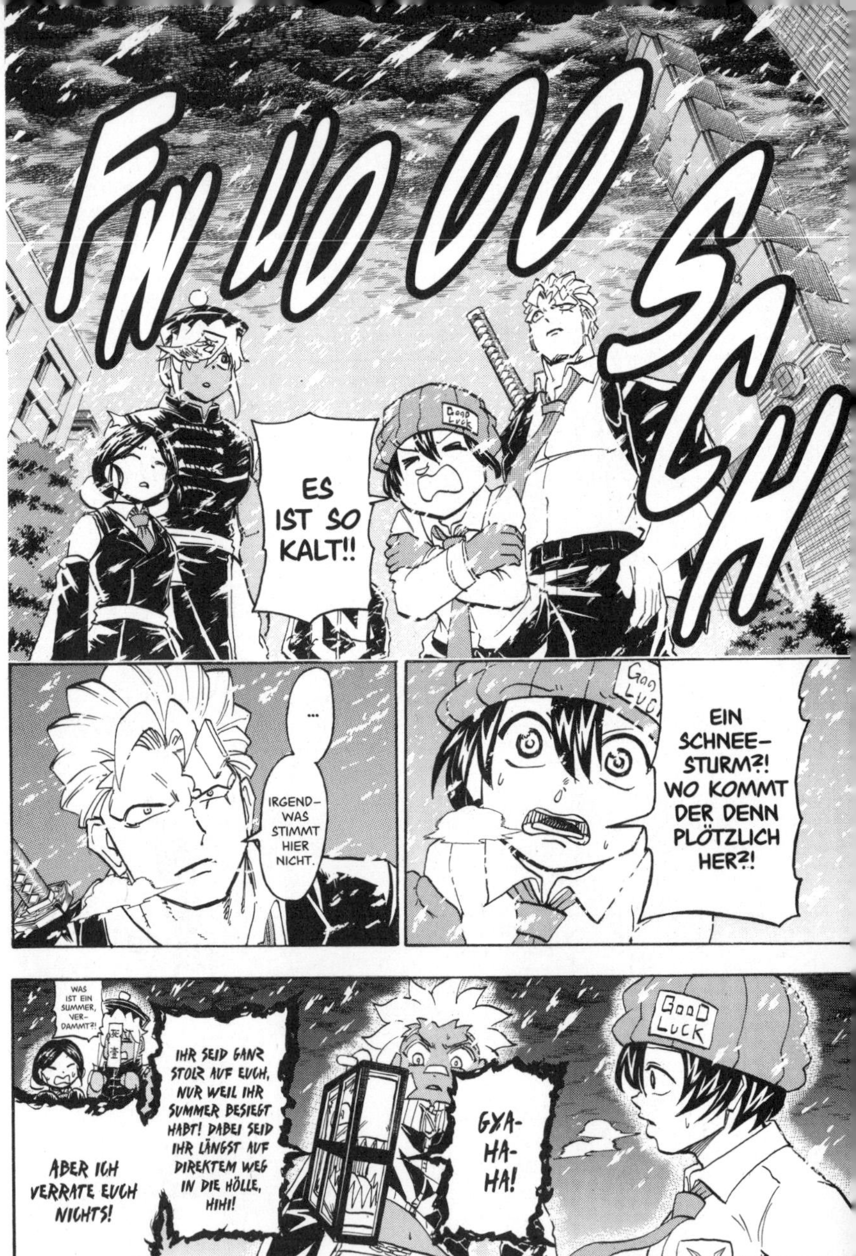
FWUOOOSCH
ES IST SO KALT!!
EIN SCHNEE-STURM?! WO KOMMT DER DENN PLÖTZLICH HER?!
...
IRGEND-WAS STIMMT HIER NICHT.
GYA-HA-HA!
IHR SEID GANZ STOLZ AUF EUCH, NUR WEIL IHR SUMMER BESIEGT HABT! DABEI SEID IHR LÄNGST AUF DIREKTEM WEG IN DIE HÖLLE, HIHI!
ABER ICH VERRATE EUCH NICHTS!
WAS IST EIN SUMMER, VER-DAMMT?!

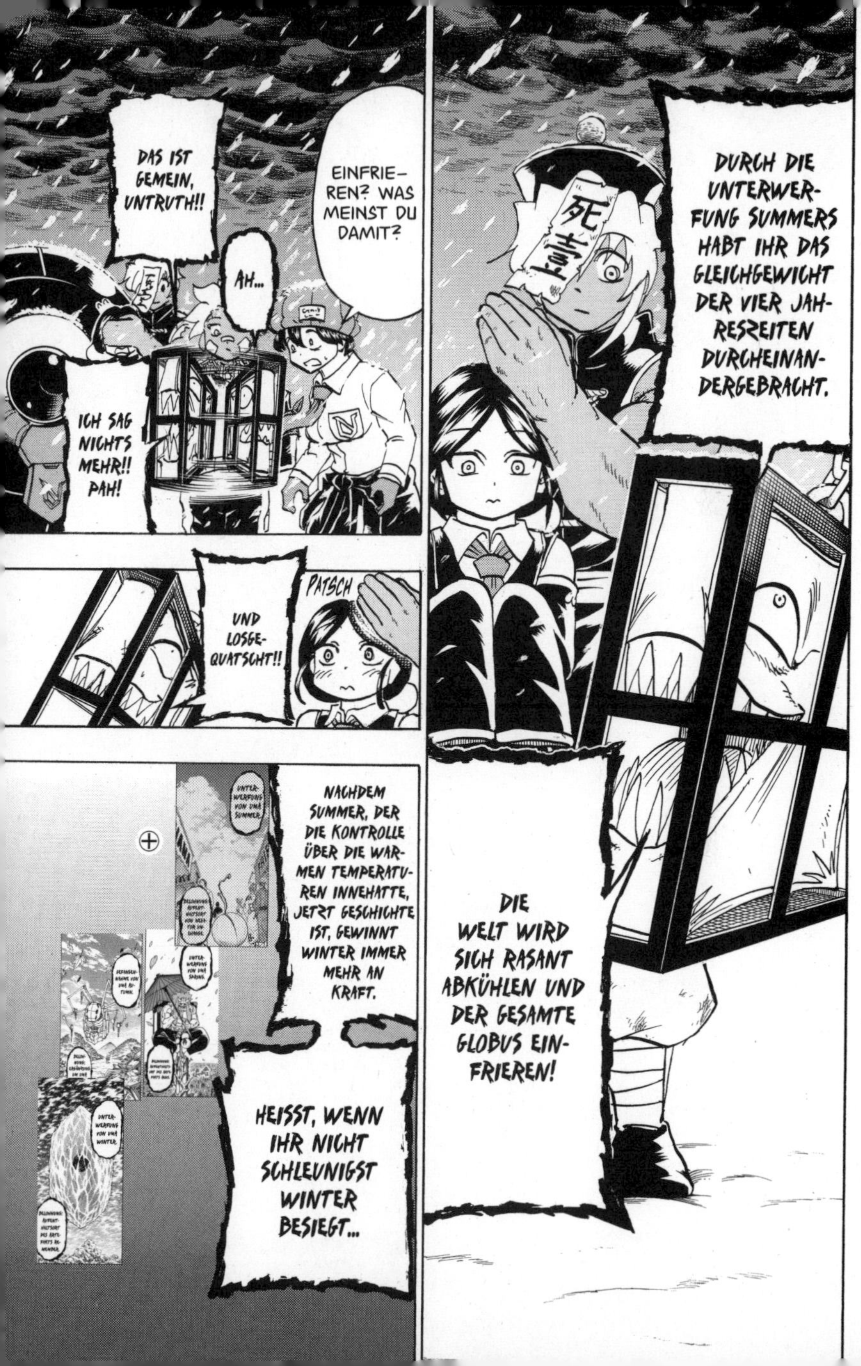
DURCH DIE UNTERWERFUNG SUMMERS HABT IHR DAS GLEICHGEWICHT DER VIER JAHRESZEITEN DURCHEINANDERGEBRACHT.
DIE WELT WIRD SICH RASANT ABKÜHLEN UND DER GESAMTE GLOBUS EINFRIEREN!
EINFRIEREN? WAS MEINST DU DAMIT?
AH...
DAS IST GEMEIN, UNTRUTH!!
ICH SAG NICHTS MEHR!! PAH!
PATSCH
UND LOSGEQUATSCHT!!
NACHDEM SUMMER, DER DIE KONTROLLE ÜBER DIE WARMEN TEMPERATUREN INNEHATTE, JETZT GESCHICHTE IST, GEWINNT WINTER IMMER MEHR AN KRAFT.
HEISST, WENN IHR NICHT SCHLEUNIGST WINTER BESIEGT...

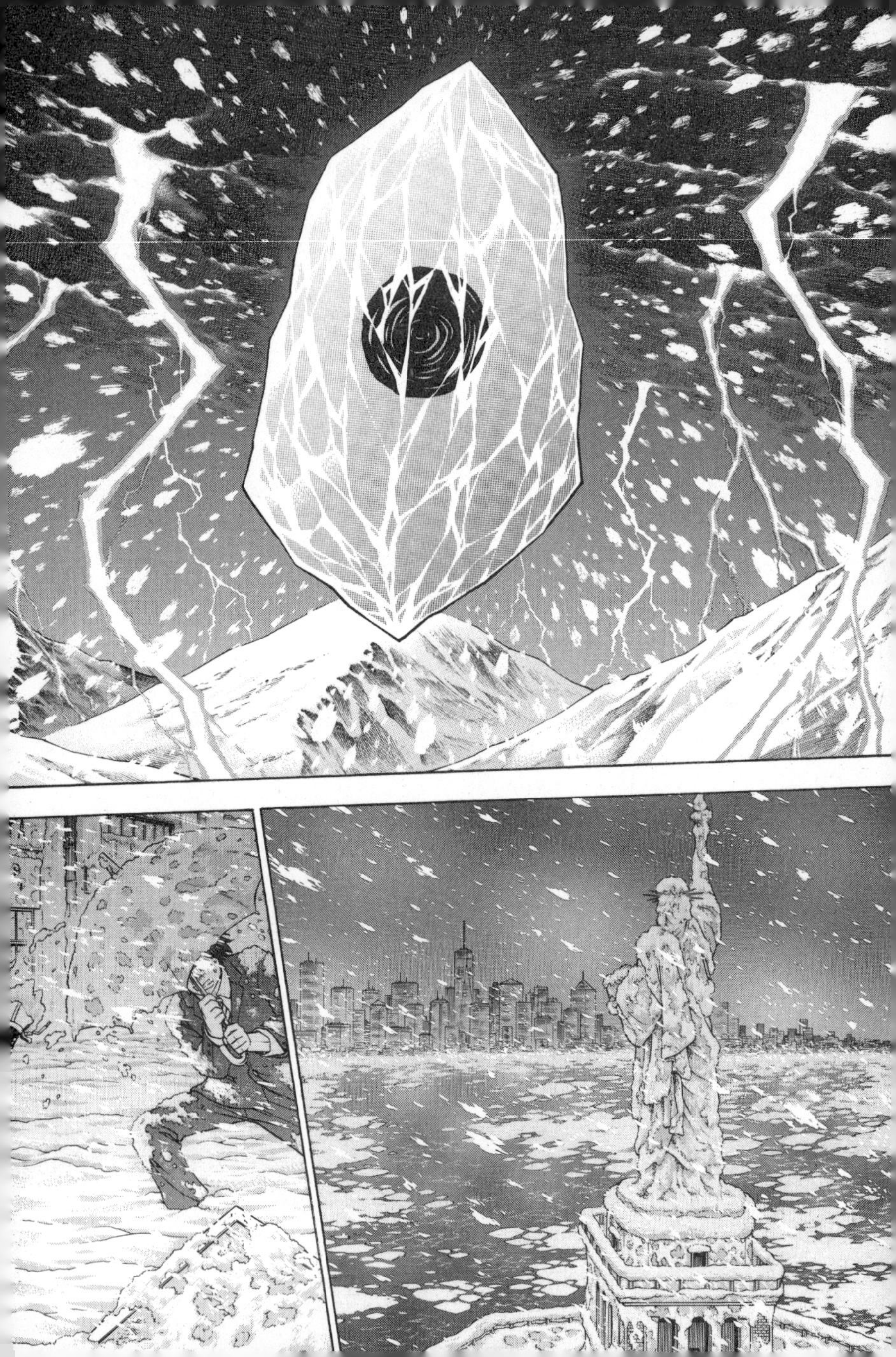

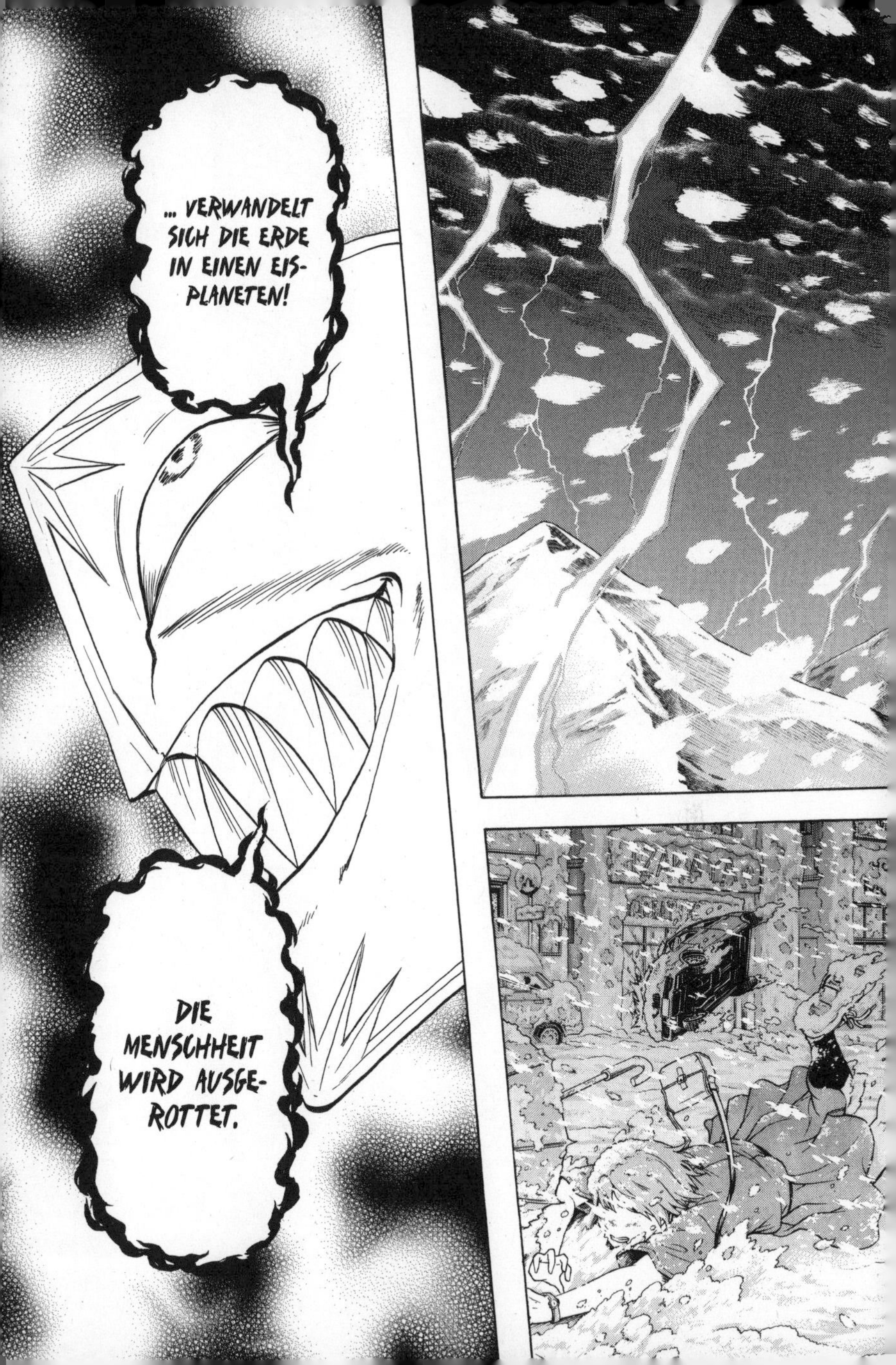
… VERWANDELT SICH DIE ERDE IN EINEN EIS-PLANETEN!
DIE MENSCHHEIT WIRD AUSGE-ROTTET.

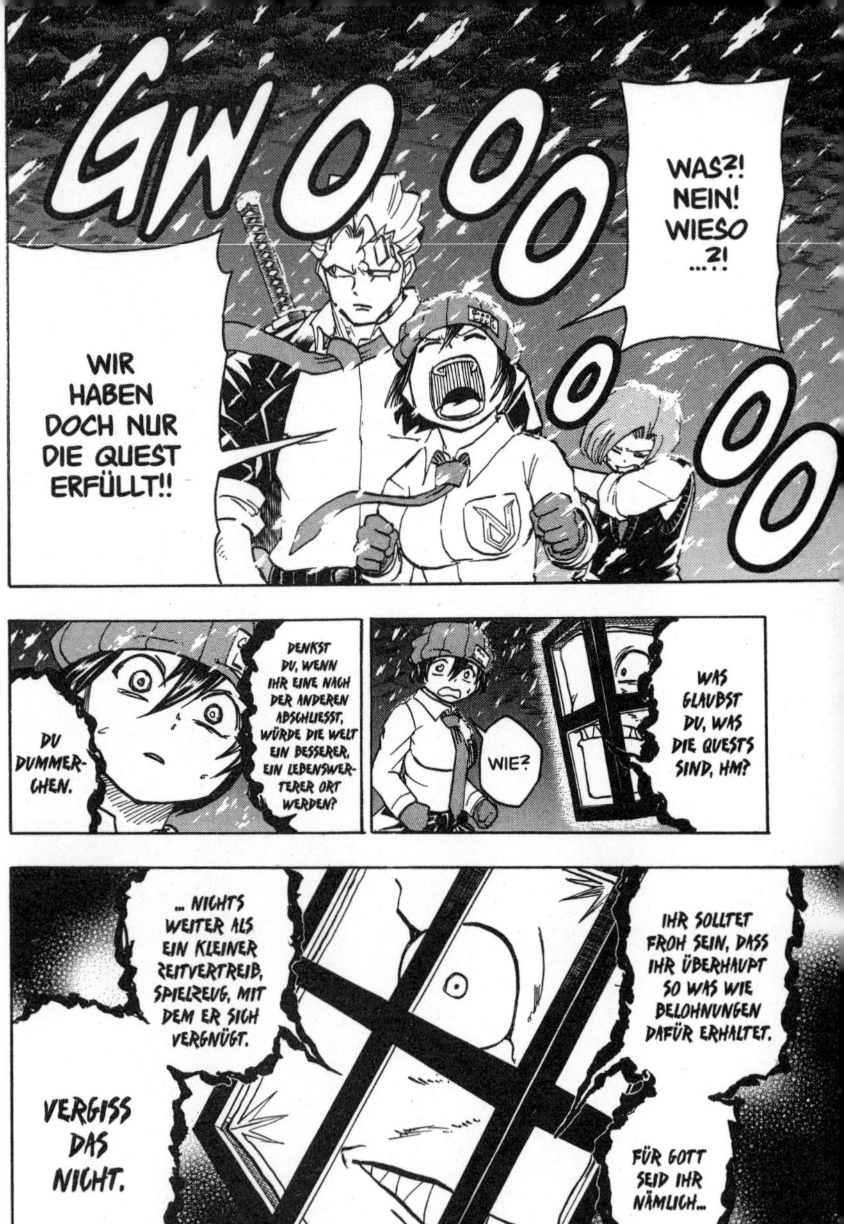
WAS?! NEIN! WIESO ...?!
GWOOOOOOO
WIR HABEN DOCH NUR DIE QUEST ERFÜLLT!!
WAS GLAUBST DU, WAS DIE QUESTS SIND, HM?
WIE?
DENKST DU, WENN IHR EINE NACH DER ANDEREN ABSCHLIESST, WÜRDE DIE WELT EIN BESSERER, EIN LEBENSWERTERER ORT WERDEN?
DU DUMMERCHEN.
IHR SOLLTET FROH SEIN, DASS IHR ÜBERHAUPT SO WAS WIE BELOHNUNGEN DAFÜR ERHALTET.
FÜR GOTT SEID IHR NÄMLICH...
... NICHTS WEITER ALS EIN KLEINER ZEITVERTREIB, SPIELZEUG, MIT DEM ER SICH VERGNÜGT.
VERGISS DAS NICHT.

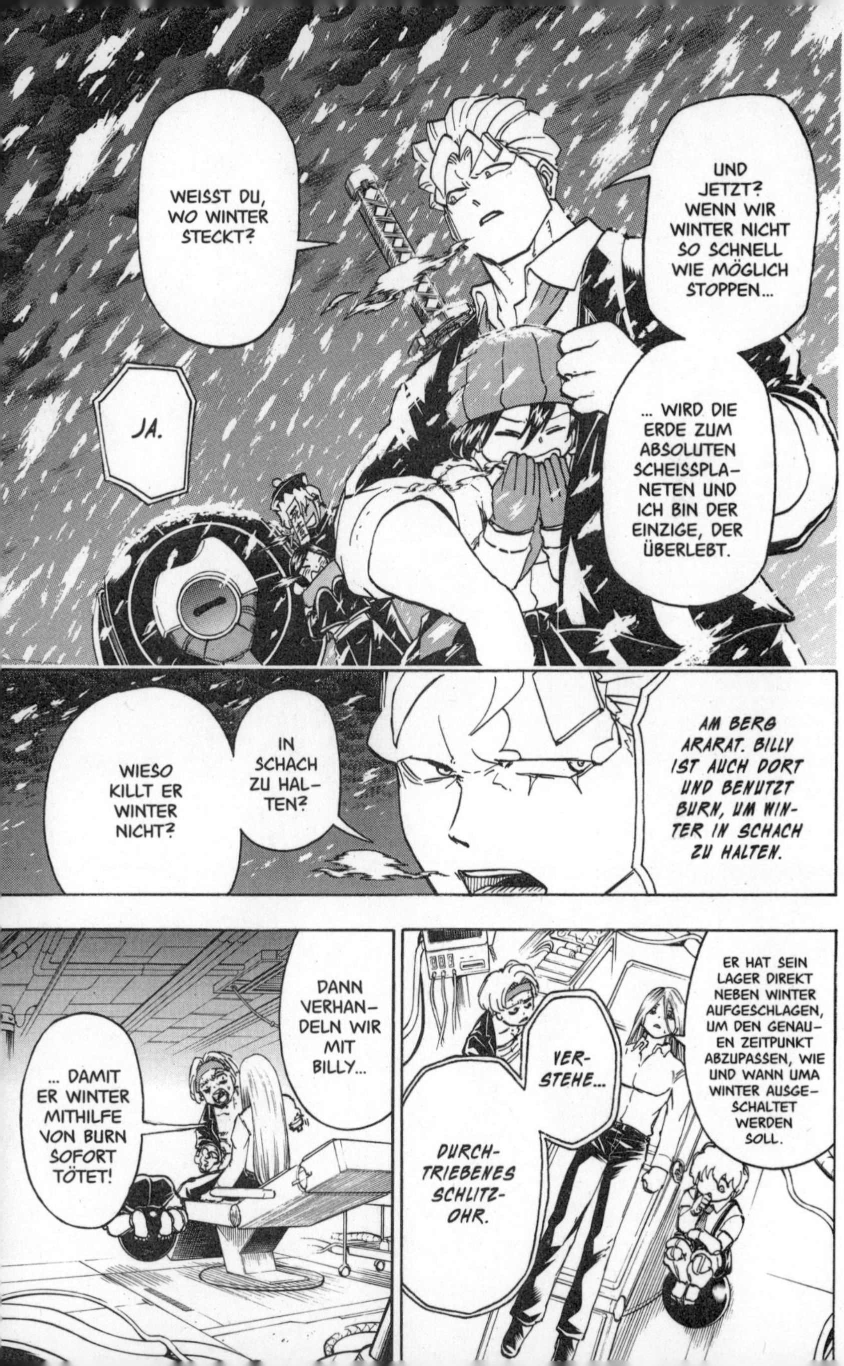
UND JETZT? WENN WIR WINTER NICHT SO SCHNELL WIE MÖGLICH STOPPEN...
... WIRD DIE ERDE ZUM ABSOLUTEN SCHEISSPLANETEN UND ICH BIN DER EINZIGE, DER ÜBERLEBT.
WEISST DU, WO WINTER STECKT?
JA.
AM BERG ARARAT. BILLY IST AUCH DORT UND BENUTZT BURN, UM WINTER IN SCHACH ZU HALTEN.
IN SCHACH ZU HALTEN?
WIESO KILLT ER WINTER NICHT?
ER HAT SEIN LAGER DIREKT NEBEN WINTER AUFGESCHLAGEN, UM DEN GENAUEN ZEITPUNKT ABZUPASSEN, WIE UND WANN UMA WINTER AUSGESCHALTET WERDEN SOLL.
VERSTEHE...
DURCHTRIEBENES SCHLITZOHR.
DANN VERHANDELN WIR MIT BILLY...
... DAMIT ER WINTER MITHILFE VON BURN SOFORT TÖTET!

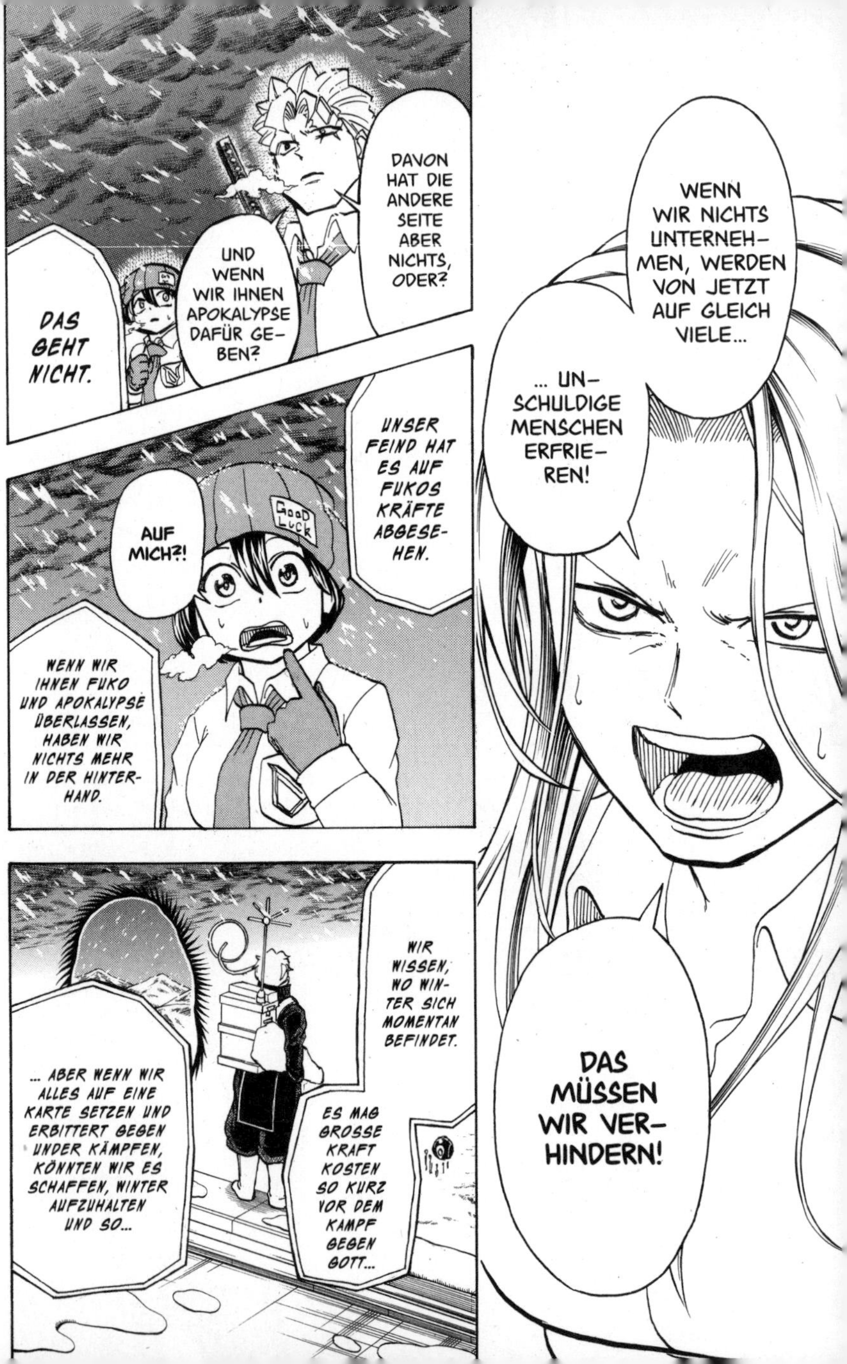
DAVON HAT DIE ANDERE SEITE ABER NICHTS, ODER?
UND WENN WIR IHNEN APOKALYPSE DAFÜR GE-BEN?
DAS GEHT NICHT.
UNSER FEIND HAT ES AUF FUKOS KRÄFTE ABGESE-HEN.
AUF MICH?!
WENN WIR IHNEN FUKO UND APOKALYPSE ÜBERLASSEN, HABEN WIR NICHTS MEHR IN DER HINTER-HAND.
WIR WISSEN, WO WIN-TER SICH MOMENTAN BEFINDET.
ES MAG GROSSE KRAFT KOSTEN SO KURZ VOR DEM KAMPF GEGEN GOTT...
... ABER WENN WIR ALLES AUF EINE KARTE SETZEN UND ERBITTERT GEGEN UNDER KÄMPFEN, KÖNNTEN WIR ES SCHAFFEN, WINTER AUFZUHALTEN UND SO...
WENN WIR NICHTS UNTERNEH-MEN, WERDEN VON JETZT AUF GLEICH VIELE...
... UN-SCHULDIGE MENSCHEN ERFRIE-REN!
DAS MÜSSEN WIR VER-HINDERN!

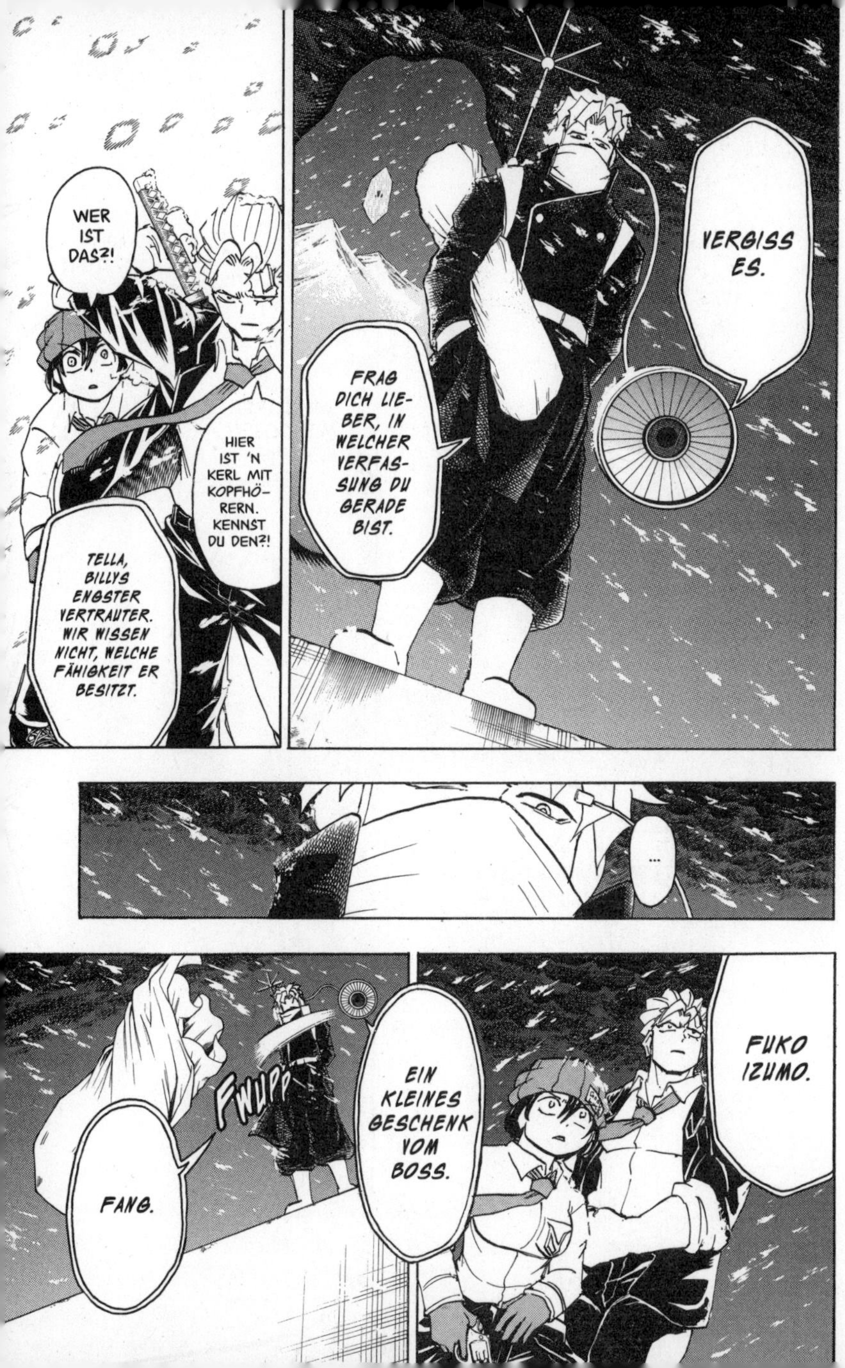
VERGISS ES.
WER IST DAS?!
FRAG DICH LIEBER, IN WELCHER VERFASSUNG DU GERADE BIST.
HIER IST 'N KERL MIT KOPFHÖRERN. KENNST DU DEN?!
TELLA, BILLYS ENGSTER VERTRAUTER. WIR WISSEN NICHT, WELCHE FÄHIGKEIT ER BESITZT.
...
FUKO IZUMO.
EIN KLEINES GESCHENK VOM BOSS.
FWUPP
FANG.

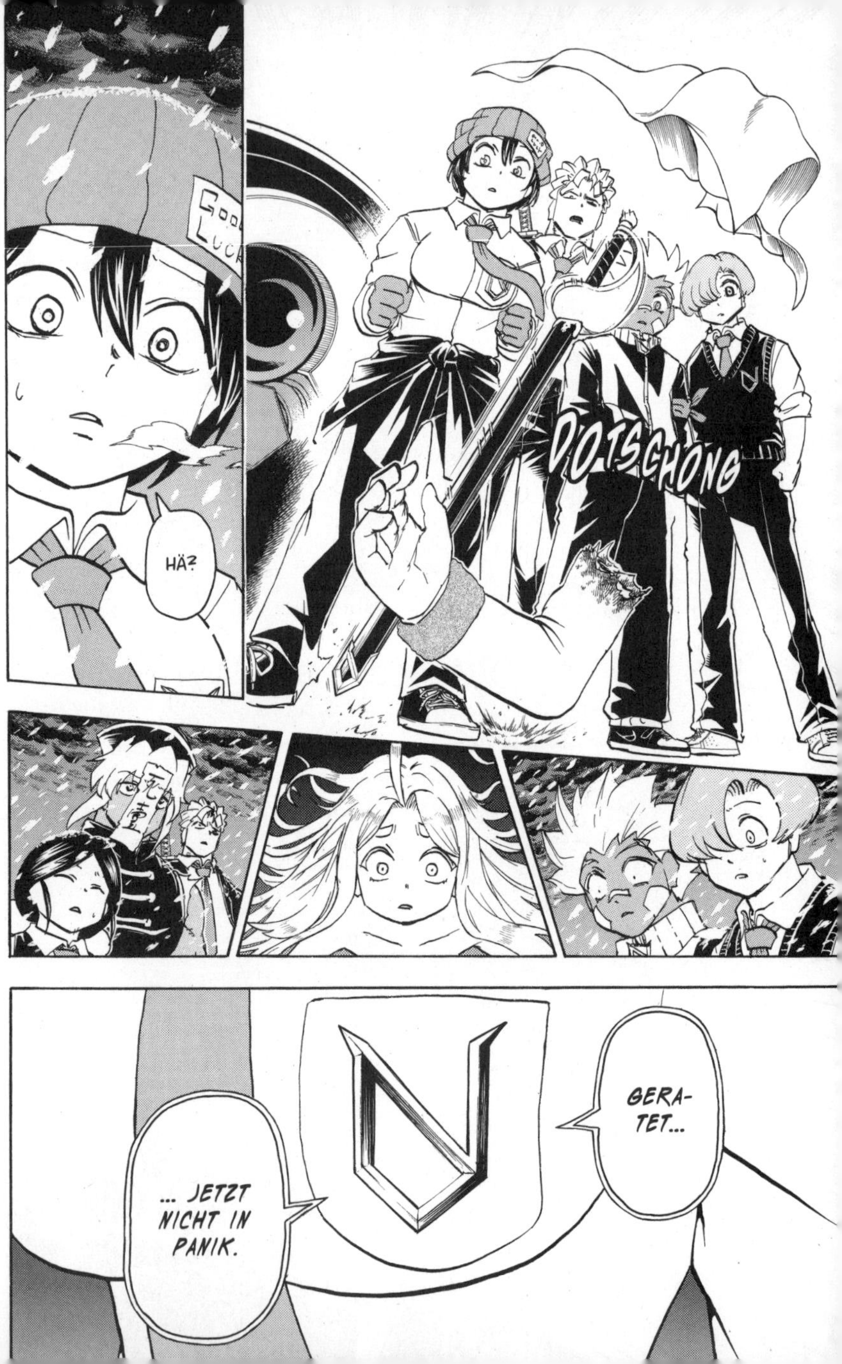

DOTSCHONG
HÄ?
GERA-
TET...
... JETZT
NICHT IN
PANIK.

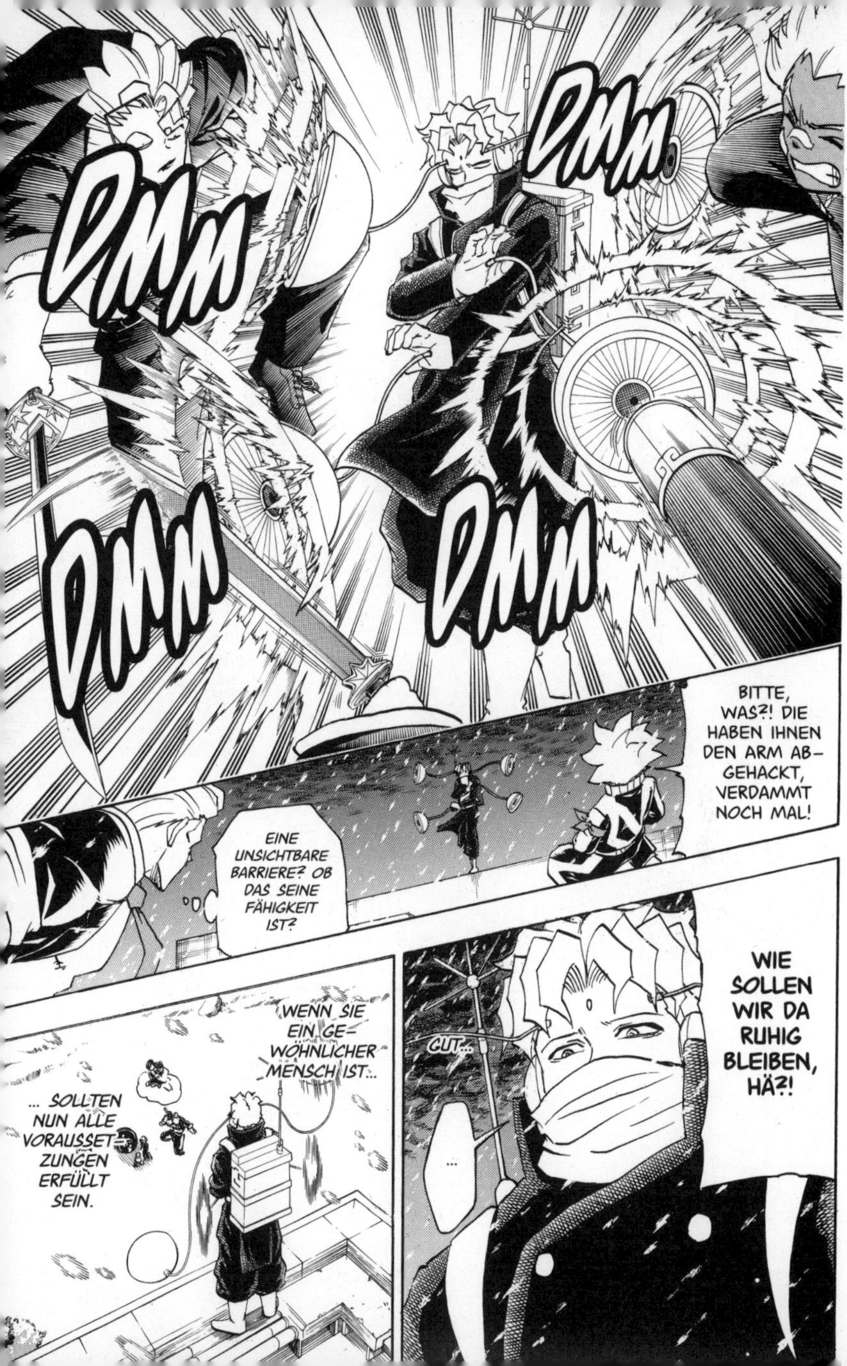
DMM
DMM
DMM
DMM
BITTE, WAS?! DIE HABEN IHNEN DEN ARM AB-GEHACKT, VERDAMMT NOCH MAL!
EINE UNSICHTBARE BARRIERE? OB DAS SEINE FÄHIGKEIT IST?
WIE SOLLEN WIR DA RUHIG BLEIBEN, HÄ?!
GUT...
...
WENN SIE EIN GE-WÖHNLICHER MENSCH IST...
... SOLLTEN NUN ALLE VORAUSSET-ZUNGEN ERFÜLLT SEIN.

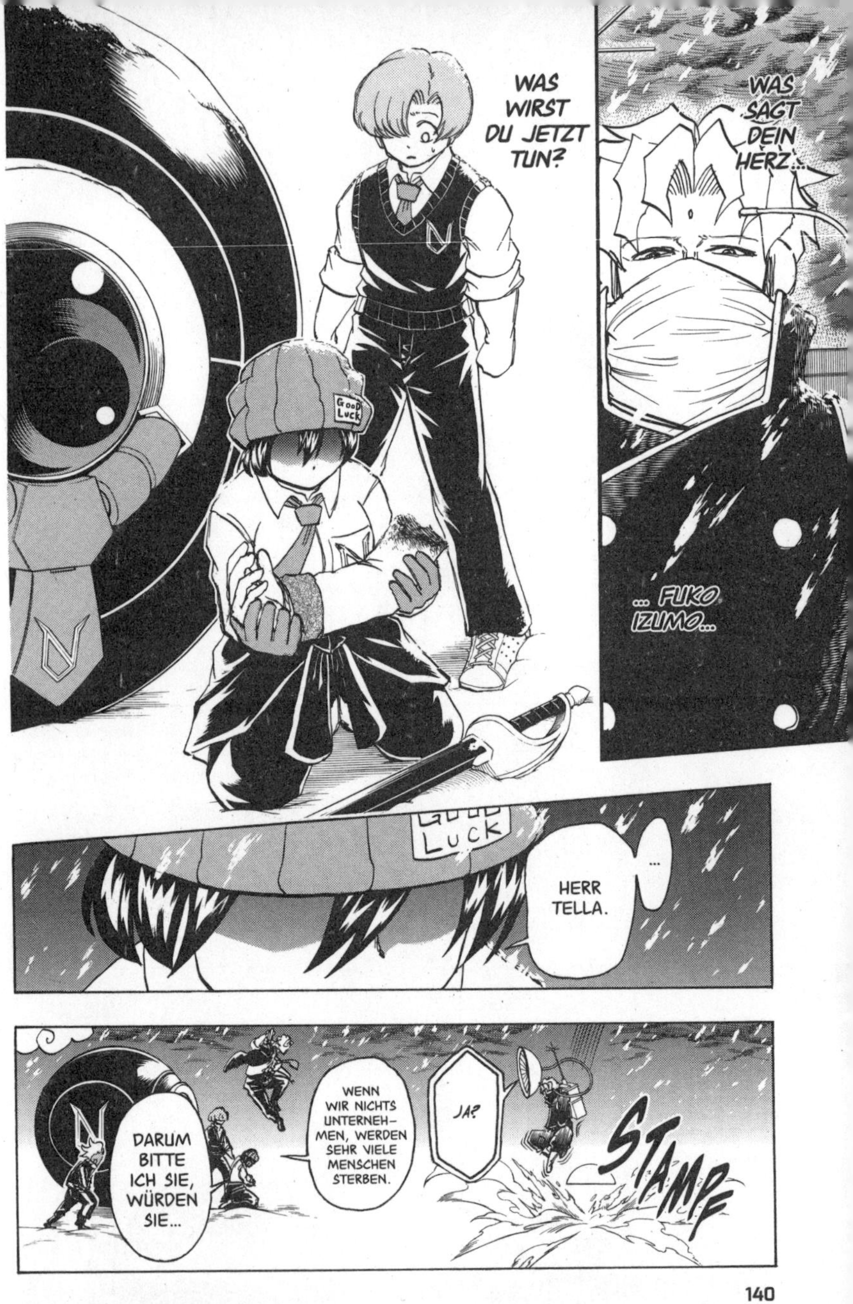
WAS SAGT DEIN HERZ...
... FUKO IZUMO...
WAS WIRST DU JETZT TUN?
...
HERR TELLA.
STAMPF
JA?
WENN WIR NICHTS UNTERNEHMEN, WERDEN SEHR VIELE MENSCHEN STERBEN.
DARUM BITTE ICH SIE, WÜRDEN SIE...

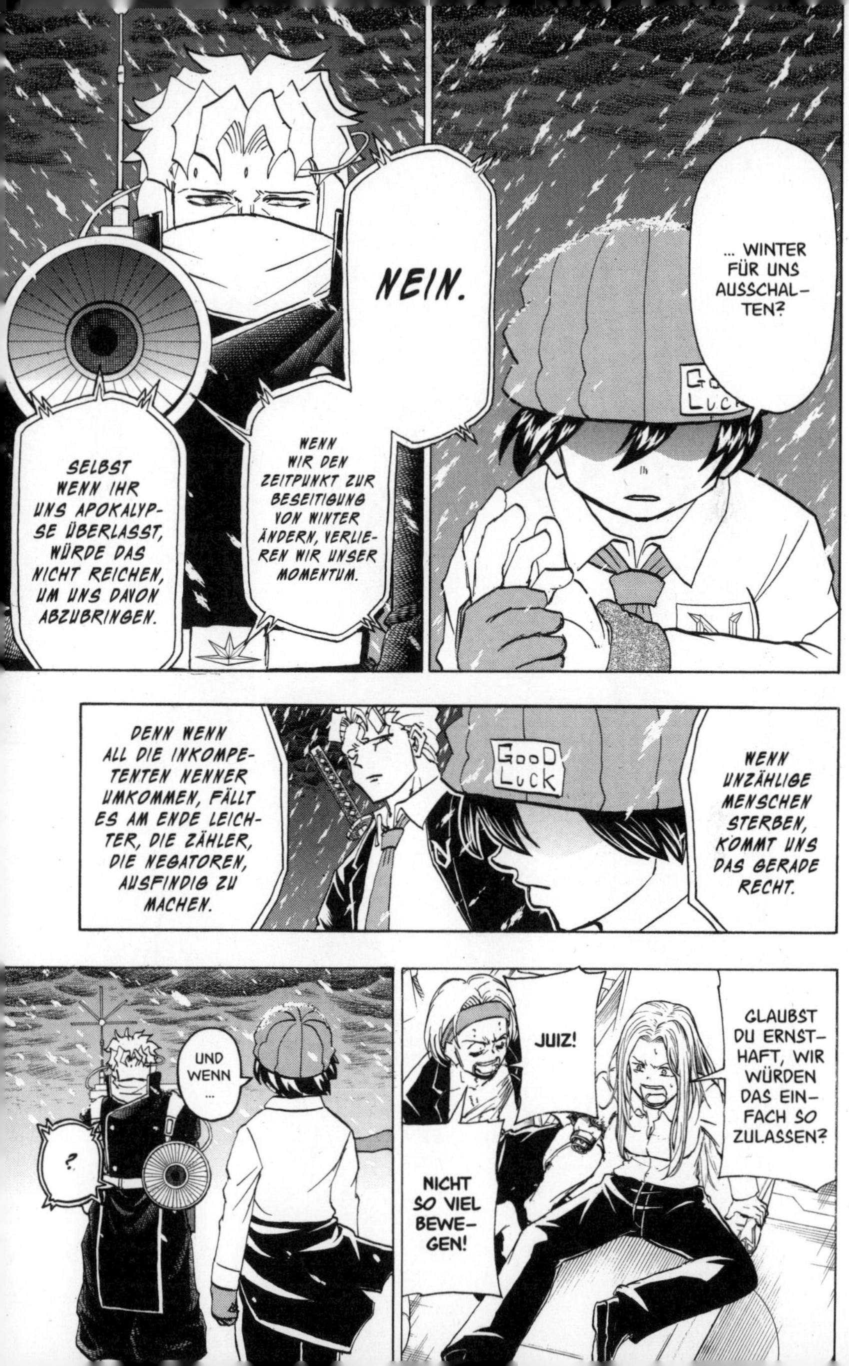
... WINTER FÜR UNS AUSSCHALTEN?
GOOD LUCK
NEIN.
WENN WIR DEN ZEITPUNKT ZUR BESEITIGUNG VON WINTER ÄNDERN, VERLIEREN WIR UNSER MOMENTUM.
SELBST WENN IHR UNS APOKALYPSE ÜBERLASST, WÜRDE DAS NICHT REICHEN, UM UNS DAVON ABZUBRINGEN.
WENN UNZÄHLIGE MENSCHEN STERBEN, KOMMT UNS DAS GERADE RECHT.
GOOD LUCK
DENN WENN ALL DIE INKOMPETENTEN NENNER UMKOMMEN, FÄLLT ES AM ENDE LEICHTER, DIE ZÄHLER, DIE NEGATOREN, AUSFINDIG ZU MACHEN.
GLAUBST DU ERNSTHAFT, WIR WÜRDEN DAS EINFACH SO ZULASSEN?
JUIZ!
NICHT SO VIEL BEWEGEN!
UND WENN ...
?

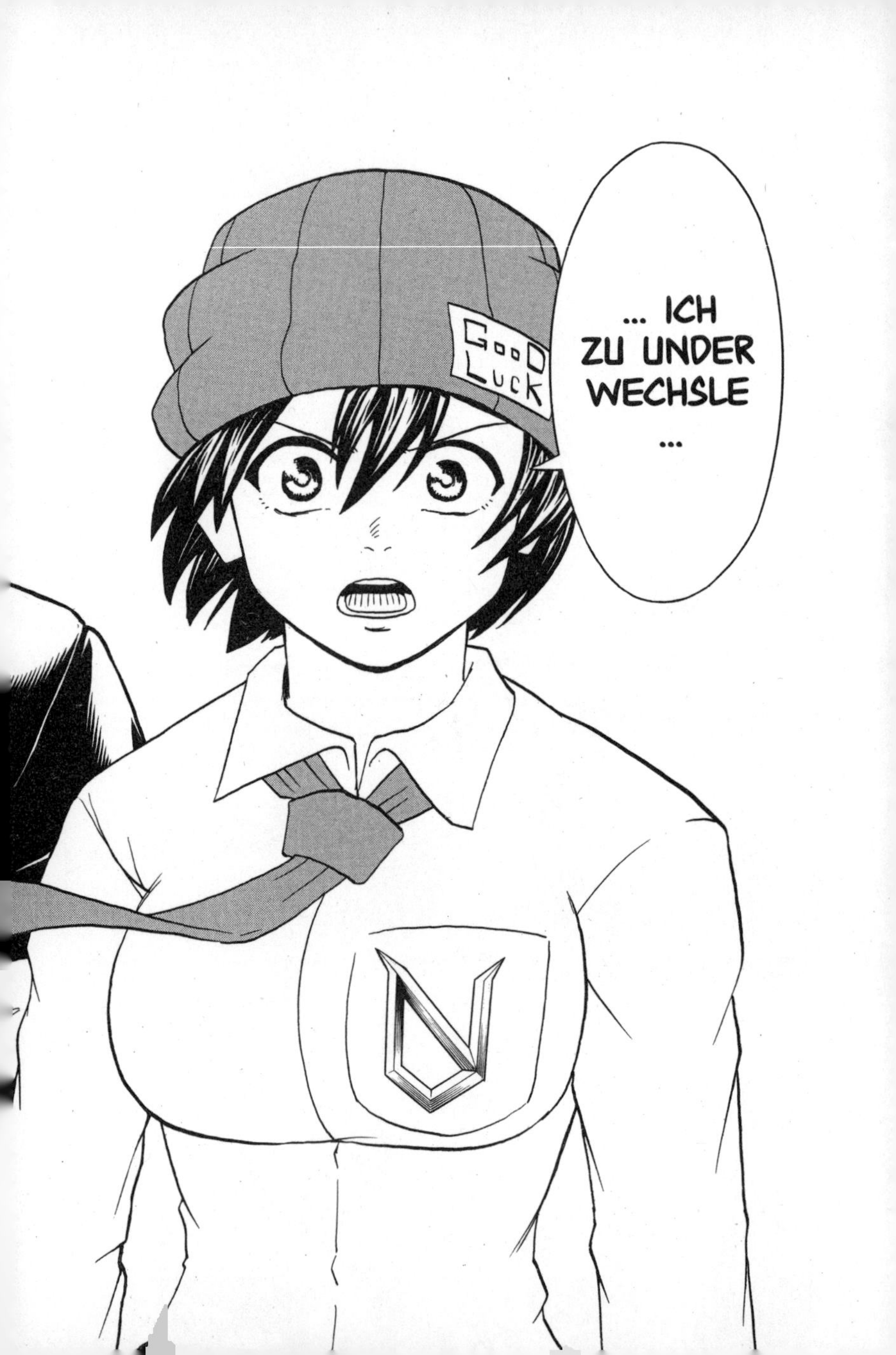
... ICH ZU UNDER WECHSLE ...
GOOD LUCK

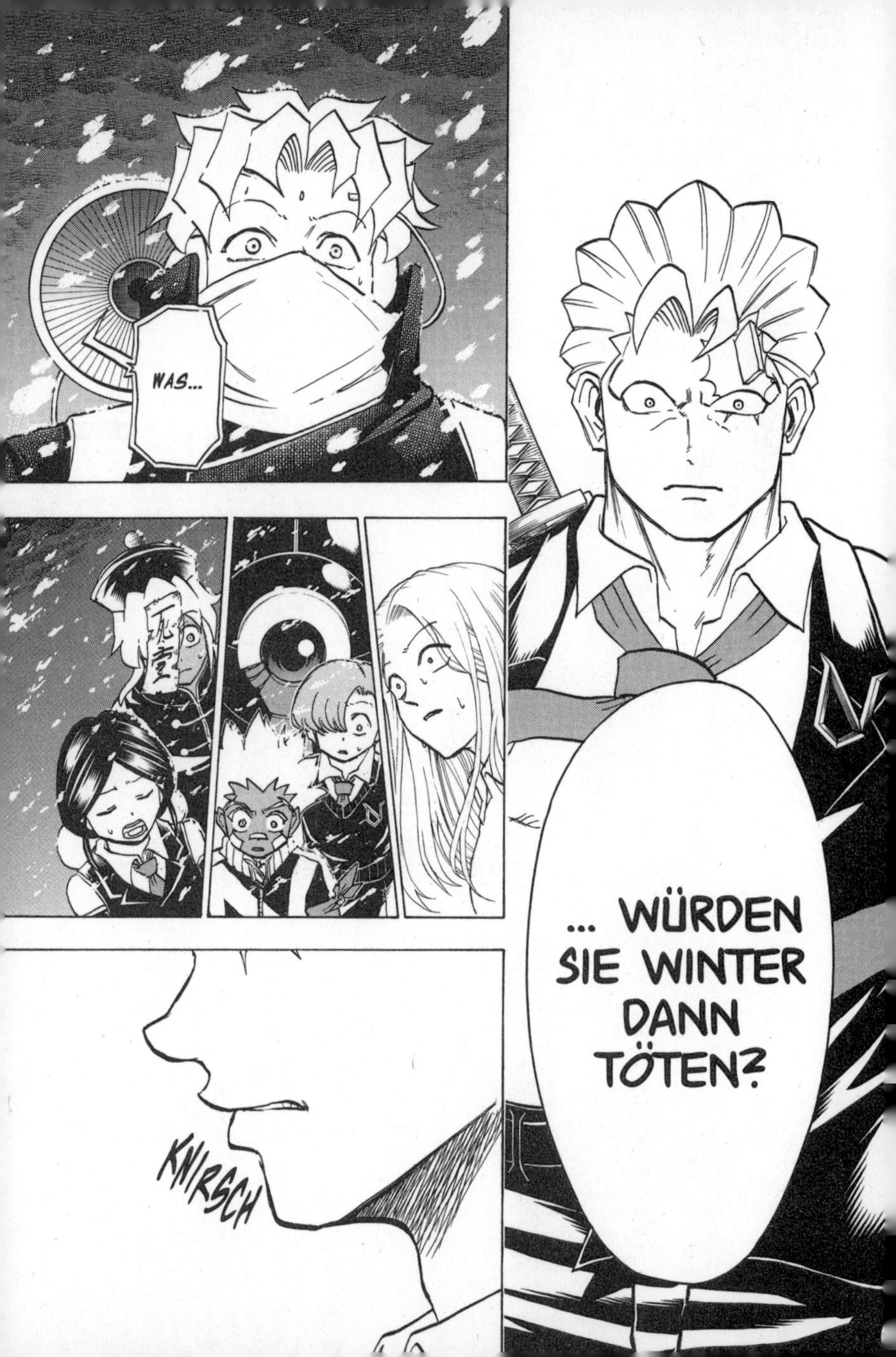
... WÜRDEN SIE WINTER DANN TÖTEN?
WAS...
KNIRSCH

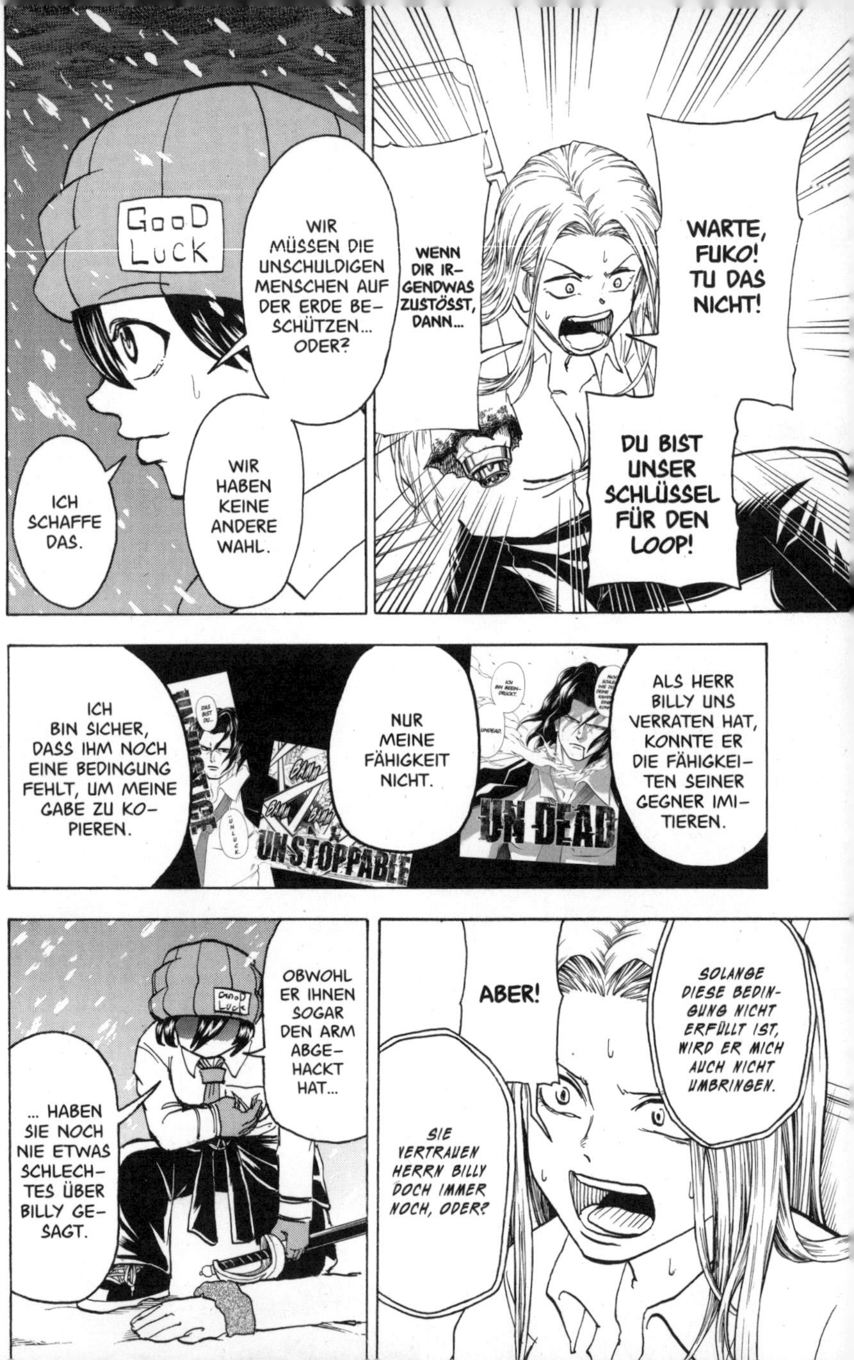
WARTE, FUKO! TU DAS NICHT!
DU BIST UNSER SCHLÜSSEL FÜR DEN LOOP!
WENN DIR IRGENDWAS ZUSTÖSST, DANN...
GOOD LUCK
WIR MÜSSEN DIE UNSCHULDIGEN MENSCHEN AUF DER ERDE BESCHÜTZEN... ODER?
WIR HABEN KEINE ANDERE WAHL.
ICH SCHAFFE DAS.
ALS HERR BILLY UNS VERRATEN HAT, KONNTE ER DIE FÄHIGKEITEN SEINER GEGNER IMITIEREN.
UN DEAD
NUR MEINE FÄHIGKEIT NICHT.
UNSTOPPABLE
ICH BIN SICHER, DASS IHM NOCH EINE BEDINGUNG FEHLT, UM MEINE GABE ZU KOPIEREN.
SOLANGE DIESE BEDINGUNG NICHT ERFÜLLT IST, WIRD ER MICH AUCH NICHT UMBRINGEN.
ABER!
SIE VERTRAUEN HERRN BILLY DOCH IMMER NOCH, ODER?
OBWOHL ER IHNEN SOGAR DEN ARM ABGEHACKT HAT...
... HABEN SIE NOCH NIE ETWAS SCHLECHTES ÜBER BILLY GESAGT.

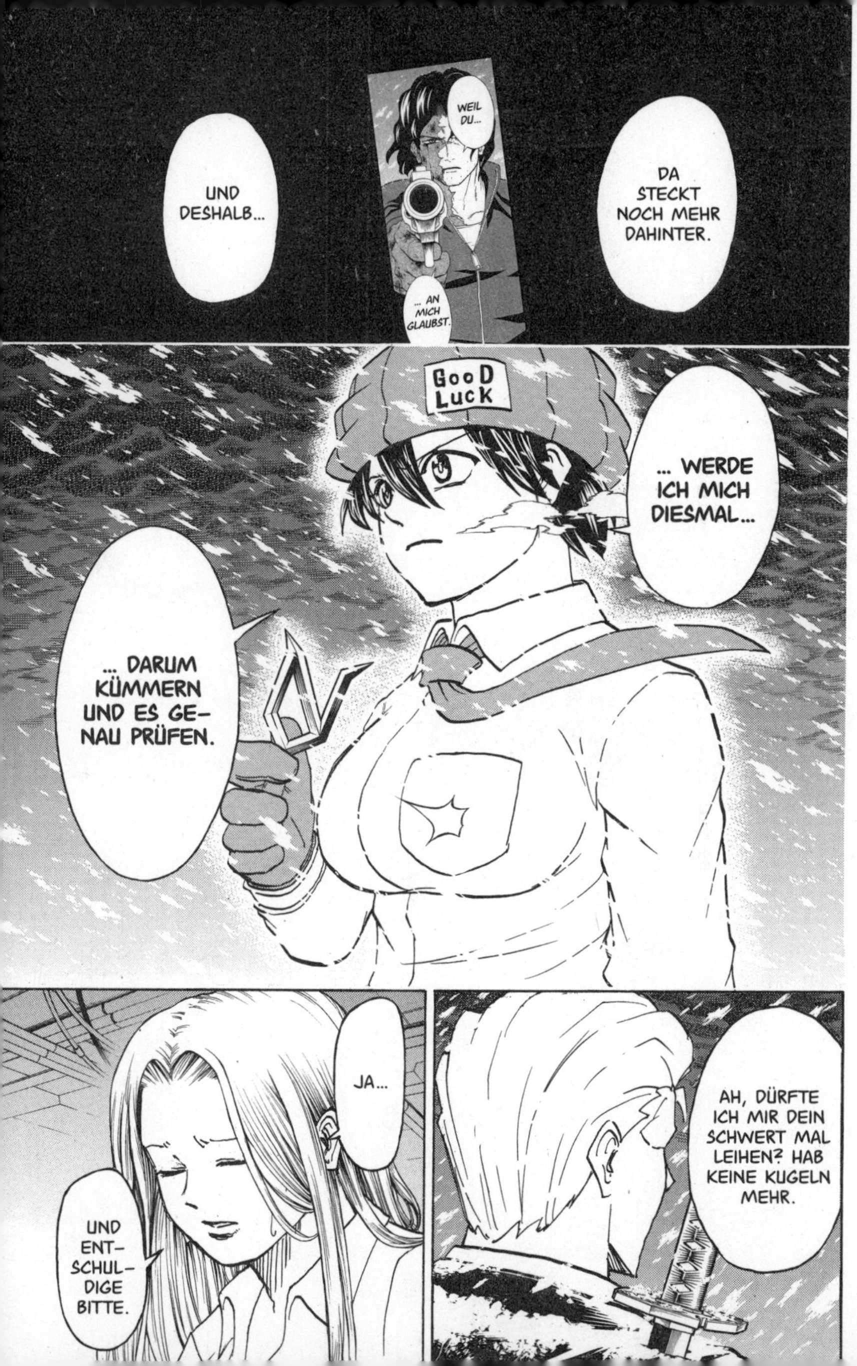
DA STECKT NOCH MEHR DAHINTER.
WEIL DU...
... AN MICH GLAUBST.
UND DESHALB...
... WERDE ICH MICH DIESMAL...
... DARUM KÜMMERN UND ES GE-NAU PRÜFEN.
GooD LUCK
AH, DÜRFTE ICH MIR DEIN SCHWERT MAL LEIHEN? HAB KEINE KUGELN MEHR.
JA...
UND ENT-SCHUL-DIGE BITTE.

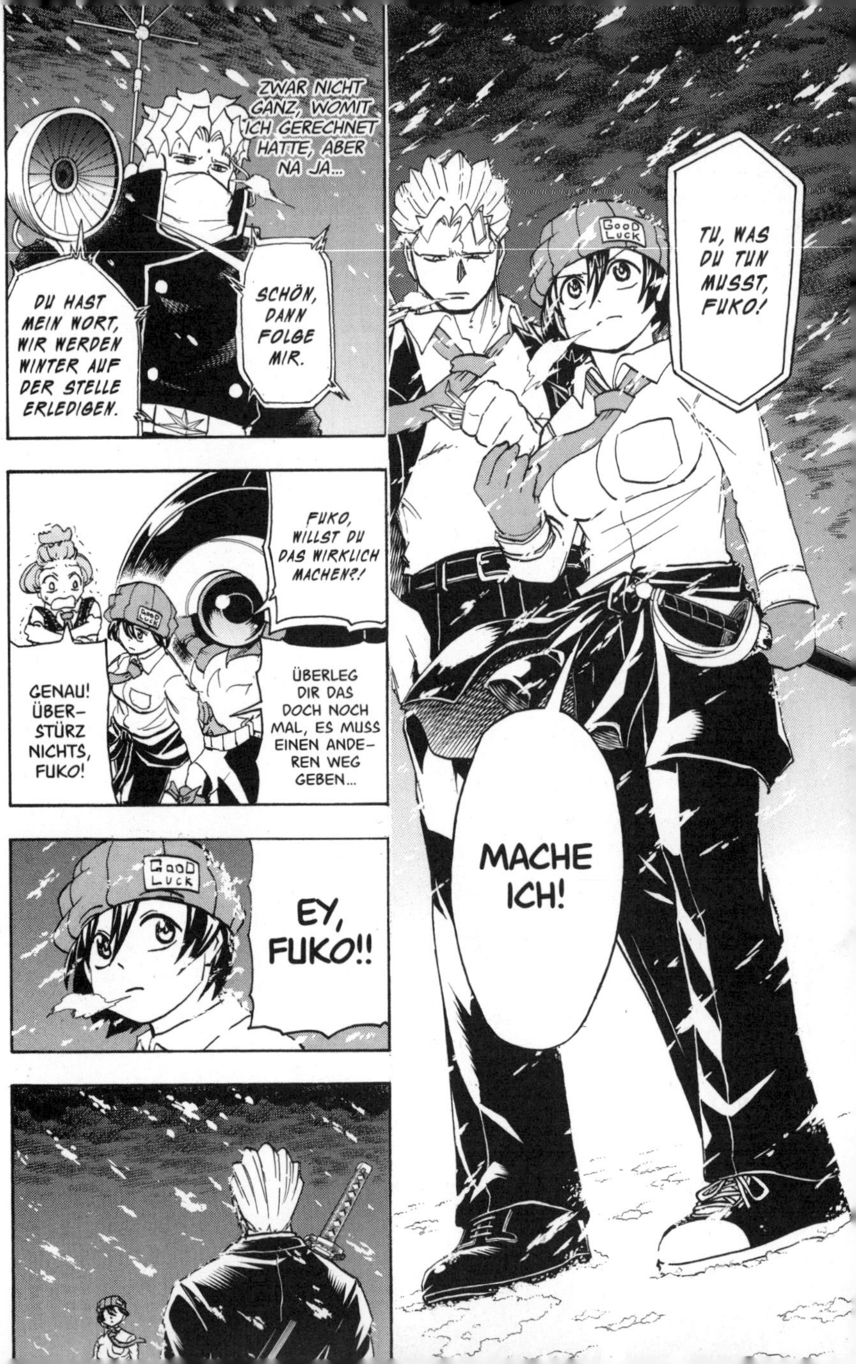
ZWAR NICHT GANZ, WOMIT ICH GERECHNET HATTE, ABER NA JA...
SCHÖN, DANN FOLGE MIR.
DU HAST MEIN WORT, WIR WERDEN WINTER AUF DER STELLE ERLEDIGEN.
FUKO, WILLST DU DAS WIRKLICH MACHEN?!
ÜBERLEG DIR DAS DOCH NOCH MAL, ES MUSS EINEN ANDEREN WEG GEBEN...
GENAU! ÜBERSTÜRZ NICHTS, FUKO!
EY, FUKO!!
TU, WAS DU TUN MUSST, FUKO!
MACHE ICH!

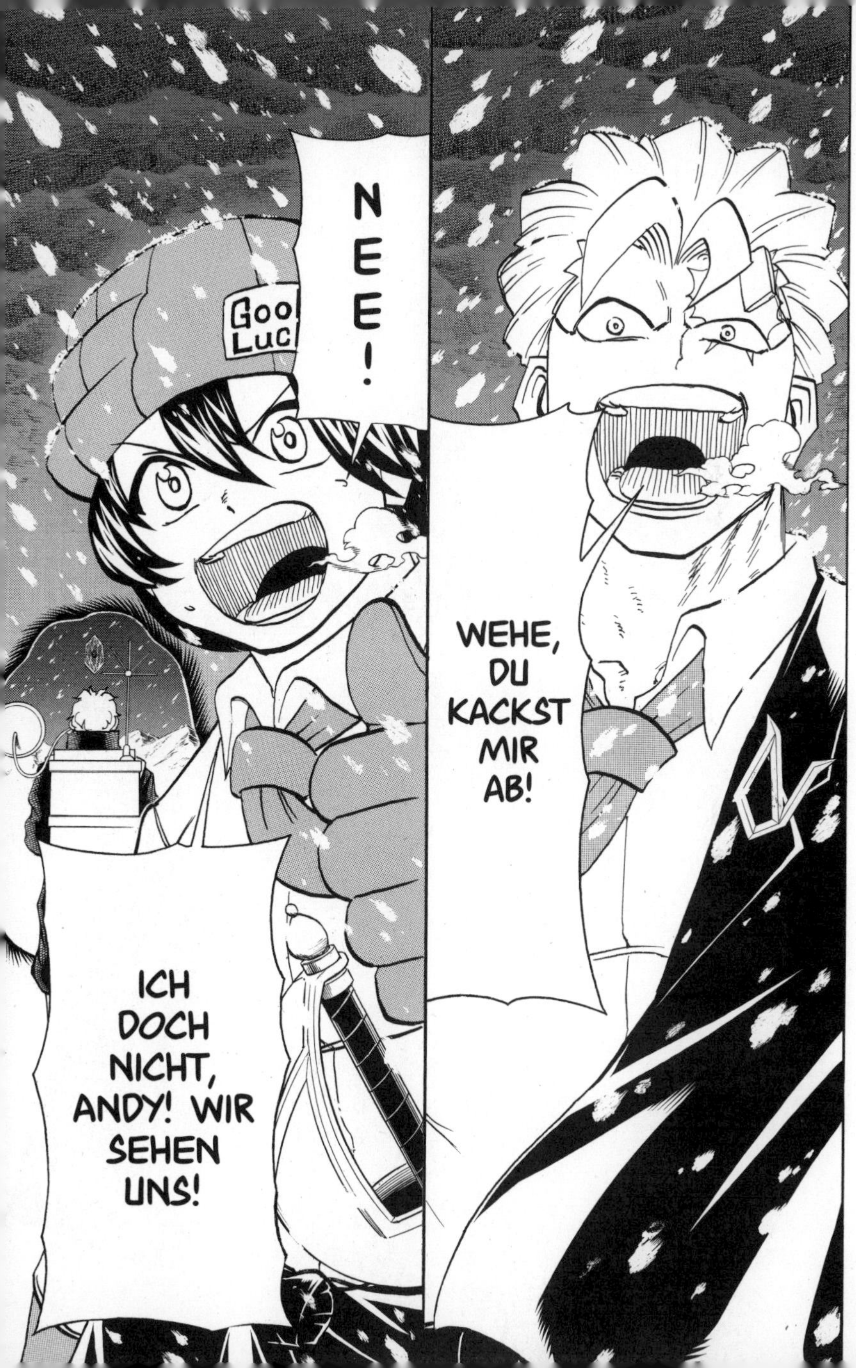
WEHE, DU KACKST MIR AB!
NEE!
Goo Luc
ICH DOCH NICHT, ANDY! WIR SEHEN UNS!

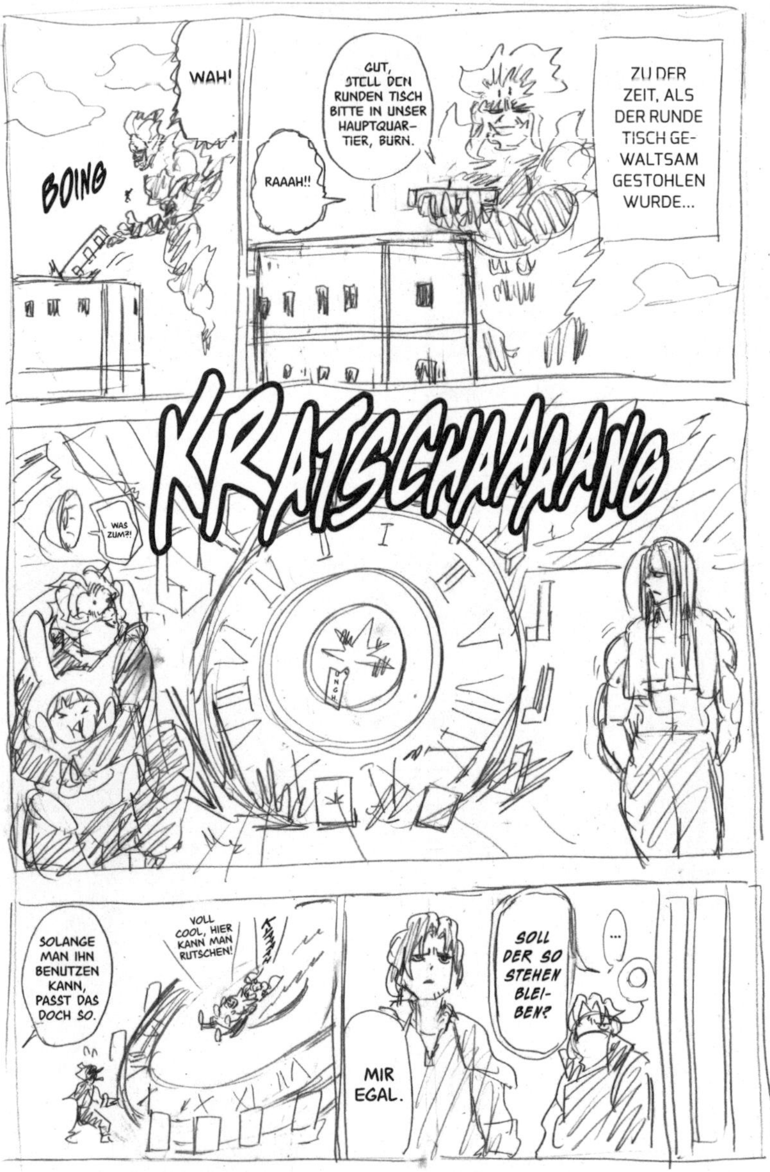
ZU DER ZEIT, ALS DER RUNDE TISCH GEWALTSAM GESTOHLEN WURDE...
GUT, STELL DEN RUNDEN TISCH BITTE IN UNSER HAUPTQUARTIER, BURN.
RAAAH!!
WAH!
BOING
KRATSCHAAAANG
WAS ZUM?!
SOLL DER SO STEHEN BLEIBEN?
...
MIR EGAL.
VOLL COOL, HIER KANN MAN RUTSCHEN!
SOLANGE MAN IHN BENUTZEN KANN, PASST DAS DOCH SO.

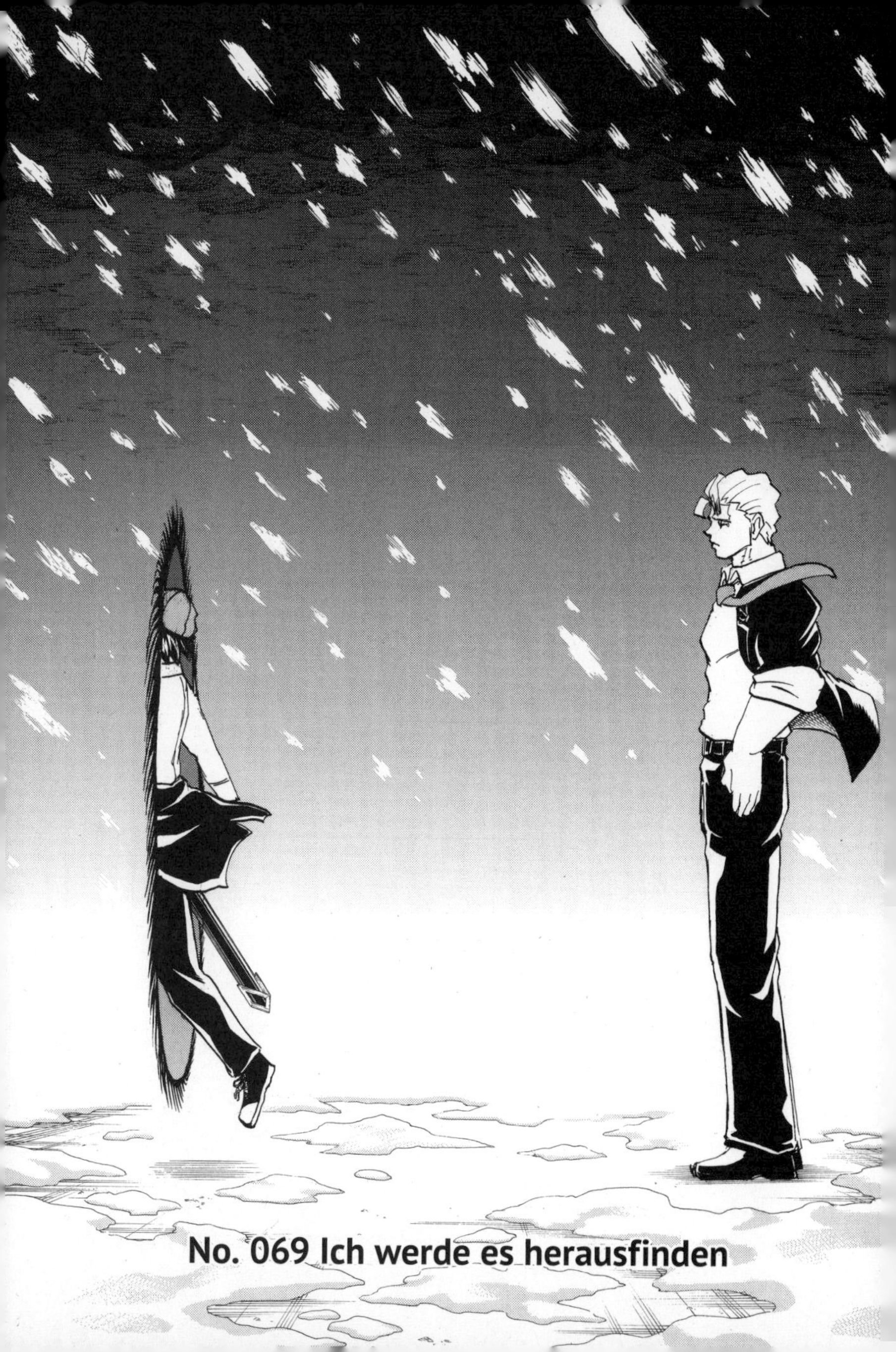

# No. 069 Ich werde es herausfinden

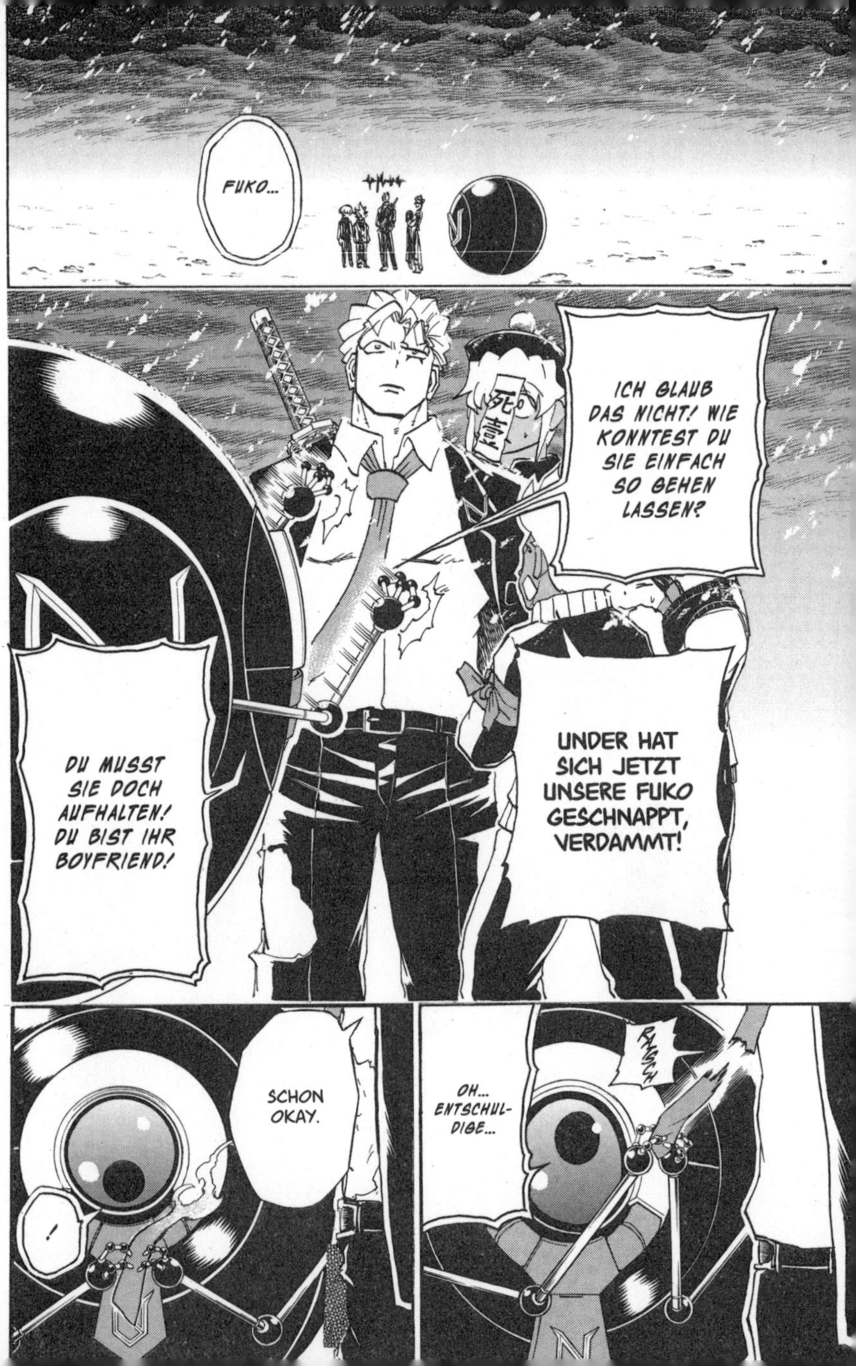
FUKO...
ICH GLAUB DAS NICHT! WIE KONNTEST DU SIE EINFACH SO GEHEN LASSEN?
死壹
UNDER HAT SICH JETZT UNSERE FUKO GESCHNAPPT, VERDAMMT!
DU MUSST SIE DOCH AUFHALTEN! DU BIST IHR BOYFRIEND!
RATSCH
OH... ENTSCHULDIGE...
SCHON OKAY.
!

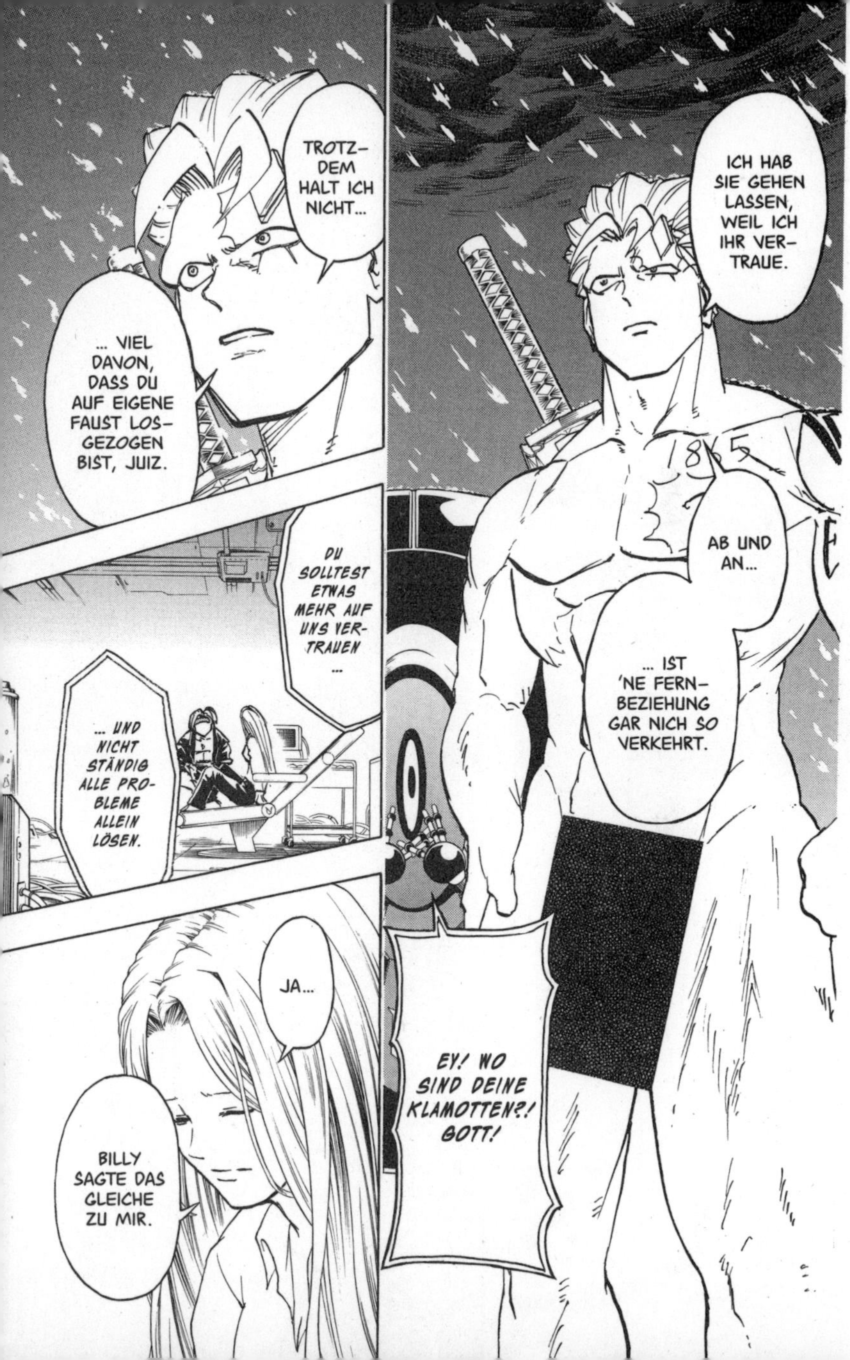
ICH HAB SIE GEHEN LASSEN, WEIL ICH IHR VERTRAUE.
AB UND AN...
... IST 'NE FERNBEZIEHUNG GAR NICH SO VERKEHRT.
EY! WO SIND DEINE KLAMOTTEN?! GOTT!
TROTZDEM HALT ICH NICHT...
... VIEL DAVON, DASS DU AUF EIGENE FAUST LOSGEZOGEN BIST, JUIZ.
DU SOLLTEST ETWAS MEHR AUF UNS VERTRAUEN ...
... UND NICHT STÄNDIG ALLE PROBLEME ALLEIN LÖSEN.
JA...
BILLY SAGTE DAS GLEICHE ZU MIR.

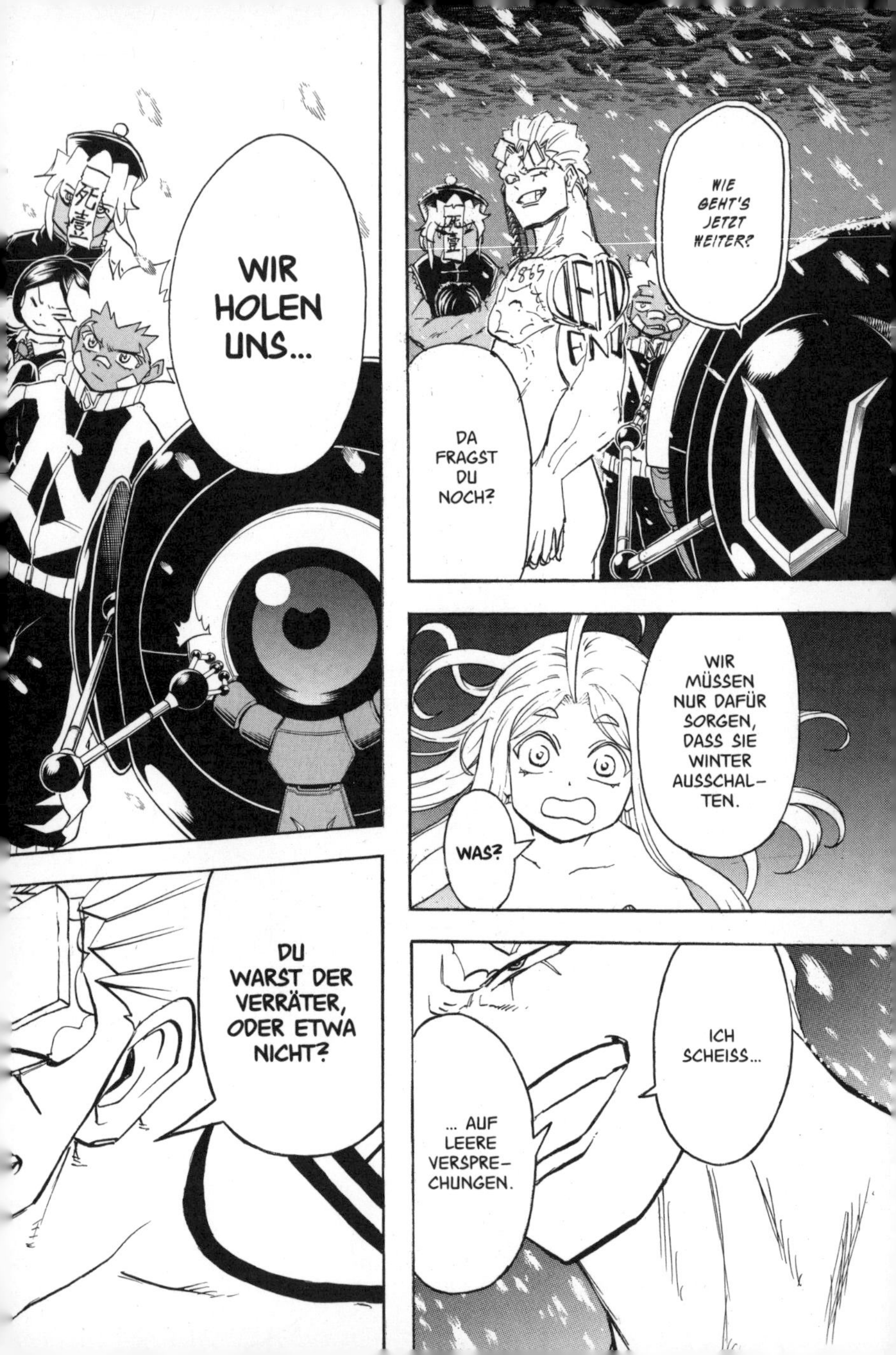
WIE GEHT'S JETZT WEITER?
DA FRAGST DU NOCH?
WIR HOLEN UNS...
WIR MÜSSEN NUR DAFÜR SORGEN, DASS SIE WINTER AUSSCHALTEN.
WAS?
ICH SCHEISS...
... AUF LEERE VERSPRECHUNGEN.
DU WARST DER VERRÄTER, ODER ETWA NICHT?

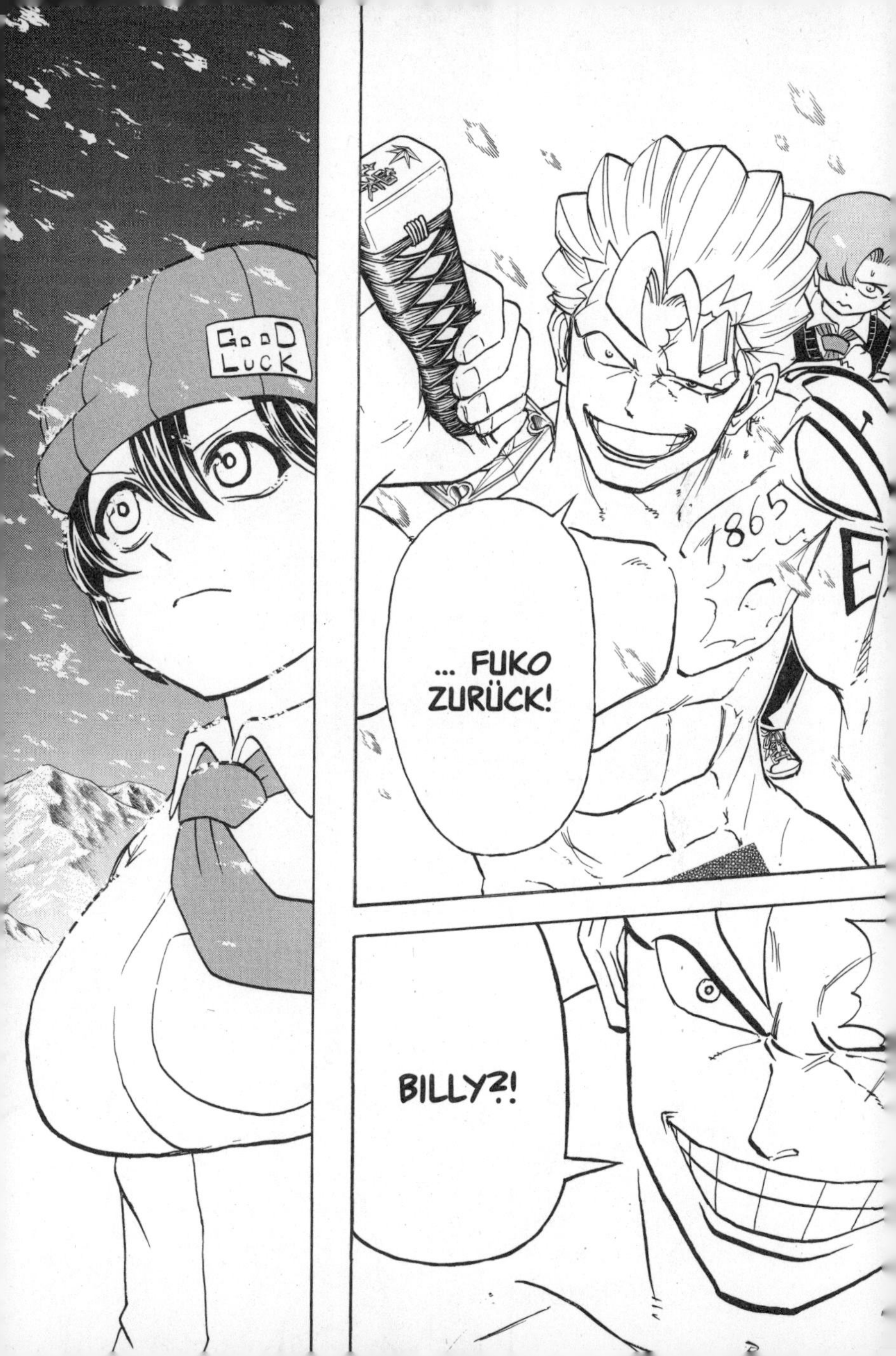

... FUKO ZURÜCK!
1865
BILLY?!
GOOD LUCK

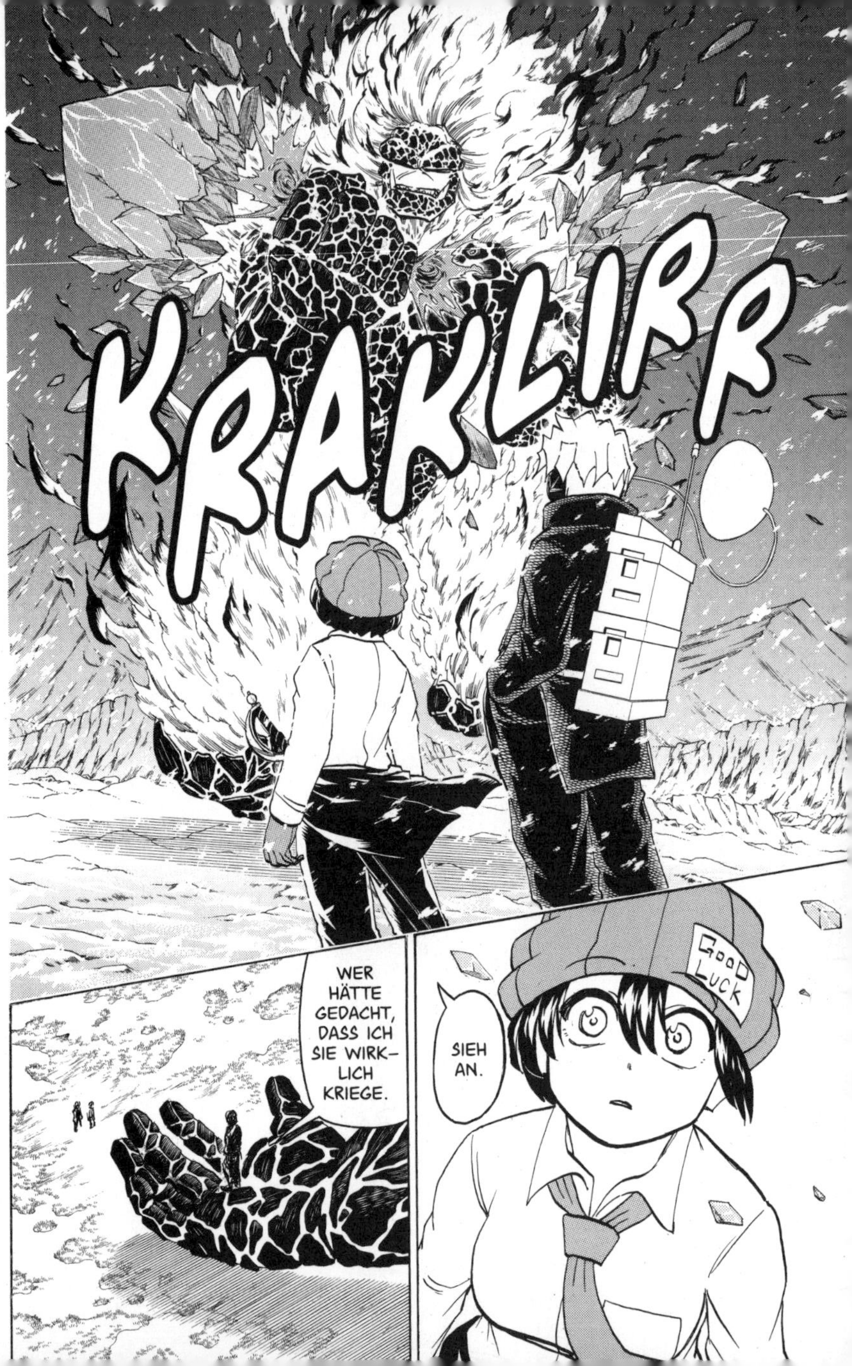
KRAKLIRR
GOOD LUCK
SIEH AN.
WER HÄTTE GEDACHT, DASS ICH SIE WIRKLICH KRIEGE.

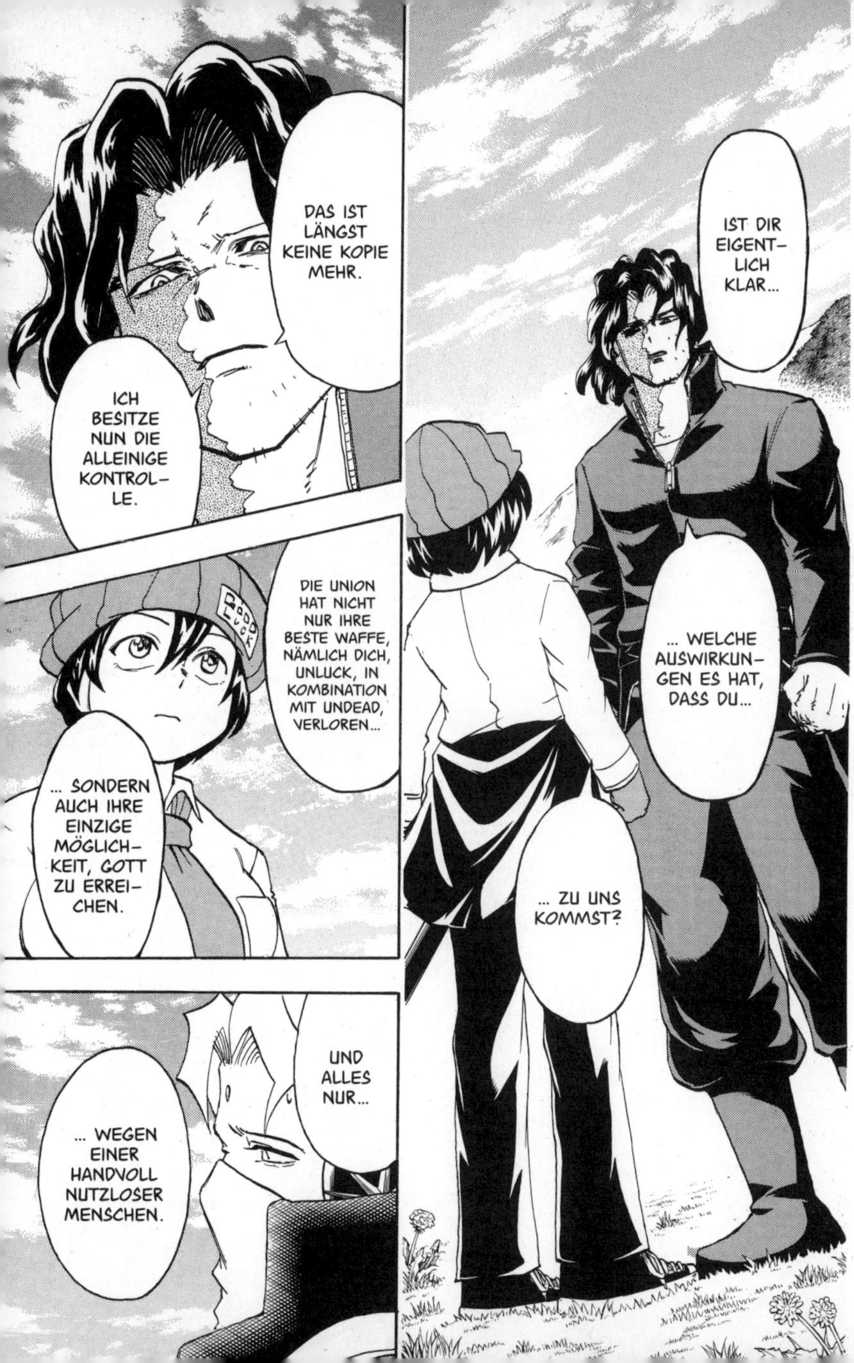
IST DIR EIGENTLICH KLAR...
... WELCHE AUSWIRKUNGEN ES HAT, DASS DU...
... ZU UNS KOMMST?
DAS IST LÄNGST KEINE KOPIE MEHR.
ICH BESITZE NUN DIE ALLEINIGE KONTROLLE.
DIE UNION HAT NICHT NUR IHRE BESTE WAFFE, NÄMLICH DICH, UNLUCK, IN KOMBINATION MIT UNDEAD, VERLOREN...
... SONDERN AUCH IHRE EINZIGE MÖGLICHKEIT, GOTT ZU ERREICHEN.
UND ALLES NUR...
... WEGEN EINER HANDVOLL NUTZLOSER MENSCHEN.

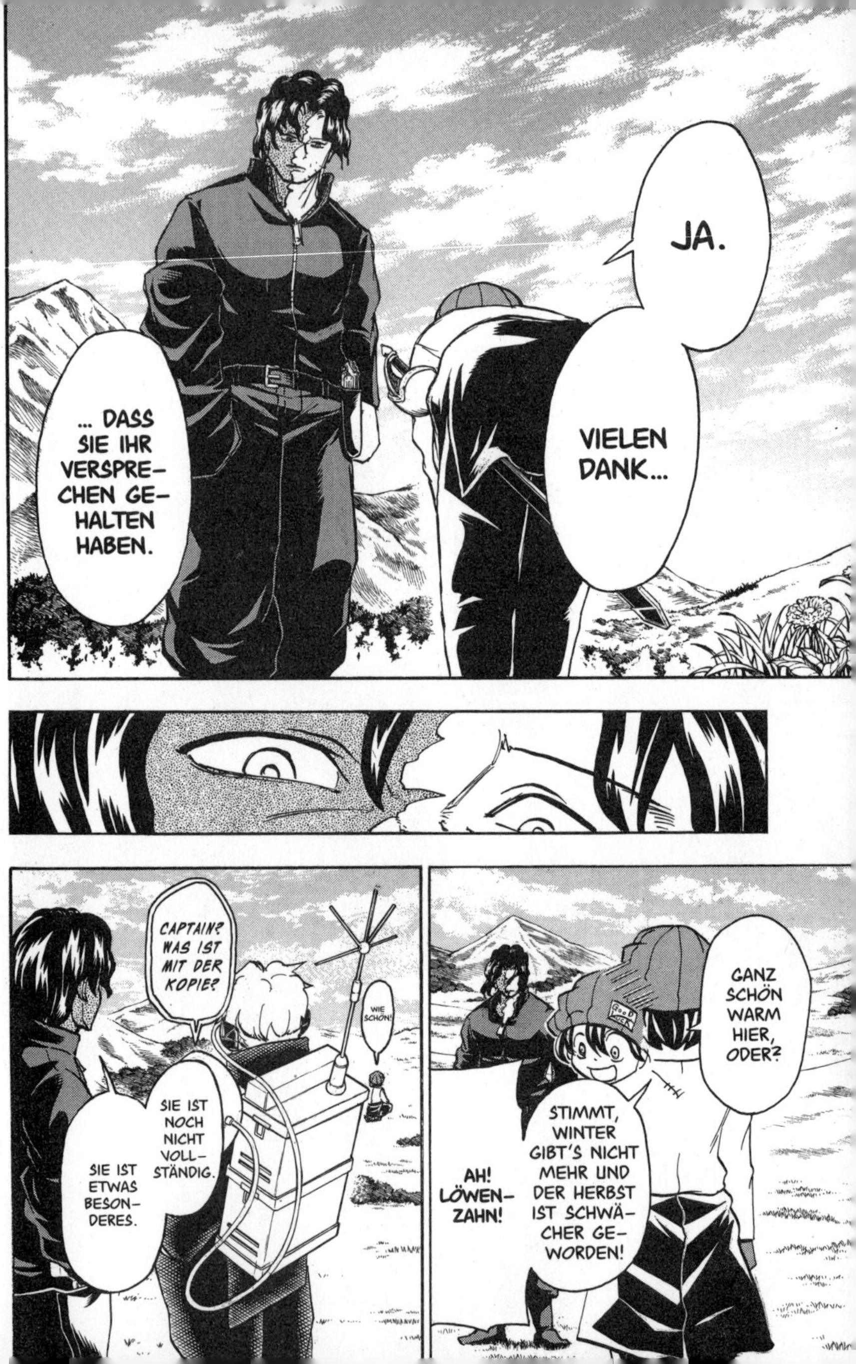
JA.
VIELEN DANK...
... DASS SIE IHR VERSPRECHEN GEHALTEN HABEN.
GANZ SCHÖN WARM HIER, ODER?
STIMMT, WINTER GIBT'S NICHT MEHR UND DER HERBST IST SCHWÄCHER GEWORDEN!
AH! LÖWENZAHN!
CAPTAIN? WAS IST MIT DER KOPIE?
WIE SCHÖN!
SIE IST NOCH NICHT VOLLSTÄNDIG.
SIE IST ETWAS BESONDERES.

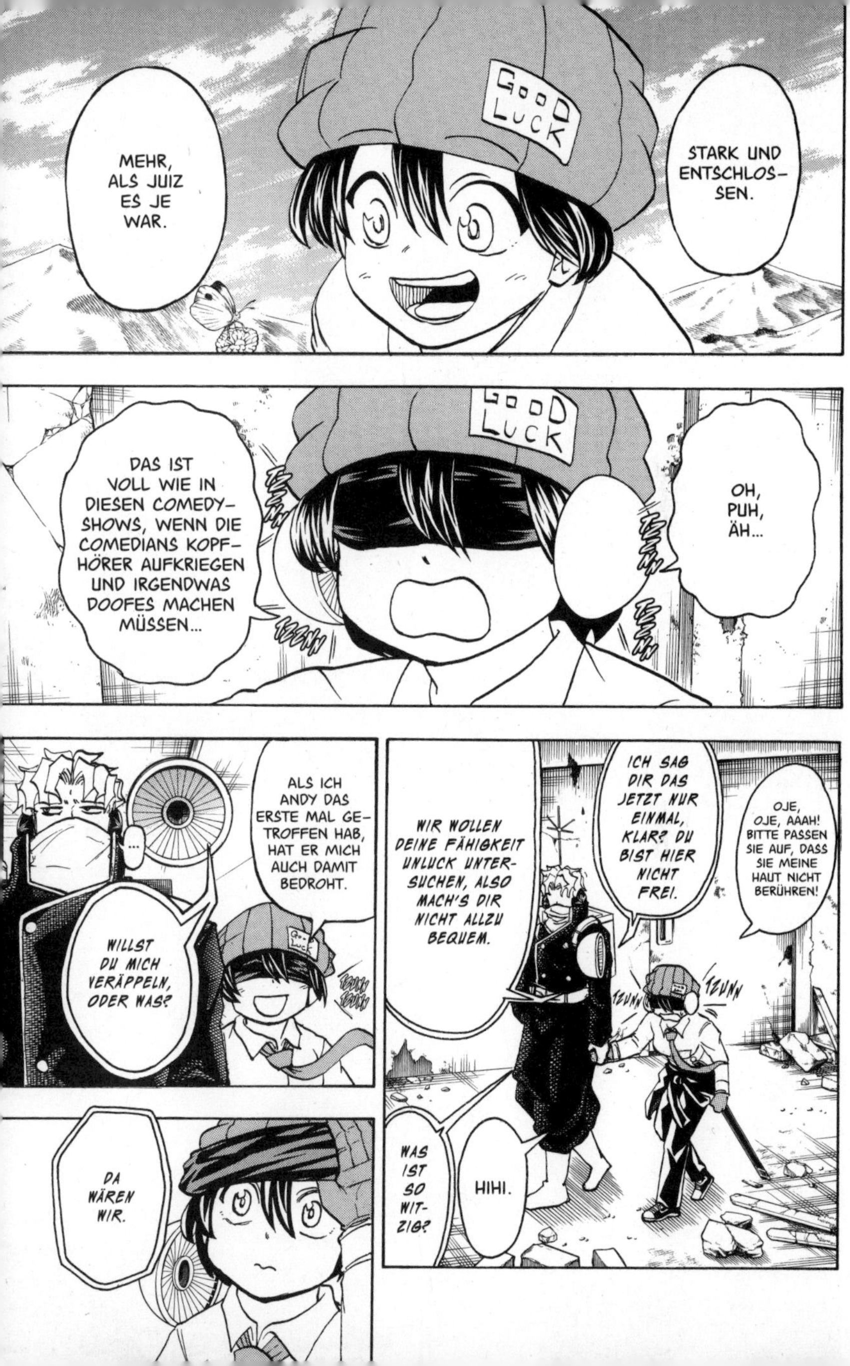
STARK UND ENTSCHLOSSEN.
MEHR, ALS JUIZ ES JE WAR.
OH, PUH, ÄH...
DAS IST VOLL WIE IN DIESEN COMEDY-SHOWS, WENN DIE COMEDIANS KOPFHÖRER AUFKRIEGEN UND IRGENDWAS DOOFES MACHEN MÜSSEN...
TZUNN
OJE, OJE, AAAH! BITTE PASSEN SIE AUF, DASS SIE MEINE HAUT NICHT BERÜHREN!
ICH SAG DIR DAS JETZT NUR EINMAL, KLAR? DU BIST HIER NICHT FREI.
WIR WOLLEN DEINE FÄHIGKEIT UNLUCK UNTERSUCHEN, ALSO MACH'S DIR NICHT ALLZU BEQUEM.
TZUNN
HIHI.
WAS IST SO WITZIG?
ALS ICH ANDY DAS ERSTE MAL GETROFFEN HAB, HAT ER MICH AUCH DAMIT BEDROHT.
...
WILLST DU MICH VERÄPPELN, ODER WAS?
DA WÄREN WIR.

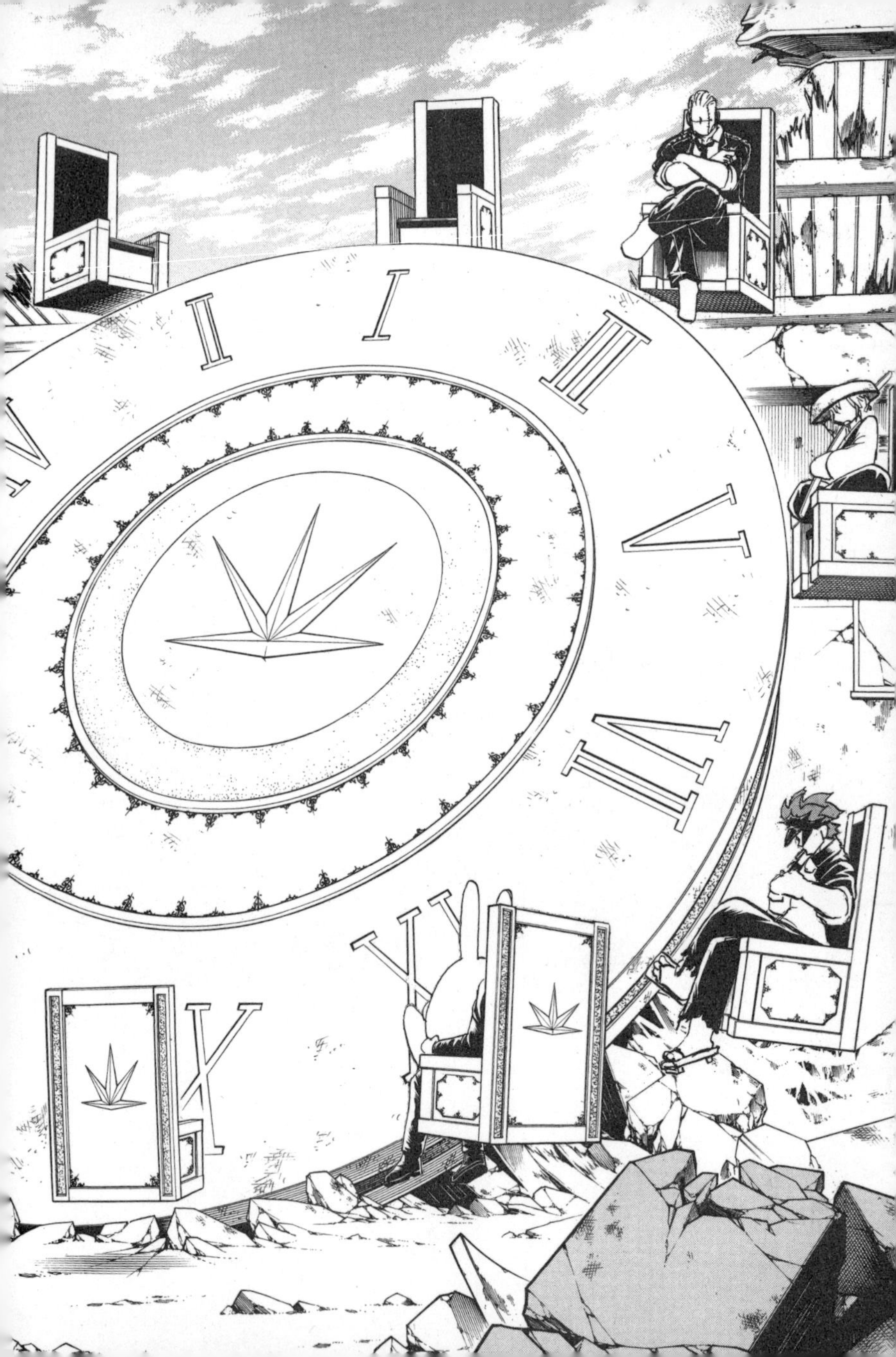

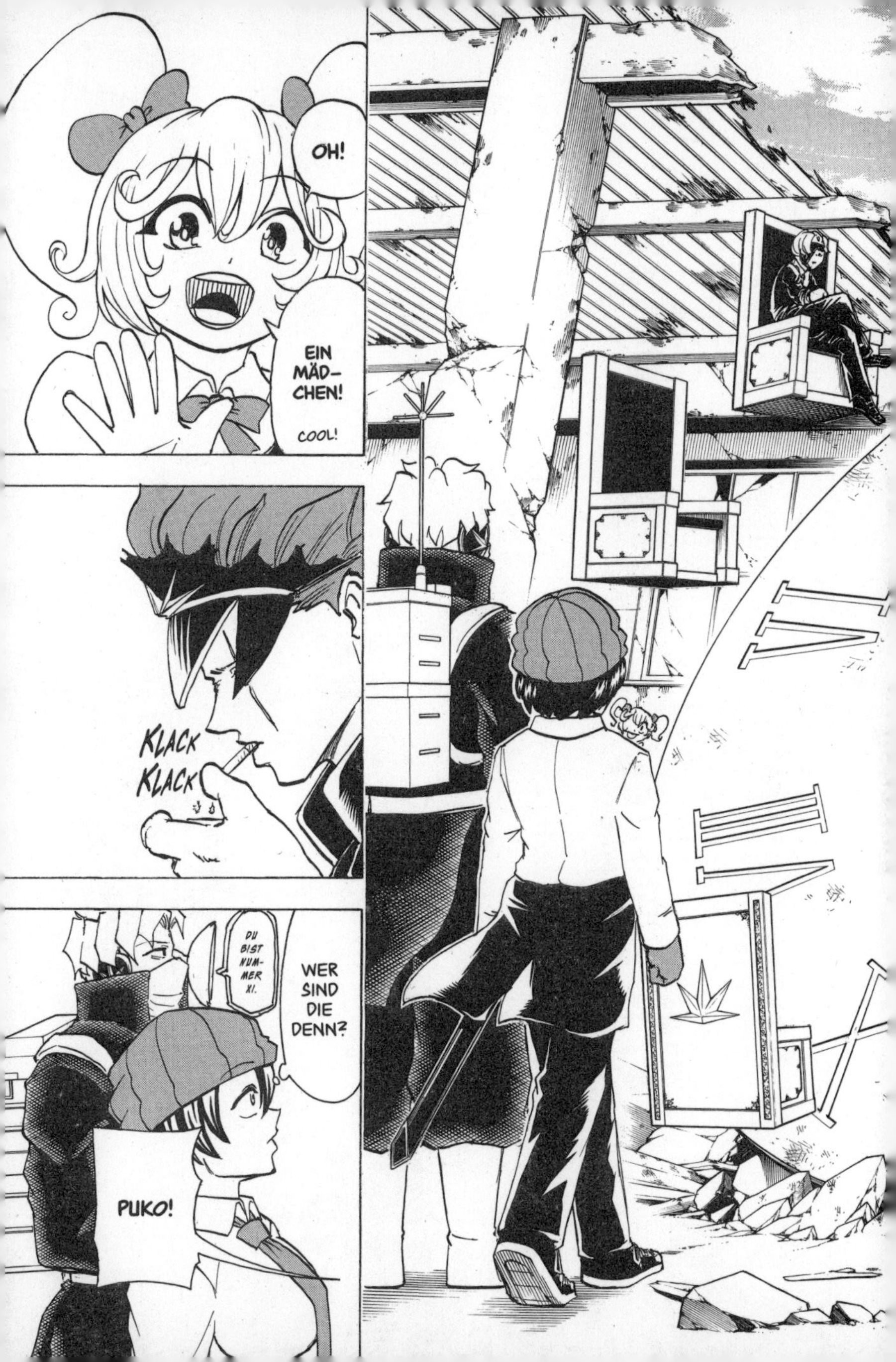
OH!
EIN MÄD-CHEN!
COOL!
KLACK KLACK
DU BIST NUM-MER XI.
WER SIND DIE DENN?
PUKO!

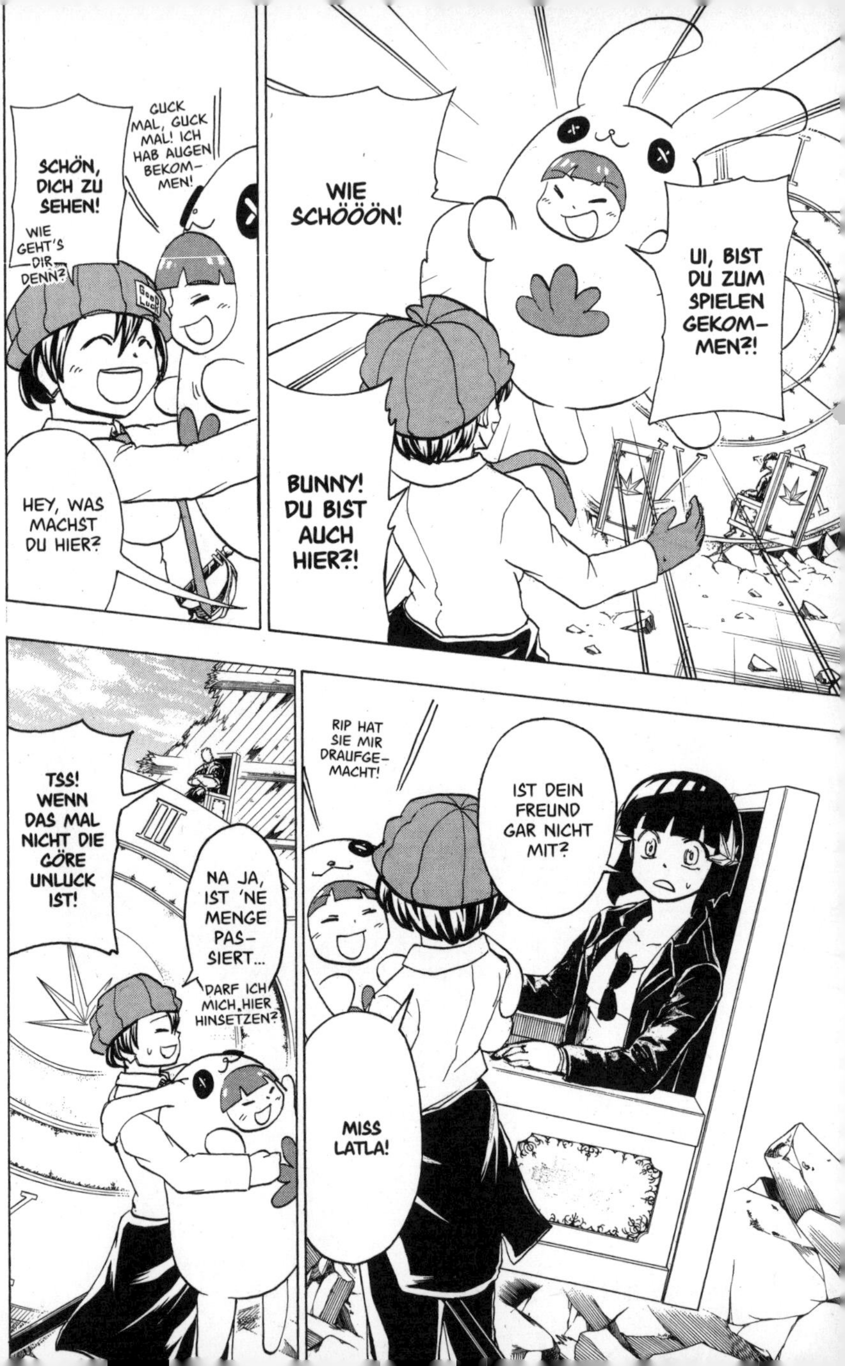

UI, BIST DU ZUM SPIELEN GEKOMMEN?!
WIE SCHÖÖÖN!
BUNNY! DU BIST AUCH HIER?!
GUCK MAL, GUCK MAL! ICH HAB AUGEN BEKOMMEN!
SCHÖN, DICH ZU SEHEN!
WIE GEHT'S DIR DENN?
HEY, WAS MACHST DU HIER?
IST DEIN FREUND GAR NICHT MIT?
RIP HAT SIE MIR DRAUFGEMACHT!
MISS LATLA!
NA JA, IST 'NE MENGE PASSIERT...
DARF ICH MICH HIER HINSETZEN?
TSS! WENN DAS MAL NICHT DIE GÖRE UNLUCK IST!

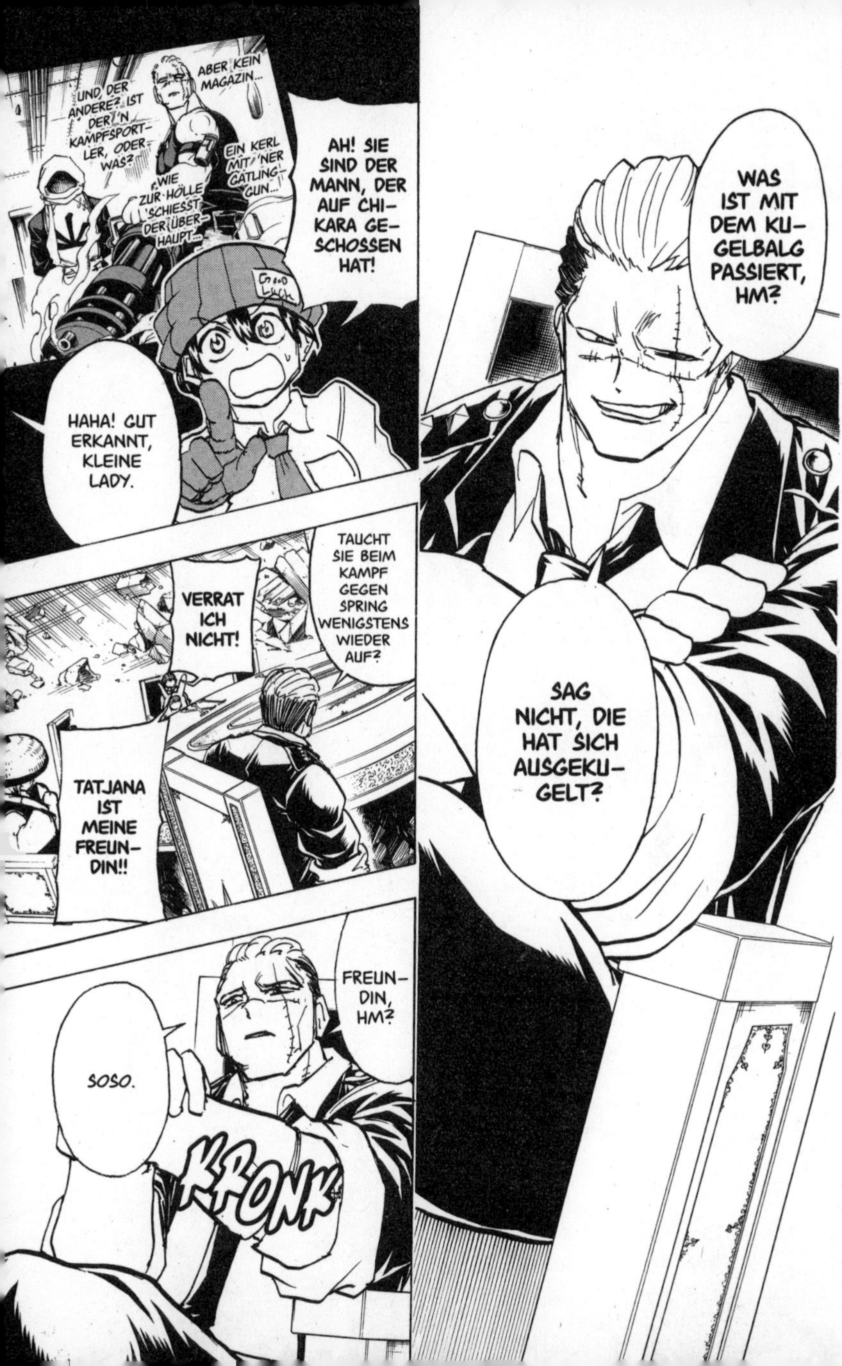
ABER KEIN MAGAZIN...
UND, DER ANDERE? IST DER 'N KAMPFSPORTLER, ODER WAS?
EIN KERL MIT 'NER GATLING GUN...
WIE ZUR HÖLLE SCHIESST DER ÜBERHAUPT...
AH! SIE SIND DER MANN, DER AUF CHIKARA GESCHOSSEN HAT!
GOOD LUCK
HAHA! GUT ERKANNT, KLEINE LADY.
WAS IST MIT DEM KUGELBALG PASSIERT, HM?
SAG NICHT, DIE HAT SICH AUSGEKUGELT?
TAUCHT SIE BEIM KAMPF GEGEN SPRING WENIGSTENS WIEDER AUF?
VERRAT ICH NICHT!
TATJANA IST MEINE FREUNDIN!!
FREUNDIN, HM?
SOSO.
KRONK

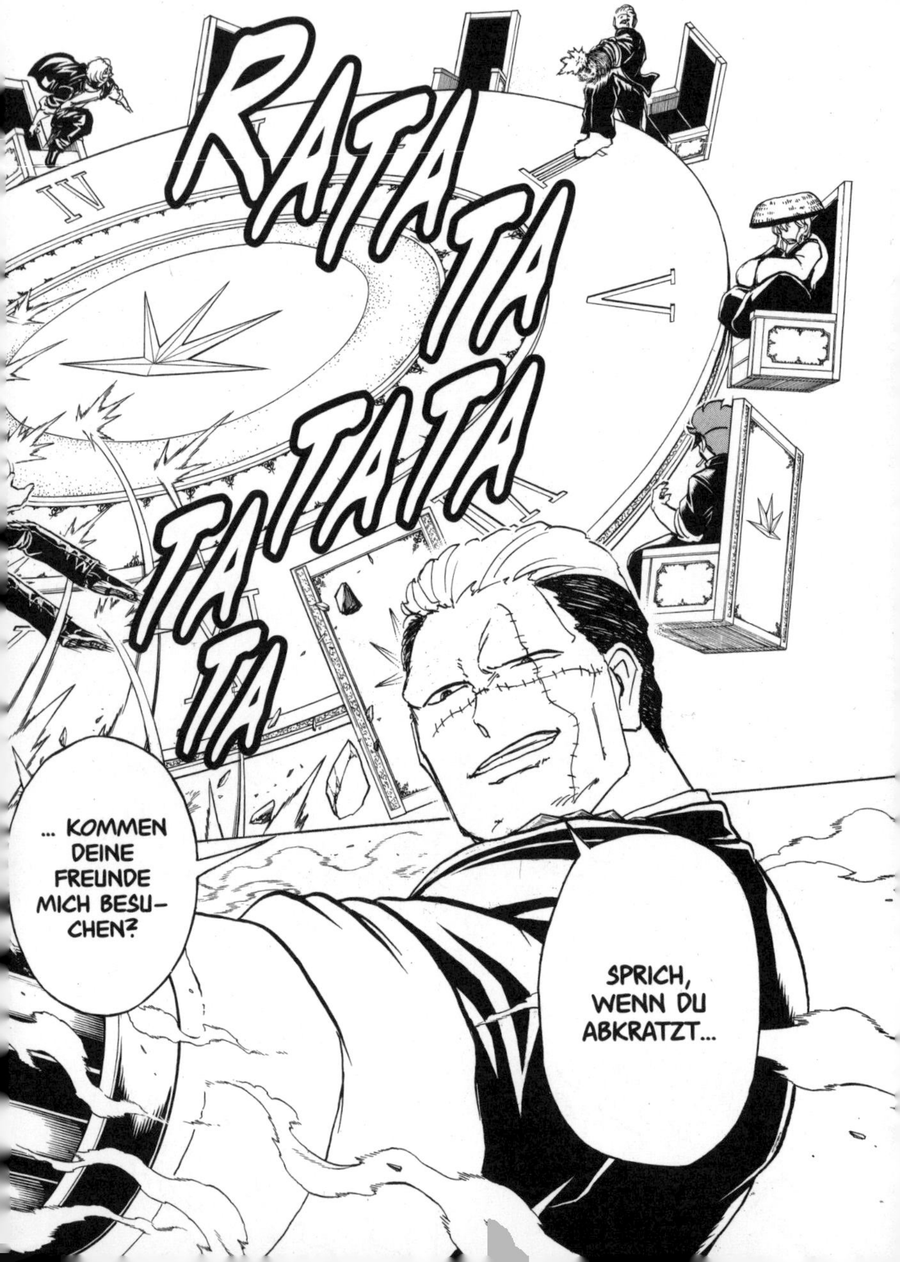
RATATATATATATATA
SPRICH, WENN DU ABKRATZT...
... KOMMEN DEINE FREUNDE MICH BESU-CHEN?

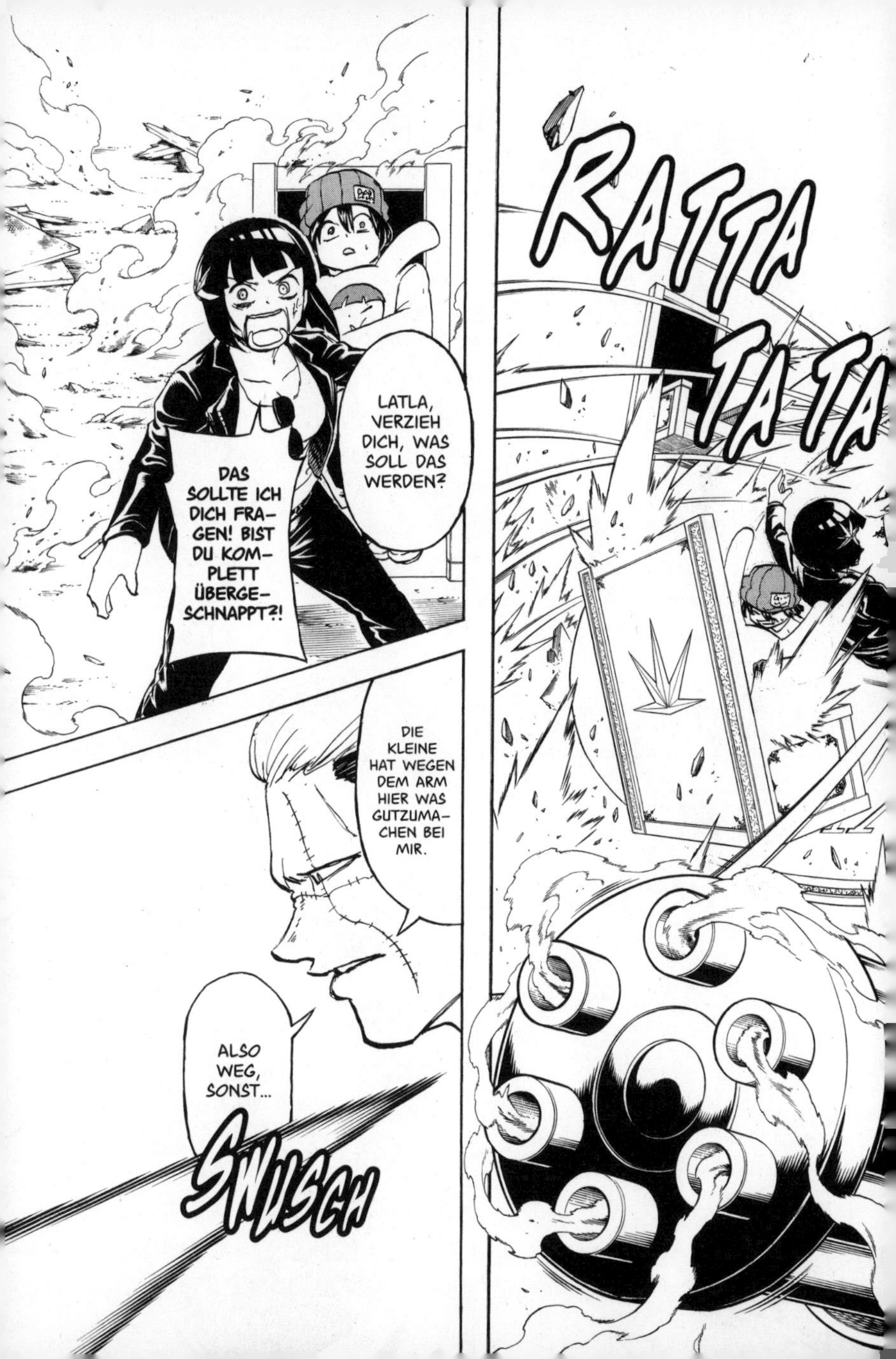
LATLA, VERZIEH DICH, WAS SOLL DAS WERDEN?
DAS SOLLTE ICH DICH FRAGEN! BIST DU KOMPLETT ÜBERGESCHNAPPT?!
DIE KLEINE HAT WEGEN DEM ARM HIER WAS GUTZUMACHEN BEI MIR.
ALSO WEG, SONST...
SWUSCH
RATTA TATA TA

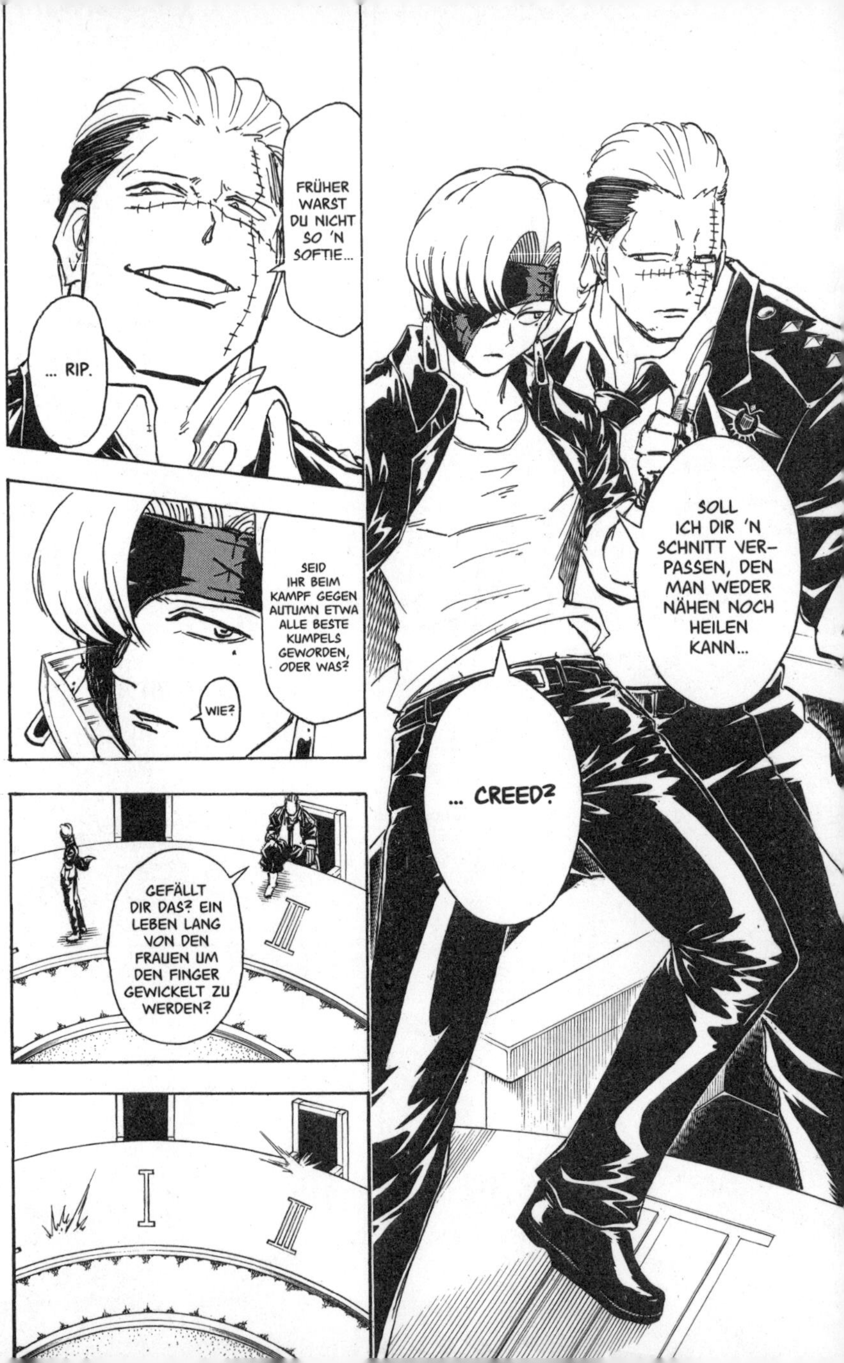
FRÜHER WARST DU NICHT SO 'N SOFTIE...
... RIP.
SEID IHR BEIM KAMPF GEGEN AUTUMN ETWA ALLE BESTE KUMPELS GEWORDEN, ODER WAS?
WIE?
GEFÄLLT DIR DAS? EIN LEBEN LANG VON DEN FRAUEN UM DEN FINGER GEWICKELT ZU WERDEN?
SOLL ICH DIR 'N SCHNITT VERPASSEN, DEN MAN WEDER NÄHEN NOCH HEILEN KANN...
... CREED?

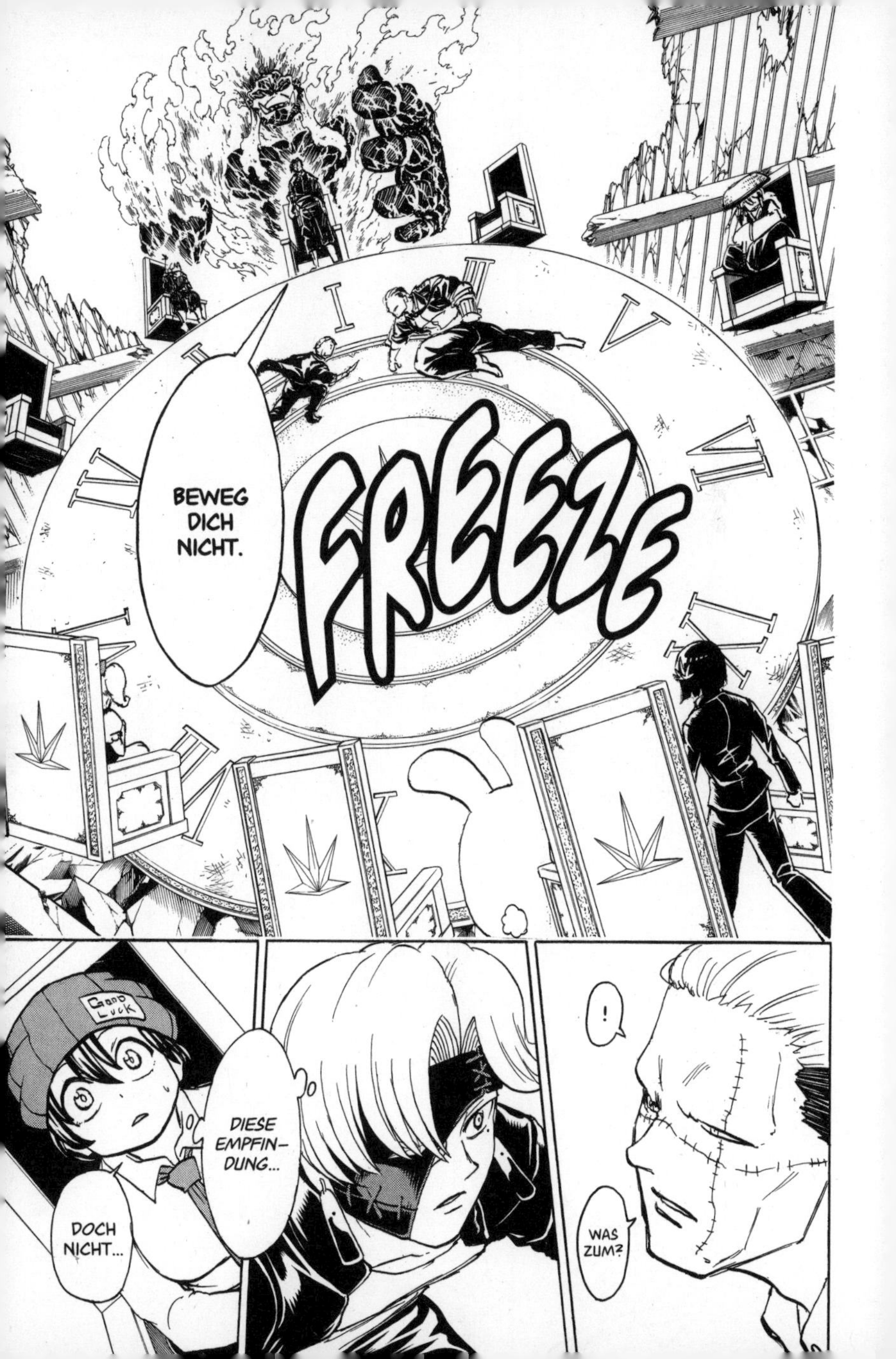
FREEZE
BEWEG DICH NICHT.
!
WAS ZUM?
DIESE EMPFIN-DUNG...
GOOD LUCK
DOCH NICHT...

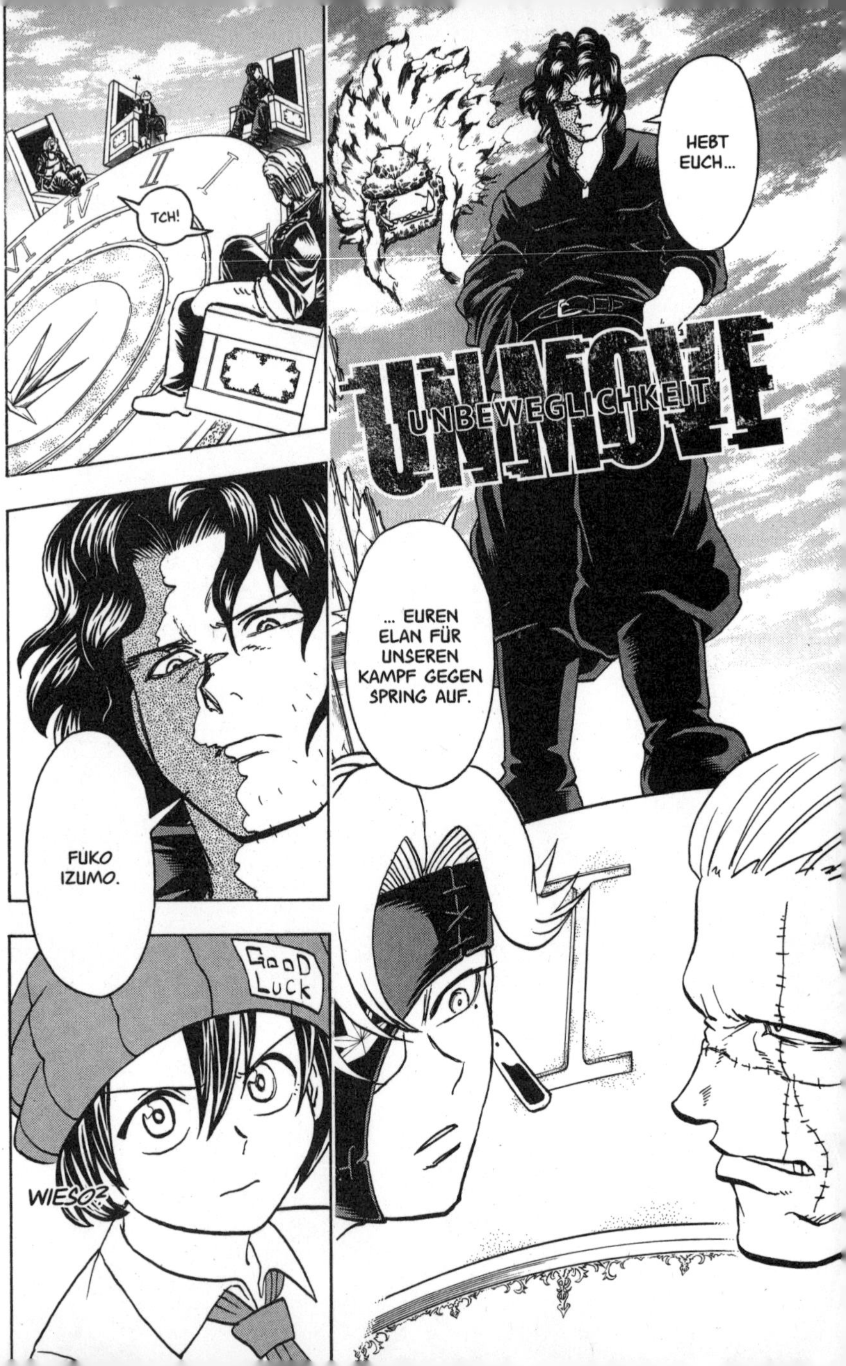
HEBT EUCH...
UNMOVE
UNBEWEGLICHKEIT
TCH!
... EUREN ELAN FÜR UNSEREN KAMPF GEGEN SPRING AUF.
FUKO IZUMO.
GOOD LUCK
WIESO?

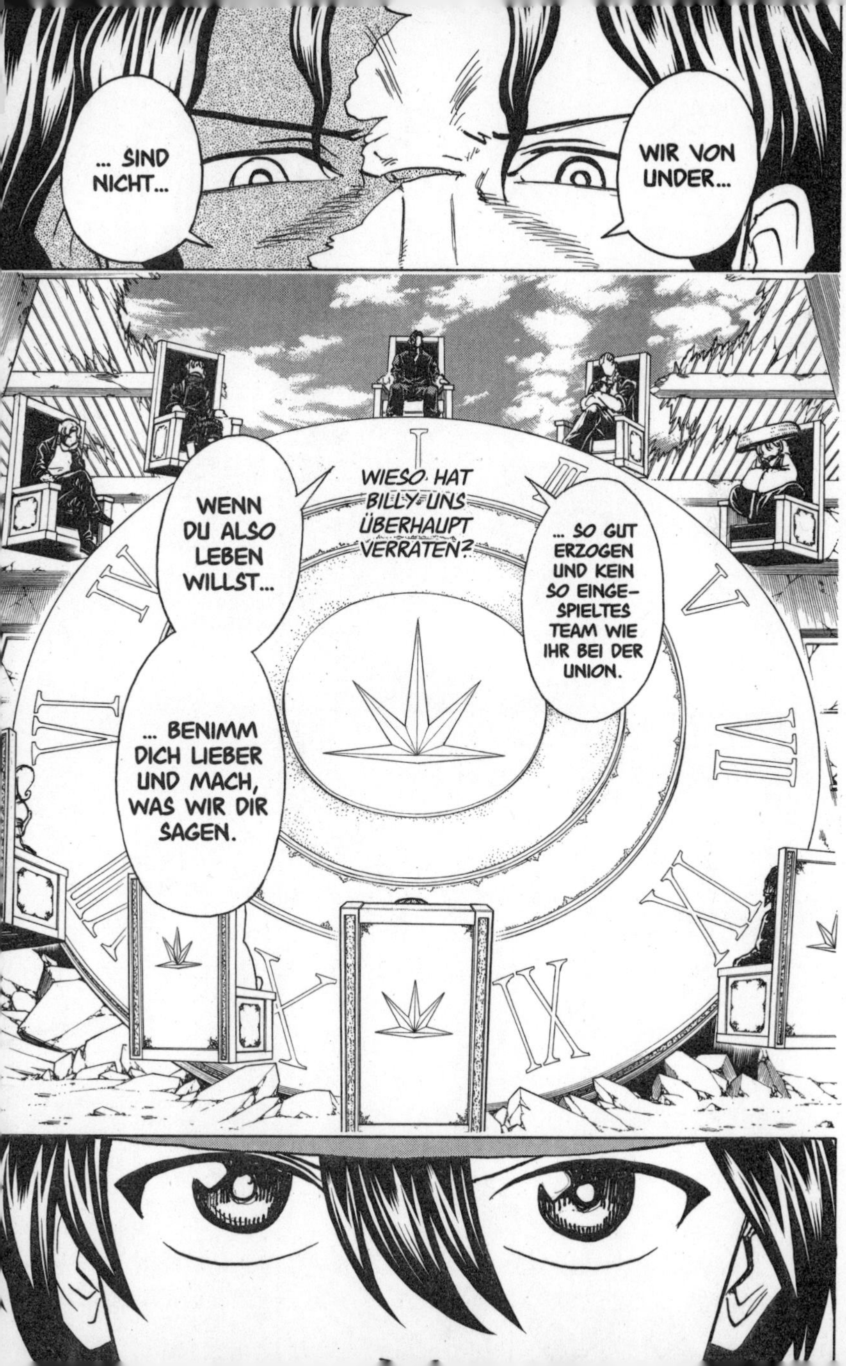
WIR VON UNDER...
... SIND NICHT...
... SO GUT ERZOGEN UND KEIN SO EINGE-SPIELTES TEAM WIE IHR BEI DER UNION.
WIESO HAT BILLY UNS ÜBERHAUPT VERRATEN?
WENN DU ALSO LEBEN WILLST...
... BENIMM DICH LIEBER UND MACH, WAS WIR DIR SAGEN.

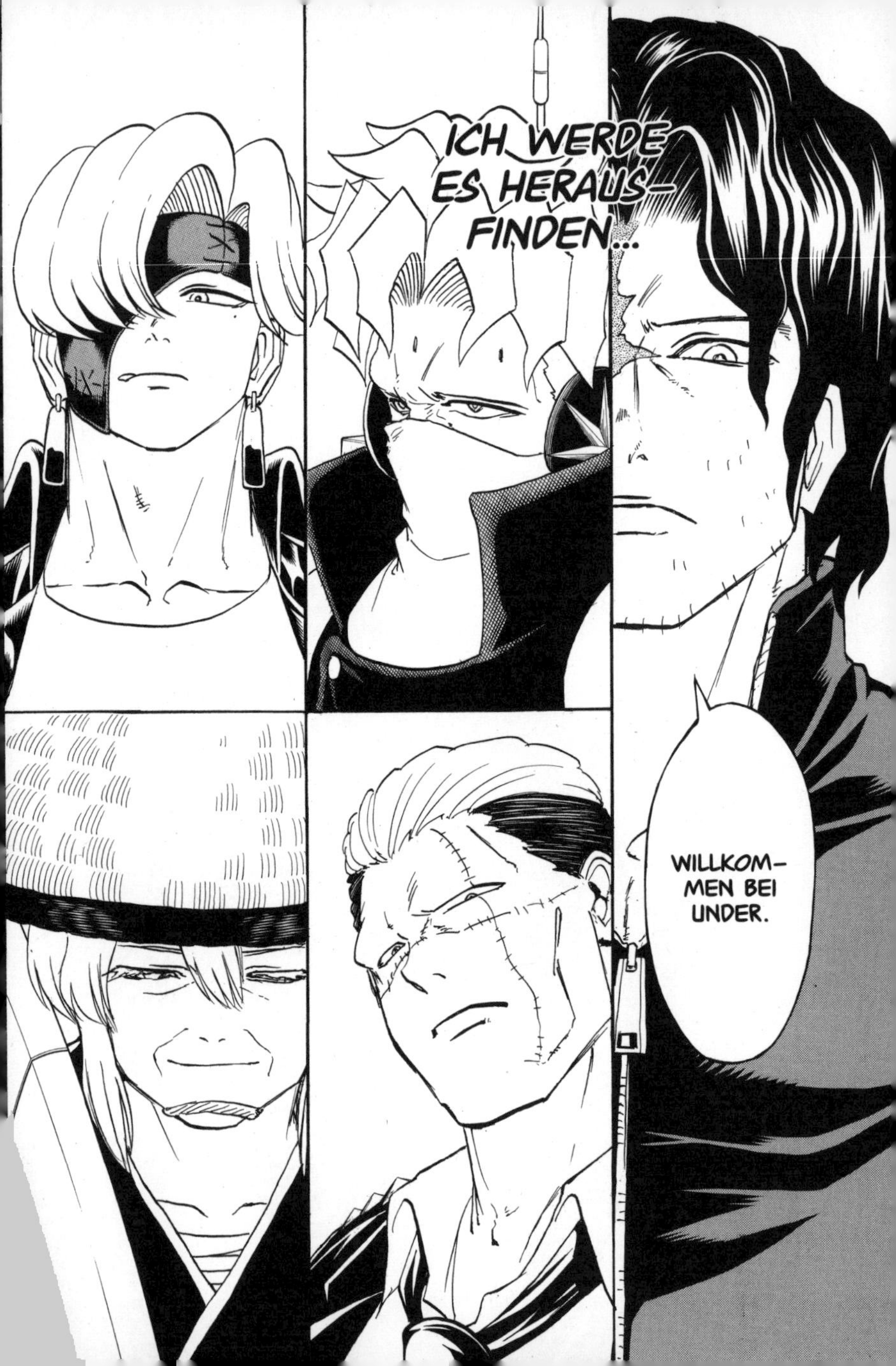
ICH WERDE ES HERAUS- FINDEN ...
WILLKOM- MEN BEI UNDER.

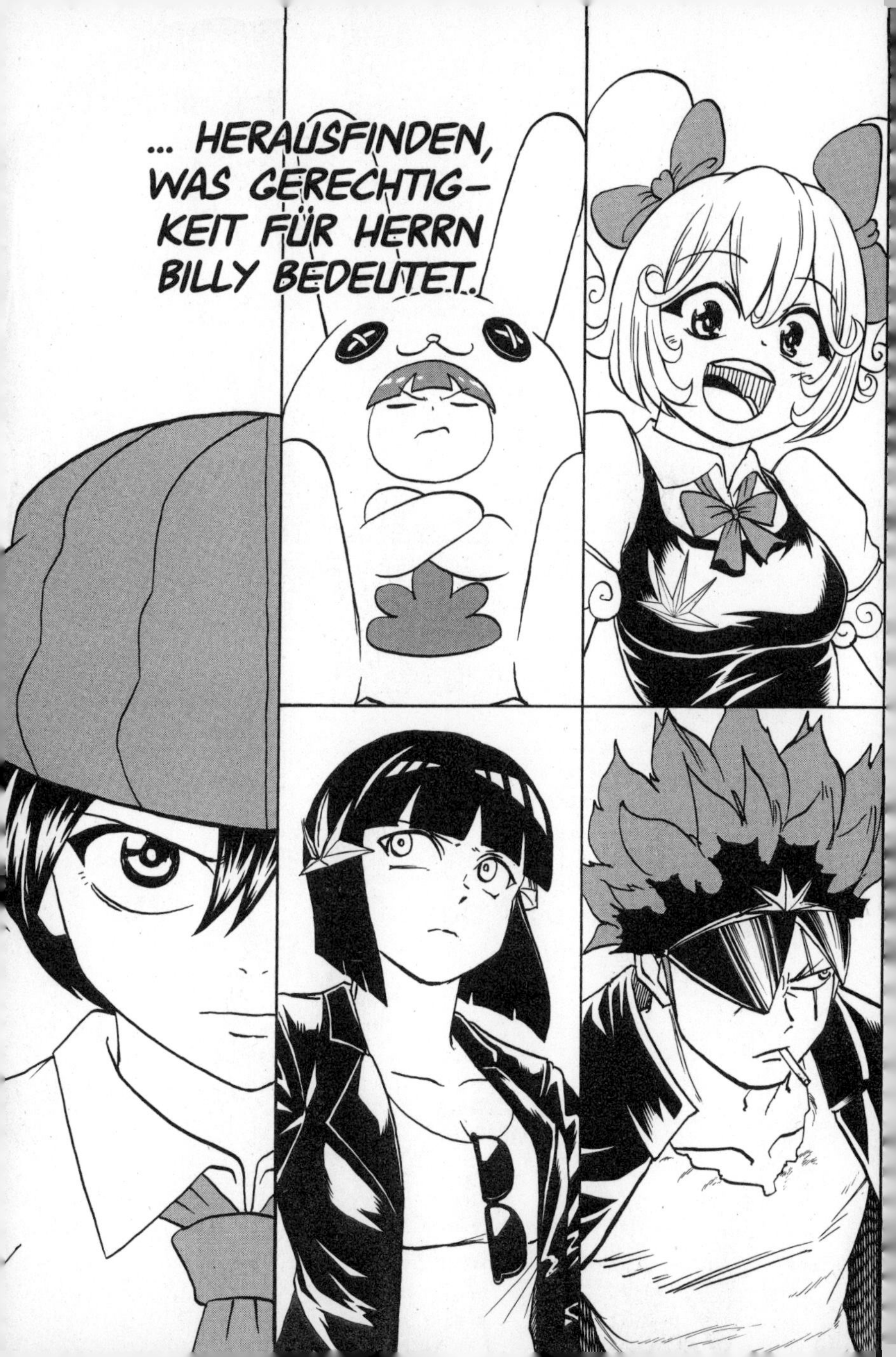
... HERAUSFINDEN, WAS GERECHTIG-KEIT FÜR HERRN BILLY BEDEUTET.

# Bonuskapitel

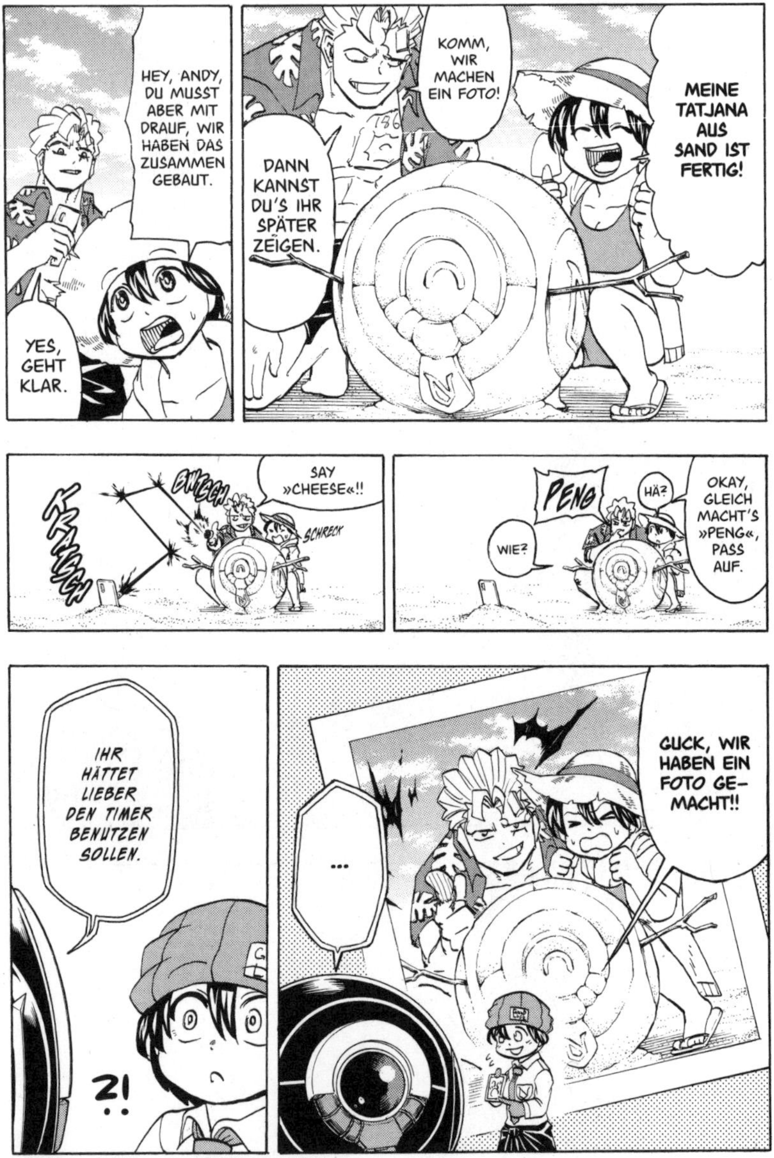


WEEKLY JUMP 2021, AUSGABE 36/37

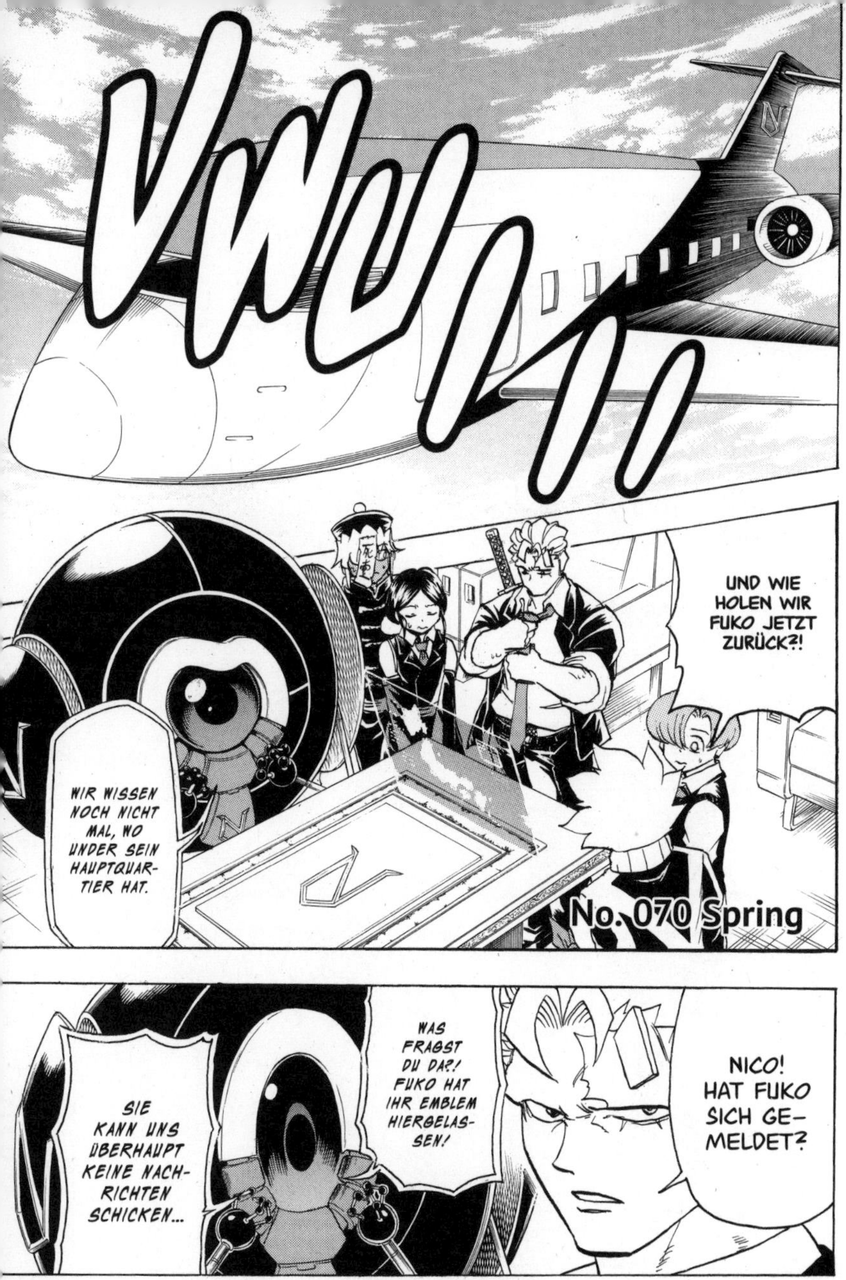
UND WIE HOLEN WIR FUKO JETZT ZURÜCK?!
WIR WISSEN NOCH NICHT MAL, WO UNDER SEIN HAUPTQUARTIER HAT.
No. 070 Spring
NICO! HAT FUKO SICH GEMELDET?
WAS FRAGST DU DA?! FUKO HAT IHR EMBLEM HIERGELASSEN!
SIE KANN UNS ÜBERHAUPT KEINE NACHRICHTEN SCHICKEN...

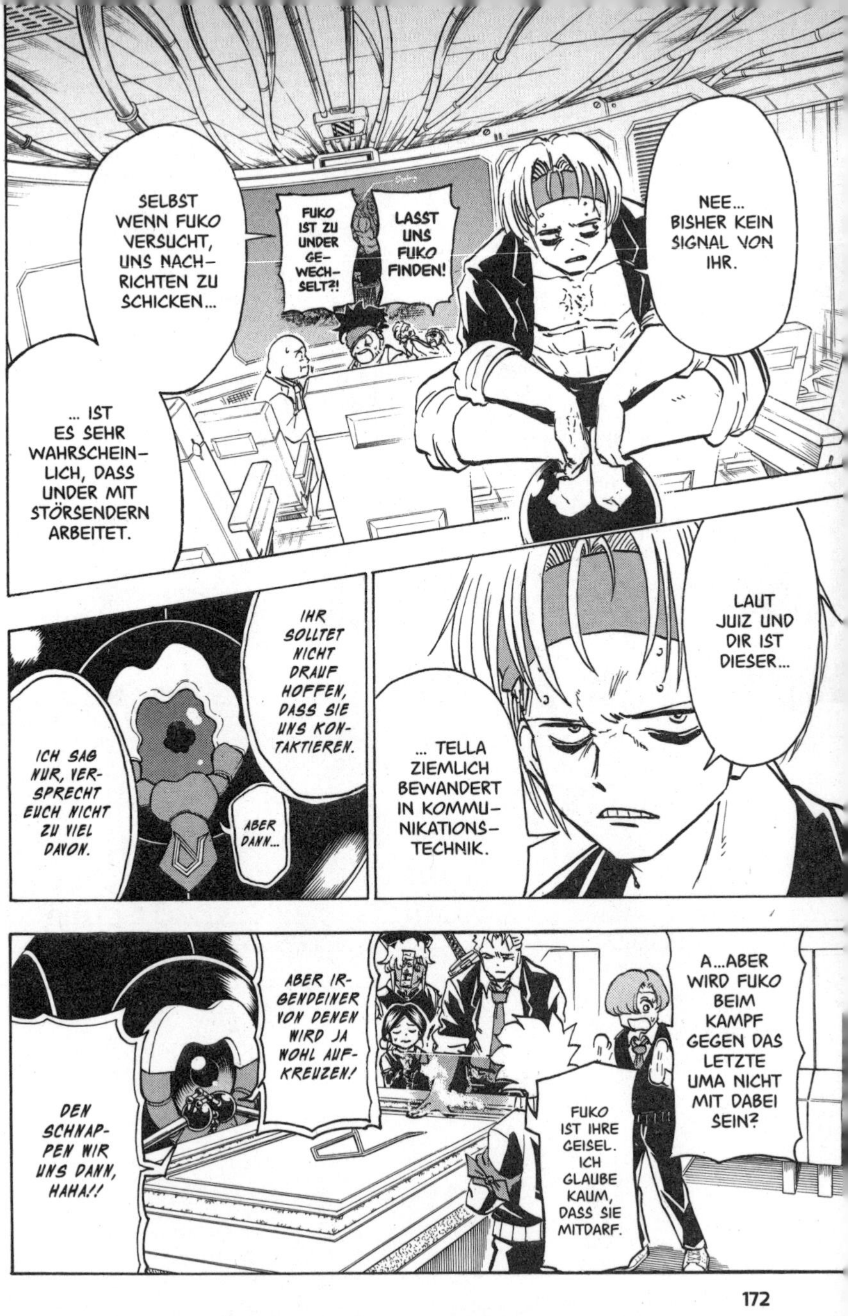
NEE... BISHER KEIN SIGNAL VON IHR.
LASST UNS FUKO FINDEN!
FUKO IST ZU UNDER GEWECHSELT?!
SELBST WENN FUKO VERSUCHT, UNS NACHRICHTEN ZU SCHICKEN...
... IST ES SEHR WAHRSCHEINLICH, DASS UNDER MIT STÖRSENDERN ARBEITET.
LAUT JUIZ UND DIR IST DIESER...
... TELLA ZIEMLICH BEWANDERT IN KOMMUNIKATIONSTECHNIK.
IHR SOLLTET NICHT DRAUF HOFFEN, DASS SIE UNS KONTAKTIEREN.
ABER DANN...
ICH SAG NUR, VERSPRECHT EUCH NICHT ZU VIEL DAVON.
A...ABER WIRD FUKO BEIM KAMPF GEGEN DAS LETZTE UMA NICHT MIT DABEI SEIN?
FUKO IST IHRE GEISEL. ICH GLAUBE KAUM, DASS SIE MITDARF.
ABER IRGENDEINER VON DENEN WIRD JA WOHL AUFKREUZEN!
DEN SCHNAPPEN WIR UNS DANN, HAHA!!

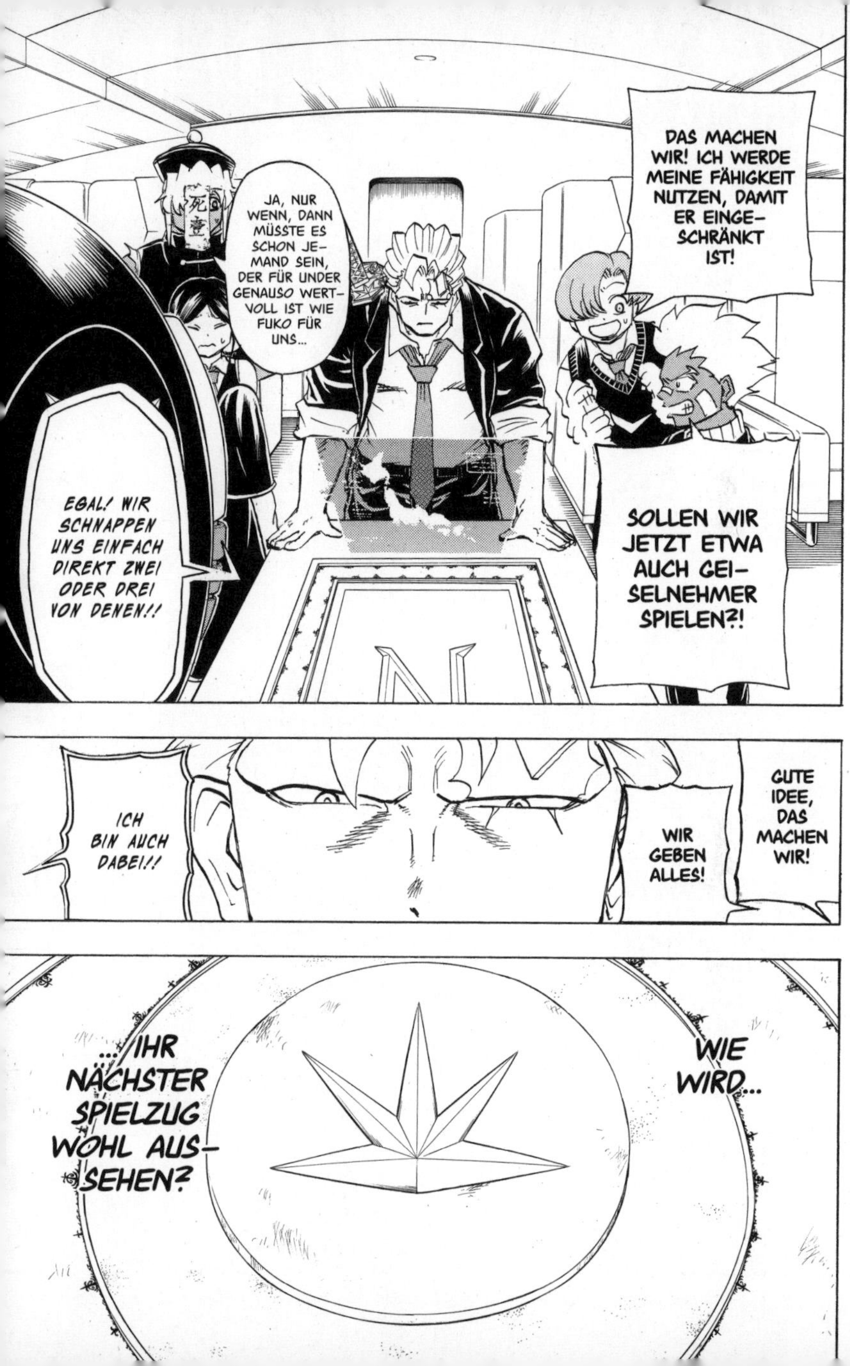
DAS MACHEN WIR! ICH WERDE MEINE FÄHIGKEIT NUTZEN, DAMIT ER EINGE-SCHRÄNKT IST!
JA, NUR WENN, DANN MÜSSTE ES SCHON JE-MAND SEIN, DER FÜR UNDER GENAUSO WERT-VOLL IST WIE FUKO FÜR UNS...
SOLLEN WIR JETZT ETWA AUCH GEI-SELNEHMER SPIELEN?!
EGAL! WIR SCHNAPPEN UNS EINFACH DIREKT ZWEI ODER DREI VON DENEN!!
GUTE IDEE, DAS MACHEN WIR!
WIR GEBEN ALLES!
ICH BIN AUCH DABEI!!
WIE WIRD...
...IHR NÄCHSTER SPIELZUG WOHL AUS-SEHEN?

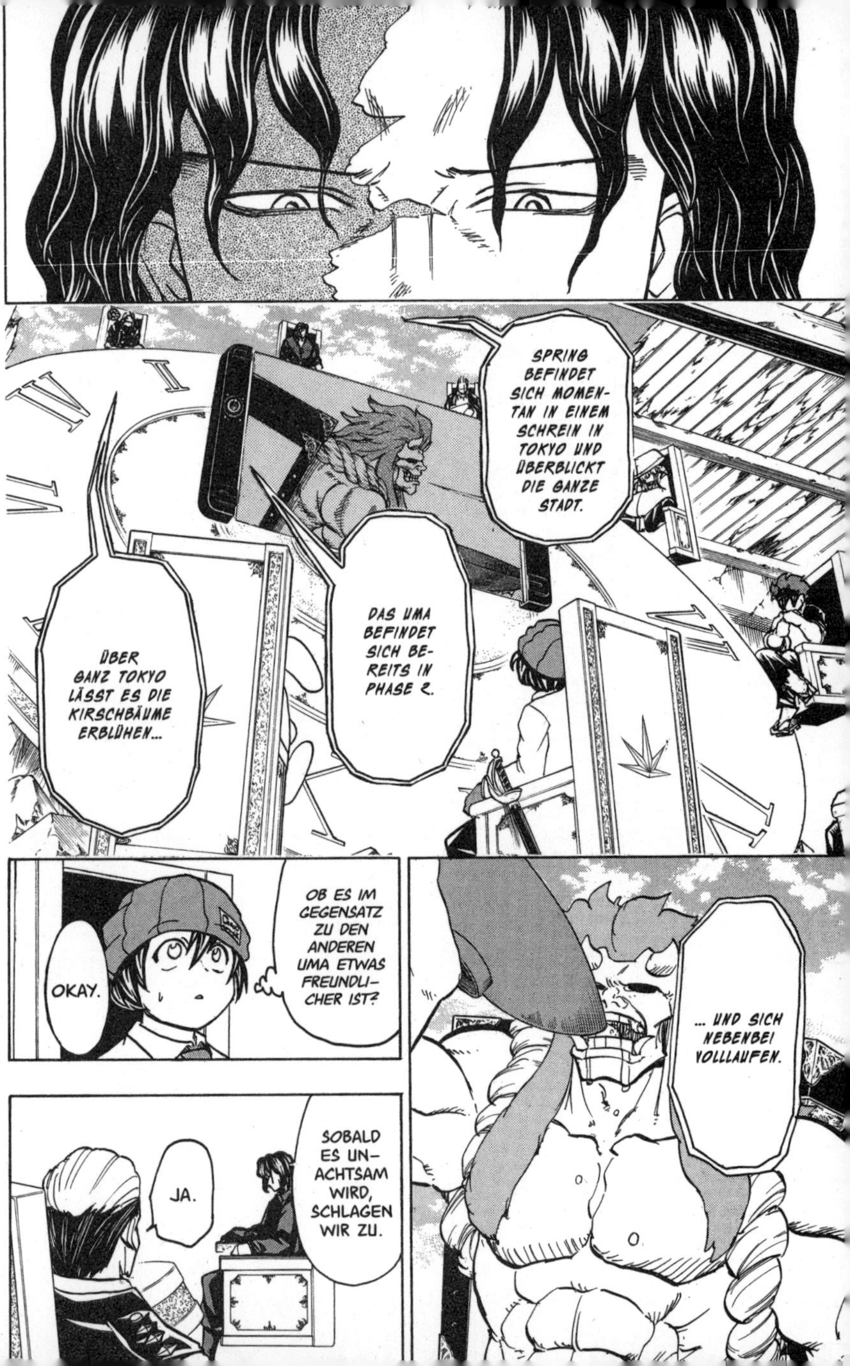
SPRING BEFINDET SICH MOMENTAN IN EINEM SCHREIN IN TOKYO UND ÜBERBLICKT DIE GANZE STADT.
DAS UMA BEFINDET SICH BEREITS IN PHASE 2.
ÜBER GANZ TOKYO LÄSST ES DIE KIRSCHBÄUME ERBLÜHEN...
... UND SICH NEBENBEI VOLLLAUFEN.
OB ES IM GEGENSATZ ZU DEN ANDEREN UMA ETWAS FREUNDLICHER IST?
OKAY.
SOBALD ES UNACHTSAM WIRD, SCHLAGEN WIR ZU.
JA.

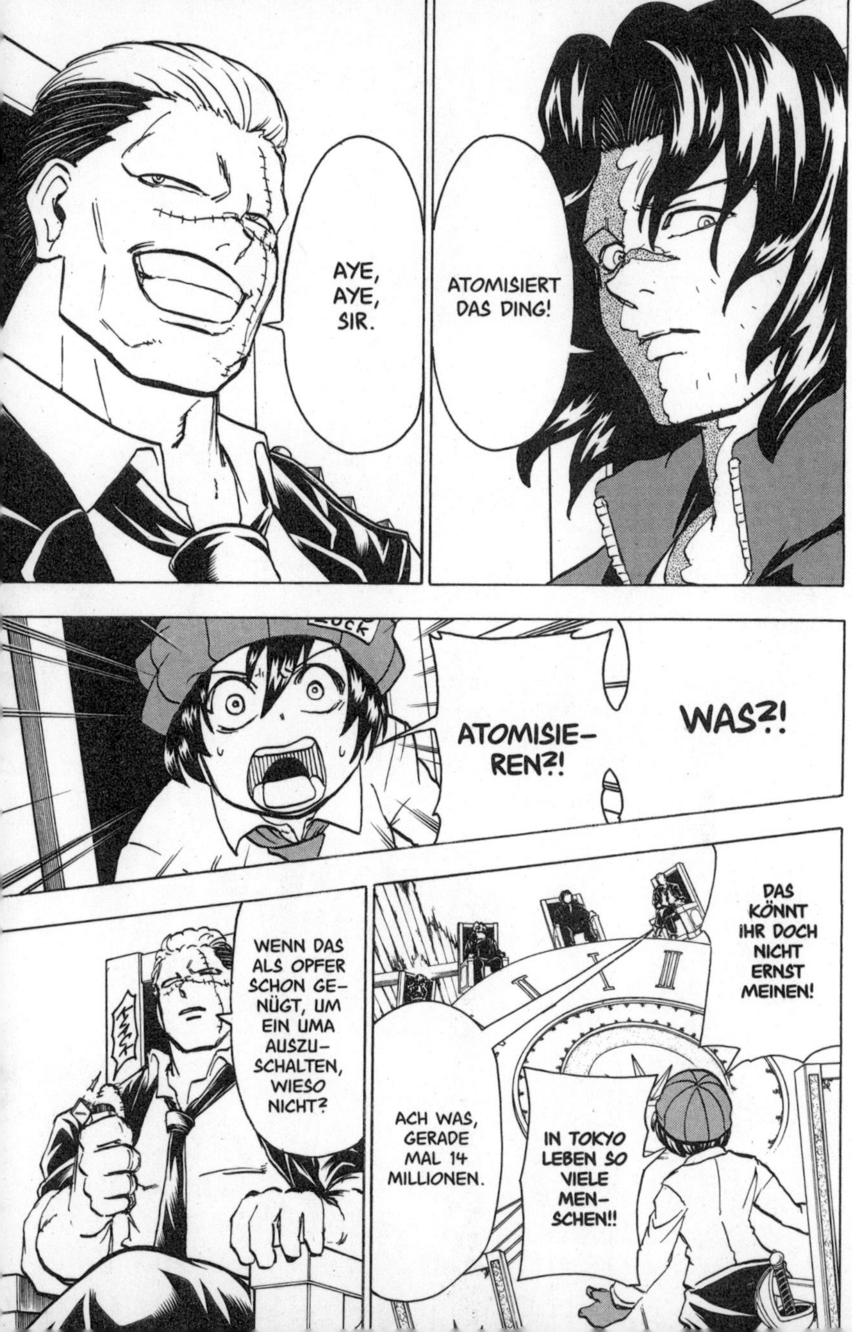
ATOMISIERT DAS DING!
AYE, AYE, SIR.
WAS?!
ATOMISIE-REN?!
DAS KÖNNT IHR DOCH NICHT ERNST MEINEN!
IN TOKYO LEBEN SO VIELE MEN-SCHEN!!
ACH WAS, GERADE MAL 14 MILLIONEN.
WENN DAS ALS OPFER SCHON GE-NÜGT, UM EIN UMA AUSZU-SCHALTEN, WIESO NICHT?

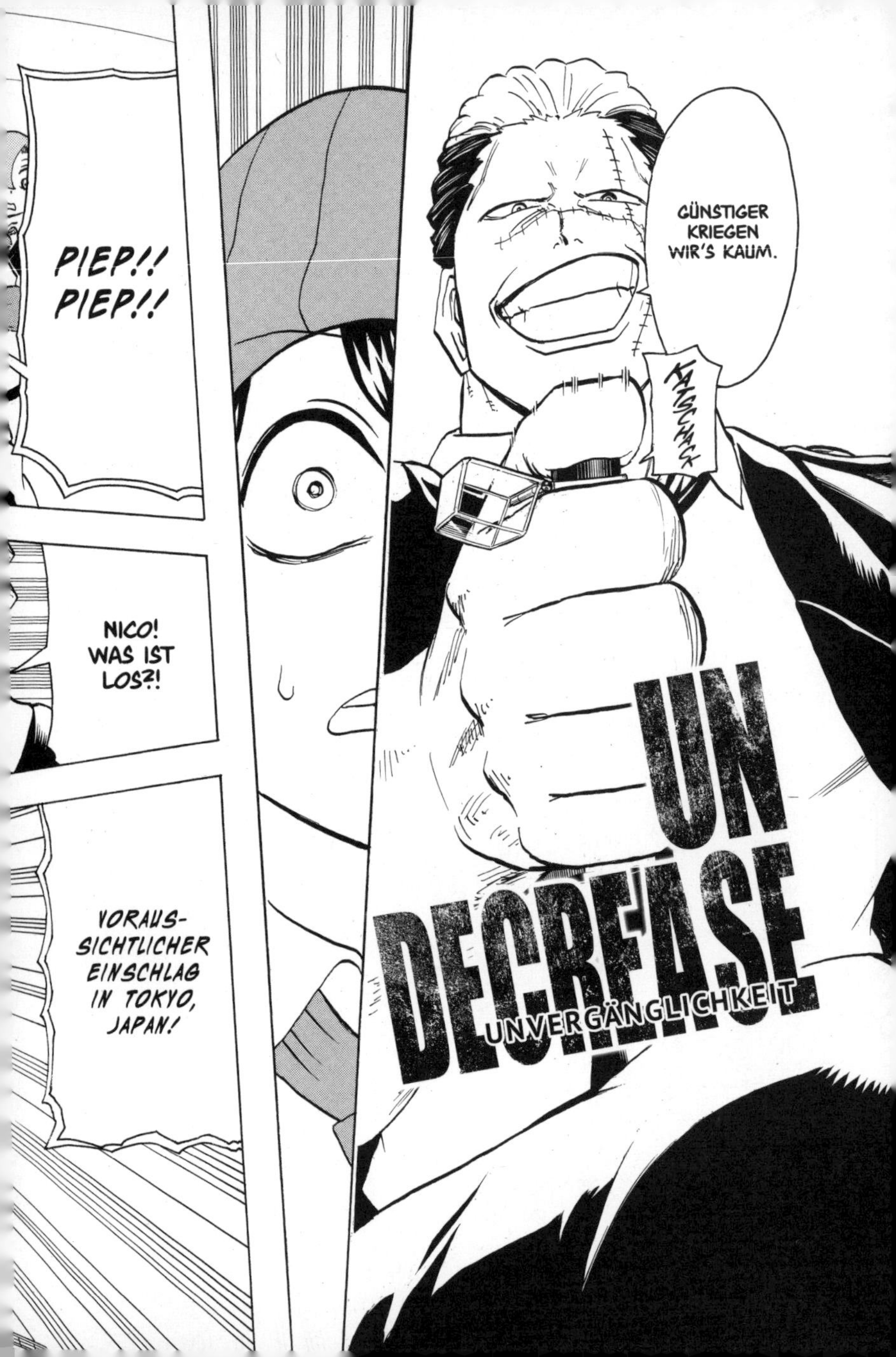
GÜNSTIGER KRIEGEN WIR'S KAUM.
KASCHACK
UN DECREASE
UNVERGÄNGLICHKEIT
PIEP!! PIEP!!
NICO! WAS IST LOS?!
VORAUS-SICHTLICHER EINSCHLAG IN TOKYO, JAPAN!

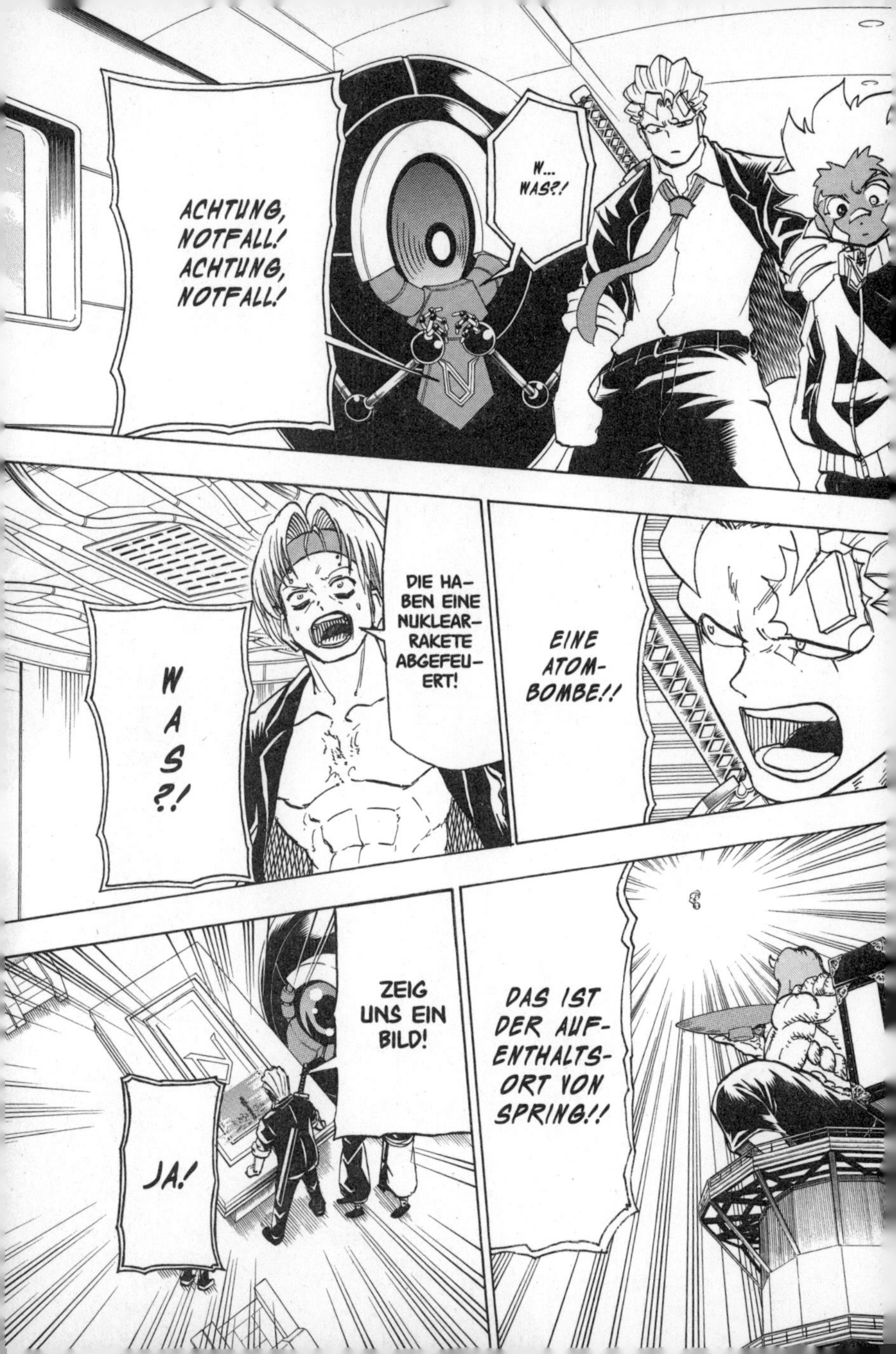
W... WAS?!
ACHTUNG, NOTFALL! ACHTUNG, NOTFALL!
EINE ATOMBOMBE!!
DIE HABEN EINE NUKLEARRAKETE ABGEFEUERT!
WAS?!
DAS IST DER AUFENTHALTSORT VON SPRING!!
ZEIG UNS EIN BILD!
JA!

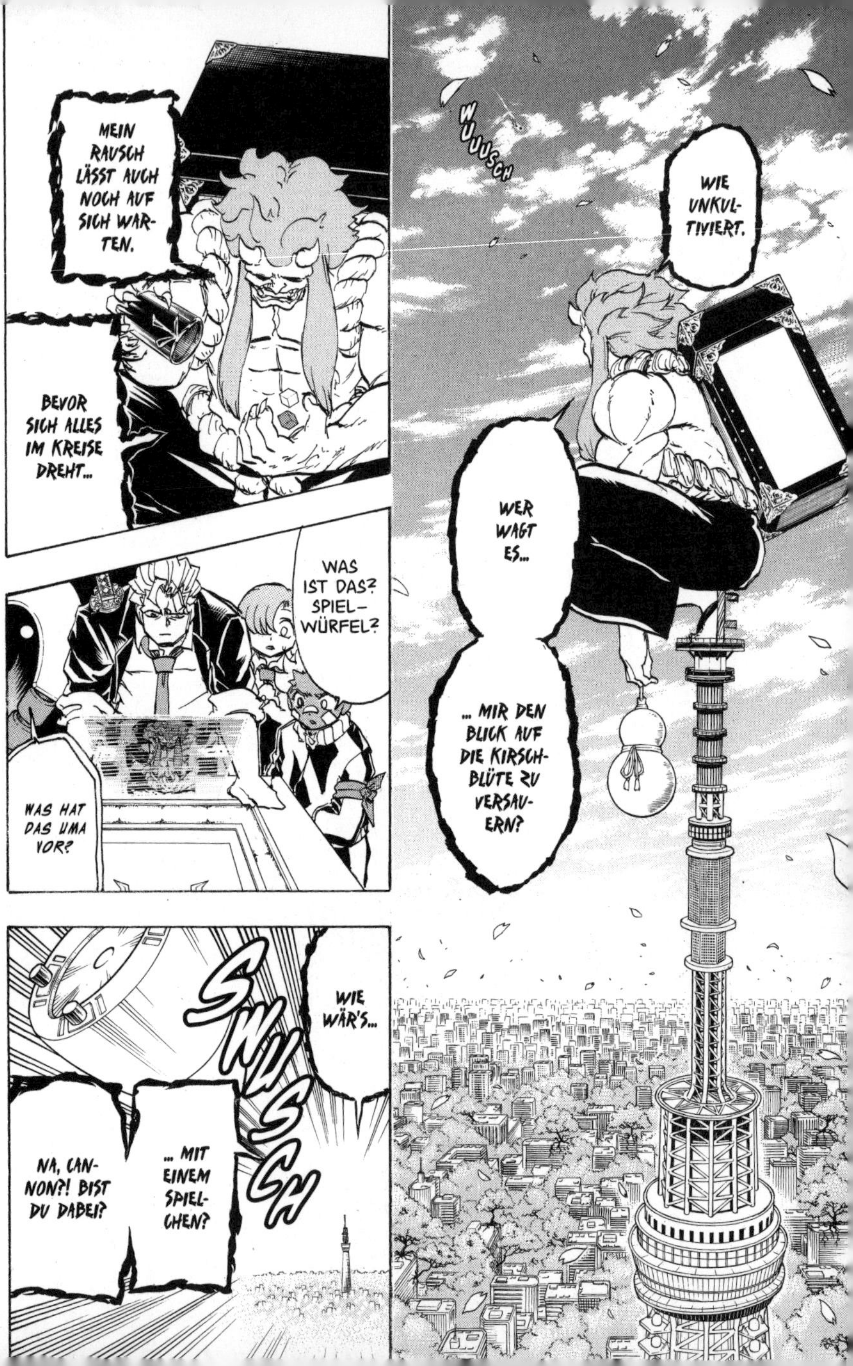
WUUUSCH
Wie unkultiviert.
Wer wagt es...
... mir den Blick auf die Kirschblüte zu versauern?
Mein Rausch lässt auch noch auf sich warten.
Bevor sich alles im Kreise dreht...
Was ist das? Spielwürfel?
Was hat das Uma vor?
Wie wär's...
SWUSCH
... mit einem Spielchen?
Na, Cannon?! Bist du dabei?

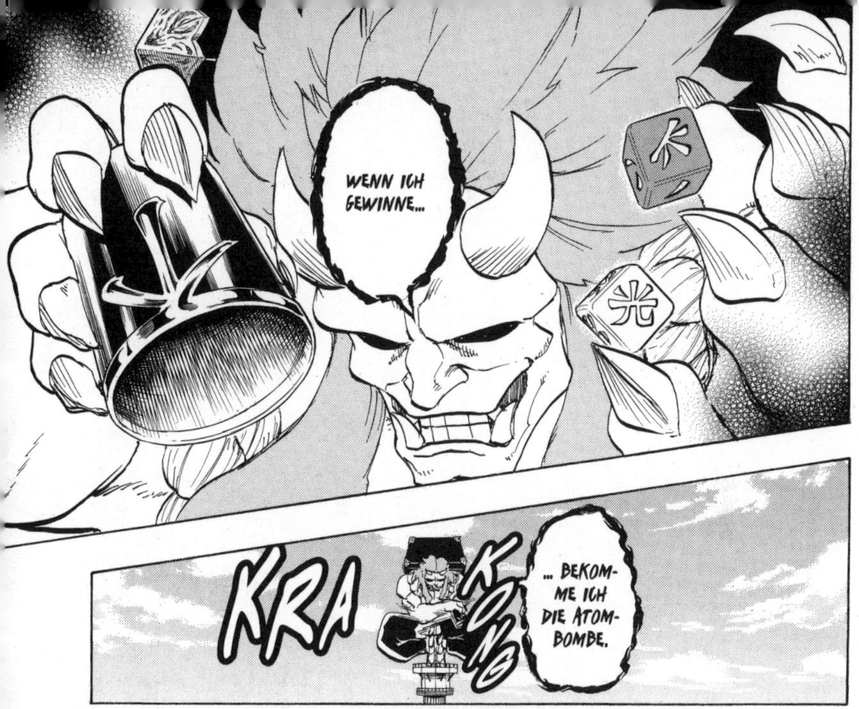


* CHO-HAN = JAP. WÜRFELSPIEL, BEI DEM ES DARUM GEHT, GERADE ODER UNGERADE ZAHLEN ZU WERFEN

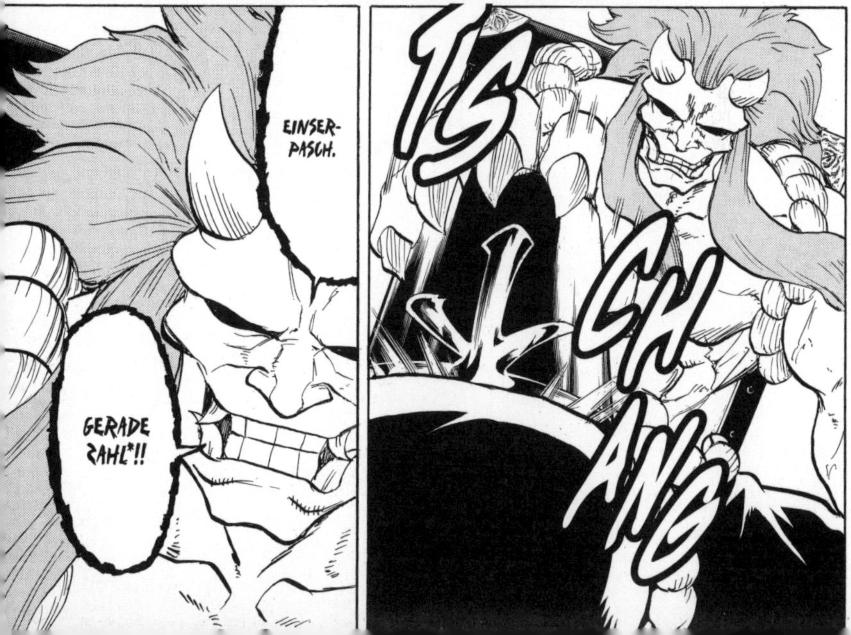

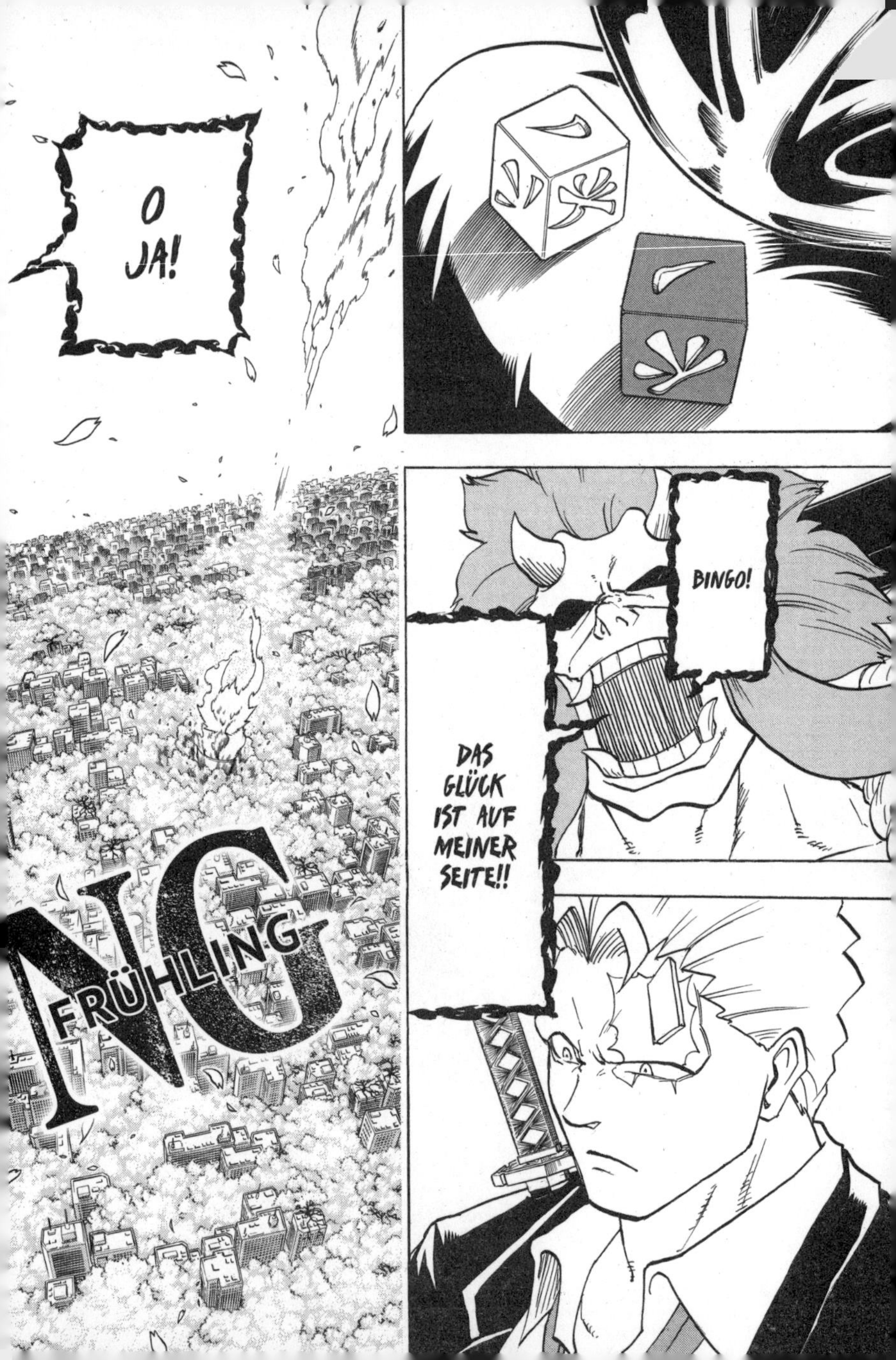
BINGO!
DAS GLÜCK IST AUF MEINER SEITE!!
O JA!
FRÜHLING

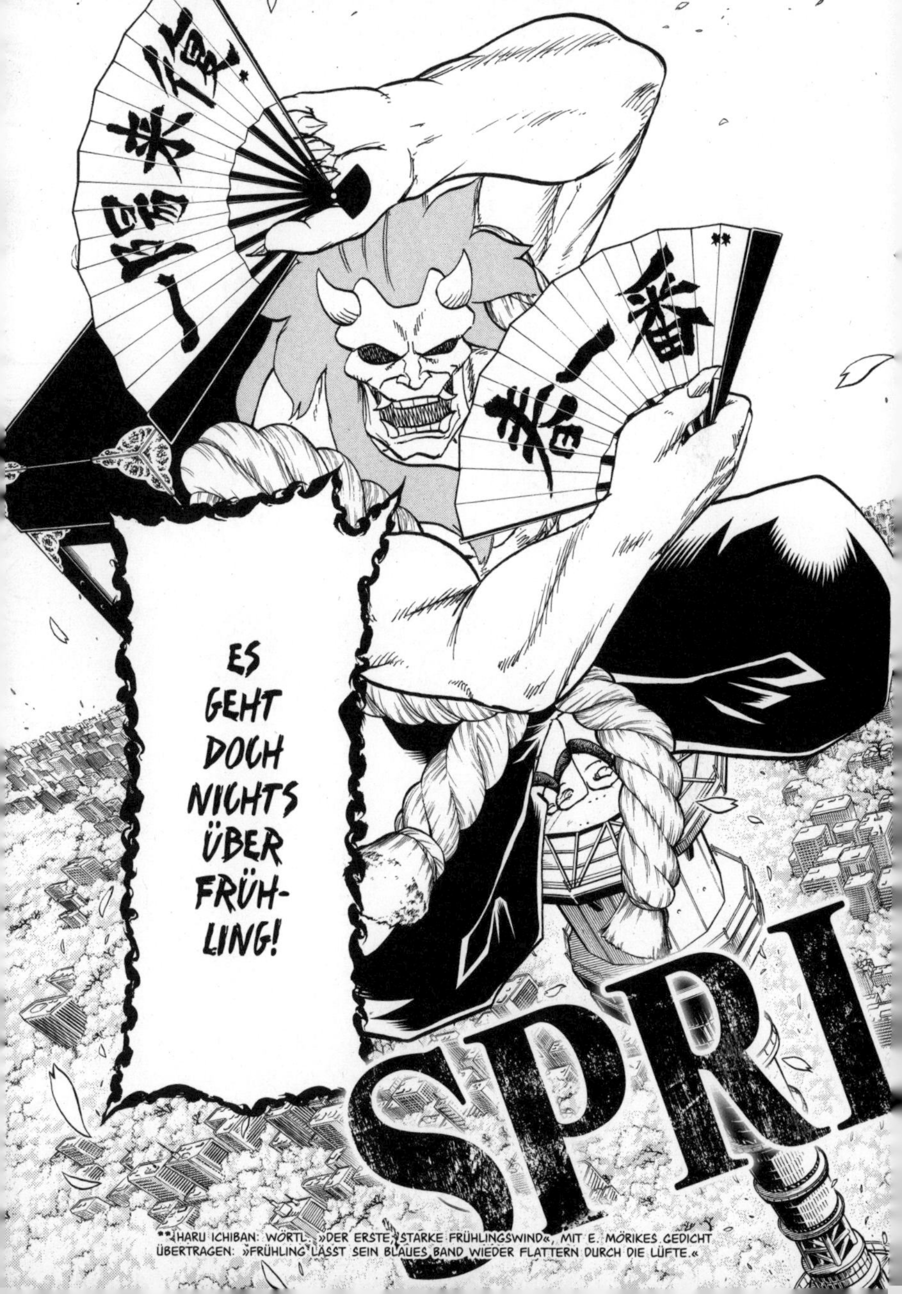


* ICHIYOU RAIFUKU: WÖRTL. »DER WINTER ENDET UND DER FRÜHLING NAHT«, IM ÜBERTRAGENEN SINNE: »AUF REGEN FOLGT SONNE.«

** HARU ICHIBAN: WÖRTL. »DER ERSTE, STARKE FRÜHLINGSWIND«, MIT E. MÖRIKES GEDICHT ÜBERTRAGEN: »FRÜHLING LÄSST SEIN BLAUES BAND WIEDER FLATTERN DURCH DIE LÜFTE.«

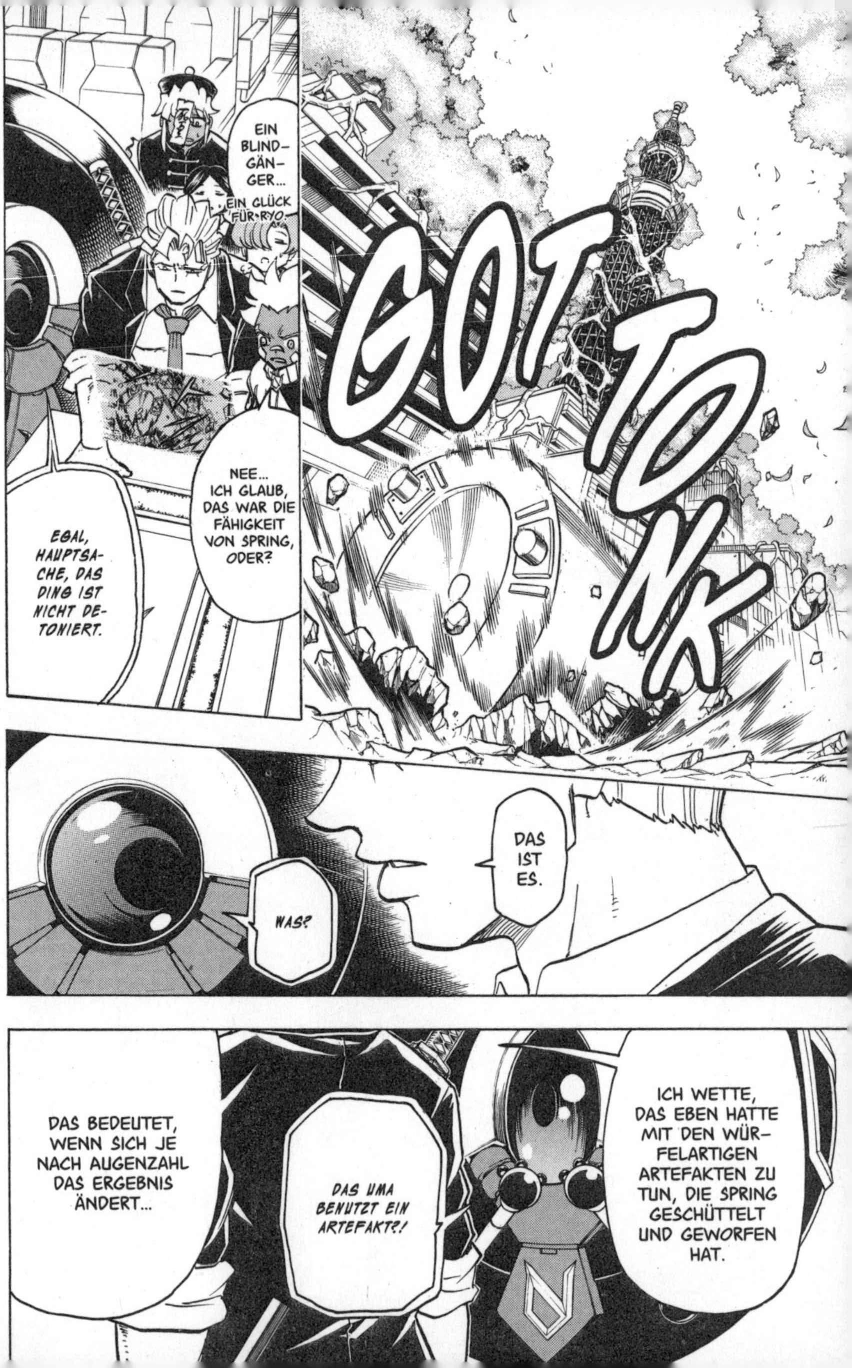
GOTTONK
EIN BLIND-GÄNGER...
EIN GLÜCK FÜR RYO.
NEE... ICH GLAUB, DAS WAR DIE FÄHIGKEIT VON SPRING, ODER?
EGAL, HAUPTSACHE, DAS DING IST NICHT DETONIERT.
DAS IST ES.
WAS?
ICH WETTE, DAS EBEN HATTE MIT DEN WÜRFELARTIGEN ARTEFAKTEN ZU TUN, DIE SPRING GESCHÜTTELT UND GEWORFEN HAT.
DAS UMA BENUTZT EIN ARTEFAKT?!
DAS BEDEUTET, WENN SICH JE NACH AUGENZAHL DAS ERGEBNIS ÄNDERT...

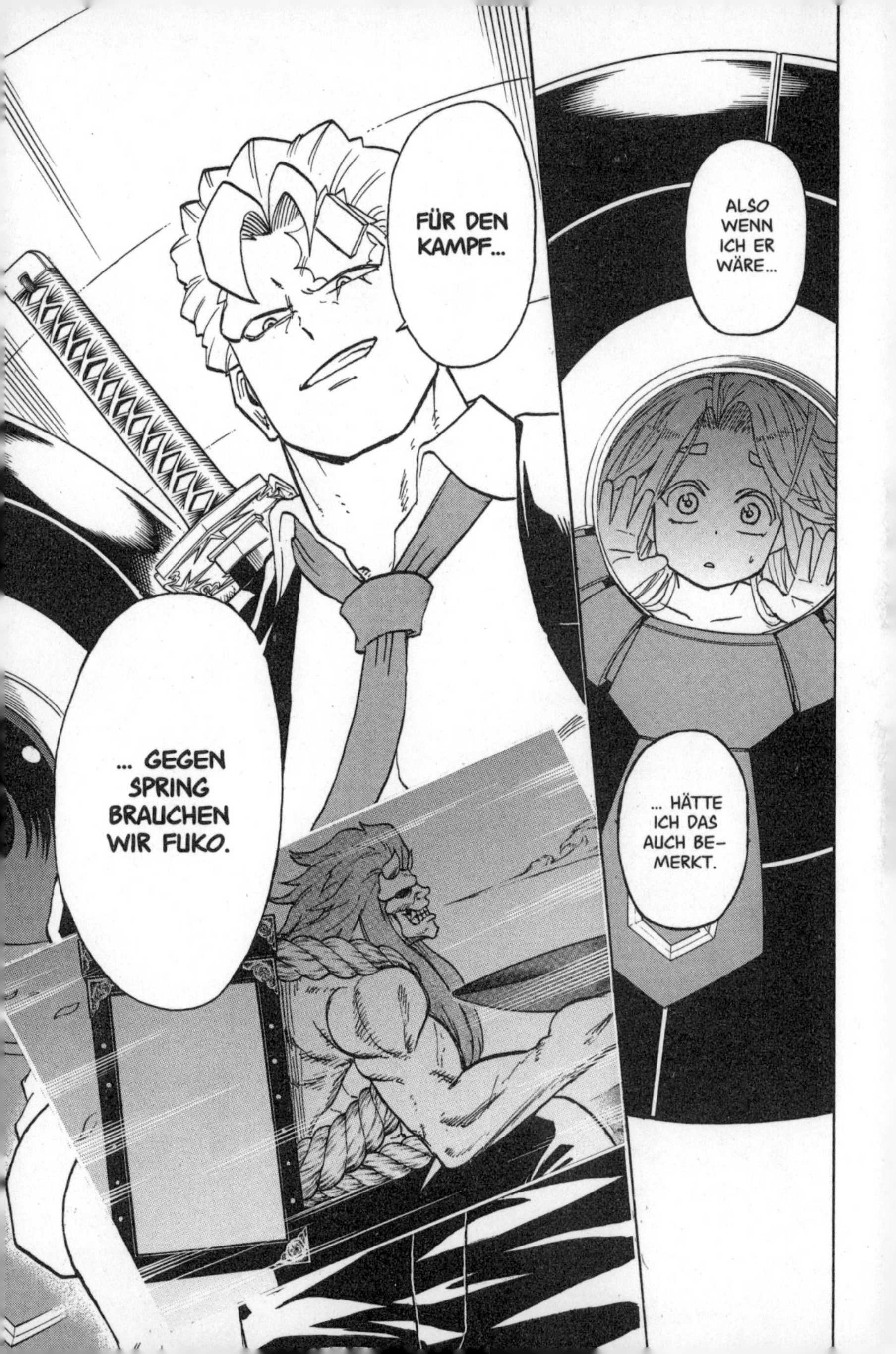
ALSO WENN ICH ER WÄRE...
... HÄTTE ICH DAS AUCH BE-MERKT.
FÜR DEN KAMPF...
... GEGEN SPRING BRAUCHEN WIR FUKO.

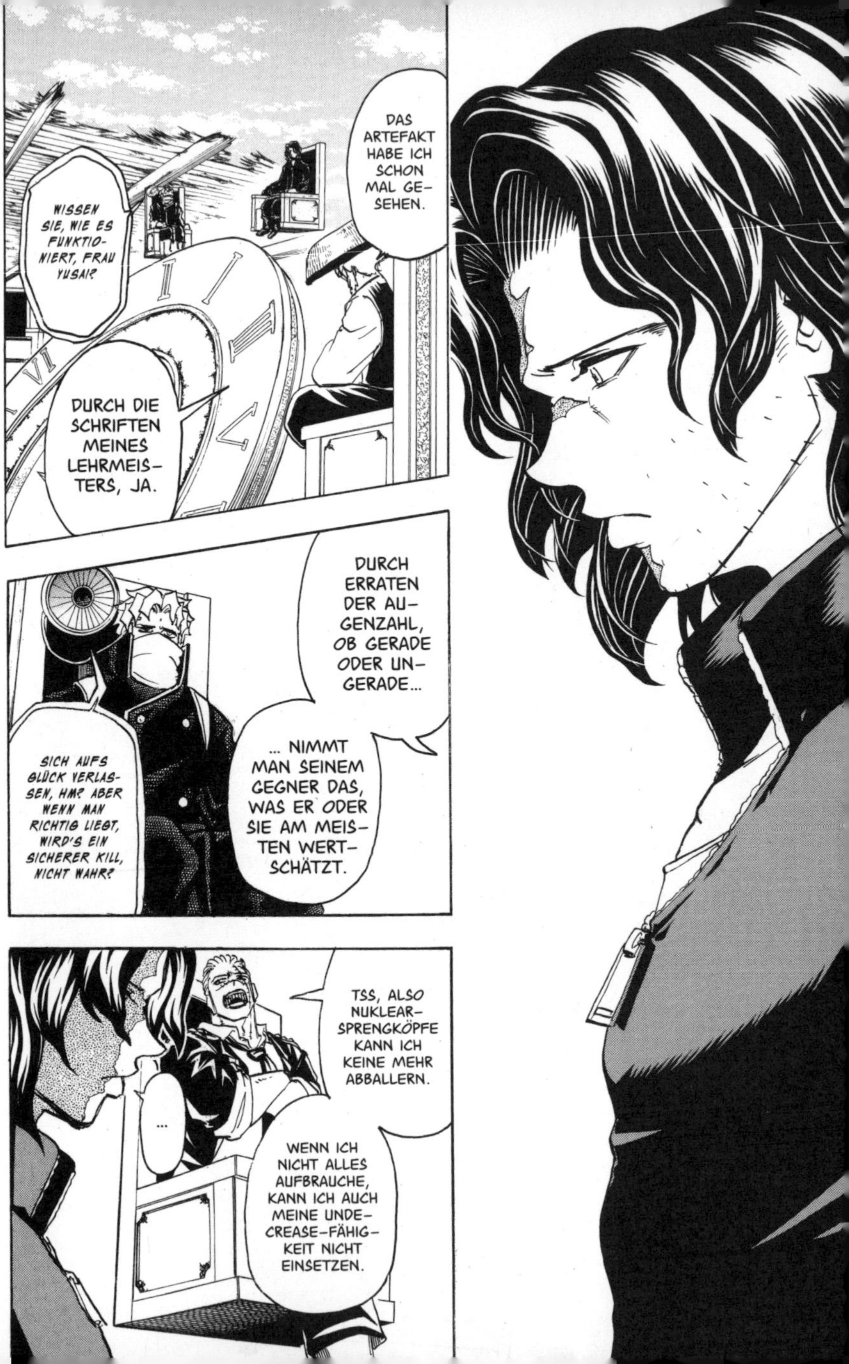
DAS ARTEFAKT HABE ICH SCHON MAL GESEHEN.
WISSEN SIE, WIE ES FUNKTIONIERT, FRAU YUSAI?
DURCH DIE SCHRIFTEN MEINES LEHRMEISTERS, JA.
DURCH ERRATEN DER AUGENZAHL, OB GERADE ODER UNGERADE...
... NIMMT MAN SEINEM GEGNER DAS, WAS ER ODER SIE AM MEISTEN WERTSCHÄTZT.
SICH AUFS GLÜCK VERLASSEN, HM? ABER WENN MAN RICHTIG LIEGT, WIRD'S EIN SICHERER KILL, NICHT WAHR?
TSS, ALSO NUKLEARSPRENGKÖPFE KANN ICH KEINE MEHR ABBALLERN.
WENN ICH NICHT ALLES AUFBRAUCHE, KANN ICH AUCH MEINE UNDECREASE-FÄHIGKEIT NICHT EINSETZEN.
...

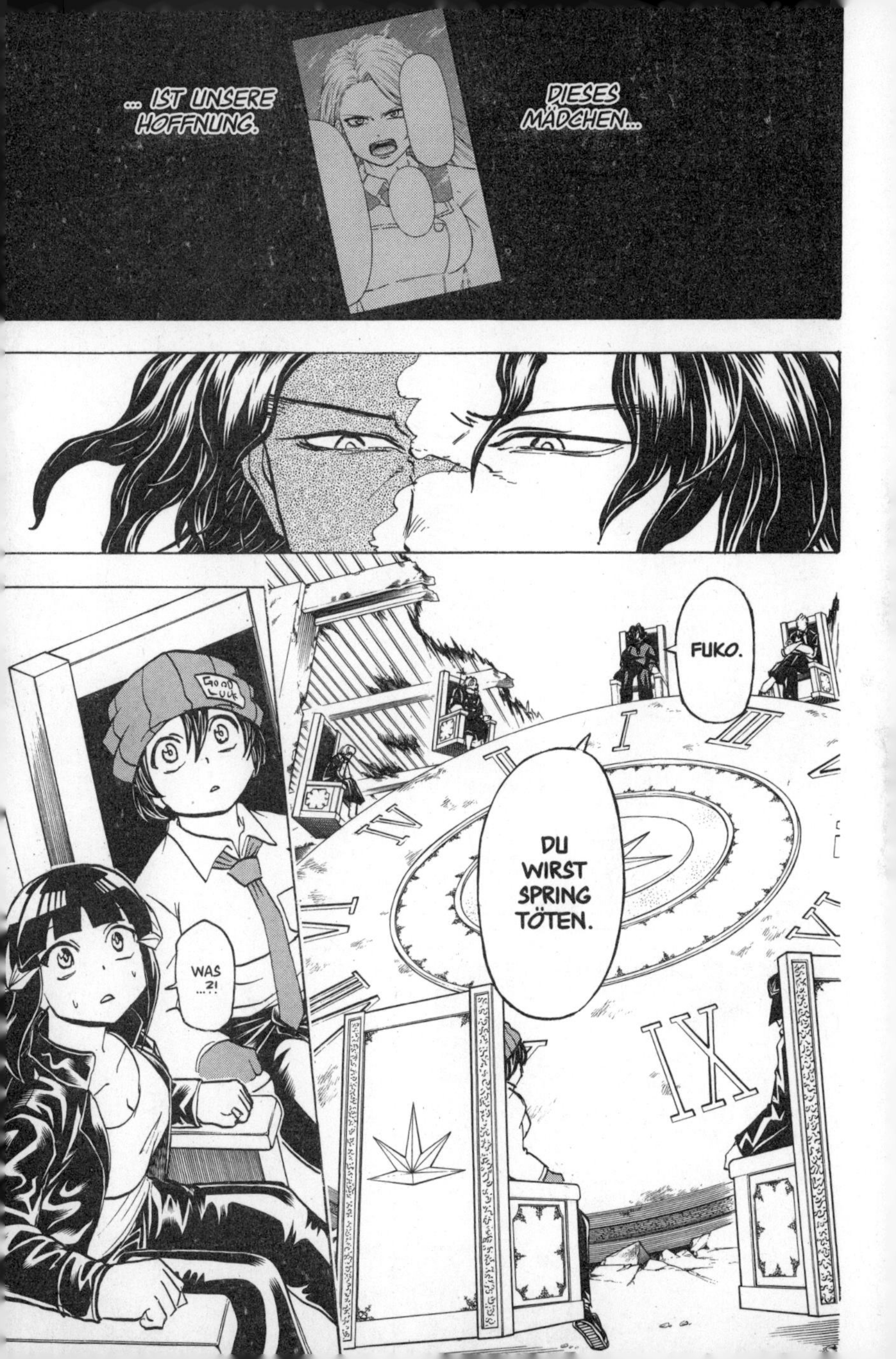
DIESES MÄDCHEN...
... IST UNSERE HOFFNUNG.
FUKO.
DU WIRST SPRING TÖTEN.
WAS ...?!

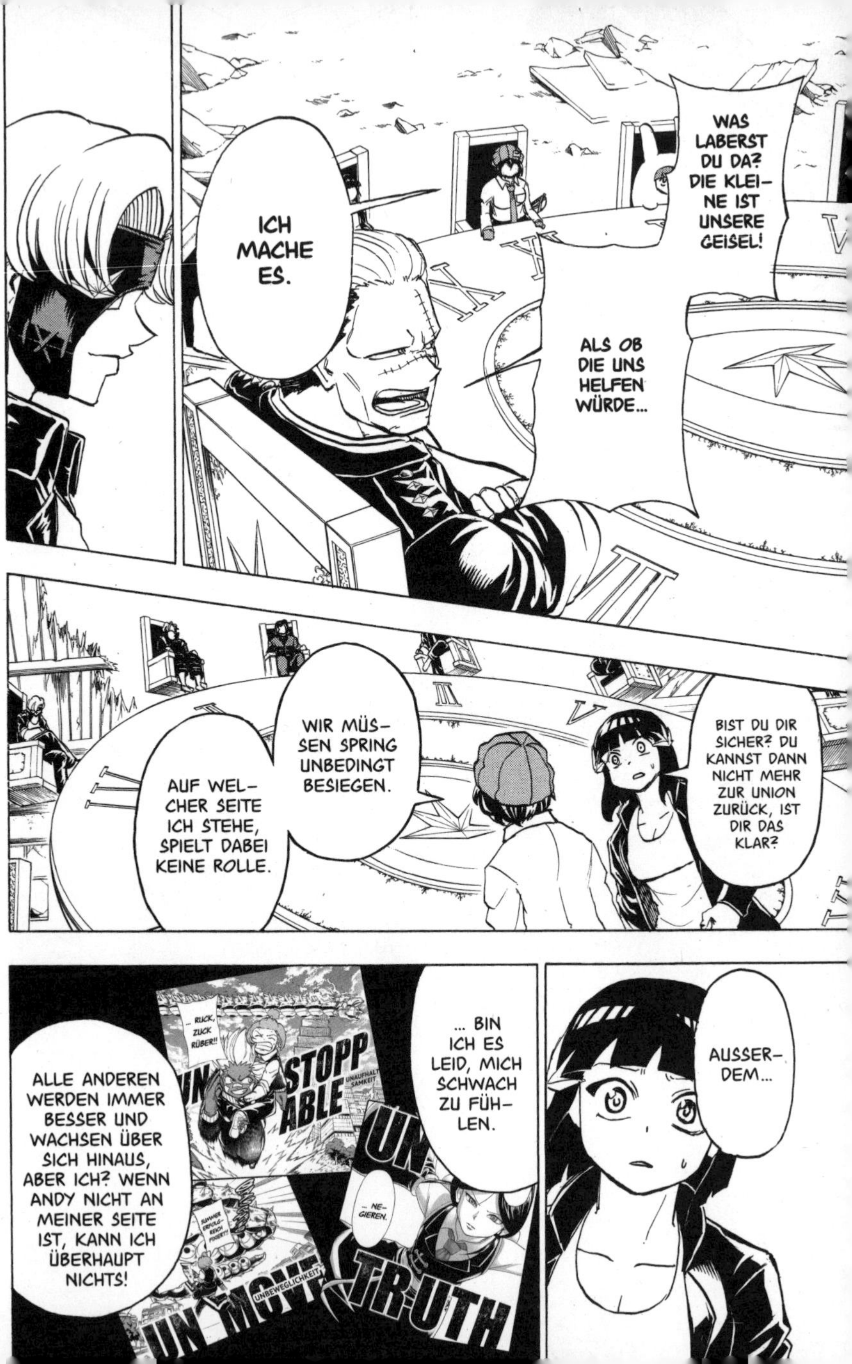
WAS LABERST DU DA? DIE KLEINE IST UNSERE GEISEL!
ALS OB DIE UNS HELFEN WÜRDE...
ICH MACHE ES.
BIST DU DIR SICHER? DU KANNST DANN NICHT MEHR ZUR UNION ZURÜCK, IST DIR DAS KLAR?
WIR MÜSSEN SPRING UNBEDINGT BESIEGEN.
AUF WELCHER SEITE ICH STEHE, SPIELT DABEI KEINE ROLLE.
AUSSERDEM...
... BIN ICH ES LEID, MICH SCHWACH ZU FÜHLEN.
... NEGIEREN.
UN TRUTH
... RUCK, ZUCK RÜBER!!
UN STOPP ABLE
UNAUFHALTSAMKEIT
UN MOVE
UNBEWEGLICHKEIT
ALLE ANDEREN WERDEN IMMER BESSER UND WACHSEN ÜBER SICH HINAUS, ABER ICH? WENN ANDY NICHT AN MEINER SEITE IST, KANN ICH ÜBERHAUPT NICHTS!

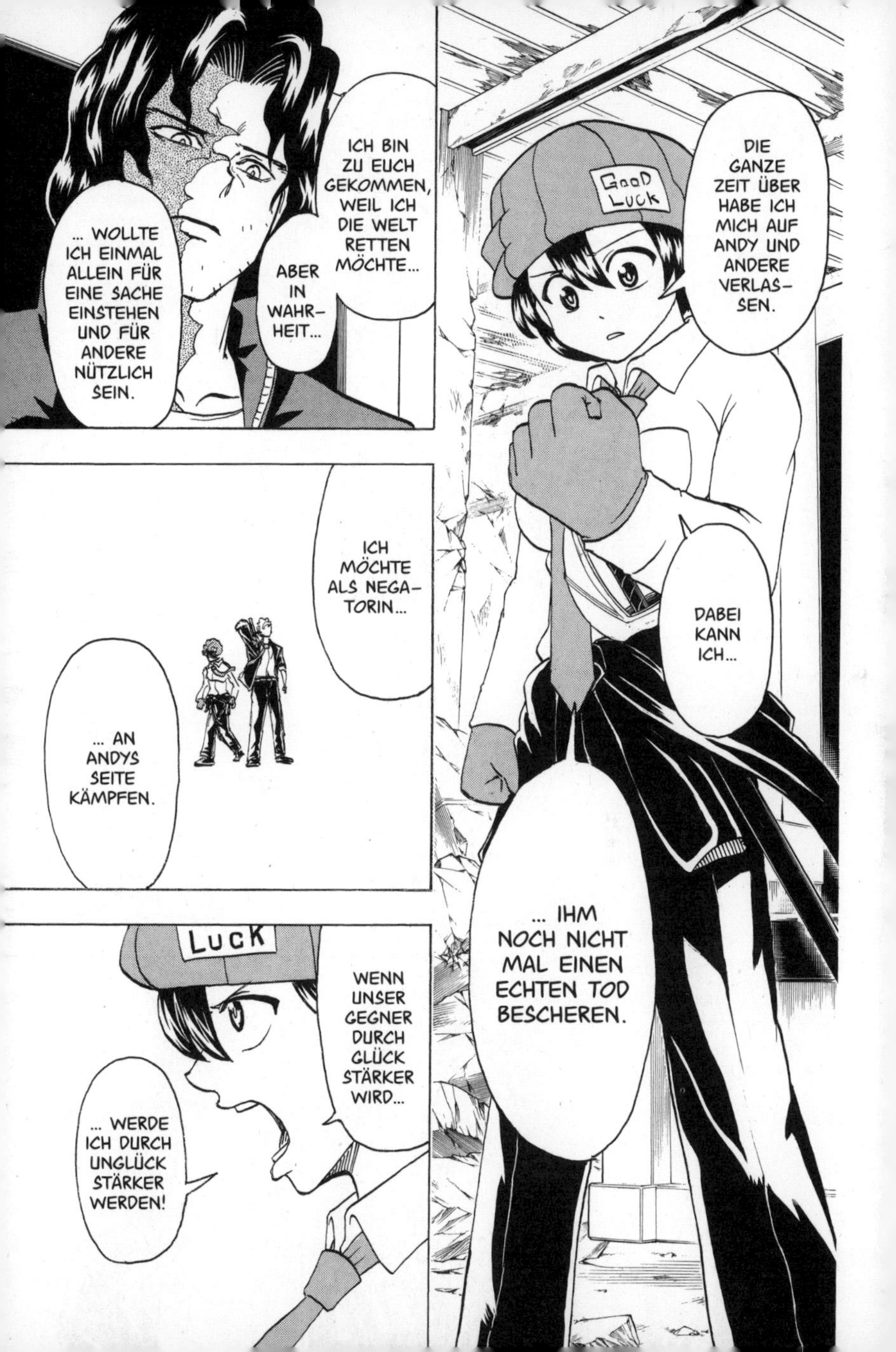

DIE GANZE ZEIT ÜBER HABE ICH MICH AUF ANDY UND ANDERE VERLASSEN.
DABEI KANN ICH...
... IHM NOCH NICHT MAL EINEN ECHTEN TOD BESCHEREN.
ICH BIN ZU EUCH GEKOMMEN, WEIL ICH DIE WELT RETTEN MÖCHTE...
ABER IN WAHRHEIT...
... WOLLTE ICH EINMAL ALLEIN FÜR EINE SACHE EINSTEHEN UND FÜR ANDERE NÜTZLICH SEIN.
ICH MÖCHTE ALS NEGATORIN...
... AN ANDYS SEITE KÄMPFEN.
GOOD LUCK
LUCK
WENN UNSER GEGNER DURCH GLÜCK STÄRKER WIRD...
... WERDE ICH DURCH UNGLÜCK STÄRKER WERDEN!

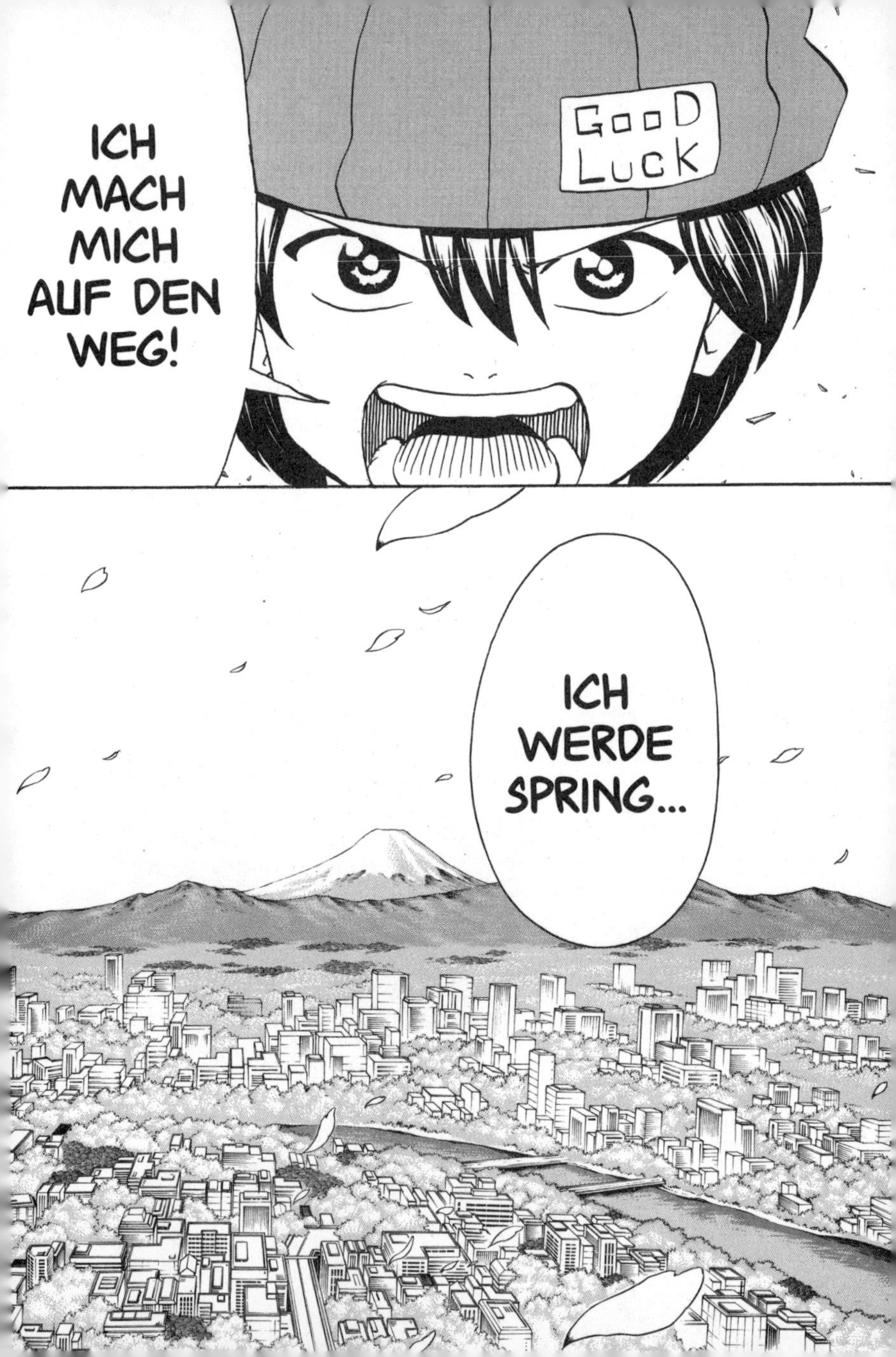
GOOD LUCK
ICH MACH MICH AUF DEN WEG!
ICH WERDE SPRING...

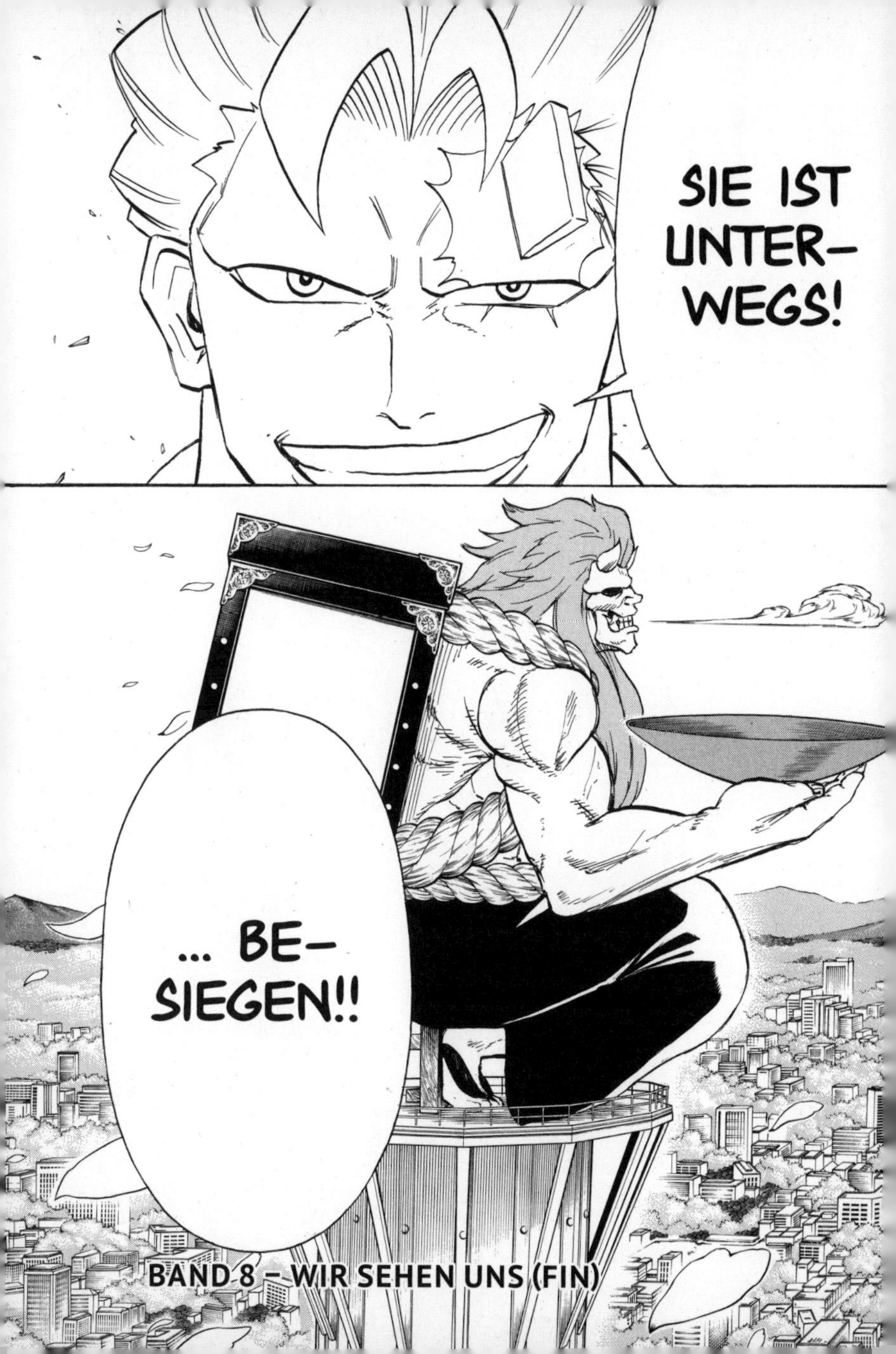
SIE IST UNTER-WEGS!
... BE-SIEGEN!!
BAND 8 – WIR SEHEN UNS (FIN)

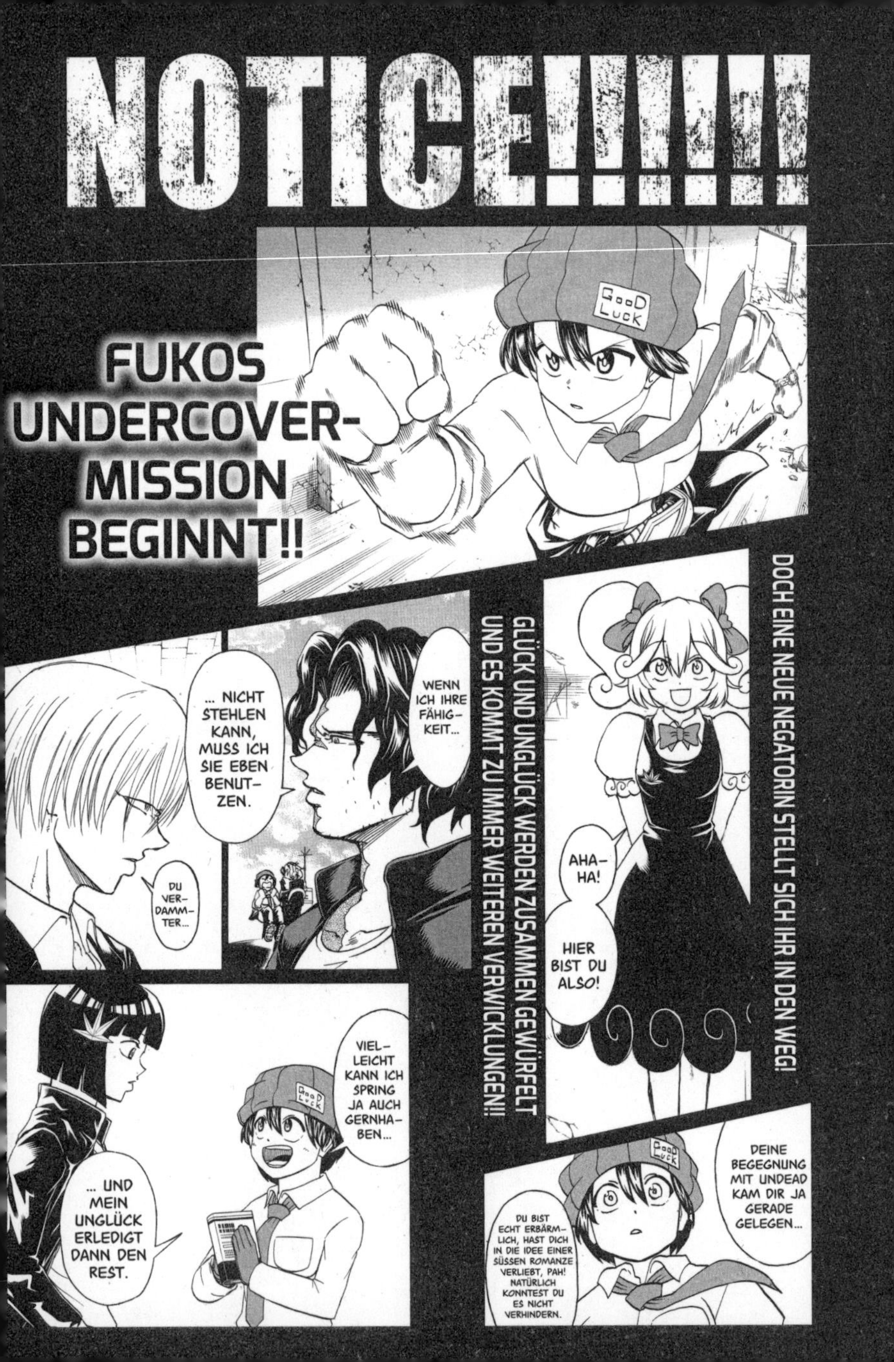
NOTICE!!!!!
FUKOS UNDERCOVER-MISSION BEGINNT!!
GOOD LUCK
DOCH EINE NEUE NEGATORIN STELLT SICH IHR IN DEN WEG!
AHA-HA!
HIER BIST DU ALSO!
GLÜCK UND UNGLÜCK WERDEN ZUSAMMEN GEWÜRFELT UND ES KOMMT ZU IMMER WEITEREN VERWICKLUNGEN!!
WENN ICH IHRE FÄHIG-KEIT...
... NICHT STEHLEN KANN, MUSS ICH SIE EBEN BENUT-ZEN.
DU VER-DAMM-TER...
DEINE BEGEGNUNG MIT UNDEAD KAM DIR JA GERADE GELEGEN...
DU BIST ECHT ERBÄRM-LICH, HAST DICH IN DIE IDEE EINER SÜSSEN ROMANZE VERLIEBT, PAH! NATÜRLICH KONNTEST DU ES NICHT VERHINDERN.
VIEL-LEICHT KANN ICH SPRING JA AUCH GERNHA-BEN...
... UND MEIN UNGLÜCK ERLEDIGT DANN DEN REST.

# UNDEAD UNLUCK▶▶▶▶

# NEXT VOLUME

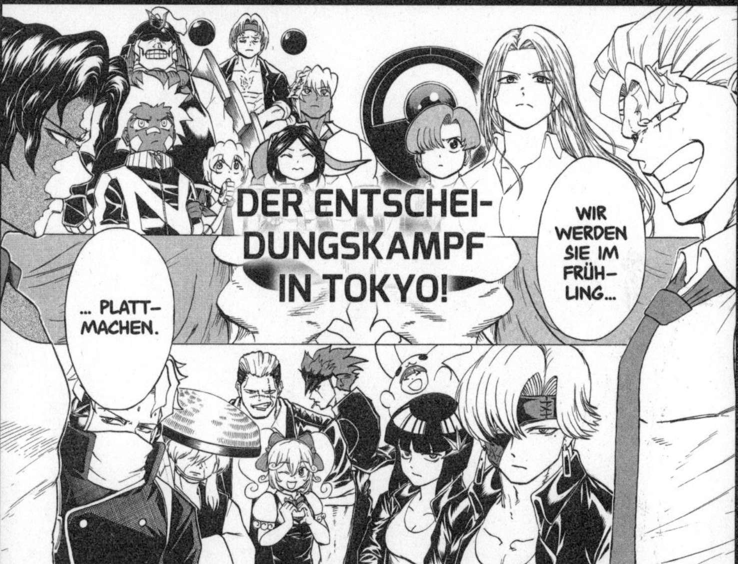


**ENDLICH: UNION VS. UNDER – DER ALLES ENTSCHEIDENDE KAMPF!!!!**

UNDEAD UNLUCK 09

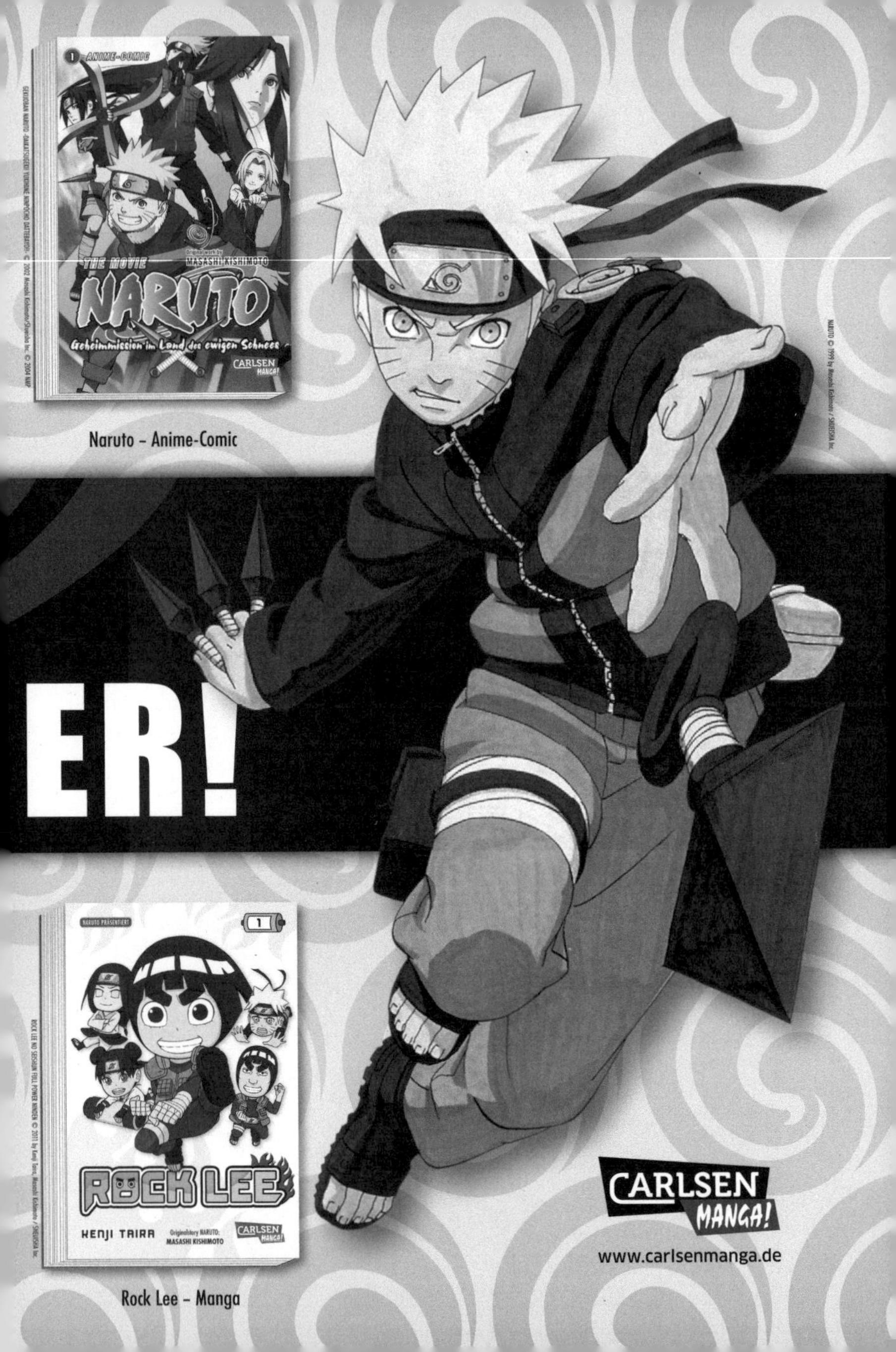
ER!
Naruto - Anime-Comic
Rock Lee - Manga
CARLSEN
MANGA!
www.carlsenmanga.de

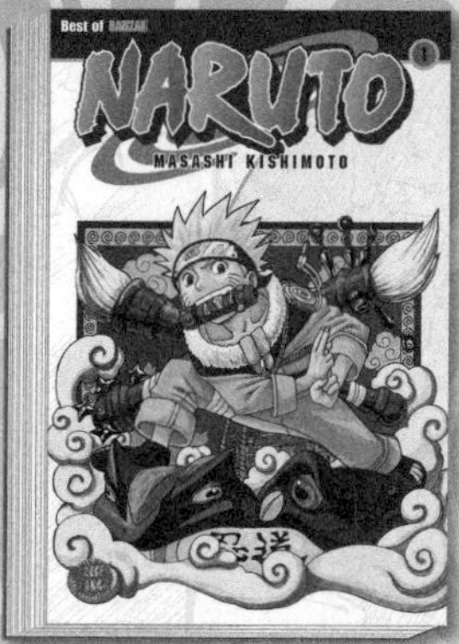

Naruto – Manga

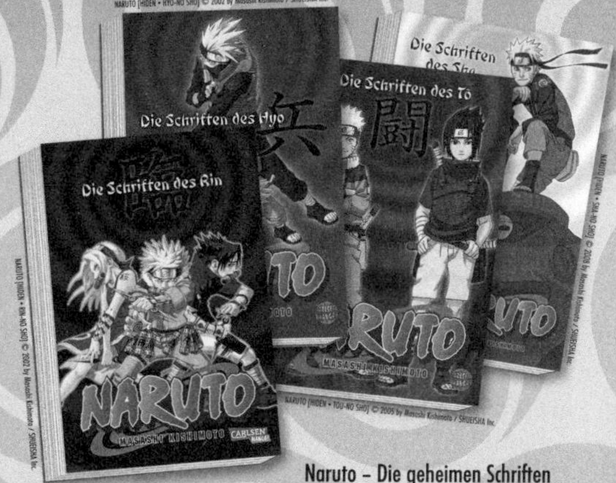

Naruto – Die geheimen Schriften

# GEBALLTE NINJA-POW

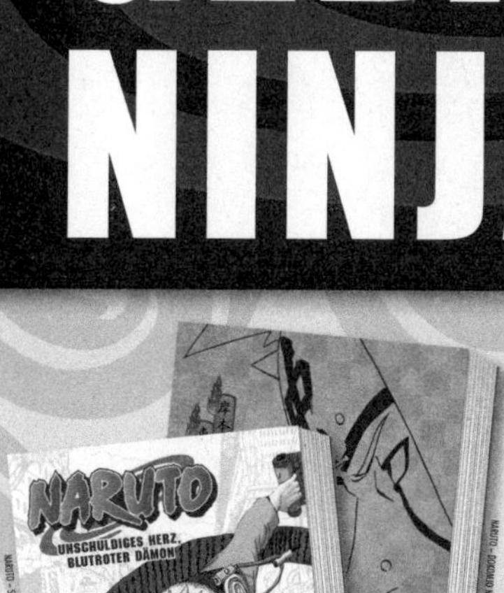

Naruto – Nippon Novel

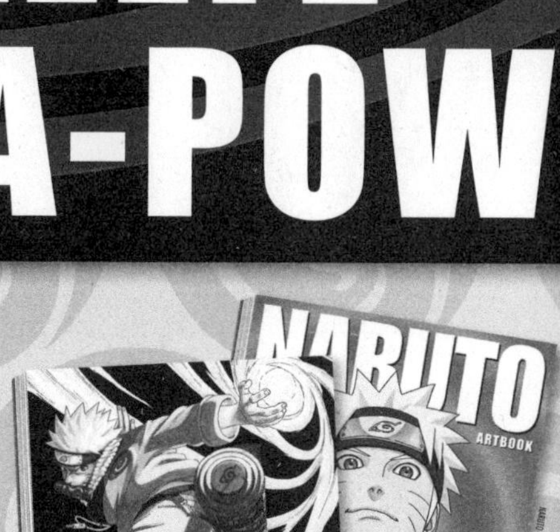

Naruto – Artbook

# MASHLE
## MAGIC AND MUSCLES

Story and Art by
HAJIME KOMOTO

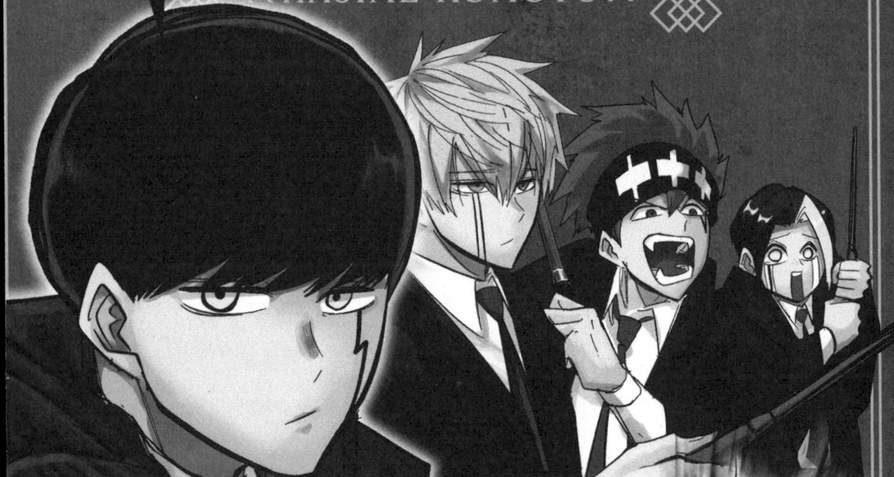

### MAGIE IST GUT – MUSKELN SIND BESSER!

Im Reich der Magie wird der soziale Status durch die magischen Fähigkeiten bestimmt. Doch tief im Wald lebt Mash Burnedead, ein junger Mann, der seine gesamte Zeit damit verbringt, seinen Körper zu stählen. Er kann keine Magie benutzen, genießt jedoch ein friedliches Leben mit seinem Vater. Als das herauskommt, geraten beide in Gefahr. Die einzige Lösung: Mash wird in der Magieschule eingeschrieben, wo er die magische Konkurrenz schlagen muss! Wird sich Mash ohne einen Funken Magie und durch reine Muskelkraft einen Weg an die Spitze bahnen können?

MASHLE © 2020 by Hajime Komoto / SHUEISHA Inc.

CARLSEN MANGA!

www.carlsenmanga.de carlsen_manga carlsenmanga

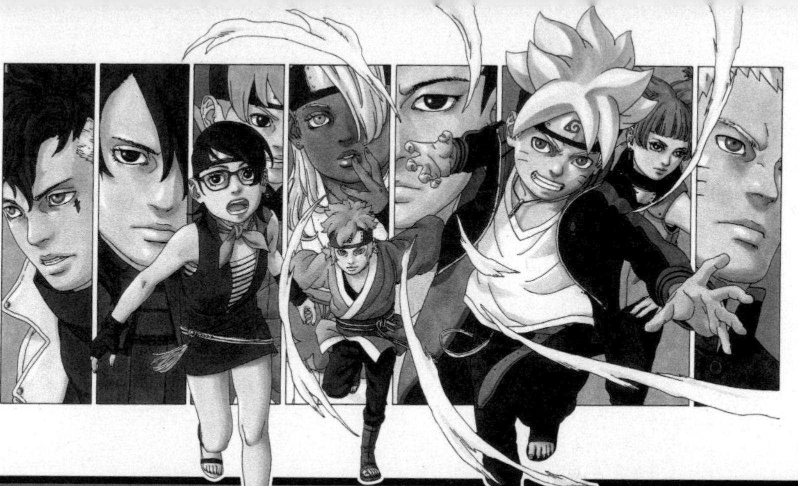

# DIE NÄCHSTE NINJA-GENERATION!

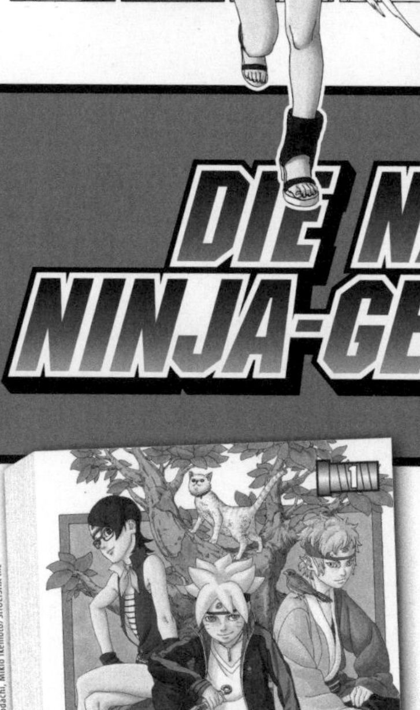


BORUTO: NARUTO NEXT GENERATIONS © 2016 by Masashi Kishimoto, Ukyo Kodachi, Mikio Ikemoto/SHUEISHA Inc

Naruto Uzumaki ist endlich Hokage und stolzer Vater von zwei Kindern. Sein Sohn Boruto gilt als Wunderkind und ist genauso rebellisch wie einst sein Vater. Boruto ist total genervt von seinem Vater, der nichts außer die Arbeit zu kennen scheint.
Er beschließt gegen die veraltete Denkweise der Ninja zu rebellieren und bittet Sasuke ihn zu trainieren, um ein besserer Ninja als Naruto zu werden ...

CARLSEN MANGA!

www.carlsenmanga.de

# Machimaho

**SOURYU**

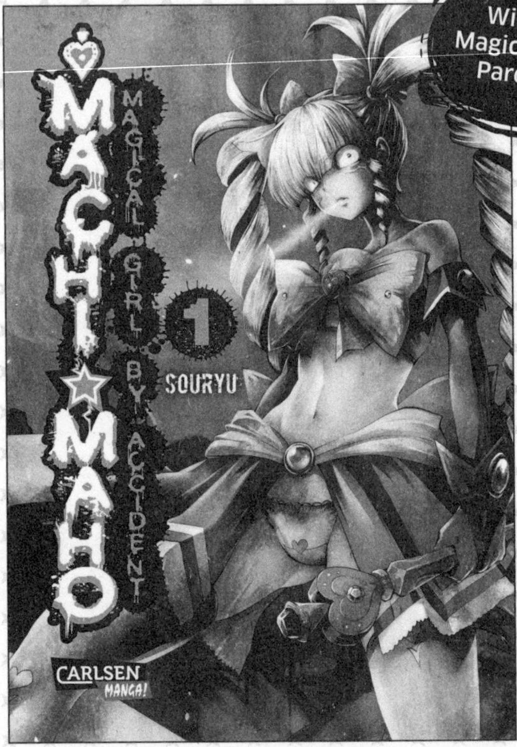


Witzige Magical-Girl-Parodie!

Eine action-reiche Comedy mit der sexy Rotzgöre Kayo Machiba in der Hauptrolle. Der Kenner merkt sofort – Rötzgöre und Magical Girl das passt nicht zusammen, denn die Magical Girls sind niedliche Mädchen, die fair und rücksichtsvoll ihre Magie für den Kampf gegen dunkle Mächte einsetzen. Und dennoch wird aus Kayo, die lieber ihre Fäuste als Argumente sprechen lässt, ein Magical Girl – eben aus Versehen.

CARLSEN MANGA!

www.carlsenmanga.de

Folge uns auf

carlsen_manga

carlsenmanga

# YAKUZA goes HAUSMANN

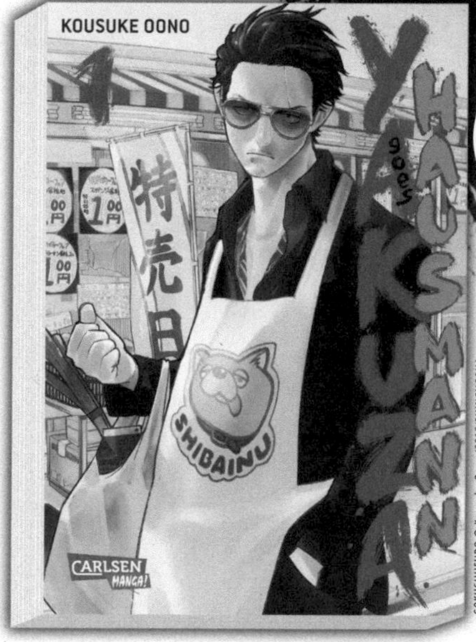


GOKUSHUFUDO © Kousuke Oono/2018 SHINCHOSHA

DER ÜBERRASCHUNGSERFOLG AUS JAPAN!

## TAUSCHE **JACKETT** GEGEN **SCHÜRZE**

Einst war er gefürchtet als Yakuza-Legende namens »Immortal Tatsu«. Allein die Nennung seines Yakuza-Namens ließ seine Feinde bis aufs Mark erschüttern. Und zurecht, denn Immortal Tatsu mäht schon mal im Alleingang ganze Banden nieder, ohne auch nur mit der Wimper zu zucken. Doch das gehört ab sofort der Vergangenheit an: Tatsu beschließt, sein Leben zu ändern. Ab sofort sind Wertmarken, Töpfe und Staubwedel seine Waffen. Richtig gelesen, Tatsu beschließt, Hausmann zu werden. So sehr er sich auch bemüht, sein Ruf ist ihm immer einen Schritt voraus… nur seine Frau lässt sich davon überhaupt nicht beeindrucken.

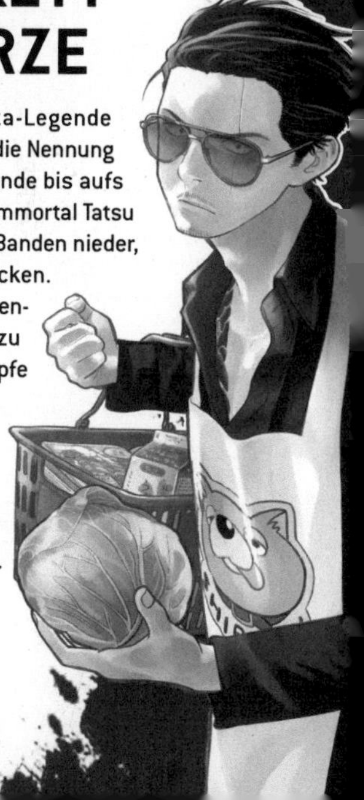

von KOUSUKE OONO

CARLSEN MANGA!

www.carlsenmanga.de

# CARLSEN MANGA! CHECKLIST

**BARFUSS DURCH HIROSHIMA**
von Keiji Nakazawa
€ 12,00 (D) / € 12,40 (A)
**O Band 2**
€ 14,00 (D) / € 14,40 (A)
**O Band 1, 3 bis 4**

**BARRAGE**
von Kohei Horikoshi
€ 6,99 (D) / € 7,20 (A)
**O Band 1 bis 2**
In 2 Bänden abgeschlossen

**BATTLE ANGEL ALITA – PERFECT EDITION**
von Yukito Kishiro
€ 19,99 (D) / € 20,60 (A)
**O Band 1 bis 3**
€ 24,99 (D) / € 25,70 (A)
**O Band 4**
In 4 Bänden abgeschlossen
€ 29,99 (D) / € 30,90 (A)
**O Band 4 im Schuber**
€ 89,99 (D) / € 92,60 (A)
**O Band 1-4 im Schuber**

**BATTLE ANGEL ALITA – LAST ORDER PERFECT EDITION**
von Yukito Kishiro
€ 14,99 (D) / € 15,50 (A)
**O 1 bis 3, 5 bis 9**
€ 19,99 (D) / € 20,60 (A)
**O Band 10**
**O Band 11** 06/21
**O Band 12** 09/21
€ 16,99 (D) / € 17,50 (A)
**O Band 4**
In 12 Bänden abgeschlossen
€ 25,00 (D) / € 25,70 (A)
**O Band 12 im Schuber mit Extra** 09/21
€ 90,00 (D) / € 92,60 (A)
**O Bände 1 bis 6 im Schuber mit Extra**
€ 99,00 (D) / € 103,20 (A)
**O Bände 7 bis 12 im Schuber mit Extra** 09/21

**BATTLE ANGEL ALITA – MARS CHRONICLE**
von Yukito Kishiro
€ 6,95 (D) / € 7,20 (A)
**O Band 1 bis 3, 5-6**
**O Band 7** 07/21
€ 10,00 (D) / € 10,30 (A)
**O Band 4**
Bislang 6 Bände in Japan

**ATTACK ON TITAN – DELUXE**
von Hajime Isayama
€ 25,00 (D) / € 25,70 (A)
**O Band 1 bis 8**

**ATTACK ON TITAN – INSIDE**
von Hajime Isayama
€ 12,90 (D) / € 13,30 (A)
**O Einzelband**

**ATTACK ON TITAN – LOST GIRLS**
von Isayama, Seko & Fuji
€ 6,99 (D) / € 7,20 (A)
**O Band 1 & 2**
In 2 Bänden abgeschlossen

**ATTACK ON TITAN – LOST GIRLS** (Nippon Novel)
von Hiroshi Seko
€ 9,95 (D) / € 10,30 (A)
**O Einzelband**

**ATTACK ON TITAN – NO REGRETS**
von Hajime Isayama
€ 6,95 (D) / € 7,20 (A)
**O Band 1 & 2**
In 2 Bänden abgeschlossen

**ATTACK ON TITAN – NO REGRETS FULL COLOR EDITION**
von Hajime Isayama
€ 14,99 (D) / € 15,50 (A)
**O Band 1 & 2**
In 2 Bänden abgeschlossen

**ATTACK ON TITAN – OUTSIDE**
von Hajime Isayama
€ 12,90 (D) / € 13,30 (A)
**O Einzelband**

**ATTACK ON TITAN – SHORT PLAY**
von Isayama & hounori
€ 8,99 (D) / € 9,30 (A)
**O Einzelband**

**ANONYMOUS NOISE**
von Ryoko Fukuyama
€ 5,00 (D) / € 6,20 (A)
**O Band 1**
€ 6,99 (D) / € 7,20 (A)
**O Band 2 bis 17**
**O Band 18** 06/21
In 18 Bänden abgeschlossen

**ARTE**
von Kei Ohkubo
€ 10,00 (D) / € 10,30 (A)
**O Band 1 bis 6**
**O Band 7** 07/21
**O Band 8** 09/21
Bislang 13 Bände in Japan

**ASSASSINATION CLASSROOM**
von Yusei Matsui
€ 6,50 (D) / € 6,70 (A)
**O Band 1 bis 21**
In 21 Bänden abgeschlossen

**ATTACK ON TITAN**
von Hajime Isayama
€ 6,95 (D) / € 7,20 (A)
**O Band 1 bis 32**
**O Band 33** 09/21
In 34 Bänden abgeschlossen
€ 36,00 (D) / € 37,10 (A)
**O Bände 1-5 im Schuber**
**O Bände 6-10 im Schuber**
**O Bände 11-15 im Schuber**
**O Bände 16-20 im Schuber**
**O Bände 21-25 im Schuber**
**O Bände 26-30 im Schuber**

**ATTACK ON TITAN – ANSWERS**
von Hajime Isayama
€ 12,90 (D) / € 13,30 (A)
**O Einzelband**

**ATTACK ON TITAN – BEFORE THE FALL**
von Hajime Isayama
€ 6,95 (D) / € 7,20 (A)
**O Band 1 bis 17**
In 17 Bänden abgeschlossen

**ATTACK ON TITAN CHARACTER GUIDE**
von Hajime Isayama
€ 12,90 (D) / € 13,30 (A)
**O Einzelband**

**12 JAHRE**
von Nao Maita
€ 5,99 (D) / € 6,20 (A)
**O Band 1 bis 14**
€ 6,99 (D) / € 7,20 (A)
**O Band 15** 08/21
In 20 Bänden abgeschlossen

**ABE SADA**
von Kazuo Kamimura
€ 14,99 (D) / € 15,50 (A)
**O Band 1 & 2**
In 2 Bänden abgeschlossen

**ACID TOWN**
von Kyugo
€ 7,95 (D) / € 8,20 (A))
**O Band 6**
Bislang 6 Bände in Japan

**AKIRA – ORIGINAL EDITION**
von Katsuhiro Otomo
€ 19,90 (D) / € 20,50 (A)
**O Band 1 bis 3**
€ 22,90 (D) / € 23,60 (A)
**O Band 4 bis 6**
In 6 Bänden abgeschlossen

**ALICE IN MURDERLAND**
von Kaori Yuki
€ 7,95 (D) / € 8,20 (A)
**O Band 1 bis 11**
In 11 Bänden abgeschlossen

**ALISIK**
von Helge Vogt & Hubertus Rufledt
€ 8,99 (D) / € 9,30 (A)
**O Band 1**
€ 7,99 (D) / € 8,30 (A)
**O Band 2 bis 4**
In 4 Bänden abgeschlossen

**ALPHA² – NEUEDITION**
von Kamineo & Kamoi
€ 14,00 (D) / € 14,40 (A)
**O Einzelband**

**ALPI - THE SOUL SENDER**
von Rona
€ 7,00 (D) / € 7,20 (A)
**O Band 1** 07/21
Bislang 4 Bände in Japan

# CARLSEN MANGA! CHECKLIST

**DOUBT GESAMTAUSGABE**
von Yoshiki Tonogai
€ 30,00 (D) / € 30,90 (A)
O **Sammelschuber** 07/21

**DRAGON BALL**
von Akira Toriyama
€ 6,50 (D) / € 6,70 (A)
O **Band 1 bis 42**
In 42 Bänden abgeschlossen

**DRAGON BALL MASSIV**
von Akira Toriyama
€ 5,00 (D) / € 5,20 (A)
O **Band 1**
€ 10,00 (D) / € 10,30 (A)
O **Band 2 bis 11**
O **Band 12** 07/21
O **Band 13** 09/21

**DRAGON BALL SD**
von Akira Toriyama (Original Story) & Naho Ohishi
€ 7,95 (D) / € 8,20 (A)
O **Band 1 bis 6**
Bislang 7 Bände in Japan

**DRAGON BALL SIDE STORIES**
von Akira Toriyama & dragongarow LEE
€ 5,00 (D) / € 5,20 (A)
O **Yamchu**

**DRAGON BALL SUPER**
von Toriyama & Toyotarou
€ 6,50 (D) / € 6,70 (A)
O **Band 1 bis 11**
O **Band 12** 06/21
€ 9,99 (D) / € 10,30 (A)
O **Band 5 im Schuber**
O **Band 10 im Schuber**
€ 29,99 (D) / € 30,90 (A)
O **Bände 1-5 im Schuber**
O **Bände 6-10 im Schuber**
Bislang 14 Bände in Japan

**DREAMIN' SUN**
von Ichigo Takano
€ 6,99 (D) / € 7,20 (A)
O **Band 1 bis 9**
€ 8,99 (D) / € 9,20 (A)
O **Band 10**
In 10 Bänden abgeschlossen

**COYOTE**
von Ranmaru Zariya
€ 7,99 (D) / € 8,30 (A)
O **Band 1 bis 3**
Bislang 3 Bände in Japan

**CROSS ACCOUNT**
von Tsunehiro Date
€ 6,99 (D) / € 7,20 (A)
O **Band 1 bis 4**
In 4 Bänden abgeschlossen

**DEAD COMPANY**
von Yoshiki Tonogai
€ 7,00 (D) / € 7,20 (A)
O **Band 1** 07/21
In 3 Bänden abgeschlossen

**DEFENSE DEVIL**
von Youn In-Wan & Yang Kyung-Il
€ 5,95 (D) / € 6,20 (A)
O **Band 1 bis 10**
In 10 Bänden abgeschlossen

**DEPTH OF FIELD**
von Enjo
€ 8,00 (D) / € 8,30 (A)
O **Band 1 & 2**
In 2 Bänden abgeschlossen

**DEVILS & REALIST**
von Utako Yukihiro & Madoka Takadono
€ 6,95 (D) / € 7,20 (A)
O **Band 11 bis 13**
€ 7,95 (D) / € 8,20 (A)
O **Band 14**
€ 8,95 (D) / € 9,20 (A)
O **Band 15**
In 15 Bänden abgeschlossen

**DIALOGE MIT MIR SELBST**
von Kabi Nagata
€ 18,00 (D) / € 18,50 (A)
O **Band 1 b& 2**
In 2 Bänden abgeschlossen

**DIE STADT DER BESONDEREN KINDER**
von Ransom Riggs & Cassandra Jean
€ 14,90 (D) / € 15,40 (A)
O **Einzelband**

**BLACK LAGOON**
von Rei Hiroe
€ 6,95 (D) / € 7,20 (A)
O **Band 4**
€ 7,95 (D) / € 8,20 (A)
O **Band 1-3, 5 - 8, 10 -11**
€ 8,95 (D) / € 9,20 (A)
O **Band 9**
Bislang 11 Bände in Japan

**BLOOM INTO YOU**
von Nio Naketani
€ 6,99 (D) / € 7,20 (A)
O **Band 1 bis 7**
€ 7,99 (D) / € 8,30 (A)
O **Band 8**
In 8 Bänden abgeschlossen

**BLUE FLAG**
von Kaito
€ 7,99 (D) / € 8,30 (A)
O **Band 1 bis 7**
In 7 Bänden abgeschlossen

**BLUE GIANT**
von Shinichi Ishizuka
€ 8,00 (D) / € 8,30 (A)
O **Band 1** 09/21
In 10 Bänden abgeschlossen

**BLUE GIANT SUPREME**
von Shinichi Ishizuka
€ 8,00 (D) / € 8,30 (A)
O **Band 1 bis 5**
O **Band 6** 08/21
In 11 Bänden abgeschlossen

**BORUTO – NARUTO THE NEXT GENERATION**
von Kishimoto & Kodachi
€ 6,50 (D) / € 6,70 (A)
O **Band 1 bis 10**
O **Band 11** 07/21
Bislang 13 Bände in Japan

**BUDDHA**
von Osamu Tezuka
€ 22,90 (D) / € 23,60 (A)
O **Band 1 bis 10**
In 10 Bänden abgeschlossen

**CHIISAKOBEE**
von Minetaro Mochizuki
€ 14,90 (D) / € 15,40 (A)
O **Band 1 bis 4**
In 4 Bänden abgeschlossen

**BECOMING A GIRL ONE DAY**
von Akane Ogura
€ 5,99 (D) / € 6,20 (A)
O **Band 1 bis 4**
In 4 Bänden abgeschlossen

**BECOMING A GIRL ONE DAY – ANOTHER**
von Akane Ogura
€ 5,99 (D) / € 6,20 (A)
O **Band 1 bis 4**
In 4 Bänden abgeschlossen

**BILLY BAT**
von Naoki Urasawa & Takashi Nagasaki
€ 8,95 (D) / € 9,20 (A)
O **Band 4-7, 12-16**
€ 12,00 (D) / € 12,40 (A)
O **Band 1-3, 8-11, 17-20**
In 20 Bänden abgeschlossen

**BL IS MAGIC!**
von Oroken
€ 9,99 (D) / € 10,30 (A)
O **Band 1 bis 3**
In 4 Bänden abgeschlossen
O **BL is magic! Special: Extra Spells** 08/21

**BL METAMORPHOSEN – GEHEIMNIS EINER FREUNDSCHAFT**
von Kaori Tsurutani
€ 8,00 (D)/ € 8,30 (A)
O **Band 1 bis 3**
O **Band 4** 09/21
In 5 Bänden abgeschlossen

**BLACK BUTLER**
von Yana Toboso
€ 6,95 (D) / € 7,20 (A)
O **Band 1 bis 29**
O **Band 30** 07/21
€ 10,00 (D)/ € 10,30 (A)
O **Band 30 Limitierte Ausgabe mit Extra** 07/21
€ 14,90 (D) / € 15,40 (A)
O **Character Guide**
Bislang 29 Bände in Japan

# CARLSEN MANGA! CHECKLIST

**GELIEBTER AFFE**
von Yoshihiro Tatsumi
€ 19,90 (D) / € 20,50 (A)
O **Einzelband**

**GHOSTLY THINGS**
von Ushio Shirotori
€ 7,00 (D) / € 7,20 (A)
O **Band 1**
O **Band 2** 07/21
In 4 Bänden abgeschlossen

**HARU x KIYO**
von Akira Ozaki
€ 5,00 (D) / € 5,20 (A)
O **Band 1**
€ 7,00 (D)/ €7,20 (A)
O **Band 2 bis 9**
In 9 Bänden abgeschlossen

**HE'S MY VAMPIRE**
von Aya Shouoto
€ 6,95 (D) / € 7,20 (A)
O **Band 1 bis 10**
In 10 Bänden abgeschlossen

**HITOTSUBANA**
von Minami
€ 8,00 (D) / € 8,30 (A)
O **Band 1 bis 7**
In 7 Bänden abgeschlossen

**HOW TO DRAW MANGA**
von Hikaru Hayashi u. a.
€ 9,95 (D) / € 10,30 (A)
O **Manga-Charaktere in Bewegung**
€ 16,90 (D) / € 17,40 (A)
O **Ninja und Samurai**
€ 17,90 (D) / € 18,40 (A)
O **Manga-Figuren entwickeln**
€ 19,90 (D) / € 20,50 (A)
O **Manga-Skizzen zeichnen**
O **Character Design – Tipps und Tricks**
O **Manga aus der richtigen Perspektive**
O **Oberflächen und Strukturen**
O **Manga-Figuren in ihrer Umwelt**
O **Perfekte Proportionen im Manga**
O **Grundlagen der Manga-Kunst**
€ 24,90 (D) / € 25,60 (A)
O **Kolorieren mit Copic-Stiften**
O **Kolorieren mit Aquarellbuntstiften**

**FOLGE DEN WOLKEN NACH NORD-NORDWEST**
von Aki Irie
€ 12,00 (D) / € 12,40 (A)
O **Band 1 bis 4**
Bislang 5 Bände in Japan

**FOOD WARS – SHOKUGEKI NO SOMA**
von Tsukuda & Saeki
€ 6,99 (D) / € 7,20 (A)
O **Band 1 bis 31**
O **Band 32** 06/21
O **Band 33** 08/21
In 36 Bänden abgeschlossen
€ 69,90 (D) / € 71,80 (A)
O **Bände 1-10 im Schuber**
O **Bände 11-20 im Schuber**
O **Bände 21-30 im Schuber**

**FRUIT BASKET PEARLS**
von Natuski Takaya
€ 11,00 (D) / € 11,40 (A)
O **Band 1**
O **Band 2** 06/21
O **Band 3** 08/21
In 12 Bänden abgeschlossen

**GAMMA DRACONIS**
von Eldo Yoshimizu & Benoist Simmat
€ 16,00 (D) / € 16,50 (A)
O **Einzelband** 07/21

**GANGSTA.**
von Kohske
€ 7,95 (D) / € 8,20 (A)
O **Band 1 bis 8**
Bislang 8 Bände in Japan

**GANGSTA: CURSED.**
von Kohske & Kamo
€ 7,99 (D) / € 8,30 (A)
O **Band 1 bis 5**
Bislang 5 Bände in Japan

**GEGEN DEN STROM**
von Yoshihiro Tatsumi
€ 44,00 (D) / € 44,60 (A)
O **Einzelband**

**FAIRY TAIL+**
von Hiro Mashima
€ 8,95 (D) / € 9,20 (A)
O **Einzelband**

**FAIRY TAIL – HAPPY'S ADVENTURE**
von Hiro Mashima & Kenshiro Sakamoto
€ 7,00 (D) / € 7,20 (A)
O **Band 1 bis 4**
O **Band 5** 08/21
In 8 Bänden abgeschlossen

**FAIRY TAIL S**
von Hiro Mashima
€ 6,99 (D) / € 7,20 (A)
O **Band 1 & 2**
In 2 Bänden abgeschlossen

**FAIRY TAIL SIDE STORIES**
von Hiro Mashima & Kyota Shibano
€ 6,99 (D) / € 7,20 (A)
O **Band 1 bis 3**
In 3 Bänden abgeschlossen

**FAIRY TALE BATTLE ROYALE**
von Soraho Ina
€ 7,00 (D) / € 7,20 (A)
O **Band 1 bis 4**
Bislang 4 Bände in Japan

**FINAL FANTASY – LOST STRANGER**
von Hazuki Minase & Itsuki Kameya
€ 12,99 (D) / € 13,40 (A)
O **Band 1 bis 5**
Bislang 6 Bände in Japan

**FINAL FANTASY – OFFICIAL MEMORIAL ULTIMANIA BOOK**
von Takatoshi Shiozawa
€ 39,99 (D) / € 41,20 (A)
O **VII - IX**
In 3 Bänden abgeschlossen

**FOCUS 10**
von Martina Peters
€ 6,99 (D) / € 7,20 (A)
O **Band 1 bis 9**
O **Band 10** 09/21
In 10 Bänden abgeschlossen

**DR. STONE**
von Inagaki & BOICHI
€ 7,00 (D) / € 7,20 (A)
O **Band 1 bis 11**
O **Band 12** 06/21
O **Band 13** 08/21
Bislang 19 Bände in Japan

**DR. STONE REBOOT: BYAKUYA**
von Inagaki & BOICHI
€ 7,00 (D) / € 7,20 (A)
O **Einzelband** 07/21

**EDENS ZERO**
von Hiro Mashima
€ 7,00 (D)/ €7,20 (A)
O **Band 1 bis 9**
O **Band 10** 07/21
€ 10,00 (D) / € 10,30 (A)
O **Band 7 - limitierte Ausgabe**
Bislang 13 Bände in Japan

**EXISTENZEN UND ANDERE ABGRÜNDE**
von Yoshihiro Tatsumi
€ 19,90 (D) / € 20,50 (A)
O **Einzelband**

**FAIRY GIRLS**
von Hiro Mashima
€ 6,99 (D) / € 7,20 (A)
O **Band 1 bis 4**
In 4 Bänden abgeschlossen

**FAIRY TAIL**
von Hiro Mashima
€ 6,50 (D) / € 6,70 (A)
O **Band 1 bis 63**
€ 9,99 (D) / € 10,30 (A)
O **Band 60 limitiert**
In 63 Bänden abgeschlossen

**FAIRY TAIL ARTBOOKS**
von Hiro Mashima
€ 19,95 (D) / € 20,60 (A)
O **Fantasia**
O **Harvest**

**FAIRY TAIL – 100 YEARS QUEST**
von Hiro Mashima & Atsuo Ueda
€ 7,00 (D) / € 7,20 (A)
O **Band 1 bis 5**
O **Band 6** 06/21
O **Band 7** 09/21
Bislang 10 Bände in Japan

# CARLSEN MANGA! CHECKLIST

**LIBERI-PROJEKT, DAS**

von Tamasaburo
€ 6,95 (D) / € 7,20 (A)
O **Band 1 bis 3**
In 3 Bänden abgeschlossen

**LIEBHABER, DER**

von Kan Takahama
€ 22,00 (D) / € 22,70 (A)
O **Einzelband**

**LITTLE WITCH ACADEMIA**

von Sato & Yoshinari
€ 6,99 (D) / € 7,20 (A)
O **Band 1 bis 3**
In 3 Bänden abgeschlossen

**LIQUOR & CIGARETTE**

von Ranmaru Zariya
€ 8,00 (D) / € 8,30 (A)
O **Einzelband**

**LUDWIG REVOLUTION GESAMTAUSGABE**

von Kaori Yuki
€ 30,00 (D) / € 30,90 (A)
O **Sammelschuber** 09/21

**LUPUS IN FABULA**

von Kamineo
€ 7,95 (D) / € 8,20 (A)
O **Band 1 bis 3**
In 3 Bänden abgeschlossen

**MACHIMAHO – MAGICAL GIRL BY ACCIDENT**

von Souryu
€ 7,99 (D) / € 8,30 (A)
O **Band 1 bis 7**
O **Band 8** 07/21
Bislang 9 Bände in Japan

**MAGUS OF THE LIBRARY**

von Mitsu Izumi
€ 12,00 (D) / € 12,40 (A)
O **Band 1 & 4**
€ 14,00 (D) / € 14,40 (A)
O **Band 2**
€ 16,00 (D) / € 16,50 (A)
O **Band 3**
Bislang 5 Bände in Japan

**KAMISAMA DARLING**

von Kyoko Aiba
€ 6,99 (D) / € 7,20 (A)
O **Band 1 bis 8**
In 8 Bänden abgeschlossen

**KATSURA & TORIYAMA SHORT STORIES**

von Akira Toriyama
& Masakazu Katsura
€ 6,95 (D) / € 7,20 (A)
O **Einzelband**

**KILLING BITES**

von Shinya Murata
& Kazasa Sumita
€ 7,95 (D) / € 8,20 (A)
O **Band 1-3, 5-14**
€ 10,00 (D) / € 10,30 (A)
O **Band 4**
Bislang 17 Bände in Japan

**KIMI NI NARE – FINDE DICH SELBST**

von Ichigo Takano
€ 7,00 (D) / € 7,20 (A)
O **Einzelband** 07/21

**KLEINE KATZE CHI**

von Konami Kanata
€ 9,95 (D) / € 10,30 (A)
O **Band 1 bis 11**
€ 12,00 (D) / € 12,40 (A)
O **Band 12**
In 12 Bänden abgeschlossen

**KOROSENSEI QUEST!**

von Yusei Matsui &
Kizuku Watanabe
€ 6,50 (D) / € 6,70 (A)
O **Band 1 bis 5**
In 5 Bänden abgeschlossen

**LADY SNOWBLOOD** (NEUEDITION)

von Kazuo Koike
& Kazuo Kamimura
€ 19,99 (D) / € 20,60 (A)
O **Band 1 & 2**
€ 16,99 (D) / € 17,50 (A)
O **Band 3**
In 3 Bänden abgeschlossen

**LETZTE REISE DER SCHMETTERLINGE, DIE**

von Kan Takahama
€ 14,90 (D) / € 15,40 (A)
O **Einzelband**

**IM – GREAT PRIEST IMHOTEP**

von Makoto Morishita
€ 6,99 (D) / € 7,20 (A)
O **Band 1 bis 10**
€ 7,99 (D) / € 8,30 (A)
O **Band 11**
In 11 Bänden abgeschlossen

**IN THIS CORNER OF THE WORLD**

von Fumiyo Kouno
€ 12,99 (D) / € 13,40 (A)
O **Band 1 bis 3**
In 3 Bänden abgeschlossen

**ITO, JUNJI**

von Shinya Murata
& Kazasa Sumita
€ 24,00 (D) / € 24,70 (A)
O **Gyo Deluxe**
O **Shiver** 07/21
€ 28,00 (D) / € 28,80 (A)
O **Uzumaki Deluxe**

**JAPANISCH FÜR MANGA-FANS**

von Thora Kerner
& Jin Baron
€ 16,00 (D) / € 16,50 (A)
O **Sammelband**

**JUDGE**

von Yoshiki Tonogai
€ 7,95 (D) / € 8,20 (A)
O **Band 1 bis 5**
€ 8,95 (D) / € 9,20 (A)
O **Band 6**
In 6 Bänden abgeschlossen

**JUMPING**

von Asahi Tsutsui
€ 7,00 (D) / € 7,20 (A)
O **Band 1 bis 4**
In 4 Bänden abgeschlossen

**JUNJO ROMANTICA**

von Shungiku Nakamura
€ 6,95 (D) / € 7,20 (A)
O **Band 9, 11-12, 19-22**
O **Band 23** 06/21
€ 10,00 (D) / € 10,30 (A)
O **Band 1-8, 10,13-18**
Bislang 25 Bände in Japan

**H.P. LOVECRAFT**

von Gou Tanabe
€ 12,00 (D) / € 12,40 (A)
O **H.P. Lovecrafts Die Farbe aus dem All**
O **H.P. Lovecrafts Der Hund und andere Geschichten**
O **H.P. Lovecrafts Der leuchtende Trapezoeder**
€ 18,00 (D) / € 18,50 (A)
O **H.P. Lovecrafts Berge des Wahnsinns Band 1 bis 2**
O **H.P. Lovecrafts Cthulhus Ruf** 08/21
€ 22,00 (D) / € 22,70 (A)
O **H.P. Lovecrafts Der Schatten aus der Zeit**

**HUNTER X HUNTER**

von Yoshihiro Togashi
€ 6,95 (D) / € 7,20 (A)
O **Band 1 bis 36**
Bislang 36 Bände in Japan

**I AM SHERLOCK**

von TAKATA & Io
€ 7,00 (D)/ € 7,20 (A)
O **Band 1 bis 4**
In 4 Bänden abgeschlossen

**I HAD THAT SAME DREAM AGAIN**

von Yoru Sumino &
Izumi Kirihara
€ 7,00 (D) / € 7,20 (A)
O **Band 1 bis 3**
In 3 Bänden abgeschlossen

**I HEAR THE SUNSPOT**

von Yuki Fumino
€ 7,99 (D) / € 8,30 (A)
O **Band 1**
€ 9,99 (D) / € 10,30 (A)
O **Band 2**
Bisher 2 Bände in Japan

**I HEAR THE SUNSPOT – LIMIT**

von Yuki Fumino
€ 7,99 (D) / € 8,30 (A)
O **Band 1**
€ 8,99 (D) / € 9,30 (A)
O **Band 2**
€ 9,99 (D) / € 10,30 (A)
O **Band 3** 07/21
In 3 Bänden abgeschlossen

# CARLSEN MANGA! CHECKLIST

**NARUTO MASSIV**
von Masashi Kishimoto
€ 5,00 (D) / € 5,20 (A)
O **Band 1**
€ 9,99 (D) / € 10,30 (A)
O **Band 2 bis 24**
in 24 Bänden abgeschlossen

**NARUTO – THE MOVIE**
von Masashi Kishimoto
€ 7,95 (D) / € 8,20 (A)
O **Geheimmission im Land des ewigen Schnees Band 1 & 2**
O **Die Legende des Steins Gelel Band 1 & 2**
O **Sondermission im Land des Mondes 1 & 2**

**NARUTO – THE MOVIE: SHIPPUDEN**
von Masashi Kishimoto
€ 12,95 (D) / € 13,40 (A)
O **Naruto - The Movie: Shippuden**
O **Naruto - The Movie: Shippuden-Fesseln**
O **Naruto - The Movie: Shippuden - Die Erben des Willens des Feuers**
O **Naruto - The Movie: Shippuden - Lost Tower**

**NEON GENESIS EVANGELION**
von Gainax & Yoshiyuki Sadamoto
€ 6,95 (D) / € 7,20 (A)
O **Band 1 bis 14**
In 14 Bänden abgeschlossen

**NO EXIT**
von Haruhi Seta
€ 6,99 (D) / € 7,20 (A)
O **Band 1 bis 13**
In 14 Bänden abgeschlossen

**OKITENEMURU**
von Hitori Renda
€ 7,99 (D) / € 8,20 (A)
O **Band 9**
In 9 Bänden abgeschlossen

**OLD BOY**
von Tsuchiya Garon & Minegishi Nobuaki
€ 12,00 (D) / € 12,40 (A)
O **Band 1 bis 4**
In 4 Bänden abgeschlossen

**MURCIÉLAGO**
von Yoshimura Kana
€ 7,99 (D) / € 8,30 (A)
O **Band 1 bis 14**
O **Band 15** 06/21
Bislang 17 Bände in Japan

**MY HERO ACADEMIA**
von Kohei Horikoshi
€ 6,99 (D) / € 7,20 (A)
O **Band 1 bis 27**
O **Band 28** 08/21
Bislang 30 Bände in Japan
€ 10,00 (D) / € 10,30 (A)
O **My Hero Academia - Ultra Archive**
€ 12,99 (D) / € 13,40 (A)
O **My Hero Academia - Ultra Analysis**

**MY HERO ACADEMIA SMASH**
von Kohei Horikoshi & Hirofumi Neda
€ 5,00 (D) / € 5,20 (A)
O **Band 1 bis 5**
Bislang 5 Bände in Japan

**MY HERO ACADEMIA TEAM UP MISSION**
von Kohei Horikoshi & Yoko Akiyama
€ 7,00 (D) / € 7,20 (A)
O **Band 1**
Bisher 2 Bände in Japan

**MY ROOMMATE IS A CAT**
von Tsunami Minatsuki & Asu Futatsuya
€ 7,00 (D) / € 7,20 (A)
O **Band 1 bis 4**
O **Band 5** 06/21
O **Band 6** 09/21
Bislang 7 Bände in Japan

**MY SECRET WHICH I CANNOT TELL YOU**
von Kyoko Aiba
€ 6,99 (D) / € 7,20 (A)
O **Einzelband**

**NARUTO**
von Masashi Kishimoto
€ 6,50 (D) / € 6,70 (A)
O **Band 1 bis 72**
In 72 Bänden abgeschlossen
O **Der siebte Hokage und der scharlachrote Frühling**

**MERMAID PRINCE**
von Kaori Ozaki
€ 8,00 (D) / € 8,30 (A)
O **Einzelband**

**MOB PSYCHO 100**
von ONE
€ 6,66 (D) / € 6,90 (A)
O **Band 1 bis 15**
€ 7,77 (D) / € 8,00 (A)
O **Band 16**
In 16 Bänden abgeschlossen

**MONSTER – PERFECT EDITION**
von Naoki Urasawa
€ 20,00 (D) / € 20,60 (A)
O **Band 1 bis 8**
€ 24,00 (D) / € 24,70 (A)
O **Band 9** 08/21
In 9 Bänden abgeschlossen

**MORIARTY THE PATRIOT**
von Takeuchi & Miyoshi
€ 9,99 (D) / € 10,30 (A)
O **Band 1 bis 9**
O **Band 10** 06/21
O **Band 11** 08/21
Bislang 13 Bände in Japan
€ 16,00 (D) / € 16,50 (A)
O **Band 10 mit Extra – limitierte Auflage** 06/21
€ 99,00 (D) / € 101,80 (A)
O **Band 1 bis 10 im Sammelschuber – limitierte Auflage** 06/21

**MOTHER'S SPIRIT**
von Enzo
€ 7,99 (D) / € 8,30 (A)
O **Band 1 & 2**
Bislang 2 Bände in Japan

**MOTOKARE RETRY**
von En Hanaya
€ 6,99 (D) / € 7,20 (A)
O **Band 1 bis 7**
In 7 Bänden abgeschlossen

**MOVING FORWARD**
von Nagamu Nanaji
€ 5,00 (D) / € 5,20 (A)
O **Band 1**
€ 7,00 (D) / € 7,20 (A)
O **Band 2 bis 7**
O **Band 8** 08/21
In 11 Bänden abgeschlossen

**MAID-SAMA**
von Hiro Fujiwara
€ 5,95 (D) / € 6,20 (A)
O **Band 1 bis 18**
In 18 Bänden abgeschlossen
O **Maid-sama Marriage**

**MANGA LOVE STORY**
von Katsu Aki
€ 6,95 (D) / € 7,20 (A)
O **Band 70 bis 76**
Bislang 81 Bände in Japan

**MANGA-ZEICHENSTUDIO**
von Kaneda Koubou u.a.
€ 19,90 (D) / € 20,50 (A)
O **Hände und Füße**
O **Gesichter und Emotionen**
O **Manga Master Book**
O **Mädchen in coolen Posen**
O **Emotionen und Mimik ausdrucksstark zeichnen**
O **Manga Basics**
O **Figuren & Hintergründe**
€ 20,00 (D) / € 20,60 (A)
O **Charmante Charaktere**
€ 24,90 (D) / € 25,60 (A)
O **Spannende Geschichten erzählen**

**MANN MEINES BRUDERS, DER**
von Gengoroh Tagame
€ 10,00 (D) / € 10,30 (A)
O **Band 1 bis 4**
In 4 Bänden abgeschlossen

**MASHIMA HERO'S**
von Hiro Mashima
€ 7,00 (D) / € 7,20 (A)
O **Einzelband**
€ 10,00 (D) / € 10,30 (A)
O **Einzelband Limitierte Edition**

**MEINE LESBISCHE ERFAHRUNG MIT EINSAMKEIT**
von Kabi Nagata
€ 15,00 (D) / € 15,50 (A)
O **Einzelband**

**MELANCHOLISCHER MORGEN, EIN**
von Shoko Hidaka
€ 9,95 (D) / € 10,30 (A)
O **Band 8**
In 8 Bänden abgeschlossen

# CARLSEN MANGA! CHECKLIST

**ROSEN BLOOD**
von Kachiru Ichizue
€ 10,00 (D) / € 10,30 (A)
O **Band 1**
O **Band 2** 07/21
Bisher 3 Bände in Japan

**RYUKO**
von Eldo Yoshimizu
€ 14,99 (D) / € 15,50 (A)
O **Band 1 & 2**
In 2 Bänden abgeschlossen

**SACRIFICE TO THE KING OF BEASTS**
von Yu Tomofuji
€ 6,99 (D) / € 7,20 (A)
O **Band 1 bis 11**
O **Band 12** 06/21
O **Band 13** 09/21
In 15 Bänden abgeschlossen

**SAKURA – I WANT TO EAT YOUR PANCREAS**
von Yoru Sumino
€ 7,99 (D) / € 8,20 (A)
O **Band 1 & 2**
In 2 Bänden abgeschlossen

**SAKURA DREAMS BUCH UND TERMIN-KALENDER 2022**
von Melanie Schober
€ 10,00 (D) / € 10,10 (A)
O **Kalender** 06/21

**SAMURAI8**
von Masashi Kishimoto & Akira Okubo
€ 7,00 (D) / € 7,20 (A)
O **Band 1 bis 5**
In 5 Bänden abgeschlossen

**SANTA MARIA HEARTLAND**
von Rise Torio
€ 8,50 (D) / € 8,80 (A)
O **Einzelband**

**SARABA, YOKI HI – SOLANGE WIR ZUSAMMEN SIND**
von Yuki Akaneda
€ 7,00 (D) / € 7,20 (A)
O **Band 1**
O **Band 2** 08/21
Bisher 6 Bände in Japan

**PLUTO: URASAWA X TEZUKA**
von Tezuka, Urasawa & Nagasaki
€ 14,90 (D) / € 15,30 (A)
O **Band 1-3, 6-7**
€ 12,90 (D) / € 13,30 (A)
O **Band 4-5**
€ 16,90 (D) / € 17,40 (A)
O **Band 8**
In 8 Bänden abgeschlossen

**POISON CITY**
von Tetsuya Tsutsui
€ 7,99 (D) / € 8,30 (A)
O **Band 1 & 2**
In 2 Bänden abgeschlossen

**PONE – POSUKA DEMIZU ARTBOOK**
von Posuka Demizu
€ 20,00 (D) / € 20,60 (A)
O **Artbook**

**Q (KU)**
von Tatsuya Shihira
€ 7,99 (D) / € 8,30 (A)
O **Band 1 bis 3**
€ 8,99 (D) / € 9,30 (A)
O **Band 4**
In 4 Bänden abgeschlossen

**REAKTOR 1F – EIN BERICHT AUS FUKUSHIMA**
von Kazuto Tatsuta
€ 12,99 (D) / € 13,40 (A)
O **Band 1 bis 3**
In 3 Bänden abgeschlossen

**RENTAL GIRLFRIEND**
von Reiji Miyajima
€ 7,00 (D) / € 7,20 (A)
O **Band 1 bis 8**
O **Band 9** 07/21
O **Band 10** 09/21
Bislang 16 Bände in Japan

**REQUIEM OF THE ROSE KING**
von Aya Kanno
€ 9,99 (D) / € 10,30 (A)
O **Band 1 bis 12**
O **Band 13** 08/21
Bislang 14 Bände in Japan

**OUR SUMMER HOLIDAY**
von Kaori Ozaki
€ 7,99 (D) / € 8,30 (A)
O **Einzelband**

**OVERLORD**
von Maruyama & Miyama
€ 6,99 (D) / 7,20 (A)
O **Band 1 bis 12**
€ 7,99 (D) / € 8,30 (A)
O **Band 13**
O **Band 14** 09/21
Bislang 15 Bände in Japan

**OVERLORD Official Comic À La Carte Anthology**
von Kugane Maruyama, diverse
€ 7,00 (D) / € 7,20 (A)
O **Band 1 bis 3**
Bislang 3 Bände in Japan

**PANDORAHEARTS**
von Jun Mochizuki
€ 6,95 (D) / € 7,20 (A)
O **Band 1, 5-6, 10-15, 17, 19**
€ 7,95 (D) / € 8,20 (A)
O **Band 18**
€ 8,95 (D) / € 9,20 (A)
O **Band 22**
€ 10,00 (D) / € 10,30 (A)
O **Band 2-4, 7-9, 16, 20-21, 23**
€ 14,00 (D) / € 14,40 (A)
O **Band 24**
In 24 Bänden abgeschlossen

**PERSONAL PARADISE NEUEDITION**
von Melanie Schober
€ 6,99 (D) / € 7,20 (A)
O **Band 1 bis 7**
O **Brave Brother 1.0 lim. Ausgabe mit Schuber**

**PLEASE LOVE ME**
von Aya Nakahara
€ 5,00 (D) / € 5,20 (A)
O **Band 1**
€ 7,00 (D) / € 7,20 (A)
O **Band 2 bis 8**
O **Band 9** 06/21
O **Band 10** 09/21
In 10 Bänden abgeschlossen

**ONE PIECE**
von Eiichiro Oda
€ 6,50 (D) / € 6,70 (A)
O **Band 1 bis 97**
O **Band 98** 09/21
Bislang 99 Bände in Japan

**ONE PIECE: FLUCH DES HEILIGEN SCHWERTS**
von Eiichiro Oda
€ 7,95 (D) / € 8,20 (A)
O **Band 1 & 2**
In 2 Bänden abgeschlossen

**ONE PIECE PARTY**
von Andoh & Oda
€ 6,50 (D) / € 6,70 (A)
O **Band 1 bis 6**
Bislang 6 Bände in Japan

**ONE PIECE – SANJIS LECKERE PIRATENREZEPTE**
von Eiichiro Oda
€ 24,90 (D) / € 25,60 (A)
O **Kochbuch**

**ONE PIECE QUIZ BOOK**
von Eiichiro Oda
€ 14,00 (D) / € 14,40 (A)
O **Einzelband**

**ONE PIECE Z**
von Eiichiro Oda
€ 9,95 (D) / € 10,20 (A)
O **Band 1 & 2**
In 2 Bänden abgeschlossen

**ONE WEEK FRIENDS**
von Matcha Hazuki
€ 6,99 (D) / € 7,20 (A)
O **Band 1 bis 7**
In 7 Bänden abgeschlossen

**OPUS**
von Satoshi Kon
€ 14,90 (D) / € 15,40 (A)
O **Band 1 & 2**
In 2 Bänden abgeschlossen

**ORANGE**
von Ichigo Takano
€ 7,99 (D) / € 8,30 (A)
O **Band 1 bis 6**
Bislang 6 Bände in Japan

# CARLSEN MANGA! CHECKLIST

**SUPER DRAGON BALL HEROES UNIVERSE MISSION**
von Yoshitaka Nagayama
€ 6,50 (D) / € 6,70 (A)
**O Band 1**
**O Band 2** 08/21
Bislang 2 Bände in Japan

**TAKANE UND HANA**
von Yuki Shiwasu
€ 5,00 (D) / € 5,20 (A)
**O Band 1**
€ 6,99 (D) / € 7,20 (A)
**O Band 2 bis 14**
**O Band 15** 07/21
In 18 Bänden abgeschlossen

**TANIGUCHI, JIRO**
von Jiro Taniguchi
€ 12,90 (D) / € 13,30 (A)
**O Der Gourmet 2**
€ 14,90 (D) / € 15,40 (A)
**O Der Gourmet**
€ 16,00 (D) / € 16,50 (A)
**O Der Kartograph**
**O Die Schrift des Windes**
€ 16,90 (D) / € 17,40 (A)
**O Ihr Name war Tomoji**
€ 20,00 (D) / € 20,60 (A)
**O Im Jahrtausendwald**
€ 22,00 (D) / € 22,70 (A)
**O Unruhige Geister und stille Gefährten**
€ 25,00 (D) / € 25,70 (A)
**O Der spazierende Mann (erw. Neuausgabe)**
€ 28,00 (D) / € 28,80 (A)
**O Der Himmel ist blau, die Erde ist weiß – Gesamtausgabe**

**TEMPEST CURSE**
von Martina Peters
€ 6,95 (D) / € 7,20 (A)
**O Band 1 bis 3**
In 3 Bänden abeschlossen

**THE ART OF SPLATOON**
von Nintendo
€ 40,00 (D) / € 41,20 (A)
**O Artbook**

**THE BOOK OF LIST - GRIMM'S MAGICAL ITEMS**
von Izuco Fujiya
€ 6,95 (D) / € 7,20 (A)
**O Band 1 bis 5**
€ 8,95 (D) / € 9,20 (A)
**O Band 6**
In 6 Bänden abeschlossen

**SOUL EATER MASSIV**
von Atsushi Ohkubo
€ 5,00 (D) / € 5,20 (A)
**O Band 1**
€ 8,00 (D) / € 8,30 (A)
**O Band 2 bis 4**
**O Band 5** 06/21
**O Band 6** 08/21
In 12 Bänden abgeschlossen

**SOUL EATER GUIDE BOOK**
von Atsushi Ohkubo
€ 8,95 (D) / € 9,20 (A)
**O Einzelband**

**SOUL EATER SOUL ART**
von Atsushi Ohkubo
€ 24,90 (D) / € 25,60 (A)
**O Band 2**

**SPLATOON**
von Sankichi Hinodeya
€ 6,99 (D) / € 7,20 (A)
**O Band 1 bis 10**
**O Band 11** 07/21
Bislang 13 Bände in Japan

**STILLE WASSER**
von Kan Takahama
€ 16,90 (D) / € 17,40 (A)
**O Einzelband**

**SUNNY**
von Taiyo Matsumoto
€ 16,00 (D) / € 16,50 (A)
**O Band 1 & 2**
**O Band 3** 07/21
In 6 Bänden abgeschlossen

**SÜSSE KATZE CHI: CHI'S SWEET ADVENTURES**
von Konami Kanata & Kinoko Natsume
€ 8,00 (D) / € 8,30 (A)
**O Band 1 bis 4**
In 4 Bänden abgeschlossen

**SUPER DRAGON BALL HEROES**
von Yoshitaka Nagayama
€ 6,50 (D) / € 6,70 (A)
**O Band 1 bis 3**
Bislang 3 Bände in Japan

**SHERLOCK**
von Jay, Gatiss & Moffat
€ 12,99 (D) / € 13,40 (A)
**O Band 1, 2 und 4**
€ 14,99 (D) / € 15,50 (A)
**O Band 3**
€ 39,99 (D) / € 41,20 (A)
**O Band 1 bis 3 im Schuber**
Bislang 4 Bände in Japan

**SHIBA – EIN HUND ZUM VERLIEBEN**
von Mayumi Muroyama
€ 7,00 (D) / € 7,20 (A)
**O Einzelband**

**SHIKIGAMI**
von Yasaiko Midorihana
€ 10,00 (D) / € 10,30 (A)
**O Einzelband**

**SKETCH EVERY DAY**
von Simone Grünewald
€ 20,00 (D) / € 20,60 (A)
**O Zeichenbuch**

**SKIP BEAT!**
von Yoshiki Nakamura
€ 6,95 (D) / € 7,20 (A)
**O Band 1-8, 10-17, 19-21, 24-33, 35-37, 41-45**
€ 8,00 (D) / € 8,30 (A)
**O Band 9, 18, 22-23, 34, 38-40**
Bislang 45 Bände in Japan

**SKULL PARTY**
von Melanie Schober
€ 6,95 (D) / € 7,20 (A)
**O Band 1 bis 4**
In 4 Bänden abgeschlossen

**SNACK WORLD**
von Level-5, & sho.t
€ 7,00 (D) / € 7,20 (A)
**O Band 1 & 2**
In 2 Bänden abgeschlossen

**SOUL EATER**
von Atsushi Ohkubo
€ 6,50 (D) / € 6,70 (A)
**O Band 2, 4, 6-11, 13-18 & 24**
€ 7,95 (D) / € 8,20 (A)
**O Band 25**
In 25 Bänden abgeschlossen

**SCHATTENARIE**
von Zofia Garden & Anne Delseit
€ 6,95 (D) / € 7,20 (A)
**O Band 1 & 2**
In 2 Bänden abgeschlossen

**SCHNEEBALLEN**
von Inga Steinmetz
€ 12,00 (D) / € 12,40 (A)
**O Schneeballens Fall**
€ 14,00 (D) / € 14,40 (A)
**O Schneeballen – Verliebt in Japan**

**SCHOKOHEXE, DIE**
von Rino Mizuho
€ 6,50 (D) / € 6,70 (A)
**O Band 1-3, 5-7, 10-17**
**O Band 18** 07/21
€ 10,00 (D) / € 10,30 (A)
**O Band 4, 8-9**
Bislang 20 Bände in Japan

**SEARCH AND DESTROY**
von Osamu Tezuka & Atsushi Kaneko
€ 15,00 (D) / € 15,50 (A)
**O Band 1 & 2**
€ 18,00 (D) / € 18,50 (A)
**O Band 3** 09/21
In 3 Bänden abgeschlossen

**SEKAIICHI HATSUKOI**
von Shungiku Nakamura
€ 6,95 (D) / € 7,20 (A)
**O Band 1, 3, 8-12**
€ 10,00 (D) / € 10,30 (A)
**O Band 2-7**
€ 6,95 (D / € 7,20 (A)
**O Band 13** 06/21
Bislang 15 Bände in Japan

**SEVEN DEADLY SINS**
von Suzuki Nakaba
€ 6,50 (D) / € 6,70 (A)
**O Band 1 bis 37**
**O Band 38** 07/21
**O Band 39** 09/21
In 41 Bänden abgeschlossen

# CARLSEN MANGA! CHECKLIST

**YAMADA-KUN AND THE SEVEN WITCHES**
von Miki Yoshikawa
€ 5,95 (D) / € 6,20 (A)
O **Band 1-5, 7-8, 10-17, 19-28**
€ 10,00 (D) / € 10,30 (A)
O **Band 6, 9, 18**
In 28 Bänden abgeschlossen

**YOKOHAMA STATION FABLE**
von Gonbe Shinkawa & Yuba Isukari
€ 8,00 (D) / € 8,30 (A)
O **Band 1** 06/21
In 3 Bänden abgeschlossen

**YUNAS REISE ZUM ICH ODER MY SEX CHANGE EXPERIENCEE**
von Yuna Hirasawa
€ 10,00 (D) / € 10,30 (A)
O **Einzelband** 08/21

**ZWEI ESPRESSO**
von Kan Takahama
€ 12,90 (D) / € 13,30 (A)
O **Einzelband**

**ZOMBIE 100 - BUCKET LIST OF DEAD**
von Makoto Yukimura
€ 7,00 (D) / € 7,20 (A)
O **Band 1**
O **Band 2** 08/21
Bisher 7 Bände in Japan

**VIGILANTE – MY HERO ACADEMIA ILLEGALS**
von Horikoshi, Furuhashi & Court
€ 6,99 (D) / € 7,20 (A)
O **Band 1 bis 8**
O **Band 9** 06/21
Bislang 11 Bände in Japan

**VINLAND SAGA**
von Makoto Yukimura
€ 7,95 (D) / € 8,20 (A)
O **Band 1 bis 23**
O **Band 24** 09/21
Bislang 25 Bände in Japan

**WALKINDER, DIE**
von Abi Umeda
€ 6,99 (D) / € 7,20 (A)
O **Band 1 bis 14**
O **Band 15** 07/21
Bislang 18 Bände in Japan

**WEEKLY SHONEN HITMAN**
von Kouji Seo
€ 7,00 (D) / € 7,20 (A)
O **Band 1 bis 3**
O **Band 4** 06/21
O **Band 5** 08/21
Bislang 13 Bände in Japan

**WER BIST DU ZUR BLAUEN STUNDE**
von Yuhki Kamatani
€ 10,00 (D) / € 10,30 (A)
O **Band 1 bis 3**
€ 12,00 (D) / € 12,40 (A)
O **Band 4**
In 4 Bänden abgeschlossen

**WET MOON**
von Atsushi Kaneko
€ 19,90 (D) / € 20,50 (A)
O **Band 1 & 2**
€ 24,90 (D) / € 25,60 (A)
O **Band 3**
In 3 Bänden abgeschlossen

**YAKUZA GOES HAUSMANN**
von Kousuke Oono
€ 7,50 (D) / € 7,80 (A)
O **Band 1 bis 4**
O **Band 5** 06/21
Bislang 6 Bände in Japan

**3/11 – TAGEBUCH NACH FUKUSHIMA**
von Yuko Ichimura & Tim Rittmann
€ 12,90 (D) / € 13,30 (A)
O **Einzelband**

**TO THE ABANDONED SACRED BEASTS**
von Maybe
€ 6,99 (D) / € 7,20 (A)
O **Band 1 bis 9**
€ 7,99 (D) / € 8,30 (A)
O **Band 10**
O **Band 11** 09/21
Bislang 12 Bände in Japan

**TORIYAMA SHORT STORIES**
von Akira Toriyama
€ 5,95 (D) / € 6,20 (A)
O **Band 2 bis 4, 7**
€ 6,95 (D) / € 7,20 (A)
O **Band 6**
€ 7,95 (D) / € 8,20 (A)
O **Band 5**
Bislang 8 Bände in Japan

**TRIAGE X**
von Shouji Sato
€ 6,95 (D) / € 7,20 (A)
O **Band 1 bis 5**
€ 7,95 (D) / € 8,20 (A)
O **Band 6 bis 20**
O **Band 21** 09/21
Bislang 22 Bände in Japan

**UNLUCKY YOUNG MEN**
von Fujiwara & Otsuka
€ 19,90 (D) / € 20,50 (A)
O **Band 1 & 2**
In 2 Bänden abgeschlossen

**UNSERE FARBEN**
von Gengoroh Tagame
€ 10,00 (D) / € 10,30 (A)
O **Band 1 & 2**
O **Band 3** 06/21
In 3 Bänden abgeschlossen

**VAMPIRE KNIGHT – MEMORIES**
von Matsuri Hino
€ 6,99 (D) / € 7,20 (A)
O **Band 1 bis 5**
Bislang 6 Bände in Japan

**THE CASE STUDY OF VANITAS**
von Jun Mochizuki
€ 7,99 (D) / € 8,30 (A)
O **Band 1 bis 8**
Bislang 9 Bände in Japan

**THE DEMON PRINCE**
von Aya Shouoto
€ 6,95 (D) / € 7,20 (A)
O **Band 1 bis 16**
In 16 Bänden abgeschlossen

**THE GOLDEN SHEEP**
von Kaori Ozaki
€(D) 8,00 / €(A) 8,30
O **Band 1 bis 3**
In 3 Bänden abgeschlossen

**THE HEROIC LEGEND OF ARSLAN**
von Yoshiki Tanaka
€ 6,99 (D) / € 7,20 (A)
O **Band 1 bis 12**
O **Band 13** 09/21
Bislang 13 Bände in Japan
€ 7,50 (D) / € 7,80 (A)
O **Doppelpack 1+2**

**THE KILLER INSIDE**
von Hajime Inoryu & Shota Ito
€ 7,50 (D) / € 7,80 (A)
O **Band 1** 08/21
Bislang 9 Bände in Japan

**THE PROMISED NEVERLAND**
von Shirai & Demizu
€ 6,99 (D) / € 7,20 (A)
O **Band 1 bis 17**
O **Band 18** 06/21
O **Band 19** 09/21
In 20 Bänden abgeschlossen

**THE ROYAL TUTOR**
von Higasa Akai
€ 6,99 (D) / € 7,20 (A)
O **Band 1 bis 13**
O **Band 14** 09/21
Bislang 16 Bände in Japan
€ 7,50 (D) / € 7,80 (A)
O **Doppelpack 1+2**

# HALT!

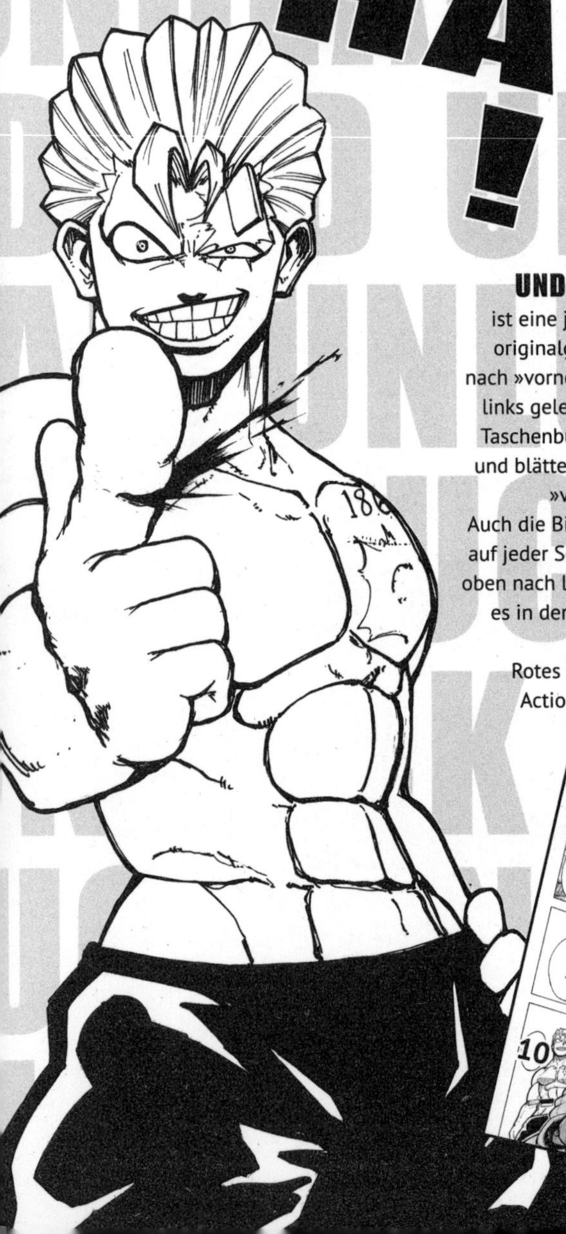

## UNDEAD UNLUCK

ist eine japanische Serie, die originalgetreu von »hinten« nach »vorne« und von rechts nach links gelesen wird! Schlagt das Taschenbuch also »hinten« auf und blättert Seite für Seite nach »vorne« weiter!
Auch die Bilder und Sprechblasen auf jeder Seite werden von rechts oben nach links unten gelesen, wie es in der Grafik gezeigt wird!

Rotes Mützchen auf und Action auf Full Power!

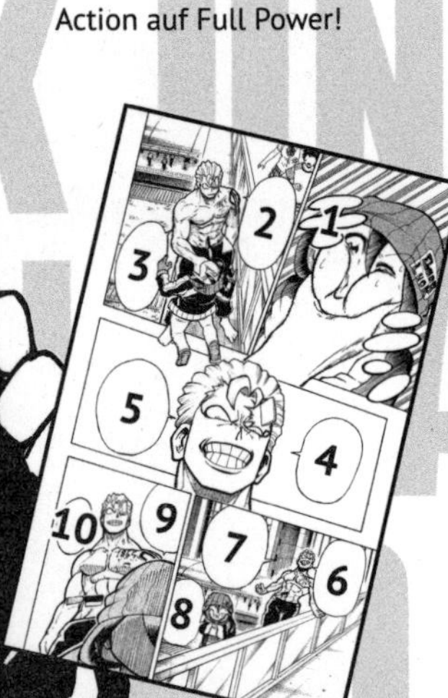